21世纪高等教育系列规划教材

当代世界经济与政治

（第二版）

主编　汪荣有　胡伯项

图书在版编目(CIP)数据

当代世界经济与政治/汪荣有，胡伯项主编. —2 版. —合肥：安徽大学出版社，2013.1(2016.6 重印)

21 世纪高等教育系列规划教材

ISBN 978-7-5664-0179-3

Ⅰ.①当… Ⅱ.①汪… ②胡… Ⅲ.①世界经济—高等学校—教材 ②国际政治—高等学校—教材 Ⅳ.①F112②D50

中国版本图书馆 CIP 数据核字(2013)第 016090 号

当代世界经济与政治(第二版)　　汪荣有　胡伯项　**主编**

出版发行：北京师范大学出版集团
安 徽 大 学 出 版 社
(安徽省合肥市肥西路 3 号 邮编 230039)
www.bnupg.com.cn
www.ahupress.com.cn

经　　销：全国新华书店
印　　刷：安徽省人民印刷有限公司
开　　本：170mm×240mm
印　　张：20.25
字　　数：365 千字
版　　次：2013 年 1 月第 2 版
印　　次：2016 年 6 月第 8 次印刷
定　　价：27.00 元
ISBN 978-7-5664-0179-3

策划编辑：谈　菁　姜　萍
责任编辑：姜　萍
责任校对：程中业
装帧设计：李　军
美术编辑：戴　丽
责任印制：陈　如

《当代世界经济与政治》

编写人员

主　　编　汪荣有　胡伯项

副 主 编　陈谨祥　胡传明

参编人员（以章次为序）

汪荣有　陈谨祥　胡传明　夏　仕

马万利　舒建国　黄建伟　刘晓雄

汪晓莺　吴小龙　胡伯项　杨友孙

潘树岳

目　录

前　言 …………………………………………………………………… 1

第一章　国际关系行为主体

第一节　主权国家行为主体 …………………………………………… 1
一、国家的构成要素 ………………………………………………… 1
二、国家主权 ……………………………………………………… 3
三、国家利益和国家力量 …………………………………………… 6
四、国际合作与国际冲突 …………………………………………… 13
第二节　非主权国家行为主体 ……………………………………… 18
一、非主权国家行为主体的形成及其特征 ………………………… 18
二、国际组织 ……………………………………………………… 19
三、跨国公司 ……………………………………………………… 25

第二章　当代世界经济

第一节　世界经济的构成、行为主体及运行机制 ………………… 29
一、世界经济的构成 ………………………………………………… 29
二、世界经济的行为主体及运行机制 ……………………………… 33

第二节　二战后世界经济格局的演变 …………………………… 36
一、二战后初期到20世纪60年代末美国称霸世界经济领域………… 37
二、20世纪70年代后世界经济向多极化方向发展 ………………… 38
三、20世纪80年代末以来世界三大区域经济集团化加快发展 ……… 40
第三节　当今世界经济发展的基本趋势和特点 ……………………… 42
一、当今世界经济发展的主要趋势…………………………………… 43
二、当今世界经济发展的基本特点…………………………………… 46
第四节　当今世界经济发展面临的主要问题 ……………………… 49
一、人口问题………………………………………………………… 50
二、环境问题………………………………………………………… 51
三、资源问题………………………………………………………… 53
四、粮食问题………………………………………………………… 55
五、虚拟经济和泡沫经济问题……………………………………… 57
六、全球经济过度依赖美国的问题………………………………… 57

第三章　当代世界政治

第一节　世界政治和世界政治格局 ………………………………… 60
一、世界政治的形成和发展………………………………………… 61
二、世界政治格局及其演变规律…………………………………… 64
第二节　二战后世界政治格局的演变 ……………………………… 67
一、两极政治格局的形成…………………………………………… 67
二、美苏两个超级大国争夺世界霸权……………………………… 69
三、两极政治格局的终结…………………………………………… 71
第三节　冷战后世界政治发展趋势及特点 ………………………… 73
一、世界政治多极化是当今世界发展的基本趋势………………… 73
二、20世纪90年代以来世界政治发展的基本特点 ……………… 75

第四章　极力称霸世界的美国

第一节　美国概述 …………………………………………………… 85
一、美国概况………………………………………………………… 85
二、美国政治………………………………………………………… 87
三、美国经济………………………………………………………… 90

第二节　当代美国经济 …………………………………………………… 91
一、20 世纪 50～60 年代美国经济的繁荣 ………………………………… 92
二、20 世纪 70～80 年代美国经济的“滞胀”与调整 ……………………… 93
三、20 世纪 90 年代以来美国“新经济”时代 ……………………………… 95
四、美国经济的现状与问题…………………………………………………… 97
第三节　当代美国政治 …………………………………………………… 99
一、总统行政权力进一步扩大 ……………………………………………… 100
二、最高法院积极行使司法审查权 ………………………………………… 101
三、联邦与各州之间权力重新定位 ………………………………………… 102
四、政党作用衰落和利益集团活动盛行 …………………………………… 103
五、各种政治思潮与意识形态广泛传播 …………………………………… 105
第四节　当代美国外交………………………………………………………… 105
一、全球扩张战略 …………………………………………………………… 106
二、全球战略调整 …………………………………………………………… 107
三、“以实力求和平”和“超越遏制” ……………………………………… 108
四、冷战之后的“参与与扩展” …………………………………………… 109
五、“先发制人”战略 ……………………………………………………… 110
六、“巧实力”外交 ………………………………………………………… 111

第五章　走向联合的欧洲

第一节　欧洲一体化进程……………………………………………………… 114
一、欧盟的建立 ……………………………………………………………… 114
二、欧盟共同的外交与安全政策 …………………………………………… 116
三、欧洲经济与货币联盟和欧元的问世 …………………………………… 120
第二节　东欧剧变后的社会转型……………………………………………… 122
一、经济制度的转型 ………………………………………………………… 122
二、政治制度的转型 ………………………………………………………… 123
三、外交政策的转型 ………………………………………………………… 124
第三节　欧洲的联合与发展…………………………………………………… 125
一、欧盟扩大与欧洲联合的前景 …………………………………………… 126
二、北约东扩及其影响 ……………………………………………………… 129
第四节　欧洲与中国的关系…………………………………………………… 132
一、西欧同中国的关系 ……………………………………………………… 133
二、东欧与中国的关系 ……………………………………………………… 135

第六章　谋求政治大国地位的日本

第一节　经济大国地位的确立 ………………………… 137
一、二战后日本经济的恢复与发展 ………………………… 137
二、经济大国地位的确立 ………………………… 140
第二节　谋求政治大国地位 ………………………… 141
一、确立政治大国战略 ………………………… 141
二、日本谋求政治大国的方略 ………………………… 144
三、日本所谋求的政治大国的现行标准 ………………………… 146
四、对日本政治大国进程的估计 ………………………… 147
第三节　日本的外交政策 ………………………… 148
一、二战后初期的“追随外交” ………………………… 149
二、20 世纪 50 年代中期以后的“经济外交” ………………………… 149
三、20 世纪 70 年代初推行“多边自主外交” ………………………… 150
四、20 世纪 80 年代以来开始“政治大国外交” ………………………… 151
五、冷战结束后日本“政治大国外交”的新发展 ………………………… 152

第七章　重振大国雄风的俄罗斯

第一节　苏联的兴亡及其历史教训 ………………………… 156
一、苏联经济政治体制 ………………………… 157
二、戈尔巴乔夫改革与苏联的解体 ………………………… 158
三、苏联解体的原因与教训 ………………………… 160
第二节　俄罗斯的经济与政治 ………………………… 163
一、俄罗斯的经济与改革 ………………………… 163
二、俄罗斯的政治与变革 ………………………… 168
第三节　俄罗斯的对外政策 ………………………… 172
一、俄罗斯对外政策的调整 ………………………… 172
二、新世纪俄罗斯重振大国雄风的对外政策与外交实践 ………………………… 174

第八章　发展中的亚非拉

第一节　亚非拉的崛起 ………………………… 180
一、亚非拉的基本含义 ………………………… 180

二、亚非拉的形成与发展 …… 181
三、亚非拉崛起的基本标志 …… 182
四、亚非拉的基本特征 …… 184
五、亚非拉在国际舞台上的地位与作用 …… 185
第二节 亚非拉的政治 …… 187
一、亚非拉国家的发展道路 …… 187
二、亚非拉国家的政治制度和政治体制 …… 189
三、冷战后亚非拉国家的民主化浪潮 …… 191
四、亚非拉国家的政治思潮 …… 193
第三节 亚非拉的经济 …… 194
一、冷战后经济发展环境的变化 …… 194
二、亚非拉国家的经济体制 …… 196
三、亚非拉国家的经济发展 …… 197
四、亚非拉国家的经济发展战略 …… 199
五、亚非拉国家经济发展存在的困难与经济政策的调整 …… 200
第四节 亚非拉国家的对外关系 …… 203
一、南北关系与发展变化 …… 203
二、冷战后南南合作的新发展 …… 204
三、中国与亚非拉 …… 206

第九章 当代国际舞台上的中国

第一节 中国对外关系的发展及其外交政策 …… 210
一、改革开放前中国对外政策的制定与对外关系的初步发展 …… 211
二、改革开放以来中国外交政策的重大调整和对外关系大发展 …… 215
三、中国外交政策的基本原则 …… 218
第二节 中国在南海和钓鱼岛问题上的基本立场 …… 224
一、中国在南海问题上的基本立场 …… 224
二、钓鱼岛是中国的固有领土 …… 230
第三节 中国在当代国际舞台上的地位和作用 …… 237
一、中国综合国力迅速增强,奠定了国际地位的物质基础 …… 237
二、中国在国际社会的政治地位显著提高 …… 238
三、中国的和平发展对世界的意义重大 …… 240

第十章　当代世界热点问题

第一节　阿以冲突问题 …… 244
一、阿以冲突的由来 …… 244
二、五次中东战争和阿以冲突 …… 247
三、中东和平进程及其发展 …… 249
第二节　核危机问题 …… 253
一、国际社会的核现状 …… 254
二、国际核危机 …… 255
三、国际核裁军与核控制的成果与未来的发展 …… 261
第三节　国际反恐问题 …… 263
一、恐怖主义及其基本特点 …… 263
二、恐怖主义的基本类型和根源 …… 266
三、恐怖主义的危害及对策 …… 272
第四节　国际金融危机和欧洲债务危机 …… 277
一、国际金融危机 …… 277
二、欧洲债务危机 …… 285
第五节　北非中东的动荡局势 …… 288
一、北非中东局势动荡概况 …… 288
二、北非中东局势动荡的原因 …… 291
三、北非中东局势动荡的启示 …… 295

结束语　推动国际秩序朝着更加公正合理的方向发展

一、霸权主义和强权政治是世界和平与发展的主要障碍 …… 299
二、国际政治经济旧秩序是影响世界和平发展的主要原因 …… 301
三、积极推进国际政治经济新秩序的建立和发展 …… 302
四、推动建设持久和平、共同繁荣的和谐世界 …… 305

后　记 …… 307

前言

人类社会发展到资本主义阶段以后，随着世界经济的形成和发展，世界各国逐渐成为一个相互联系、相互依赖和制约的矛盾体，组成了一个庞大的国际社会。从此，世界上任何一个国家都不可能完全脱离这个国际社会而孤立地生存和发展。我国自党的十一届三中全会以来，充分认识到吸收各国先进技术、管理经验和其他文明成果，对社会主义现代化建设的重要性，把改革开放确立为我国的基本国策。30 多年来，我国一贯重视加强同国际社会的各种联系和合作，成就斐然。

今天的大学生肩负着我国新世纪社会主义现代化建设的历史重任，他们有义务、也有责任去了解和认识当今变化着的世界。为了适应新的形势和新的任务，使大学生能够“站在中国看世界，站在世界看中国”，中宣部、教育部高校思想政治理论课改革“05 方案”要求在大学生中普遍开设《当代世界经济与政治》选修课。

国际社会是国际关系发展到一定阶段的产物，是国际社会各行为主体在经济、政治上相互依存、受国际法及其他国际惯例制约、相互联系而又相互作用的有机整体。国际社会行为主体，又叫国际行为主体，是指能够独立参与国际事务、承担国际义务和责任的经济政治实体。当代国际社会存在两大类行为体，即主权国家行为主体和非主权国家行为主体。

主权国家行为主体是主权国家，它构成国际社会的最基本单位，也是各种行为体中最重要和最基本的行为主体。首先，主权国家参与国际社会活动的动因是为了获取国家利益，不同国家、不同民族、不同阶级、不同政党的国家利益观是不同的，因而我们在判断国家利益的合理性时，应以国家的本质属性即三重性（阶级性、民族性、国际性）为依据，正确处理阶级利益与民族利益、本国利益与别国利益的关系。其次，主权国家的国际社会影响力取决于国家实力。国家实力，是一个综合概念，它又被人们称为“国家权力”、“国家力量”、“综合国力”等，其实质是指一个国家所拥有的全部实力和发展潜力及其在国际范围内自由行动和影响别国的综合能力，是衡量一个国家在国际社会中地位高低和作用大小的主要标志，它反映一个国家生存和发展的内力与在国际社会发展影响的外力的总能力，是维护国家利益的物质基础和实现对外政策和目标的手段及能力。非主权国家行为主体包括非国家经济实体和非国家政治实体。当今世界，各种国际组织、跨国公司等非国家行为主体，已越来越成为国际社会关注的中心，国际组织是其中最重要的非国家行为体。第二次世界大战以来，全球各种国际组织相互影响和作用，形成了一个多元化的国际组织网络，并以联合国为网络中心，影响和推进国际社会的发展。

国际社会在演进的过程中，涉及经济、政治、历史、地理、宗教、文化、军事与安全等诸多领域，其中主要是经济和政治领域。世界经济是世界政治的基础，是国际社会赖以运转的基础；世界政治是世界经济的集中表现，最终显示国际社会的基本风貌。国际社会具体表现为体系及其结构。体系是指若干个相关事物相联结成的整体，结构包括格局和秩序：格局是相互联系和制约而构成的体系的具体体现，即事物内在的结构、状态、局面；秩序则是相互联系和制约的运行机制和规则。格局和秩序属于体系的关键性组成部分，外延小，主要是体现主角与主角之间的关系（是否成为主角主要取决于国家实力的大小）。体系、格局、秩序好比是天空、星座和轨道的关系，天空是通过按一定轨道运行的星座显现和被认识的。因而我们认识国际社会，也必须从格局、秩序入手，必须从各行为主体涉及的主要领域入手，具体来说，就是从世界经济格局和政治格局入手。

《当代世界经济与政治》作为一门政治理论课，具有如下特点：一是政策性强。该课程以当代国家与国家、国际组织与国际组织之间的经济关系、政治关系和军事关系为研究对象，有助于大学生从国际大背景中加深对党的基本理论、基本路线、基本纲领、基本经验以及各项方针政策的理解，深化对中国特色社会主义的科学认识，在更宽广的层面和更高的水平上更加自觉地与党中央保持高度一致，进一步增强忧患意识、机遇意识和使命意识，抓住机遇，迎接挑战，拼搏进取，奋发向上，为实现中华民族的伟大复兴而贡献自己的力量。二是现实指导性强。本门课程着重讲授发展中国特色社会主义的国际环境及我国的国际发展战略，为学生学习中国特色社会主义理论体系提供时代观和国际背景知识，达到教育学生“必须以宽广的眼界观察世界，正确把握时代发展的要求，善于进行理论思维和战略思维，不断提高科学判断形势的能力”的目的，要教育学生学会“站在中国看世界，站在世界看中国”，实现又好又快发展。三是针对性强。《当代世界经济与政治》课程始终贯穿的主线是：随着世界经济全球化、政治多极化趋势的加强，和平、合作、发展成为时代发展的主流，任何一个国家关起门来搞建设都是不行的，一个国家选择什么样的发展模式是由这个国家的基本国情所决定的。只有引导学生深刻把握科学发展观的基本内容，才能使他们充分领会我们正处于社会发展的战略机遇期以及中国所走的和平发展道路。

一般认为，贯穿本门课程的基本线索是“纵”与“横”两条。从纵的线索来说，要对第二次世界大战结束以后的国际社会作历史的考察；从横的线索来说，要研究和讨论的范围是整个世界，主要研究两大制度、三类国家以及国际组织在国际社会中的活动及其相互关系，并说明国际体系的结构与当前世界的特征。通过“纵”与“横”两条线索的勾连，《当代世界经济与政治》展现了纵横交织、多层次结合的立体的、动感的世界面貌。

《当代世界经济与政治》由四大板块组成：

(1)对世界经济与政治的总体介绍和说明。

(2)对当今世界经济政治中主要国家或地区基本情况的介绍和分析。

(3)对中国对外关系、对外政策以及中国国际地位的说明与分析。

(4)对当前世界热点问题进行的说明和分析。

这种描述并不全然是对第二次世界大战以后世界历史的讲述，还包括利用特定的概念与范畴对当代国际社会和各主要力量及各主要国家政治经济生活中的一些基本问题与重大问题的描述与说明，是一种史论结合的描述与说明。它以说清事实、指出问题为起点，以分析和阐明问题为落脚点。这种围绕特定问题的描述性框架与以分析性概念为支点、按照理论逻辑来建构的学科体系相比，有其局限性，即理论上的阐释可能不够系统和不够充分。不过，对于普及性的政治理论教育来说，这样一种描述性框架更切合学生的知识基础，并基本能够满足使学生在重大国际问题上明辨是非和进行一定分析的需要。同时，一种描述性框架体系绝不意味着它不能贯穿和表达理论思想，相反，它所包含的理论容量可能并不小。而且从理论教育的方式与成效的角度来讲，它还具有自身的特点和独特优势，因为在对现象与问题的说明和分析中，灵活、有机地渗透立场的表达、观点的介绍和理论方法的运用，使理论上的分析不那么刻板、深奥，显得较为生动和易于接受。这既给教师的讲授提供了很大的空间，也对教师的专业素养提出了较高的要求。而对于课程建设和学科建设来说，尤其提出了用什么概念与范畴描述世界经济与政治、如何有效地渗透理论思想及究竟要讲明哪些理论思想与立场、观点和方法。

开设本门课程的目的，是对学生进行中国特色社会主义理论体系关于当今国际问题的重要论述和我国外交政策的教育，使学生能够正确地运用这些理论、观点和方法观察世界，了解和把握当代世界经济、政治与国际关系演变及其发展趋势、特点和面临的主要问题；了解和认识主要国际力量在世界经济、政治中的地位和作用以及它们的对外战略；了解和认识苏联和东欧国家兴衰存亡的经验教训；全面认识中国的外交战略、方针、政策与国际地位和作用，树立为国家富强和民族振兴、为人类的共同繁荣与进步而奋斗的信念。

学习本门课程的基本理论与方法。首先，要用历史唯物主义的观点来分析和认识世界。历史唯物主义的一个基本原理，就是用经济与政治辩证发展的观点来分析研究世界，在分析世界经济时不能脱离世界政治，在分析世界政治时也不能忽略其根本原因在于世界经济。从战后国际形势的发展、格局的演变，都可以清楚地看到这一点。历史唯物主义还强调人类社会的发展和进步不可能直线上升，而是曲折发展的，用这种观点来看待苏东剧变，也就不难理解了。其次，要用辩证唯物主义对立统一规律的观点即矛盾的观点来分析和认识当今世界。要把当今世界看成是一个既有联系又有矛盾的统一体。随着世界科学技术和经济全球化趋势的加快发展，世界各国之间的联系更加密切，各国的经济政治生活日益国际化。因此，即使在某一地区或某一国发生的问题，往往也会影响和波及其他国家和地区，甚至会影响到整个世界。2008 年由美国次贷危机引发的全球金融危机，对世界各地区的严重影响就是一个明证。为此，我们要从全球的角度来观察和分析问题，要认真分析和研究问题发生的国际背景和世界影响，认清当今世界不同社会制度的国家之间、相同社会制度的国家之间、不同民族宗教文化之间存在的各种矛盾、冲突、摩擦、竞争、对抗等，并寻求合作的基础和解决的办法。再次，要用发展的观点来认识和分析、研究当今世界的经济与政治。任何事物和现象都处于不断的运动和复杂的变化之中，世界经济、政治和国际关系也是这样，国际政治舞台上各种力量的分化与组合是经常发生的，因此，国际关系也不可能一成不变，在国际社会中既不存在永久的朋友，也不存在永恒的敌人。只有用发展的观点去观察世界，才能科学地认识世界。

第一章
国际关系行为主体

在国际舞台上，活跃着参与世界政治、经济、军事、文化等活动的各行为主体，基本上可以将它们分成两大类：主权国家行为主体和非主权国家行为主体。主权国家行为主体是当今世界最主要的行为主体，非主权国家行为主体主要有国际组织、跨国公司等，它们在当今世界政治、经济舞台发挥着越来越重要的作用。

第一节 主权国家行为主体

一、国家的构成要素

国家是一个历史范畴，作为人类社会生活中独立的政治实体，已经有数千年的历史，而作为国际行为主体的国家主要是指近代意义上的民族国家。最早出现民族国家的是欧洲。在欧洲，经过城邦国家、罗马共和国、帝国、王国、公国等变迁，于 15 世纪开始出现民族国家；在美洲，经历殖民统治之后，于 18 世纪建立了民族国家；在亚洲，经历诸侯国、霸权国家、帝国、属国、殖民地等多种形式后，于 20 世纪初才发展成民族国家；在非洲，经历 400 多年的殖民统治，直到二战结束后，民族国家才比较普遍地建立起来。民族国家由四个要素构成：

第一，有一定数量的常住居民。这是构成国家自然的基本要素，有了一定数量的居民才能构成一定的经济和政治结构。居民同时也是国家行使权力的对象。

第二，有固定的领土。这是国家存在的物质基础，有了领土，居民才能定居，国家才能存在和发展。固定的领土也是国家行使主权的范围和空间。

第三，有一定的政权组织系统。政权组织是国家在政治上和组织上的体现，是执行国家职能的机构。政权组织代表国家对内进行管辖，对外进行交流。

第四，有完整的主权。主权是一个国家独立自主地处理内外事务的最高权力，是国家的根本属性。

主权国家必须同时具备以上四个要素，才能参加国际活动，直接享受国际权利，承担国际义务，成为国际活动的基本行为主体。

当今世界近200个民族国家是国际关系体系最基本、最重要的构成单位，是最主要的国际行为主体。虽然已经有数以千万计的非主权国家行为主体在国际舞台上活动，但是，能够反映国际关系本质规定，成为国际关系行为主体多样性统一基础的，只能是民族国家。这是因为：第一，国家是国际关系中唯一享有充分主权的行为主体，因而也是最有实力的主体。国家主权是各国行为的基本前提和出发点，国家对内具有最高统治权，而且能够以国家的名义全权实施对外行动，并能运用整个国家的力量来实现其战略目标和利益。主权是国家作为国际行为主体最本质的属性，是非主权国家行为主体所没有的。第二，国家间的相互关系直接规定了国际关系的主要内容和基本状态。国际关系中的各种矛盾、竞争、合作、冲突都根植于国家的本质属性，虽然它们的内容、形式和地位各异，但都根源于各国不同的价值观念、社会制度与国家利益。国家间的关系本来就是国际关系的主要内容，随着国际关系日趋发达，越来越多的领域被纳入国家间的关系，甚至一些发生在国内的事件也跃入国家间关系领域。虽然在国际关系体系中共性不断增强，但不断升华的民族意识和感情、国家主权和利益，仍然十分敏感，大量的国际问题尤其是核心问题，都要直接依靠国家间的协商和合作来解决。第三，非主权国家行为主体大多为国家的派生物，都是在国家间关系日益发达的基础上演化而来的。非主权国家行为主体的性质、地位、行为、作用即使不是由国家决定，也直接或间接受国家制约和影响，而它们在国际关系中的重要性，在相当大程度上取决于它们直接或间接地影响国家行为的能力。即使有些国际组织享有部分主权，也是国家自愿转让的结果，由单独行使变成共同行使，归根结底仍然受国家意志的支配。

总之，在现实的国际关系中，主权国家仍然是最主要、最基本、最活跃、最富有能量的行为主体。

二、国家主权

最早提出"主权"概念的是法国哲学家让·布丹(1530～1596)，其代表作是1576年发表的《国家论》。这部作品是法国内战时期的产物，其主旨是加强国王的权力，使之能够凌驾于各教派之上，成为国家的核心。布丹认为，公民身份的含义就是对主权的服从，只有公民服从于统一的主权，才存在国家。他认为，政治社会的基本因素，就是共同主权的出现。因此，布丹把"主权"界定为："主权是不受法律限制的、对公民和臣民进行统治的最高权力，它是永恒的、非授予的、非转让的、不受法律约束的权力。主权的主要特点，就是不经上级、同级或下级的同意，集体地或分别地具有为公民制定法律的权力。"

后来，英国政治哲学家托马斯·霍布斯(1588～1679)，从自然法理论出发，阐述了主权的产生。他认为，自然状态是"每个人对每个人的战争"。要使人们尊重彼此的权利，就要建立一个"带剑的政府"，每一个人都放弃自己的权利而把它授予这个政府，这样，伟大的"利维坦"时代就到来了。

可见，"主权"概念的提出，最初的主旨是要解决国家内部的权力问题。尽管它也涉及国家之外的政治权力，如教皇的权力问题，但归根结底是要确立国内最高统治者的权力。后来，随着民族国家体系的逐渐形成，主权又被赋予了另一层含义，这层含义涉及的是国际关系中各个国家的权力地位问题。这样一来，"主权"概念就有了两重性：一方面，它与国家之内政治上和法律上的权力相关；另一方面，它与其他国家的权力相关。也就是说，国家主权包括两个部分：一是对内主权，即国家对内享有最高的和最终的政治权威；二是对外主权，即每一个国家在国际社会中都是平等的一员，享有独立自主权。即所谓的对内表现为最高权，对外表现为独立权。

我们可以将"国家主权"定义为：国家固有的独立自主地处理内外事务，管理自己国家的权力，对内表现为最高权，对外表现为独立权。

对内的最高权是指在整个国家范围内，对一切事物具有排他性的最高统治权，即在主权国家内不得有他国或任何其他权威行使主权，其内政不容干涉；对外的独立权是指国家在对外事务上有独立自主的决定权，根据自己的意志行事，不接受其他国家或权威的干涉或强制，具有独立的国际人格，平等参与国际事务的权利，其领土完整不容侵犯，是国际权利和义务的承担者。对内的最高权和对外的独立权两者是统一的，不可分割的。没有对内的最高统治权，就谈不上对外的独立权。主权对内的最高属性，决定着主权对外的独立属性。同样，没有对外的独立性，国家就会丧失其国内的最高权力，对外主权是任何国家的基础。对外主权只有在国际关系中才有意义。

国家主权包括独立权、平等权、管辖权、自保权。

独立权。是指国家拥有按照自己意志处理本国事务的权力，包括选择政权的组织形式、立法、司法、行政的权力，有完全自主地处理内外事务不受外国干涉和控制的权力。1949 年 12 月 6 日联合国大会通过的《国家权利义务宣言草案》规定："各国有独立权，因而有权自由行使一切合法权力，包括其政体之选择，不接受其他任何国家之命令。"这意味着国家行使权力的完全自主性。1974 年 12 月 12 日联合国大会通过的《各国经济权利和义务宪章》规定："每个国家有依照其人民意志选择经济制度以及政治、社会和文化制度的不可剥夺的主权权力，不容任何形式的外来干涉、强迫或威胁。"这意味着国家在主权范围内处理本国事务时不受外来干涉的排他性。正因为如此，国家的独立权就成为国际法上不干涉原则的基础。

平等权。是指国家拥有与各国在国际法的地位上完全平等的权力。即不管大国小国、强国弱国、富国穷国，也不问其社会、政治、经济制度的性质和发展水平，都一律平等，不允许任何国家在世界任何地区谋求霸权，或向其他国家发号施令。平等权意味着对于同一事物，不能对自己是一个准则，而对别国适用另一个准则。同时，在国际会议上，每一个国家只有一次投票权。

管辖权。是指国家拥有对其领土内的一切人和事或发生的事件以及领土外的本国人和本国产业进行管辖的权力。管辖权包括属地管辖权、属人管辖权、保护性管辖权和普遍性管辖权四种。属地管辖权又称"属地优越权"，是指国家对于其领土及其领土内的一切人、物和事件，都有进行管辖的权力，除非另有国际法规定。它有两方面的含义：一是以领土为对象，即国家对其领土各个部分及其资源的管辖权力；二是以领土为范围，强调国家对其领土范围内的一切人、物和事件的管辖权力。属地管辖权是现代国家行使管辖权的普遍形式和首要依据，除非另有国际法规定，相对于其他管辖权，属地管辖权被认为具有优越权。属人管辖权又称"国籍管辖权"，是指国家对于具有其国籍的人，具有管辖的权力，无论他们是在其领土范围内还是在其领土范围外。保护性管辖权是指国家对于在其领土范围以外从事严重侵害该国或其公民重大利益行为的外国人进行管辖的权力。从国际实践看，这种管辖权的行使一般基于两个条件：一是外国人在领土以外的行为所侵害的是该国或其公民的重大利益，构成该国刑法规定之罪行或规定应处一定刑罚以上的罪行;二是该行为根据行为发生地的法律同样构成应处刑罚的罪行。保护性管辖权可以通过两种方式实现:一是上述行为人进入该受害国境内被依法拘捕和管辖;二是通过国家间对行为人的引渡实现受害国的管辖权。普遍性管辖权是指根据国际法规定,对于危害国际安全与和平及全人类利益的某些国际犯罪行为,不论行为人国籍及行为发生地,各国都有进行管辖的权力。目前,战争罪、破坏和平罪、违反人道罪、海盗罪等已成为国家普遍性管辖权的对象。除相关国家间有特别协议或国内法有特殊规定之外,国家的普遍性管辖权只能在本国管辖范围内或不属于任何国家管辖的区域行使。

自保权。是指国家为了维护政治独立和领土完整,对外来侵略或威胁进行防卫的权力。在国际政治实践中,绝大多数国家通常通过建立自己的武装力量来行使自保权。但是,拥有武装力量并非主权国家行使自保权的唯一形式,有些国家也可以通过与他国结成军事同盟或奉行中立政策的形式行使自保权。

由国家主权原则规定的这四种基本权力相辅相成,缺一不可。任何主权国家享有的基本权力都是一样的,不能因国家的大小、强弱、贫富以及政治经济制度的差别而有所不同。各国享有自己的基本权力,同时必须尊重别国享有同等的基本权力,这是国际社会中国家之间正常往来的必要条件。

在经济全球化趋势不断加强、区域一体化不断发展的今天,国与国之间、地区与地区之间的联系越来越紧密。就一个国家而言,其经济、政治、文化各领域活动的国际化程度越来越高,必然会提出加强国际协调与合作的要求。这种协调与合作可以通过主权国家之间直接交往的方式进行,但是,通过相应的国际组织协调相应的国际事务已成为被国际社会普遍接受的方式。而国际组织必须拥有相应的权力才能进行国际协调,这就要求参加国际组织的成员必须向其转让部分主权。可见,经济全球化对国家主权会产生深远的影响。具体表现在两个方面:

第一,全球化对主权观念产生了冲击,使国家主权具有相对性。国家主权是国家基本权力的基础,是不依附于、不从属于国内外任何其他权力的国家权力。在经济全球化对经济领域和其他社会生活诸领域产生影响的情况下,也改变着传统的主权观念。主权不仅意味着本国的独立自主权利,还意味着对他国主权的尊重以及对国际合作所承担的权利和义务。它说明了国家主权的相对性。那种不受任何法律约束和限制的绝对主权是不存在的。随着各国对人类相互依存关系以及面临共同威胁认知程度的提高,越来越多的国家开始从全球的思维高度来重新认识维护国家主权与保证国际协调合作机制正常运转的关系问题。各国要让渡一部分主权,建立有效的国际权力使用机制,以维护国家的独立性和根本利益。

第二,国家经济主权受到新的国际生产和国际分工的潜在威胁。跨国公司是生产国际化的主要载体。跨国公司可以在任何有资源、工资低、优惠条件好的地方投资生产,并且可以把产品推销到任何有客户的地方去。尤其是 20 世纪 90 年代以来,跨国公司在全球范围内展开跨国并购和建立网络联盟活动,这些活动使跨国公司的“无国籍化”倾向更为明显,跨国生产和市场全球化,将促使人们对产品的产地毫不在意。企业的股权也变得多元化,一国难以准确确定民族工业的范围,保护民族工业这一传统的经济主权大大削弱了。更有甚者,一些经济实力强的国家凭借其产品和行业的垄断优势,甚至凭借其政治实力和军事霸权,把自己希望的贸易格局强加给较弱的贸易伙伴。在这种情况下,国家主权无疑受到新的国际生产、国际分工以及以此为依据的强权政治的挑战。

面对经济全球化诸多因素对国家主权的挑战,我们必须认识到:经济全球化是社会生产力发展的客观趋势,是社会化大生产的必然结果。在这一过程中,国家主权出现让渡和弱化现象是不可避免的。但是绝不能因此否认国家和国家主权存在的重要性。国家的存在有其内在的经济、政治、文化和社会根源,国家除了发展经济的职能外,更重要的是其政治属性和功能。国家和国家主权是一个民族生存的前提、发展的保障,因此单凭经济因素的相互融合是无法消除国家和国家主权存在的必然性的。经济全球化是实现现代化的重要条件,但不是唯一的条件,国家的发展取决于国家实力、经济结构、劳动者素质、领导者素质、消费习惯、发展潜力、国际环境等诸多因素,国家和国家主权的存在是不可缺少的。经济全球化和国家主权并非根本矛盾,因为经济全球化是以平等互利为基础的,并不影响国家独立自主地制定内外政策。无论发达国家还是发展中国家,对内经济政策将是自主的,对外政策的选择从根本上说要考虑有利于本民族经济发展,这实际上并没有影响国家的根本经济制度和经济政策的自主权。

三、国家利益和国家力量

(一)国家利益

国家利益是一个国家的生存利益和发展利益,是主权国家制定对外政策的依据。维护国家利益是主权国家开展对外活动的出发点和归宿。一个国家对外政策的根本任务就是确定国家利益,并将其转变为具体的对外目标,同时确定实现这些目标应该采取的手段。

国家利益所包含的内容有:第一,安全利益。安全利益是一国生存和发展的基本条件,是最核心的利益。第二,经济利益。经济利益是一国生存和发展的物质力量,是国家利益的基本内容,也是维护国家利益的重要方面。第三,政治利益。政治利益是国家利益不可缺少的组成部分,其主要内容是维护国家现有的社会制度和占统治地位的意识形态,并力争使其影响扩大到更大范围。第四,文化利益。文化与利益虽然不属于同一个范畴,但是文化利益确是国家利益的重要组成部分。这种利益包括:意识形态的维护;历史文化传统的保持;民族认同感的确立和维系;与安全、经济、政治密切相关的各种文化现象,等等。

在考察国家利益时,区分国家根本利益和一般利益,具有重要的意义。国家根本利益由国家安全、经济繁荣、社会制度和核心价值等基本要素构成。[①] 当涉及国家根本利益时,国家不但不会做出让步,而且都会拼死相争。只有在涉及国家一般利益时,国家才有可能在某种条件下做出妥协或让步。在这个问题上,美国关于其国家利益的层次划分,给我们作了生动诠释。美国国家利益委员会1996年和2000年的两份《美国国家利益》报告,将美国国家利益分成四个层次:生死攸关的或根本的利益、极端重要的利益、重要利益、次要利益。生死攸关的利益,涉及美国存续、制度、价值观与幸福,主要包括大规模杀伤性武器对美国的威胁、欧亚地区出现的敌对的威胁美国的势力等,即使在没有美国盟友参与的情况下,美国也准备投入战斗;极端重要的利益,涉及美国维护世界自由、安全、幸福的目的是否受到威胁,主要包括大规模杀伤性武器的使用与扩散、各种争端、有关国家违反国际法制等,美国在盟友参与下准备动用武装力量;重要利益,涉及美国维护其根本利益的能力是否受到影响,主要包括大规模侵犯人权的行为,在一些国家鼓励多元化、自由化、民主化,阻止重要地区的冲突等,美国对此采取个案处理,并且只有在低代价和其他国家分担最大费用的情况下,才会采取军事行动;次要利益,是指对美国根本利益不会产生重要影响的国家利益,如平衡双边贸易赤字、在世界范围内推广民主进程等。

国家利益具有双重性,即阶级性和民族性。作为一定阶级统治工具的国家,其国家利益首先应是统治阶级的利益。国家又是一定民族范围内的国家,国家利益表现为民族利益。阶级利益和民族利益可能一致,也可能不一致。统治阶级的阶级利益在国家利益中居支配地位,统治阶级掌握着国家机器,行使国家权力,统率军队,维护国家的领土安全,保卫国家的独立与尊严,既代表了国家利益,也代表了民族利益。民族利益涉及民族的尊严、民族的独立、民族的生存与

① 俞正樑:《国际关系与全球政治》,上海:复旦大学出版社,2007年,第92页。

民族的兴盛，是民族中绝大多数人的整体利益，也是一个国家具有凝聚力的基本要素。民族利益是国家利益得以维护和生存的基础，背弃民族利益的国家政权，终将遭到人民的唾弃。在统治阶级的利益和民族利益一致的情况下，统治阶级的对外政策能得到全民族的拥护和支持。如果统治阶级实行对外侵略扩张政策，或者在外敌入侵时奉行投降政策，造成了巨大的物质损失与人员伤亡，损害了本国经济发展，这时，统治阶级的利益与民族利益就会产生尖锐矛盾，这种矛盾的直接表现就是社会的对抗和冲突。

在考察国家利益的阶级性时，应该区分国内政治范畴中的国家利益和国际政治范畴中的国家利益。① 国内政治范畴中的国家利益，指的是政府利益或政府所代表的全国性利益，其英文为 Interest of State。国际政治范畴中的国家利益，指的是一个民族国家的利益，其英文为 National Interest。国内政治范畴中的“国家”即“State”。如列宁所讲的，是统治阶级的工具，它指的是一个组织机构。因为 State 是由统治阶级控制的，所以它的利益与统治阶级的利益一致，而在许多方面与被统治阶级的利益对立，因此，国内政治范筹中的国家利益是有阶级性的。然而国际政治范畴中的国家，指的是由人口、领土、政府、主权四要素构成的政治实体，此时的国家是 Country。现代民族国家即“Nation State”形成后，国家又被称为“Nation”。Nation 是民族性的政治概念，它的利益只具有民族性而没有阶级性。国际政治范畴中的国家利益是指一个民族的整体利益，这种利益是由统治阶级和被统治阶级共享的利益。例如，民族生存常常被列为首要的国家利益，是每一个国家都追求的利益，民族生存这一国家利益既不会因为国家政体不同而不同，也不会因为统治阶级控制了国家机器而成为统治阶级的私利。抵御外敌入侵不仅保护了统治阶级的生存权，也保护了被统治阶级的生存权。如抗日战争爆发前夕，正因为基于全民获的共同利益，所以代表统治阶级和被统治阶级利益的国民党和共产党在对立多年之后，结成了统一战线，共同抗战。该观点还认为，把国家利益和统治阶级利益等同起来的说法混淆了国家与政权的区别，因为统治阶级的利益不是国家利益而只是政权利益。如果把统治阶级利益等同于国家利益，就无法区分什么是国家利益，什么是阶级利益。如果统治阶级利益与国家利益是一体的，历史上也就没有“卖国政府”的概念了。因为统治阶级的政府不可能出卖只属于统治阶级自己的利益。事实上，正是因为国家利益与统治阶级利益是两种利益，不是完全一致的东西，所以一国政府才可能以牺牲国家利益为代价，来维护统治阶级的利益。对统治阶级来讲，国家利益是从属

---

① 参见阎学通《中国国家利益分析》第一章，天津：天津人民出版社，1997 年。

于政权利益的，当两者发生冲突时，统治者会牺牲国家利益以保护政权利益。

国家利益是客观的，但是在判断国家利益时，往往带有意识形态的色彩。第二次世界大战结束后，美国有关国家利益的理论，最主要的就是全球利益论。这一理论有两个支柱：一是美国的国际义务。整个世界“只有靠美国的物质力量和政治上、经济上的领导，才有可能保持各国的独立和完整”。在“国际义务”的名义下，美国强行推行对外扩张政策，谋求全球利益。二是美国的安全利益。美国总是把世界各地发生的变革，看成是对美国的威胁。基辛格曾经说过：“和平是不可分割的，所以任何地方发生侵略，我们都不能不抵抗。”美国“最能保护它的安全的是在遥远的地方采取适时的军事行动，因此它发展了世界规模的基地网和政治影响”，只有建立一个在其控制下的世界帝国，美国才能绝对安全。在苏联，传统的国际关系学把国家利益的理论作为资本主义、帝国主义国家对外关系的一个领域来研究，认为资本主义、帝国主义国家的国家利益就是垄断资产阶级的利益。社会主义国家的国家利益是被作为资本主义、帝国主义国家利益的对立面提出来的，认为社会主义国家之间的政治关系是无产阶级国际主义，几乎没有国家利益可言。这种理论上的失误，主要是孤立地从意识形态角度来考察国家利益的阶级本质，忽视了国家在国际社会中民族国家的身份。

在当代，国家利益最终能否实现，取决于下列因素：①正义与否；②适当与否；③国内支持与否；④时机成熟与否；⑤国家综合实力及其运用；⑥对外战略、政策与策略的运用；⑦国家行为是否符合国际法与国际道德规范；⑧国际环境与国际格局；⑨是否尊重别国的合法利益与别国的反应；⑩是否符合世界的普遍利益。[①] 如果世界各国都以生存与发展作为确定国家利益的基础，同时又理性地考虑别国乃至世界的利益和各国的共同利益，并随着国家利益的动态变化，随时加以检讨，那么，一国的利益和世界各国的共同利益就能得到推进，国际关系就会朝着民主、稳定、公正、合理的方向前进，逐步建立起国际新秩序。

(二)国家力量

国家力量是一个国家从事对外活动时可以动用并能够发挥实际效用的力量总和。

国家力量也称“综合国力”，它是一个主权国家赖以生存和发展的基础，是用来捍卫国家利益的基本依靠，是用来达到国际目标的主要能力，是决定国家战略的基本要素。各主权国家在国际社会中的地位和作用，在很大程度上取决于其

---

① 俞正樑：《当代国际政治学导论》，上海：复旦大学出版社，1996年，第75页。

国力的强弱，国家力量已成为影响国际关系的基本依据。

关于国家力量的构成，19 世纪初战略家克劳塞维茨在《战争论》中说："斗争是双方精神力量和物质力量通过物质力量进行的一种较量，这种力量是两个不可分割的因素的乘积，这两个因素就是现有手段的多少和意志力的强弱。"这里实际上提到了国家力量的两个因素，即国家力量由物质因素和精神因素构成或由有形因素和无形因素构成。

物质因素是指可以用数字估量的国家力量，包括人口、领土、自然资源、经济力、军事力、科技力。

人口因素虽然不是国家力量的决定因素，但其影响是不可忽视的。较大规模的人口可以给一个国家提供充足的人力资源，并且可以开拓一个广阔的市场。更重要的是，人口众多可以使一个国家很容易组建一支人数众多的军队。一般来讲，最有影响的国家都是那些拥有较多军队的国家，而这样的国家都有相当大的人口基数。当然，过多的人口也是一种负担。糟糕的是人口多、贫穷并且受教育程度低，这种情况造成的是典型的不发达状况。当然，人口少的国家国力未必就弱。很多发达国家人口并不多，但由于有强大的工业基础和受到较高教育的人口，再加上实行某种"全民皆兵"的制度，也可以拥有较强的国力。以色列就是这方面典型的国家。从这个意义上讲，人口的质量与数量是同样重要的，尤其是在当代科学技术高度发达的情况下，人口绝对数量对国力的影响正在下降。人口对国力的影响除了受教育程度外，士气、凝聚力也是很重要的。一个分裂的国家或陷于内战的民族，其人口对国力的贡献就很小，甚至是负面的。

领土大小、地理位置、地形地势对一个国家的国力或权力都有重要影响。尽管大国未必就有较大的权力，有较强的国力。但是人们通常认为大国比小国地位更有利。大国通常有比较丰富的自然资源和军事上的回旋余地，而小国往往很难承受外来的打击。地理位置对一些国家来说是永久性的有利条件。例如，美国地处两大洋之间，这种优越的地理条件构成了防止侵略的天然屏障和便利的交通条件。处于英国和欧洲大陆之间的英吉利海峡尽管只有 20 英里，但是在第二次世界大战中却起到了阻止纳粹德国入侵英国的重要作用。今天，尽管伴随通讯、航空运输和导弹技术的发展，地缘政治理论的地位有所下降，但是，地理位置在国际政治中的作用仍然是不可忽视的。

自然资源富有的国家，诸如加拿大、俄罗斯、美国、沙特阿拉伯、南非等，与资源贫乏的国家如英国和日本相比，在经济上就保险得多。就石油而言，世界上的几个大国只有俄罗斯可以自给，中、美、日等都需要进口。对于石油进口国来说，一旦因战争或石油危机导致世界市场石油供应短缺，这些国家的经济就会受到直接影响。美国大量进口石油并在平时进行战略储备，就是为了防备油价上涨和战争需要。反过来说，世界上的主要石油供应国，如伊朗、沙特阿拉伯等，因掌握了大量石油而在国际关系中占有重要地位。当然，伴随信息化和新经济的发展，自然资源在经济发展中的相对重要性在下降。经济的发展与对自然资源的需求不再成正比。一些自然资源贫乏的国家，如日本，其经济并未因资源问题受到严重影响。这种情况表明，尽管自然资源具有重要地位，但是这种地位并不是绝对的。

经济发展水平和科技实力是国家力量的核心和基础。国民生产总值对一个国家的权力或国力来说是至关重要的。有人认为，大国兴衰一直历史地与其经济的兴衰相联系。帝国的基础是财富。当一个国家经济衰落的时候，它的国际影响也就不可避免地会逐渐减弱。国家经济力量的重要性在于，它使国家能够征集并维持一支有效的和精良的军队。人们通常认为，苏联解体的一个重要原因就是军备竞赛拖垮了它的经济，而经济的衰落则直接导致军事力量和国家权力的下降。当然，某种情况下，一个国家经济能力的增长未必会直接导致其权力的增长。其原因有：第一，一些国家把增长的经济能力用于提高人民生活、健康和教育水平，而没有更多地用于发展军事能力。第二，各国的经济发展基数不同，一些国家因贫穷即使取得较大的经济发展，并把这种发展转化为军事能力，其绝对数量也远远低于经济总量大的国家较低比例的军事投入。例如老挝即使把国民生产总值的7%用于军事开支，也远远低于日本国民生产总值1%的军费绝对数。从相对意义上来讲，穷国和弱国的经济增长即使导致军费增长，也不一定会导致其国家权力的增大。在国际政治竞争中，经济发展水平对于国力的意义，主要不在于绝对数字的增加，而在于相对于其他国家或世界平均水平的增长。从19世纪到20世纪，英国的经济与自身相比，得到了很大发展，但其经济总量在世界经济中所占比重，以及国家在世界体系中的地位，都下降了。老牌强国西班牙、荷兰、法国在历史上也都经历了类似的过程。

军事实力无疑是国家力量中最重要的因素。在和平时期，军事能力也仍然是国家力量的基础。威慑侵略者或者影响其他行为主体的行为，最终的保证就是军事能力的存在。一个国家军事力量取决于众多因素，其中包括国家的经济发展水平、人口规模、教育的发展水平、军事训练的质量、国民团结的程度及军事预算的高低等。这里，军事预算的高低是一个关键因素。一个国家用于发展军事能力的财富的多少，除由其经济发展水平决定之外，还受决策者主观判断的影响。军事发展水平与国家的安全考虑是密切相关的。国家感到不安全，感觉受到威胁，就会进行较大规模的军事投入。这种不安全感可能是现实的反映，也可能是一种主观想象。美国本土尽管从来没有被真正地军事入侵过，但是它总声称自己面临威胁，并因此理所当然地保持着世界上最强大的军事力量。

精神因素是指难以用数字测定的国家力量，主要包括国民素质、社会制度、政府素质、国家战略、文化素质等。

国民素质、意志和士气，人心向背，民族精神，社会凝聚力，是构成国家力量的要素。当国家的行动赢得具有较高素质的国民的赞同和积极参与时，它所拥有的物质力量便会充分发挥出来，反之亦然。

政治、经济及社会制度富有生命力，能凝聚民心和国力，也是国家力量的重要组成因素。

政府素质及其运行质量是国家力量的另一组成要素。它取决于政府体制与效率、国家领导人的素质和权威，以及领导、组织、管理、决策和动员的能力等，这涉及一国能否充分、合理、有组织地调动本国的一切资源，能否迅速、准确地对国际事件做出反应，能否在争取国家利益方面以最小的代价取得最大成效。

国家战略目标的明确性、合理性和可行性，以及国家贯彻战略目标的意志坚定性，是国家力量发挥作用，以及获得国民支持的关键。

文化因素愈来愈成为国家力量的重要组成部分。文化具有民族性，表现为特有的语言、传统、意识、伦理、性格、宗教、生活方式、行为方式、价值观念等，这是决定民族国家凝聚力的重要因素，并赋予国家对外行为的民族特色。文化作为一种精神因素，对国家力量产生极大的效应。

可见，国家力量是质与量的统一，是物质因素与精神因素的统一。国家力量的构成及其变化不是单个因素作用的结果，也不是诸要素作用的简单之和，而是这些要素的有机统一。国家力量具有多元性、关联性、综合性和整体性的特点，因此发展国家力量，增强综合国力，必须从各要素间的相互关系出发，强调各要素的高度协调，建立合理的结构，以便达到整体功能的最优化。

美国中央情报局前副局长、国际关系学家克莱恩在他的《世界权力的评价》一书中，提出了对国家力量进行综合计算的公式：

$$P_0 = (C+E+M) \times (S+W)$$

其中，P_0代表被确认的权力；C代表人口加领土构成的基本实体；E代表经济能力；M代表军事能力；S代表国家战略；W代表战略意志。$(C+E+M)$相当于国家的物质因素，$(S+W)$相当于国家的精神因素。

克莱恩用实力数表示物质因素，其最大值可以取500分；用系数表示精神因素，S和W的取值范围是0～1，因而$S+W$的最大值是2。克莱恩对20世纪70年代美越战争时期美国和越南的国家力量进行了对比。

构成要素 \ 国家	美国	越南
$C+E+M$	500	200
$S+W$	0.6	1.6
P_0	300	320

结果,美国无条件撤军,实际上意味着美国的失败。

克莱恩的计算公式说明,在估计国家力量时要作全面、综合的计算,要研究和考察国家的综合国力。

综合国力是一个主权国家生存与发展所拥有的全部实力及其国际影响力的合力。世界各国在提高本国综合国力方面发生了新的变化:第一,提高本国实力主要从依靠海外扩张转向国家内部发展。西方传统观点认为,国家力量的增强主要靠海外扩张,包括建立殖民地、租界、租借地和划分势力范围,迫使其他国家服从自己的支配,并把别国的资源、市场、经济力、军事实力纳入本国经济发展轨道,使本国在国际经济中取得垄断地位。战后,旧殖民体系瓦解,各国争取民族独立的运动空前高涨,这在客观上促使各国把注意力更多地从海外扩张转向发展本国经济,以提高本国在国际社会中的生存和发展能力。第二,提高本国实力的主要途径,从军事竞赛转向以经济和科技为基础的综合国力的发展。19世纪以前,估量一个国家的力量主要以人口为标准;随着科技进步和工业的发展,人们估算国家力量主要以军事力量为标准,各国间进行军事竞赛;现代社会,人们对国家力量的估算是以经济和科技为基础的生产力发展水平为标准,这使得国际竞争成了综合国力的竞争。

四、国际合作与国际冲突

(一)国际合作

国际合作是国际关系的基本状态之一,它是指国际行为主体在互动中自愿调整其政策的行为,目的是协调各方的不同,以达到共同得益的结果。①

国际合作有三个基本特征:第一,国家以及其他非主权国家行为主体的行为是自愿的;第二,合作涉及对共享目标的认同与承诺;第三,合作所产生的是对参

① 李少军:《国际政治学概论》,上海:上海人民出版社,2002年,第203页。

与者有利的结果。

国际合作的类型可以从不同角度加以区分。按合作规模分有:全球性合作,如国际联盟、联合国、世界贸易组织;区域性合作,如欧洲联盟、东南亚国家联盟、阿拉伯国家联盟等;双边性合作,如美日同盟、中俄战略协作伙伴关系等。按合作程度分有:带有结盟或战略协调性质的合作,如二战期间的协约国集团和同盟国集团,二战后的北约和华约组织等;带有一定程度协调的合作,如七十七国集团、不结盟运动等;一般性合作,如各种国际性的文化、体育、艺术、卫生组织等。按合作领域分有:组织合作、经济合作、军事合作、环境保护合作、文化合作等。按合作主体在国际合作中的地位分有:平等的合作和不平等的合作,如美日同盟就是一种不平等的国际合作。

当今国际合作中出现了一些新的特点:第一,国际合作的全球性。国际合作的规模是随着国家间联系的扩展而扩展的。第二次世界大战前,国家间的联系有限,占主导地位的是区域间的多边合作,全球性的多边合作无论在数量还是质量上都很有限。国际联盟开创了全球多边政治合作的先例,第二次世界大战期间的世界反法西斯同盟是全球合作的成功典范。二战后,世界各国的共同利益不断扩展,全球性问题日益突出,相应地要求各国在国际社会各领域不断加强全球性合作。第二,国际合作的普遍性。在当代,国际合作日益成为世界各国普遍采用的生存和发展方式,这使得国际合作几乎在所有领域都得到很大发展。在经济领域,国际合作的深度和广度是最大的:不仅涉及生产、流通、金融等传统领域,还深入到科技、劳务资源开发、环境保护等领域;国际经济组织如雨后春笋般出现,其协调和合作水平大为提高;重视有关制度和行为规范的制定和遵守,大大促进了国际经济合作的制度化和规范化;注重国际经济关系和政治关系的结合和互动,以便为国际经济合作广泛深入地发展创造良好条件。此外,各国在反对国际恐怖主义、打击跨国犯罪等领域加强了合作。第三,国际合作的超意识形态性。冷战的主要历史教训就是意识形态的对峙并不符合世界各国的利益,与当代国际关系发展的基本趋势是背道而驰的。实际上,意识形态相同的国家不一定友好,意识形态不同的国家也未必交恶。冷战结束后,国际合作日益冲破意识形态的界限,显示了巨大的优越性,因此,各国都在更新外交观念。当今世界各国确立的各种各样的"伙伴关系"就体现了这种变化。

影响国际合作的因素有政治、经济、安全等。在当今国际政治中,文化因素对国际合作的影响越来越受到各国的关注。文化因素对国际合作的影响可以从两个方面来考察:

首先,异质文化与国际合作。异质文化之间在交流的基础上,可以实现相互认同和相互吸纳、借鉴。西方学术大师罗素在1922年访问中国后,写过一篇题为“中西文明比较”的文章,文中指出:“不同文明的交流过去已经多次证明是人类文明发展的里程碑。希腊学习埃及,罗马借鉴希腊,阿拉伯参照罗马帝国,中世纪的欧洲模仿阿拉伯,而文艺复兴时期的欧洲则效仿拜占庭帝国。”[①]随着近代以来世界体系的形成,几乎每一种文化都不同程度地吸纳着异质文化的合理成分,不同的文化在珍视和认同自己文化的基础上,对异质文化的认同也在扩大,异质文化之间的交流,以及在此基础上达成彼此之间的尊重,构成了整合国际关系的重要因素。这无疑有助于国际政治行为主体双边或多边的国际合作,并促进全球的协调发展。1955年《亚非会议公报》中的声明在今天仍然有重要的启示意义:“发展文化合作是促进各国之间了解最有力的方法之一。”第二次世界大战结束以后,国际文化交流进入大发展时期,就其规模、速度以及内容的多样性来说,都远远超过历史上任何一个时期。以国际文化协议为例,一战前仅有50项,两次世界大战期间增加到100多项,二战后的1945～1967年间签订的国际文化协议就达到1000多项,内容涉及教育、科技、文化、艺术等领域。与此同时,国际文化组织纷纷建立,它们对促进世界各国人民相互了解,在彼此认同的基础上消除矛盾、对立、偏见和歧视,对于深化和平发展的世界潮流,推动全球范围内的国际合作,有着不可忽视的作用。

其次,同源文化与国际合作。由于民族的融合与冲突、国家的聚散离合以及文化的自身扩散,许多同一的文化体系经过复杂的历史变迁,往往形成跨民族、跨国家的特点,使一种文化分布于不同的民族、不同的宗族、不同的国家和地区。作为一种有着历史积淀的同源文化对作为文化载体的民族和国家有着强大的内聚力和向心力,并以其对共同文化特质的历史认同功能和文化亲和功能成为构筑国际联盟和加强国际合作的纽带。基于共同的思想意识、历史记忆、精神信仰、价值观念和生活方式的共同情感归属,构成了国际合作的基础、媒介和手段,并以文化的内在凝聚力和外在黏合力推动国际合作与联盟的构建。在当今世界最大的区域一体化组织——欧洲联盟的诞生和发展方面,欧洲各国政治和经济利益的结合点固然是主导因素,但是,各国存在的某种文化的共同性,尤其是历史上一脉相承的基督教文明和近代以来不断发展的欧洲统一观念,无疑成为欧洲政治经济一体化坚实的文化根基。

---

① 转引自王缉思主编《文明与国际政治——中国学者评亨廷顿的文明冲突论》,上海:上海人民出版社,1995年,第251页。

(二)国际冲突

“冲突”一词英文是 conflict,它由两个部分组成,“con”为拉丁语词根,其含义是“一起”;“flict”是拉丁语“fligere”派生出来的,其含义为碰撞。两者合起来,就是一起碰撞的意思,即两种力量或两种体制的不和谐与相互撞击。冲突是两种或两种以上的群体或体制由于存在难以协调的矛盾,相互对立、相互对抗,并最大限度地实现自身价值、目标、权力或地位,同时贬损甚至消灭对立者的斗争状态。

冲突与竞争有着本质的区别。在竞争中,人们可能相互争夺某种短缺的资源,同时并不完全意识到竞争对手的存在,或者并不阻止竞争对手实现其目标,竞争也不等于你死我活。只有当竞争各方力图贬低对方而提高自己的地位,力图阻挠他人实现目标,力图使竞争对手“破产”,甚至消灭竞争对手时,竞争才转化为冲突。

国际冲突是指各国际行为主体由于所追求利益、目标、价值的不同,或者因为国际社会结构性差异所产生的矛盾,而处于自觉的抵制、摩擦、对立或对抗状态。国际冲突也是国际关系的基本状态之一。

关于国际冲突的根源,西方国际关系理论研究中分为两派:一派从微观的角度,按照心理学、生物学、个人行为科学的方法,从个人因素中寻找国际冲突的根源;一派从宏观的角度,如从国家利益的矛盾、社会制度的对立、均势的破坏、系统结构内在的不稳定性等方面来说明国际冲突的起因。美国著名国际关系学家肯尼斯·华尔兹提出了关于国际冲突的三个概念:“国际冲突与人类行为”——世间的一切罪恶之源在于人,人的自私、权欲和愚昧就是战争的根源。“国际冲突与国家内部体制”——国家内部结构上的缺陷和社会矛盾的深化,统治阶级往往从对外冲突或战争中寻找出路。要防止战争,就必须从改造国体着手,因而马克思关于改变私有制、变革国家制度的观点是正确的。“国际冲突与国际体系”——国际社会的无政府状态是国际冲突发生的外部原因,至今世界上尚没有能阻止武力和战争的跨国权威组织。国家利益、阶级利益、民族利益的纷争是国际冲突的根本原因。

国际冲突是有一个逐步升级的过程。第一,以语言冲突为象征的阶段:运用言语去说服和打动对方(传播工具的相互指责、谈判桌上的唇枪舌剑),使其做出不愿做出的决定。第二,“缄默”阶段:在政府间关系上,降低使领馆官员的级别,相互来往明显减少,以促使对方让步。第三,警告阶段:当“缄默”不能让对方让步,冲突双方就会选择秘密或公开的方式给对方以警告,使对方感到事态的严重,决定是否做出让步。第四,威胁阶段:威胁预示一种惩罚,包括暂停或取消援助项目、最惠国待遇等,直至公开的外交关系降级、中断正式外交关系、进行军队动员、将军事力量调往出事地点、显示武力等。第五,国际危机阶段:这是国际冲突升级为国际战争的临界状态。第六,使用武力:这是国际冲突的最激烈阶段。最初往往采取武装封锁,其后是零星接火,然后是正式宣布有限的、常规的、局部的战争,最后是大规模的常规战争。最终决出胜负或达成妥协,冲突得到解决。

解决国际冲突的途径有:政治途径,包括冲突当事国之间的谈判、协商,国际社会或第三国的斡旋、调停等;法律途径,即以国际法庭为主进行的调解、仲裁、裁定等;行政途径,即通过国际组织如联合国等所作的各种努力。

正如文化因素对国际合作有重大影响一样,在当今世界,文化因素对国际冲突也产生着巨大影响:第一,异质文化之间的矛盾,是国际冲突的诱因之一。文化具有多样性与民族性的特点,不同文化体系尤其是作为文化制度层面的政治制度、价值观念、哲学观念的矛盾、冲突和碰撞由来已久。文化艺术、道德伦理、历史传统等因素的唯我性和排他性,一直是影响国际冲突的深层原因。不同文化体系之间的矛盾,给许多国际冲突染上了浓厚的文化色彩。西方学者威廉•詹姆斯认为:“在我们的时代,哪怕是一个字的讹错或误解,都可能像一次鲁莽的行动那样,导致无尽的灾难。”这种观点也许有言过其实之处,但是,俯视历史的长河和今天的现实,人们确实可以从许多国际冲突中感受到浓烈的文化气息。第二,文化冲突加大了政治解决国际冲突的难度。国际冲突一旦染上文化色彩,冲突双方便会根据自己的价值尺度和人文标准来认识和判断,并为自己的政治行为及目标寻求符合自身价值认同的文化依据,从而使利益和权力的争夺内化为文化的追求,具有文化道统的合法性,进而使现实的冲突失去妥协和退让的余地,任何让步都会因诋毁传统和亵渎文化而招致民众的抵制和抗议,使冲突绵亘不绝,这就加大了政治解决的难度。第三,文化扩张是政治扩张的重要方式。在国际政治中,政治扩张意味着某一国的政治力量通过权力的扩张与扩散取得对他者的控制。任何一种扩张都需要意识形态的支持、诠释。因为任何权力支配的持续与强化都需要非暴力力量的支持。因此,“文化殖民”、“文化帝国主义”、“文化霸权”等形形色色的文化征服和文化渗透就构成政治扩张的重要方面。近代西方殖民史证明,西方野蛮的殖民行径往往被赋予神圣的文化光环,殖民主义者在殖民侵略的同时,往往推行西方的文字、语言、生活方式、价值观念、政治法律制度和宗教,并通过创建学校、开办医院和慈善机构进行文化侵蚀,进而实现对附属国社会肌体和内脏的彻底改造。

第二节　非主权国家行为主体

一、非主权国家行为主体的形成及其特征

(一)非主权国家行为主体的形成

非主权国家行为主体是指那些主权国家之外的、能够独立地参与国际事务并发挥职能作用的政治、经济实体。

非主权国家行为主体是在以民族国家为中心的国际关系基础上产生的,是国际关系发展到一定历史阶段的产物,它的产生和发展经历了一个历史过程。19世纪中叶以后,随着资本主义的进一步发展,国家间的交往进一步密切,国际关系的内容不断丰富,涉及领域不断扩大,区域性、全球性的共同问题越来越多,简单的国家间双边关系已经无法适应国际交往的需要。于是多边国际会议作为非主权国家行为主体的雏形应运而生了,并在此基础上逐步产生了现代国际组织。第一次世界大战后,政府间的国际组织获得国际法的主体地位。第二次世界大战以后,各种形式的国际组织层出不穷,大型跨国公司在国际舞台上扮演着越来越重要的角色。非主权国家行为主体数量增加,种类增多,在国际政治中的地位和作用不断增强,已经成为国际政治的重要行为主体。

(二)非主权国家行为主体的特征

非主权国家行为主体与主权国家行为主体之间既有联系又有区别。它们之间的联系主要表现在:第一,非主权国家行为主体是在主权国家行为主体相互关系的基础上发展起来的,是国家间相互关系的补充和延伸。第二,非主权国家行为主体和主权国家行为主体一样,具备构成国际行为主体的基本要素,即行为能力、职能作用、实力和组织形态、独立自主性和独立决策。第三,非主权国家行为主体尽管具有主权国家行为主体的职能特点,但是它不可避免地受主权国家行为主体的制约。因为一个国家的政府、政党、社会集团、社会团体在国际组织中的活动,都要服从或服务于国内政治的利益和要求。它们之间的区别主要表现在:第一,非主权国家行为主体具有超国家性和超阶级性。由于没有固定的领土和居民,因而非主权国家行为主体一般没有特殊的国家利益或阶级利益。第二,

非主权国家行为主体不具备以武力强制实施其对外政策的手段。非主权国家行为主体虽然不同程度地拥有政治或经济实力，拥有在国际舞台上活动的物质手段，但是一般不具有强制机关或暴力工具，因而不具备实施对外政策的强制手段。

非主权国家行为主体参与世界政治活动的特点有：第一，参与国际事务的间接性。非主权国家行为主体由于不拥有强制实施其对外政策的手段，因而对国际事务的参与主要是通过主权国家的政府或领导人施加影响来间接进行，其发挥作用的方式主要是会议、决议、舆论、游说等。第二，对外行为的跨国性。非主权国家行为主体的构成是多国的，其活动领域也就具有跨国性，不代表单个国家、党派或社会集团的利益，因而得以成为协调各国间共同利益的重要纽带。第三，上述两个特点决定了非主权国家行为主体职能作用的协调性。例如，为协调国家间的关系，非主权国家行为主体可以提供一个对话的平台，为国家间的交往制定和提供共同的行为规范和准则，成为协调国家间矛盾与冲突的方式，是国际合作的重要形式。

非主权国家行为主体主要有国际组织和跨国公司两大类型，而国际组织主要有政府间国际组织和非政府间国际组织（又叫非政府组织）。

二、国际组织

（一）国际组织的形成

国际组织是多个国家、政府或民间团体基于特定的目的、根据一致同意的条约或协议而设立的常设机构。

组成国际组织的要素有：一是多国，至少三个国家以上，主权国家和群众团体是国际组织的主体，也是行使权力和进行活动的保障；二是以联合面目出现，以正式协议为纽带；三是宣布特定的目的和原则，其活动仅限于国际事务。

国际组织是首先出现的非主权国家行为主体。从国际组织形成的过程看，国际组织是国际会议的经常化与制度化。随着资本主义向世界的拓展，对外贸易迅速发展，交通和通讯取得长足进展，国际协调的范围、程度大为拓展。一方面，民间的国际团体逐渐形成，19 世纪后得到迅速发展。这些民间团体涉及政治、经济、科技、文教、卫生、劳工、工业、商业等领域促进了政府间的联系，加速了国际关系的发展。另一方面，国家间临时性的交往与接触，经由国际会议这一形式，开创了国际关系中处理重大国际问题的一种新制度，并进而形成比较连续稳定的协商制度，这种制度大大促进了国际组织的形成与发展。

到19世纪中期，由于越来越多的行政技术活动在客观上突破了国家的界限，世界各国就调整某些专门领域的相互关系达成国际协定，并为此建立起各种国际行政联盟组织。这就克服了国际会议一般没有常设组织机构所带来的临时性的弊端。因此，从一定意义上说，国际会议的经常化与制度化就是国际组织。随着国际关系的发展，这类组织的规模不断扩大，种类不断增加，组织结构不断完善，开创了代表大会、执行机构和秘书处三重结构形式，议事程序和规则也有所发展，从而为常设国际组织的发展奠定了基础。

按照国际组织的构成来划分，国际组织有政府间国际组织和非政府间国际组织。

（二）政府间国际组织

政府间国际组织是多个国家的政府经一定的协议而创立的机构，其成员仅限于主权国家。政府间国际组织可能是国家联盟，也可能是国家联合体；可能是地区性组织，也可能是全球性组织；可能是出于政治和军事目的，也可能是出于经济、民族、宗教的目的。参与政府间国际组织的国家，都是为了通过成员国间的合作谋求单靠自己的力量所无法实现的目标。

随着国际关系的发展，20世纪政府间国际组织数量呈迅速增长的趋势：1909年37个，1954年118个，1962年163个，1970年242个，1981年1039个，1992年4878个，1996年5885个，2000年6556个。政府间国际组织按照成员身份或宗旨可以分成两类：一是组织的成员具有普遍性，世界上所有国家都可以参加，如联合国（UN）、国际劳工组织（ILO）、联合国教科文组织（UNESCO）等；二是组织的成员是有限的，只有符合特定地缘标准或民族、宗教标准的国家才能加入，如阿拉伯国家联盟、拉丁美洲自由贸易联盟、东南亚国家联盟、非洲统一组织等。

政府间国际组织在国际事务中发挥着重要作用。它们不仅为表达单个国家的意志或多个国家的集体意志提供了一个平台，而且对处理国家间的关系，如促进国家间的社会经济合作，解决国家间的冲突等发挥着重要作用。

联合国是目前规模最大、最具权威性的政府间国际组织。联合国成立于1945年10月24日，是世界反法西斯战争胜利的产物，在二战后的国际政治中发挥着重要作用。

根据《联合国宪章》的规定，联合国的宗旨是：第一，维护国际和平与安全。联合国将“采取有效集体办法”以防止和消除对和平的威胁，制止侵略行为，主张依据国际法原则，以和平方式解决国际争端。第二，发展国家间以尊重各国人民平等权利及自决原则为基础的友好关系。联合国认为，各国人民都有权自愿选择自己的政治、经济和社会制度，都有权获得民族独立。世界各国的友好关系只能以平等和民族自决为前提。第三，进行国际合作。联合国主张不分种族、性别、语言和宗教，加强各国在经济、社会、文化及人类福利方面的合作，并认为这是维护国际和平与安全的必要条件。第四，协调各国行动。联合国将是不同社会制度的国家进行国际协商和合作的重要场所，是协调各国行动的中心。为了实现上述宗旨，联合国制定了联合国组织和各会员国必须遵循的基本原则：联合国组织基于所有会员国主权平等的原则；各会员国应该忠实履行它们依宪章规定所承担的义务；各会员国应该以和平方式解决它们的国际争端；各会员国在它们的国际关系中不得以不符合联合国宗旨的任何方式进行武力威胁或使用武力；各会员国对联合国依照宪章所采取的任何行动应给予一切协助；联合国在维护国际和平与安全的必要范围内，应确保使非会员国遵循上述原则；联合国组织不得干涉在本质上属于任何国家内管辖的事项，但此项规定不应妨碍联合国对威胁和平、破坏和平的行为及侵略行径采取强制行动。

为保证联合国宗旨与原则的实现，联合国设置了六个主要机构：

(1)联合国大会。联合国大会由全体会员国派代表团组成，每年举行一次会议，并自行制定议事规则。大会不是世界会议，而是按各成员国指示行事的政府间国际代表机构。大会是联合国的主要审议机构，不具有立法权，它所通过的决议只具有建议性质，没有法律约束力。尽管如此，它们仍具有在主要国际问题上的世界舆论影响力以及在国际社会道义方面的权威性。

(2)安全理事会。根据《联合国宪章》的宗旨及原则，安理会负有维持国际和平与安全的责任，是唯一有权采取行动的联合国机构。安理会有权调查引起国际争端或摩擦的任何情况，并可提出解决这些争端的方式或办法。会员国或接受《联合国宪章》的非会员国、联合国大会或秘书长，均可就国际和平与安全问题提请安理会注意。安理会有权断定任何威胁和平、破坏和平或侵略等行为的存在，并可提出采取强制措施以维持或恢复国际和平与安全的建议或做出这方面的决定，如认为这些措施还不能解决问题，它可以通过采取军事行动解决这些问题。安理会还有向联合国大会提出年度报告、特别报告、对战略性地区行使托管等职能。安理会由 5 个常任理事国和 10 个非常任理事国组成。5 个常任理事国是中国、法国、俄罗斯(1991 年 12 月苏联解体后席位由俄罗斯联邦接替)、英国、美国。非常任理事国由联合国大会选举产生，最初为 6 个，1965 年开始增加到 10 个，席位按地区分配，即亚洲 2 个、非洲 3 个、拉美 2 个、东欧 1 个、西欧及其他国家 2 个。非常任理事国任期 2 年,经选举每年更换 5 个,不能连选连任。根据地域分配原则,每次新选出的 5 个成员国中应包括来自亚洲和非洲的 3 个国家、1 个东欧国家和 1 个拉美或加勒比地区国家。

(3)经济及社会理事会。经济及社会理事会是根据《联合国宪章》设立的,是联合国六个主要机构之一,由 54 个理事国组成,经联合国大会选举产生,任期 3 年。其职能和权力是:为讨论全球性或跨学科性质的国际经济及社会问题,并就此类问题制定面向各会员国和整个联合国系统的政策建议,提供中心讲坛;从事或发起关于国际经济、社会、文化、教育、卫生及其他有关事项的研究和报告,并提出有关建议;促进对人权和基本自由的尊重和遵守;就其职权范围内的事项,召开国际会议和起草提交大会的公约草案;与各专门机构商定协定,以确定这些机构与联合国的关系;通过同各专门机构磋商和向其提出建议,以及通过向大会和联合国各会员国提出建议来协调各专门机构的活动;经大会许可,为联合国会员国服务,并在专门机构的请求下为专门机构服务;同与经社理事会所处理事项有关的非政府组织磋商。

(4)秘书处。秘书处由在联合国纽约总部和在世界各地工作的全体国际工作人员组成,从事联合国各种日常工作。秘书处为联合国其他主要机关服务,并执行这些机关制定的方案与政策。秘书处的首长是秘书长,秘书长为联合国的行政首长,由联合国大会根据安全理事会的推荐任命,任期 5 年,可以连任。

(5)联合国托管理事会。随着联合国的最后一个托管领土帕劳取得独立,联合国托管理事会于 1994 年 11 月 1 日正式停止运作。

(6)国际法院。它是联合国的主要司法机关,根据 1945 年 6 月 26 日在旧金山签署的《联合国宪章》设立,以实现联合国的一项主要宗旨:“以和平方法且依正义及国际法之原则,调整或解决足以破坏和平之国际争端或情势。”国际法院设在荷兰海牙的和平宫。在联合国六个主要机构中,国际法院是唯一设在纽约以外的机构。

联合国成立后,在解决全球和地区热点问题、推动国际军控与裁军事务、促进全球经济发展和社会进步、保护全球环境、促进可持续发展、反对种族主义与保障人权、推动非殖民化、促进国际法体系的完善等方面发挥了积极作用。冷战结束后,联合国的权威和作用在某些重大国际事务,如第二次海湾战争中受到了挑战。但是,60 多年的历史表明,联合国不是可有可无的,当今的世界仍然需要联合国。第一,联合国是实践“多边主义”的最佳舞台,是最具代表性的世界性集会场所,是各会员国最重要的国际讲坛。第二,联合国是缓和国际冲突的重要渠道,是集体应对各种威胁和挑战的有效平台,是维护世界和平的基地。联合国所确立的国际关系准则,联合国的道义力量,安理会的干预、斡旋和强制干预等措施,对遏制冲突爆发以及缓解已经爆发的冲突,起到重要的作用。事实也表明,安理会已经成为世界的安全阀,它往往是解决国际争端的最后场所,能有效避免事态的扩大化。第三,联合国是进行"悄悄外交"的理想场所。在联合国内外广泛存在的多边和双边外交活动,为各成员国之间进行直接的、迅速的接触提供了十分有利的条件,这有助于各国之间的了解,也有助于各国间的谅解与合作,是增进各国友谊的理想场所。第四,联合国是推动全球经济、社会发展的重要力量。从20世纪60年代开始,联合国大会连续实施了4个"十年国际发展战略"。2000年9月,联合国千年首脑会议确定了"千年发展目标",制定了到2015年应达到的指标,向贫困、疾病、环境污染等发展问题宣战。"千年发展目标"已成为国际发展合作里程碑式的文件。联合国还率先提出和推广了对世界经济发展模式产生重大影响的"可持续发展"和"环境保护"等新理念,召开了一系列有关发展问题的全球性首脑会议。这些对世界经济和社会发展都有积极的推动作用。第五,联合国是制定国际法和国际规范的主要机构。到20世纪90年代中期,联合国已经制定了300多个国际条约,其内容从维护世界和平到促进发展,从保护儿童权利到防治艾滋病,从保护海底资源到和平利用外层空间,无所不包。至今,联合国已倡议制定了500多个多边协定(包括条约、公约和标准),内容从规范一般国际关系到涉及世界各地人民的日常生活,因而更具广泛性和全面性。这些多边协定对于批准国具有法律约束力,是联合国维护世界和平与稳定的基石。

(三)非政府组织

联合国对"非政府组织"的定义是:"在地方、国家或国际级别上组织起来的非营利性的、自愿公民组织。"这一定义体现了非政府组织的一般特征,即非政府性、非营利性、非政党性,是具有合法性、公益性和带有一定程度的自愿性的民间机构。

非政府组织最早起源于19世纪初期的欧洲,其早期主要从事教育、社会福利、传教等活动。一般认为,"非政府组织"一词最早是在1945年6月签订的《联合国宪章》第71款中正式使用的。其中规定联合国经社理事会"为同那些与该理事会所管理的事务有关的非政府组织进行磋商作适当安排"。1952年,联合国经社理事会在第228(X)号决议中将"非政府组织"定义为:"凡不是根据政府间协议建立的国际组织都可被看作非政府组织。"经社理事会所给定义最初仅限于国际性的非政府组织。随着形势的发展,非政府组织自身也在不断变化发展,经社理事会的定义已经不能反映形势的变化。1996 年,经社理事会通过的 1996/31 号决议扩大了"非政府组织"概念的外延,把国际、国内和社区的公民组织均列为非政府组织。

第二次世界大战后,国际性的非政府组织得到很大发展。据国际社团联合会统计,截至 1981 年,国际性的非政府组织已达到 13309 个,1991 年为 23635 个,到 2001 年达到 47098 个。在现代国际社会,非政府组织参与了越来越多的国际活动,其影响遍布社会生活的各个领域。

非政府组织能够越来越广泛地参与国际事务,对世界政治、经济和社会生活产生越来越大的影响和作用,是与其自身的优势有着密切关系的。其优势在于:第一,非政府组织一般都是社会公益性的中介机构,它们一般把社会利益作为追求的目标。国际性的非政府组织总在一定程度上反映着国际社会的共同利益,能够比较长期地坚持和追求相对单一的主张和目标。且许多非政府组织的成员具有很强的事业心和献身精神,因而颇受国际社会和合作对象的欢迎。第二,非政府组织的成员大多是知识分子,尤其是那些专业性很强的组织往往集中了许多专家。这使得非政府组织能够经常不断地提出有科学性的、说服力很强的新思想、新概念和新举措。第三,非政府组织在组织体制、组织机构和活动方式上有很大的灵活性,很好地克服了官僚主义的弊病。非政府组织利用其分布于世界各地、接近社会基层的网络了解民情、体察民意,快速收集信息并互通有无,因而对事物和问题的反应比较灵敏迅速,决策及时恰当。

非政府组织与联合国的关系及其对联合国事务的广泛参与,充分体现了非政府组织对国际事务的参与程度及其影响和作用。

1968 年,联合国经社理事会通过的第 1296 号决议中,首次对联合国与非政府组织关系的法律框架做出了规定。决议肯定了非政府组织的范畴,同时允许非政府组织在符合一定条件时获得联合国经社理事会咨商地位。获得联合国经社理事会咨商地位的非政府组织,可以按照规定参与联合国事务,因此很多非政府组织都努力争取在经社理事会的这一地位。20 世纪 90 年代后,取得咨商地位的非政府组织数目迅速增加,在 1998 年达到 1350 个。截至 2004 年 8 月,共有 2530 个非政府组织获得经社理事会咨商地位。此外,自 20 世纪 80 年代以来,联合国体系内的一些专门机构和附属机构,也在努力发展同非政府组织之间的联系,构建和非政府组织的合作机制。有的设有专门的部门处理与非政府组织有关的事务,如联合国教科文组织设有非政府组织会议,世界银行设有非政府组织——银行委员会;还有一些联合国机构与特定的非政府组织有着经常性的密切联系,如联合国难民事务高级专员与自愿机构国际委员会之间、在联合国人类居住中心与居住国际联盟之间，以及联合国环境规划署与环境联盟之间。

20 世纪 90 年代以来，与联合国大会平行举行的非政府组织论坛的人数规模有很大发展，活动形式也日趋多样，有的参加人数甚至超过联合国大会人数。它能对联合国和各国政府施加舆论影响和压力，从而对联合国的决策和决议产生相当大影响。

近年来，非政府组织已经不限于支持联合国开展的活动、传播有关联合国的知识和信息、向联合国提供咨询意见等传统的参与方式，还不断突破原有的规定和限制，不但成功取得参加一些重大国际会议的权利，而且争取到参与会议筹备工作，甚至文件及决议的起草权利，从而使其有可能直接影响联合国对重大国际问题的决策。由于非政府组织拥有各方面的专家和人才，他们活动能量很大，联合国倡导和采用的许多新思想、新概念和新举措，特别是在保护环境、坚持可持续发展、促进人权保护、减灾和防治疾病等领域的一些方针、政策，不少就首先出自非政府组织，有的则是在非政府组织的大力宣传和推动下为国际社会所普遍接受。可以说，非政府组织正在不断加大对联合国事务的参与程度，成为某些决策的推动者和参与者。

非政府组织与联合国系统已经形成多层次的关系网络和参与机制，有机会不同程度地接触和参与联合国系统的活动，并对之施加影响。正如前联合国秘书长安南所说的："联合国曾经只同政府部门打交道，到现在，我们了解到没有政府部门、国际组织、商业社团和民间社会参与，和平和繁荣是不可能实现的。在今天的世界里，我们彼此依靠。"①

三、跨国公司

跨国公司是指那些通过对外直接投资，在其他国家或地区设立分支机构或子公司，进行跨国生产和经营以获取高额利润的跨国经济组织。

跨国公司是人类社会经济活动发展到一定阶段的产物。19 世纪六七十年代，一些欧洲国家就开始对殖民地进行直接投资。但是这种投资主要集中于铁路建设和矿业开采，目的是对殖民地资源进行掠夺，而对制造业的投资则比较少。后来，为了争夺世界市场，避开贸易限制，一些大公司开始对国外生产领域进行直接投资，这样现代意义上的跨国公司就产生了。20 世纪特别是第二次世界大战后是跨国公司大发展时期。据统计，全世界的直接投资，1919 年是 143

---

① 转引自李铁成主编《走近联合国》，北京：人民出版社，2008 年，第 194 页。

亿美元,1938 年为 263.5 亿美元。第二次世界大战后发展迅速,到 1978 年西方发达国家的对外直接投资为 3693 亿美元,1983 年增至 6000 亿美元以上,1988 年全世界直接对外投资累计总额首次突破 1 万亿美元,1992 年上升到 2 万亿美元,1995 年达到 2.7 万亿美元。1992 年世界排名前 100 名的跨国公司,拥有的资产达到 3.4 万亿美元,其中 40%投在国外。这些公司控制了世界对外直接投资量的 1/3。到 1998 年,遍布全球的跨国公司达到 5.3 万家,其附属公司有 45 万家,销售总收入更是达到 9.5 万亿美元。根据联合国贸易与发展会议发布的《2004 年世界投资报告》,2004 年全世界有 6.2 万家跨国公司,它们的海外子公司达到 92.7 万家,对外直接投资额高达 7 万亿美元。跨国公司海外子公司的产值占全世界 GDP 的 1/10 和出口贸易的 1/10。

作为一个跨国的经济实体,跨国公司参与国际政治体系的运行,其行为方式必然带有不同于一般国际行为主体的特点:第一,跨国公司凭借强大的经济实力对国际政治体系产生重要影响。跨国公司一般都拥有强大的经济实力,有的跨国公司的经济实力甚至超过许多主权国家。若以跨国公司的年销售额与主权国家的国内生产总值相比,世界上 100 个最大的经济体中跨国公司的比例超过一半。世界排名第一的美国通用汽车公司,1996 年的销售额就达到 1683.69 亿美元,在当年世界各国的国内生产总值排名中居第 24 位,居然超过了挪威、南非、希腊和新加坡等国当年的国内生产总值。由于拥有如此巨大的经济实力,所以跨国公司的跨国经济活动,促进了生产和资本的国际化,推动了国际分工、国际贸易的发展和世界经济一体化的进程。第二,为维护自身的经济利益而影响母国和东道国的决策过程,进而影响母国和东道国关系的发展。由于跨国公司拥有巨大的经济实力,它的存在对母国的经济和经济实力产生重大影响,并进而在政治和社会方面产生重大影响。因此,跨国公司的存在及其行为与母国和东道国的利益密切相关,从而直接影响这些国家对外决策。第三,跨国公司凭借超越国家主权和法律之上的特殊地位,形成相对独立的行为能力,直接参与国际事务。由于跨国公司在母国以外的经营活动不受母国法律的约束,而东道国为吸引投资对其经营活动又制定了种种优惠政策,所以跨国公司总是利用跨国性的经济活动来削弱和摆脱某一具体国家的控制和管辖。这样,跨国公司就成为一种超越国家之上的、相对独立的特殊力量,从而直接参与国际事务,对国际政治的发展产生特殊影响。

今天的世界经济体系已经发生重大变化,经济全球化使几乎所有的国家都被包容在庞大的全球经济体系之中。国际经济联系的加强势必加大世界各国的相互依存度,使得当今世界的许多重大问题都必须从整个世界的角度去寻求解决的办法，同时，随着当今世界各国相互依存的日益加强，军事因素的作用受到限制，而经济因素在国际关系中的地位则得到提高，国际经济与国际政治的相互影响日益加深。跨国公司在发展及活动过程中，加深了世界经济一体化的发展趋势，同时，通过它们在经济领域的活动加强了各国的政治联系，对当今国际关系的发展起着重要作用。

思考题

1. 什么是国家主权？国家主权由哪些权力构成？
2. 怎样理解全球化对传统国家主权的影响？
3. 怎样理解国家利益的民族性和阶级性？
4. 国家力量由哪些要素构成？
5. 什么是国际冲突和国际合作？文化对国际冲突和国际合作有哪些影响？
6. 非主权国家行为主体有哪些特征？
7. 为什么说当今世界仍然需要联合国？

参考文献

1. 李少军. 国际政治学概论[M]. 上海：上海人民出版社，2004.
2. 俞正樑. 当代国际政治学导论[M]. 上海：复旦大学出版社，1996.
3. 宋新宁，陈岳. 国际政治学概论[M]. 北京：中国人民大学出版社，2000.
4. 阎学通. 中国国家利益分析[M]. 天津：天津人民出版社，1997.
5. 梁守德，洪银娴. 国际政治学理论[M]. 北京：北京大学出版社，2000.

第二章
当代世界经济

当代世界经济，是不同发展水平的国家与国家集团所组成的相互联系、相互依赖、共同运动的经济有机整体，是国际关系行为主体超越国界进行生产、分配、交换、消费等活动的总和。它是社会生产力发展到一定历史阶段的产物，是在世界市场与国际分工的基础上形成的，世界范围的国际生产力、生产关系以及与其相适应的国际交换关系相互作用的结果。随着 17、18 世纪资本主义生产方式的确立，以国际分工为基础的各国间的商品交换和世界市场的出现，使各国逐渐卷入资本主义世界经济体系。19 世纪末 20 世纪初，世界各国的经济活动进一步国际化，国际分工和世界市场向纵深方向发展，在此基础上世界经济最终确立。第二次世界大战后，世界经济进入了一个迅猛发展的新阶段，特别是在第三次科技革命的推动下，无论是生产力的发展，还是经济体制的改革、国际经济关系的变化，都有新的突破。冷战结束以后，发展经济、振兴经济已成为时代的主旋律，经济在国际社会中的地位和作用更加突出，因此，把握世界经济的主体和构成基础、了解世界经济的运行机制、认清世界经济发展和演变的趋势、研究世界经济变化发展的特点及其规律性，有助于我们从更深层次来把握当今世界经济发展的趋势和走向。

第一节 世界经济的构成、行为主体及运行机制

世界经济不等于各国各地区经济的简单总和,但世界各国各地区经济是世界经济形成的基础。世界经济通过国际贸易、国际金融、世界市场、国际资本与资金流动、技术与劳动力的国际交换等联结各国各地区经济。各国的企业、跨国公司和国家、区域以及国际经济组织是当代世界经济的主要行为主体。世界贸易组织、国际货币基金组织、世界银行、亚太经济合作组织等世界和区域性经济组织对世界经济产生了重大影响。各国的生产力水平、科学技术水平、经济结构、国际分工体系、国际经济制度、世界政治环境等因素影响和制约着世界经济的发展。世界经济体系的基本构成和各国各地区经济的相互依赖关系,决定着世界经济主要力量的构成和变化态势,并对国际社会的发展、变化产生了深远影响。

一、世界经济的构成

当代世界经济由世界市场、国际贸易、国际金融、国际投资和国际经济协调等构成。

世界市场是世界范围内的商品交换和商品流通,是通过商品交换把各国市场紧密联系起来的总体。它既是世界范围内跨越国界的交换过程和场所,也是世界各国之间进行商品和劳务交换的领域。它包括由国际分工联系起来的各个国家商品和劳务交换的总和。

“世界市场”这一概念是由其外延和内涵两方面构成的,“世界市场”的外延指的是它的地理范围。“世界市场”的内涵指的是与交换过程有关的全部条件和交换的结果,包括商品、劳务交换、技术转让、货币、运输、金融、保险等业务,其中商品是主体,其他业务是为商品和劳务交换服务的。

从广度上来看,世界市场是从区域性国际市场演变而来的,而它形成后又不断地将市场外的国家和地区纳入到这一体系中。从深度上来看,世界市场在初期主要是有形的商品市场。随着国际分工的不断深入、生产要素国际流动的日益频繁,资本的国际流动和技术转让逐渐成为世界市场的一个重要组成部分。世界市场正在成为各国的国别价值转换为国际价值并实现价值增值的重要环节。

国际贸易是指不同国家或地区之间的商品和劳务交换活动。国际贸易是商品和劳务的国际转移。国际贸易也叫“世界贸易”。国际贸易由进口贸易和出口贸易两部分组成,故有时也称为“进出口贸易”。从一个国家的角度看,国际贸易就是对外贸易。

国际贸易是在一定的历史条件下产生和发展起来的。形成国际贸易的两个基本条件:一是社会生产力的发展,二是国家的形成。社会生产力的发展,就产生出用于交换的剩余商品;这些剩余商品在国与国之间交换,就产生了国际贸易。

按商品的形态可将国际贸易划分为:有形贸易,即有实物形态的商品的进出口。例如,机器、设备、家具等都是有实物形态的商品,这些商品的进出口称为“有形贸易”,又称“货物贸易”。无形贸易,即没有实物形态的技术和服务的进出口。例如,专利使用权的转让,以及旅游、金融保险企业跨国提供服务等都是没有实物形态的商品,其进出口称为“无形贸易”。

国际贸易仍然属于商品交换范围,与国内贸易在性质上并无不同,但由于它是在不同国家或地区间进行的,所以与国内贸易相比具有以下特点:第一,国际贸易要涉及不同国家或地区在政策措施、法律体系方面可能存在的差异和冲突,以及语言文化、社会习俗等方面的差异,所涉及问题远比国内贸易复杂。第二,国际贸易的交易数量和金额一般较大、运输距离较远、履行时间较长,因此交易双方承担的风险远比国内贸易要大。第三,国际贸易容易受到交易双方所在国家的政治、经济变动,双边关系及国际局势变化等条件的影响。第四,国际贸易除了交易双方外,还需运输、保险、银行、商检、海关等部门的协作、配合,过程较国内贸易要复杂得多。这里,主要是对国际贸易与国内贸易进行一些对比。国际贸易与国内贸易既存在共性,又有很大区别,国际贸易比国内贸易更为复杂。

国际金融是各国之间由于政治、经济、文化等联系而产生的货币周转和运动。国际金融的出现是以国家间的商品交换为前提,它与一国的国内金融既有密切联系,又有很大区别。国内金融主要受一国金融法令、条例和规章制度的约束,而国际金融则受到各个国家互不相同的法令、条例以及国际通用的惯例和通过各国协商制定的各种条约或协定的约束。由于各国的历史、社会制度、经济发展水平各不相同,因而它们在对外经济、金融领域采取的方针政策有很大差异,这些差异有时会导致十分激烈的矛盾和冲突。

国际金融包括国际收支、国际汇兑、国际结算、国际信用、国际货币体系和国际金融市场等方面的内容。国际收支即一国和其他国家之间的商品、债务和收益的交易以及债权债务的变化。国际汇兑是指因办理国际支付而产生的外汇汇率、外汇市场、外汇管制等安排和活动的总和。国际结算是指国家间办理货币收支调拨，以结清不同国家两个当事方之间交易活动的行为。它主要包括支付方式、支付条件和结算方法等。国际信用是国际货币资金的借贷行为。经过几个世纪的发展，现代国际金融领域内的各种活动几乎都同国际信用有着紧密联系。没有国际信用和借贷资金不停的周转运动，国际经济、贸易往来就无法顺利进行。国际信用主要有：国际贸易信用、政府信贷、国际金融机构贷款、银行信用、发行债券、补偿贸易、租赁信贷等。国际货币体系和国际金融市场是自发或协商形成的有关国际交往中所使用的货币以及各国货币之间汇率安排的制度，这是国际金融领域的重要组成部分。国际收支、国际汇兑、国际结算、国际信用和国际货币体系之间相互作用、相互影响、相互制约。譬如，国际收支必然产生国际汇兑和国际结算；国际汇兑中的货币汇率对国际收支又有重大影响；国际收支的许多重要项目同国际信用直接相关，等等。

国际投资是指某国的企业、个人或政府机构以资本增值或其他经济利益为目的所进行的超出本国疆界的投资。一般是国际货币资本及国际生产资本跨国流动的一种形式，是将资本从一个国家或地区投向另一个国家或地区的经济活动。国际投资有国际直接投资和国际间接投资两种基本形式。国际直接投资，是指投资者到国外直接开办工矿企业或经营其他企业，也就是将资本投放到生产经营活动中，因而投资者对企业或某项经济活动有一定的经营权。它包括独资经营、合资经营、合作经营、合作开发以及新发展起来的国际补偿贸易、国际加工装配贸易、国际租赁等具体形式。国际间接投资，主要指国际证券投资以及国际中长期信贷、经济开发援助等形式的对外投资。第二次世界大战前，国际投资几乎全是资本主义国家的资本输出。二战后，苏联、东欧国家开始对发展中国家进行投资。与此同时，一些发展中国家也开始参加对外投资活动，其中主要是石油输出国。到20世纪80年代初，对外投资较多的发展中国家已有40余个。今天，随着国际金融和跨国公司的迅猛发展，国际投资也获得了巨大发展，各国政府不断加大国际投资的力度。跨国公司作为对外直接投资的主角和市场国际化的载体，已成为推动国际投资和世界经济发展的重要力量。

国际经济协调，全称为“宏观经济政策的国际协调”，是指在各个国家或国际组织之间，以发达国家或国际经济组织为主体，就贸易政策、汇率政策、货币政策和财政政策等宏观经济政策进行磋商和协调，适当调整现行的经济政策或联合采取干预政策的行动，以缓解政策溢出效应和外部经济冲击对各国经济的不利影响，实现或维持世界经济均衡，促进各国经济稳定增长。国际经济协调的基础是各国经济的相互依赖和国际经济传递机制。

国际经济协调的本质是各国经济利益的协调。其核心和目标是:调节经济全球化过程中国际共同利益和民族国家利益的矛盾,实现世界经济和各国经济的有序运行,促进世界经济和各国经济的增长。所以,国际经济协调的作用在于:各国政府通过一定方式寻求各国经济利益的共同点,以相互依赖关系和经济传递机制为纽带,实现各国整体利益的最大化和各国内外经济平衡基础上的世界经济均衡。

二战前,西方国家往往也共同采取一些经济政策,对国际经济关系进行协调。但其目的主要是为了应付频繁出现的经济危机,其国际协调的基本特点是特定性和临时性。并且在当时的世界经济格局下,西方发达国家几乎都拥有各自的经济区域和势力范围,相互之间的争斗甚于合作,国际协调的效果极其有限。二战结束后,在吸取二战前经济争斗及经济混乱教训的基础上,西方发达国家逐渐认识到建立统一的国际经济秩序及进行国际经济协调的重要性。随着经济全球化、国际化的发展,国际经济协调得以迅速发展,所涉及的主要是各国的宏观经济政策和对外经济政策。其协调目标经过筛选,确定为 7 项,即经济增长率、通货膨胀率、贸易差额和经常收支、政府财政赤字、货币目标和汇率等。协调的手段则主要是调整贴现率和干预外汇市场。进入 20 世纪 80 年代后,西方国家在调整供给方面的国际协调明显加强。

国际经济协调的发展主要分为两个时期:第一时期是二战后初期至 20 世纪 70 年代初期,建立了布雷顿森林体系和一系列国际经济组织,包括国际货币基金组织、国际复兴开发银行、关税及贸易总协定、经济合作与发展组织、国际开发协会等。这些机构从维护西方国家的利益出发,协调资本主义体系的利益关系,对世界经济、国际贸易、国际金融的发展和减小经济危机的振动幅度产生了一定的积极作用。然而,20 世纪 60 年代后期,随着美国经济实力的逐渐衰落、日本和西欧的崛起,以美元为核心的国际货币体系出现动摇,国际经济协调机制开始发生变化。1973 年以后,随着固定汇率制度的解体,国际经济协调的第一时期遂告结束。

1973～1975 年是两个不同时期的转折点。以美国为核心,以布雷顿森林体系为框架,以机构性协调为特征的旧的国际经济协调机制,因不能适应世界经济发展变化的需要,于 1973 年解体。1975 年西方七国首脑会议的召开,标志着以世界经济多极化为基础,以西方七国多层次经常性会议为组织形式,并辅之以全球性经济机构的国际经济协调机制开始出现,经过若干年的演变,逐步形成一个体系。

国际经济协调的第二时期是从 1975 年起至今。在这一时期,国际经济协调机制出现了许多新的特征：首先是多元化，由主要发达国家共同操作和掌握，从而改变了美国主宰天下的局面；其次，协调机制已初步成熟，机构协调与政府协调并存，双管齐下，走向更高水平；再次，国际协调的方式较为灵活，可根据国际经济运行的需要及时调整战略和具体目标。进入 20 世纪 80 年代后，西方国家在调整供给方面的国际协调明显加强，逐渐形成了国际经济协调组织架构和运行机制。国际经济协调对促进世界经济发展、稳定世界经济、调整世界经济的不平衡、改善世界经济运行方式，起了重要作用。

二、世界经济的行为主体及运行机制

世界经济作为一个有机整体，不仅有其构成，而且有其行为主体和运行机制。世界经济的行为主体主要包括主权国家行为主体和非主权国家行为主体两大类，其中非主权国家行为主体又可分为跨国公司（大型企业）和国际经济组织（包括世界经济组织和区域性经济组织）。正是主权国家行为主体和由跨国公司、国际经济组织等组成的非主权国家行为主体，通过国际分工、贸易、金融等组带建立起来的各种关系，才构成当代世界经济体系的主要内容，推动了世界经济的发展。

迄今为止，主权国家依然是世界经济运行的基本主体，构成世界经济的最主要部分。但随着商品国际化、资本国际化和生产国际化程度的不断加深，世界经济行为主体多样性的特点逐渐显露。在当代，除国家外，跨国公司已成为重要的世界经济行为主体。

跨国公司，又称"多国公司"、"国际公司"、"超国家公司"等。20 世纪 70 年代初，联合国经济及社会理事会成立由知名人士参加的小组，较为全面地考察了跨国公司的各种准则和定义后，于 1974 年做出决议，决定统一采用"跨国公司"这一名称。

联合国跨国公司委员会认为跨国公司应具备以下三要素：第一，跨国公司是指一个工商企业，组成这个企业的实体在两个或两个以上的国家经营业务，而不论其采取何种法律形式经营，也不论其在哪一经济部门经营；第二，这种企业有一个中央决策体系，因而具有共同的政策，此类政策可能反映企业的全球战略目标；第三，这种企业的各个实体分享资源、信息，也分担责任。

跨国公司是垄断资本主义高度发展的产物。它的出现与资本输出密切相关。19 世纪末 20 世纪初，资本主义进入垄断阶段，资本输出大大发展，这时才开始出现少数跨国公司。当时，发达资本主义国家的某些大型企业通过对外直接投资，在海外设立分支机构或子公司，开始跨国性经营。例如，美国的胜家缝纫机器公司、威斯汀豪斯电气公司、爱迪生电器公司、英国的帝国化学公司等都先后在国外活动。这些公司是现代跨国公司的先驱。在两次世界大战期间，跨国公司在数量和规模上都有所发展。第二次世界大战后，跨国公司得到迅速发展。美国跨国公司的数量、规模、国外生产和销售额均居世界之首。据联合国有关机构统计，目前世界上跨国公司的90%在西方国家，90%中又有约一半是美国、日本、德国、荷兰、意大利五国的。在跨国公司的发展中，美国占据绝对重要的地位。

在国际贸易中，传统的竞争手段是价格竞争。即指企业通过降低生产成本，以低于国际市场或其他企业同类商品的价格，在国外市场上打击和排挤竞争对手，扩大商品销路。而今，由于世界范围内尤其是发达国家生活水平的提高、耐用消费品支出占总支出比重的增大，及世界范围内持续通货膨胀造成的物价持续上涨、产品生命周期普遍缩短等因素的影响，价格竞争已很难为跨国公司争取到最多的顾客，取而代之的是非价格竞争。事实证明，非价格竞争是当代跨国公司垄断和争夺市场的主要手段。非价格竞争是指通过提高产品质量和性能、增加花色品种、改进商品包装及规格、改善售前售后服务、提供优惠的支付条件、更新商标牌号、加强广告宣传和保证及时交货等手段，来提高产品的信誉和知名度等，以提高商品的竞争力，扩大商品的销路。目前，跨国公司主要从以下几方面提高商品的非价格竞争能力：提高产品质量，逾越贸易技术壁垒；加强技术服务，提高产品性能，延长使用期限；提供信贷；加速产品升级换代，不断推出新产品，更新花色品种；不断设计出新颖和多样的包装，注意包装的“个性化”；加强广告宣传，大力研究改进广告销售术。

在世界科技开发和技术贸易领域，跨国公司，特别是来自美国、日本、德国、英国、法国等发达国家的跨国公司，发挥着重要的作用。目前，跨国公司掌握了世界上80%左右的专利权，基本上垄断了国际技术贸易；在发达国家，大约有90%的生产技术和75%的技术贸易被这些国家最大的500家跨国公司所控制。许多专家学者认为：跨国公司是当代新技术的主要源泉、技术贸易的主要组织者和推动者。

跨国公司对二战后发达国家的对外贸易起了极大的推动作用。这些作用表现在，使发达国家的产品能够通过对外直接投资在东道国生产并销售，从而绕过贸易壁垒，提高了其产品的竞争力；从原材料、能源的角度看，减小了发达国家对发展中国家的依赖；也使得发达国家的产品较顺利地进入和利用东道国的对外贸易渠道并易于获得商业情报信息。

跨国公司对发展中国家的对外贸易产生了巨大影响。跨国公司对外直接投资和私人信贷,补充了发展中国家进口资金的短缺;跨国公司的资本流入,加速了发展中国家对外贸易商品结构的变化。二战后,发展中国家引进外国公司的资本、技术和管理经验,大力发展出口加工工业,使某些工业部门实现了技术跳跃,促进了对外贸易商品结构的改变和国民经济的发展;跨国公司的资本流入,促进了发展中国家工业化模式和与其相适应的贸易模式的形成和发展。二战后,发展中国家利用外资,尤其是跨国公司的投资,采用工业化模式和与其相适应的贸易模式,促进出口产品的多样化和发展,以增加外汇收入,并带动工业体系的建立和经济的持续增长。

由此可见,跨国公司的海外投资在世界经济中发挥着比国际贸易更大的作用。事实上,跨国公司已成为当代国际经济、科学技术和国际贸易中最活跃、最具影响力的力量。而这种力量随着跨国公司投资总体呈上升趋势还会加强。

在当今世界经济体系中,由于国家利益仍然是国际行为主体关系的基本动因,国家利益的不同必然导致国与国之间的经济摩擦和矛盾;同时,世界经济的相互依存度也大大提高。因此,为了避免国家间经济矛盾发展到激烈对抗的地步,同时避免由于一国经济危机或政策失误对别国造成危害,国际社会产生了加强协调与合作的共同要求。有关国家或国际机构为实现世界经济的稳定,对国际经济活动进行联合磋商和调节,逐步建立并完善了世界经济的协调机制,重点建立了各种世界经济组织和区域性经济组织。

国际货币基金组织、世界银行、世界贸易组织、欧洲联盟、亚太经济合作组织等世界性和区域性经济组织对世界经济产生了越来越大的影响。二战后以来,世界性和区域性经济组织等行为主体越来越广泛地卷入世界市场、国际贸易、国际金融、国际投资、国际经济协调等世界经济活动之中。

国际货币基金组织(IMF),是全球性政府间的国际金融组织,成立于1945年12月,是《布雷顿森林协定》的产物,1947年11月成为联合国的专门机构,是二战后国际货币体系的核心。国际货币基金组织的首要任务是保持汇率的稳定、国际收支的平衡,主要满足成员国国际收支不平衡时产生的短期外汇资金需求。它具有根据协定监督、协调和融通资金的作用。目前有150多个国家或地区参加。

世界银行(WB),又称"国际复兴开发银行",是全球性政府间的国际金融组织。成立于1944年12月,也是《布雷顿森林协定》的产物。它同国际货币基金组织紧密配合、互相联系。世界银行侧重于支持成员国的经济发展计划和经济开发,提供和组织长期贷款,重点在发展中国家,任务是资助发展中国家克服贫困。各机构在减轻贫困和提高生活水平的使命中发挥着独特作用。现有成员国或地区 170 多个。

世界贸易组织(WTO),它的前身是关税和贸易总协定(GATT),是一个关于关税和贸易准则的多边国际协定,1948 年 1 月 1 日协定正式生效。1986 年至 1994 年的乌拉圭回合谈判形成的“最后文件”在规范世界贸易竞争规则和加快贸易自由化方面取得了重要进展,并宣布成立世界贸易组织取代关贸总协定。1995 年 1 月 1 日世界贸易组织正式运行,它是世界多边贸易体制的权威性机构,是具有法人地位的国际组织,它在调节成员争端方面更具权威性和有效性。它继承了关贸总协定的基本原则,以推动实现世界贸易自由为目标,特别是将知识产权、投资措施和服务贸易等纳入世界多边贸易体系的法律框架。它的成立,是世界贸易史上里程碑式的大事,标志着统一的世界贸易组织的诞生,对世界经济和国际贸易关系产生了重大影响。现有正式成员国或地区 158 个。

以上主权国家、跨国公司和国际经济组织作为世界经济行为主体,在当今世界经济发展中起着重要作用。它们之间相互联系、相互作用、相互影响,构成世界经济运行的机制。关贸总协定通过一系列多边谈判,在规范世界贸易竞争规则和加快贸易自由化方面不断取得新进展,对推动世界贸易的增长起到了显著作用,世界贸易组织巩固、扩大和完善了关贸总协定在世界经济贸易中的作用。国际货币基金组织、世界银行在维护世界经济秩序,促进各国经济平稳发展,减轻贫困和提高生活水平方面起着重要作用。但应该指出的是,在发达资本主义国家占主导地位的世界经济中,这些经济组织也有很大的局限性,突出表现在这些组织被发达国家所控制,因此在运作中较多地向发达国家的利益倾斜,有时甚至被少数国家用来对发展中国家进行约束和限制。

第二节　二战后世界经济格局的演变

格局是指事物的内在结构或态势。世界经济格局是指世界经济主体(国家、国家集团、跨国公司和国际经济组织等,主要是指国家)在世界经济领域里所形成的结构态势。其主要内容是各经济主体在世界经济领域所居地位、所起作用以及相互之间的实力对比和权力分配关系。核心是在世界经济舞台上,谁在主导、支配,谁被主导、被支配,或者谁是主角、谁是配角。就外延而论,世界经济格局可以划分为一元格局、二元格局和多元格局等。

影响世界经济格局形成及变动的因素很多,其中起决定性作用的是各经济主体经济实力的此消彼长以及各经济主体经济实力的对比。第二次世界大战以来，伴随各经济主体，主要是各国和国家集团经济实力的变动与消长，世界经济格局经历了一个不断演进和变化的过程，其轨迹可以划分为三个阶段：即二战后初期到20世纪60年代末美国称霸世界经济领域；20世纪70年代后世界经济向多极化方向发展；20世纪80年代末以来世界三大区域经济集团化加快发展。总之，在二战后短短的60多年中，世界经济格局经历了从一极到多极的演变过程。

一、二战后初期到20世纪60年代末美国称霸世界经济领域

在第二次世界大战爆发前的近200年中，欧洲国家一直处于世界的经济中心地位。这些国家以先进的工业、技术和雄厚的经济实力为后盾，通过军事手段、殖民统治及海外贸易，使亚非拉甚至北美地区成为自己的原料基地和商品市场，从而逐步形成以欧洲为中心、其他地区为外围的世界经济体系。19世纪以后，随着美国和日本资本主义经济的发展，欧洲国家的经济中心地位受到了挑战，原有的世界经济体系发生了深刻变化，但直到二战爆发时，欧洲的中心地位仍未发生根本改变。

第二次世界大战，德、意、日三国战败，英、法等战胜国也遭受战争的严重破坏，经济滑坡严重，只有美国利用战争扩充了经济实力。美国不仅在工业生产上占压倒性优势，而且在国际贸易和金融领域也确立了自己的统治地位。到1948年美国工业生产占资本主义世界的56.4%，其出口额占资本主义世界的32.5%，黄金储备占资本主义世界的74.6%。美国经济的急剧增长使美国迫切需要扩大在国外的商品和投资市场，以保持战后经济的稳定发展，西欧和日本则需要注入大量资金来医治战争创伤，摆脱社会政治、经济的全面危机。二战后世界经济的发展，有利于美国称霸世界经济领域，美国是世界最大的资本输出国，纽约成为世界的金融中心；美国拥有最大的经济规模和市场，大大高于其他国家的人均国民生产总值。美国正是凭借自己巨大的经济实力和优势，采取种种措施，夺取了世界经济霸权。其基本步骤：

1.建立以美元为中心的国际货币体系。1944年7月，在美国的新罕布什尔州布雷顿森林召开了有44个国家参加的国际货币金融会议，通过了《联合国货币金融会议最后议定书》及《国际货币基金组织协定》、《国际复兴开发银行协定》两个附件，即《布雷顿森林协议》，确立了美元在战后国际金融领域的中心地位。

2.缔结关税和贸易总协定。1947年,美、英、法等23个国家在日内瓦签署了《关税和贸易总协定》。从形式上看,它只是一个有关关税和贸易准则的国际性多边协定,但它一直起着国际经济组织的作用。作为《布雷顿森林协议》的补充,它为美国在经济领域谋取全球霸权起到了巨大作用,客观上也为资本主义世界的经济贸易创造了一个自由环境,推动了二战后国际贸易和世界经济的发展。

3.实施"马歇尔计划"。1947年6月,美国国务卿马歇尔提出"欧洲复兴计划"(即"马歇尔计划"),加强了对西欧国家政治和经济的控制,把西欧纳入美国对苏联冷战的战略轨道。建立"经济安全网"和"军事安全网",既增强了西方盟国的经济、军事安全感,又使西方盟国接受美国的领导。

4.推行"第四点计划"。1949年,杜鲁门提出援助开发落后地区的"第四点计划",实质是在给亚非拉地区不发达国家以技术援助和投资的幌子下,加强对外经济扩张,控制受援助的不发达国家。

5.对社会主义国家实行经济和技术封锁。1949年11月,美国操纵西方国家共同成立了"巴黎统筹委员会",对社会主义国家进行经济、技术封锁。1951年,美国通过《巴特尔法案》(通称《禁运法案》),将其他西方国家完全纳入美国的战略轨道。

美国凭借其经济实力和称霸战略的实施,建立有利于美国和西方资本主义的国际秩序,占据了资本主义世界的霸主地位。同时,这一时期相对稳定的世界政治格局创造了相对稳定的国际经济环境,各国经济进入高速增长的"黄金时代",1955～1970年,全世界年均国民生产总值的增长率高达5.1%。尽管世界各类国家发展的条件和基础不同,但它们的国民经济都得到了较快发展。正是由于不同国家经济发展速度和发展水平的差异,才导致各国尤其是大国实力对比发生明显变化,世界经济格局中的多极化趋势逐渐显露。这一时期的另一个特点是,社会主义经济被隔绝在美国主导的世界经济体系之外,东西方经济关系隔绝,不利于生产要素在世界范围内实现最优配置,给社会主义各国经济发展造成损失。

二、20世纪70年代后世界经济向多极化方向发展

20世纪70年代世界经济的发展出现了巨大转折。发达资本主义国家经济高速增长时期结束,进入经济"滞胀"时期,经济发展速度明显放慢;苏联及东欧社会主义国家经济体制的弊端日益暴露,经济增长速度逐渐放缓;受国际经济环境恶化的影响,发展中国家经济增长速度也开始放慢。

造成世界经济增长速度放慢的主要原因有：

1. 国际金融体系受到巨大冲击。20 世纪 70 年代初，随着美国经济地位的相对削弱，美元信用发生了动摇。1971 年 12 月和 1973 年 3 月美国政府两次宣布美元贬值，美元与其他国家货币的关系由固定汇率制转为浮动汇率制，“布雷顿森林体系”宣告瓦解，国际货币体系进入新的混乱动荡时期。

2. 发展中国家石油斗争引发的能源危机，打乱了国际贸易旧有的价格体系。长期以来西方发达国家凭借不合理的国际经济旧秩序，特别是价格剪刀差对发展中国家的石油资源进行掠夺。国际石油垄断组织从发展中国家进口石油的标价一直维持在每桶 1～3 美元左右，这种不合理的价格体系引起了石油输出国的强烈反对。1973 年 10 月，在第四次中东战争期间，阿拉伯石油输出国团结一致，以石油为武器，从国际石油垄断组织手中夺回了石油定价权，减少石油生产，大幅度提高油价，对一些国家实行石油禁运，将石油标价从原来的每桶 3 美元提高到 11 美元，打乱了旧的国际贸易价格体系，对各国经济，特别是发达资本主义国家的经济形成巨大冲击。

3. 发达国家特别是美国逐渐陷入经济增长缓慢而通货膨胀、失业严重的困境。长期以来，发达资本主义国家在凯恩斯主义理论指导下，推行的刺激经济发展政策的副作用日益显现，出现通货膨胀率成倍增长与大量失业同时并存的“滞胀”局面。在 1973 年石油危机的冲击下，资本主义世界发生了二战后最严重的一次经济危机。在这次危机中，美国的工业生产下降幅度达 15.1%。日本的工业生产下降幅度达 19.3%。西欧国家中以英国下降幅度最大，其他国家的这次危机也都比二战后的历次危机严重。

20 世纪 70 年代以后，世界经济向多极化方向发展并呈现出以下特点：

1. 资本主义世界从一国独霸逐渐转变为三足鼎立的局面。随着西欧、日本的经济增长，在资本主义世界经济体系中逐步形成美、欧、日三足鼎立之势。从国民生产总值的对比看，西欧、日本和美国的实力差距在迅速缩小，20 世纪 70 年代末，欧共体的国民生产总值首次超过美国。到 1985 年外国拥有的美国资产超过了美国拥有的外国资产，美国已经从最大的债权国变成最大的债务国，美、欧、日在贸易、金融、投资领域的矛盾和斗争日益尖锐，美国面临着欧、日的强劲挑战。

2. 两大体系之间的关系发生了较大变化。20 世纪 50～60 年代苏联、东欧社会主义国家经济保持持续高速增长。1950 年，苏联的国民生产总值只相当于美国的 31%，到 1970 年，苏联的国民生产总值已相当于美国的 65%，成为仅次于美国的世界第二经济大国。东欧国家的经济实力也大大增强，人民生活水平有了较大提高,20世纪70年代以后东西方国家经济交往的隔绝状况被打破,两大经济体系之间的关系发生了较大变化。与此同时,苏联、东欧等社会主义国家高度集中的计划经济体制的缺陷开始暴露。

3.发展中国家经济实力增强,但两极分化现象趋于严重。发展中国家经济总体呈上升趋势,出现了一些新兴工业国家或地区。二战后大批殖民地半殖民地国家挣脱殖民主义枷锁,成为独立的发展中国家,收回了过去被帝国主义国家控制的经济主权,经济实力有所增强。

尤其令人瞩目的是,20世纪70年代,当发达资本主义国家的经济陷于"滞胀"时,一些发展中国家和地区的经济却蓬勃发展,工业化程度迅速接近工业发达国家的水平,成为新兴工业国家或地区。如亚洲的"四小龙"——新加坡、韩国、中国香港地区和中国台湾地区,还有拉丁美洲的巴西、墨西哥等。

世界经济中多种力量的发展促使世界经济趋向多极化。世界经济多极化局面的出现无疑是进步的,动摇了单个国家的经济霸权,顺应了世界经济发展的全球化趋势,为世界政治格局向多极化发展奠定了基础。

三、20世纪80年代末以来世界三大区域经济集团化加快发展

20世纪80年代在世界经济不稳定、低速增长和经济全球化的大背景下,各种不同类型的国家普遍进行了经济调整和改革。这种经济调整和改革的不同结果,促使世界经济格局进一步发生变化,区域经济集团化有了长足发展。美、欧、日三大经济中心的较量越来越复杂激烈,直接推动了西欧、北美、亚太经济区域化的发展,形成欧洲联盟、北美自由贸易区、亚太经合组织三大区域组织相互影响、相互依存和矛盾斗争的新格局,它对世界经济发展走向的影响引人注目。

1.欧洲联盟(EU)。它是经济一体化程度最高的一个区域性集团,现有27个成员国,其一体化程度仍在逐步提高。欧洲的一体化进程起步于1951年的《欧洲煤钢联营条约》;1957年根据《罗马条约》成立欧洲经济共同体和欧洲原子能共同体;1965年决定三个机构合并为欧洲共同体,合并条约于1967年生效。欧共体成立以来,经过几十年的努力,西欧经济一体化取得了巨大成就。1991年12月,12个欧共体成员国首脑在荷兰的马斯特里赫特签署了《欧洲联盟条约》(又称《马斯特里赫特条约》)。该条约包括《欧洲经济与货币联盟条约》和《欧洲政治联盟条约》。1993年11月,条约生效,欧洲共同体正式更名欧洲联盟。1995年1月瑞典、芬兰、奥地利加入,联盟由12国扩大为15国。1999年1月1

日欧元如期启动，此举是“布雷顿森林体系”崩溃以来国际货币体系中最重大的变革。2000年12月，欧盟尼斯会议签署了《欧洲基本权利宪章》，为欧盟的扩大奠定了基础。截至2003年，除了英国、丹麦、瑞典外，欧盟12个国家使用单一的货币——欧元，实现了经济与货币联盟计划。同时，在欧盟的范围内，已经实现了商品、资本、劳务、人员等生产要素的自由流动，欧盟各国的相互关系越来越紧密。2002年，欧盟总人口3.76亿，面积323.5万平方公里，占全球贸易额的21%和外汇储备的32%。2004年5月1日，中东欧和地中海10个国家加入欧盟，使其成员国达到25个。2007年，罗马尼亚和保加利亚加入欧盟，成员国达到27个。欧盟经历6次扩大，成为一个涵盖27个国家，总人口超过4.8亿的当今世界上经济实力最强、一体化程度最高的联合体。欧洲一体化步伐的加快，大大刺激了其他地区一体化的发展。欧盟在继续发展和扩大的进程中也存在着问题和矛盾，这在一定程度上影响和制约了它的发展。但其继续发展和扩大的趋势是不会改变的，欧洲联盟今后不仅是欧洲的决定性力量，也会成为世界经济中的一个决定性因素。

2.北美自由贸易区(NAFTA)。1987年美国与加拿大签订《自由贸易区协议》，1992年吸收墨西哥参加，签署《北美自由贸易协定》，后经三国国会批准于1994年1月1日正式启动，形成了由美国、加拿大、墨西哥组成的统一大市场。北美自由贸易区拥有2130万平方公里的土地和3.68亿人口。根据协议，贸易区将用15年时间，分三个阶段取消关税及其他贸易壁垒，取消货物与服务进出口关税及投资障碍，实现商品、劳务、资本自由流通和更高等级的知识产权保护。它是世界上第一个由发达国家和发展中国家组成的经济集团。

北美自由贸易区这种由不同经济发展水平国家组成的地区集团具有自身的特点。它是美国实现其20世纪90年代提出的“美洲倡议”战略的第一步，该倡议的最终目标是要把北美洲和南美洲连在一起，建成一个美洲自由贸易区。拉美的南锥体、安第斯共同市场，中美洲和加勒比共同市场，墨西哥、委内瑞拉、哥伦比亚三国自由贸易区均已初具规模。因此，不能排除未来美洲有可能通过双边、多边协议的积累，最后建立美洲自由贸易区。

3.亚太经济合作组织(APEC)。它是亚太地区的一个主要经济合作组织。东亚是世界上经济最具活力且经济增长率最高的地区，有着巨大的经济发展潜力，但经济一体化步伐明显落后于前两个地区。1989年，亚太地区有组织的经济合作正式起步。亚太经济合作组织刚成立时，只是一个政府间的联络及论坛式组织。创始成员为亚太地区的12个国家和地区，中国于1991年加入该组织。1993年6月，该组织正式启用“亚太经济合作组织”的名称。1994年进入机制化合作阶段。现有成员20多个，包括美国、中国、日本、加拿大、澳大利亚、韩国、新加坡、马来西亚、泰国、墨西哥、新西兰、巴布亚新几内亚、菲律宾、文莱、智利、印度尼西亚、中国台湾、中国香港、秘鲁、越南、蒙古和俄罗斯。它已成为把亚太地区各个国家和地区联系起来、开展合作的重要纽带。亚太经济合作组织从1993年开始每年召开一次部长级会议(外交部长、贸易部长参加)和领导人(国家元首或政府首脑)非正式会晤。

亚太经济合作组织是一个经济论坛式组织，不是一个具有实际管理职能的地区组织，但它又不是一个空谈俱乐部。其特色在于它不是欧盟那样带有排他性的、体制完备的经济集团，而是一个具有广泛经济协商功能的“大家庭式”的机构。它确认各成员国有权结合自身情况，按照自己的进度和方式逐步实现贸易投资自由化，不同领域可有不同速度。它在强调贸易投资自由化的同时，还追求地区经济技术合作，反映了发展中国家的愿望，通过这些使其免于沦为少数发达国家打开他国经济大门的工具。它在解决诸多矛盾、协调亚太地区经济关系方面取得了重大进展，形成了独具特色的“亚太经合组织方式”，成为目前成员最多、最具活力的区域经济组织。它的成员既有发达国家，也有发展中国家；既有资本主义国家，也有社会主义国家。亚太经济合作组织的这种协商方式符合该地区实际，不仅有利于在平等基础上使成员国的经济得到发展，也将对世界范围的经济合作、经济全球化发展产生深远影响。

除上述三大区域经济集团外，还有众多的区域性经济集团遍布世界各地。如：非洲联盟，阿拉伯国家联盟，海湾国家合作委员会，东南亚国家联盟，南亚区域合作联盟，拉美的南锥体、安第斯共同市场，中美洲和加勒比共同市场等。二战后最早出现的区域经济集团化组织是1949年建立的经济互助委员会(现已解散)，目前世界上主要的区域经济集团化组织有30多个，几乎涵盖和涉及所有的国家和地区。跨洲际的集团之间的联系也更为密切。1996年以来连续召开了五届亚欧会议，为建立亚欧新的平等伙伴关系奠定了基础。

第三节　当今世界经济发展的基本趋势和特点

20世纪90年代以来，世界经济发展的基本趋势是：经济全球化和区域经济一体化相互促进，共同发展。世界经济发展的特点是：科技进步日新月异，经济信息化加速发展，知识经济迅速兴起；以经济为中心、科技为先导的综合国力的竞争日趋激烈；各国大力调整经济结构，促使经济朝着市场化方向发展；包括发达国家之间、发展中国家与发达国家之间和发展中国家之间在内的世界经济发展不平衡。

一、当今世界经济发展的主要趋势

1. 经济全球化在曲折中发展。自20世纪90年代以来,信息技术的惊人发展,使经济活动在世界范围内连成网络,大大缩短了世界各国和各种市场的距离,使各国经济更加紧密地交织在一起。经济全球化已成为一种迅猛发展的潮流,成为不以人的意志为转移的客观趋势。可以说,20世纪90年代以来,世界经济发展的最主要趋势就是经济全球化。

经济全球化是指由于生产、贸易、投资、金融等经济行为超越一国领土范围的大规模活动,各国经济相互交织、相互融合、相互依赖、相互渗透,所有国家、地区和国家集团的所有经济部门与经济环节都成为不可分割的整体。它的最佳状态是商品、技术、资本、劳务等生产要素在全球范围内自由流动,实现资源的最佳配置。

经济全球化是经济生活国际化发展的新阶段,是生产力和国际分工高度发展的客观结果,其基本的推动力是科技力量和市场力量,特别是以信息技术为标志的现代科学技术的迅猛发展。

其主要表现是:第一,国际贸易成为世界经济活动中不可或缺的重要组成部分,成为国际交往中发展最快、最活跃的环节,全球贸易规则日趋统一,越来越多的国家加入世界贸易组织,按照它的规则从事贸易活动。第二,国际投资,特别是发达国家间的相互投资越来越普遍、频繁,资本流动的国际化达到空前高度。据统计,目前世界各国对外直接投资净额总和已经超过2万亿美元,并且继续保持着强劲增长的势头。第三,国际金融活动发展迅速,其速度大大超过同期全世界生产和商品交易数额,规模巨大。近年来国际金融交易市场的年均交易额为500万亿美元。第四,跨国公司遍布全球,其产品的国际化水平和国际化程度越来越高,并成为促进经济全球化的重要力量。第五,国际分工发展到新的阶段。由过去的以垂直型分工为主逐渐过渡到以水平型分工为主,即按照产品或生产流程分工,从而使各国生产成为世界生产的一个组成部分,成为生产链条中的一个环节。

经济全球化对世界各国和全球生产力的发展具有巨大的推动作用:第一,经济全球化为实现生产要素在全球范围内的优化配置提供了可能,从而使世界各国取长补短,提高了经济效益。第二,经济全球化为各国提供了广阔的市场,使其产品能够更加便捷、顺畅地实现交换。第三,经济全球化使科技成果和信息在世界各地更加顺利地自由流动,促进各国的共同繁荣。第四,经济全球化为世界各国包括发展中国家的经济发展提供了前所未有的机遇。发展中国家可以在经济全球化的进程中实现经济跨越式发展,后来居上,实现对发达资本主义国家的赶超。

但是,经济全球化是一把“双刃剑”,它也给世界经济的发展带来消极作用和影响:第一,经济全球化加剧了世界资源配置和经济发展的不平衡,使南北差距继续扩大,贫富分化加剧。经济全球化是在不公正、不合理的国际经济旧秩序没有根本改变的情况下发生和发展的,西方发达国家力图主导经济全球化。在经济全球化过程中,往往是资本流遍世界,利润流向西方。发达国家利用全球化的机会强化对发展中国家的剥削,从而产生强者更强、弱者更弱的“马太效应”,加剧了世界的两极分化。第二,参与经济全球化对发展中国家的经济发展造成巨大压力和挑战。经济全球化是不可抗拒的潮流,参与国际经济合作是一个必然趋势。但在如何参与的问题上,发展中国家陷入两难境地。发展中国家的经济不走向世界是没有出路的。然而,在当今世界经济中,发达国家掌握着国际经济组织以及国际经济规则的主导权。如果不赋予经济全球化以互利合作的内涵,而是像某些西方大国要求的那样,不公正合理地实行贸易、金融自由化,那些发展中国家不仅不能加快工业化进程,反而会受到更严重的掠夺。第三,经济全球化还使资本主义市场经济固有的矛盾和消极方面,特别是发达国家的经济周期性波动和弊端影响全球。由于经济全球化,各国经济相互依赖,一国的经济尤其是大国的经济波动和震荡会很快波及其他国家乃至全世界。如由美国次贷危机引发的全球性金融危机。第四,经济全球化对世界政治、文化等已经产生巨大影响。经济全球化的迅猛发展,不仅导致各国市场的整合,而且导致不同经济制度和不同文明的碰撞、主权的侵蚀、民族利益的调整。面对经济全球化趋势带来的双重影响,各国还必须有效而公正地配置世界资源,促进全球多边贸易体制和公正合理的国际经济新秩序的建立。国际社会必须加强对经济全球化进程的引导,趋利避害,促使它成为世界各国平等、互惠、共赢、共存的经济全球化,使各国特别是发展中国家在经济全球化中受益。

经济全球化是生产力发展的必然趋势和归宿,但其发展和推进的过程是不平坦的。各国的情况不同,经济发展水平高低不等,利益也存在这样那样的差异甚至矛盾,这些都决定它们对经济全球化的态度与立场存在不同;发达国家借经济全球化之机谋取一己之私的做法,也激发了某些发展中国家对经济全球化的反感和抵制;进入 21 世纪,一些国家的经济发展遇到了问题,为了摆脱危机,贸易保护主义有所抬头。这些虽然会导致全球化进程的曲折,但其大趋势无法改变。

2.区域经济集团化步伐加快。区域经济集团化也称为“地区经济一体化”,是指地理上毗邻的若干国家(或地区)经济合作、经济联合和经济融合的一种趋势,主要表现为五种区域经济集团组织(自由贸易区、关税同盟、共同市场、经济同盟、完全的政治经济一体化)的建立和发展。这些组织通过制定严格的条约法规和建立相应的执行机构,彼此自愿约束经济主权,甚至让渡一部分经济主权,共同规范生产要素在成员国之间的自由流通,其目的就是为了实现成员国间的资源优化配置,经济上互补、互利、互惠,共同促进经济增长。

世界经济全球化和区域经济集团化是矛盾的统一体。一方面,区域经济集团和组织具有排他性,集团内外存在差别待遇。这虽然有利于经济集团内的贸易自由化以及成员国经济的加速发展,但就整个世界而言,仍带有浓厚集团色彩的贸易保护主义。另一方面,经济集团具有开放性。任何一个区域经济都是世界经济不可分割的一部分,在世界经济走向全球化、一体化的今天,区域经济集团的产品、技术、原料、能源不同程度地依赖区域外的经济技术交往。各区域经济集团事实上是你中有我,我中有你。因此,从长远和总体来看,区域经济集团化是经济全球化的必要途径和步骤,二者并行不悖。区域经济合作的广泛开展必将进一步推动和促进经济全球化进程。

经济全球化与区域经济集团化的相互作用:

一方面,经济全球化对区域经济集团化有促进作用。经济全球化刺激、促进区域经济集团化向更高形式发展,又不断地冲破区域经济一体化的框架限制。全球化给区域经济集团化的进一步发展带来新的驱动力,经济全球化通过推动区域经济一体化不断增进区域经济组织间的合作,以便得到更多的合作利益。

另一方面,区域经济集团化对经济全球化也有促进作用。区域经济集团化为经济全球化准备了条件。区域经济集团化促进了国际分工的深化,加强了区域内部各加盟国之间的合作与交流,推动了各加盟国的经济发展,在此基础上通过强化跨国公司的贸易功能,必然进一步促进经济全球化的发展。区域经济集团化使各经济集团间的竞争日益激烈,所以特定区域外的国家要想获得竞争力,就要通过跨国公司进行直接投资。区域经济集团化下的贸易制度也为经济全球化提供了重要的参考。

但应该指出的是,区域经济集团化对经济全球化也具有阻碍作用。随着区域经济的发展,区域经济的合作组织如北美自由贸易区、欧盟等也逐渐得以发展与完善。各加盟国对区域经济的依赖性加强,再加上区域对外合作能力的提高,加剧了世界经济的竞争,同时也导致经济发展的不平衡。区域经济集团化制造了贸易壁垒,如区域经济组织的排他性使其与全球化背景下的多边贸易体制之间就存在隔阂。区域经济组织的成立是为了实现区域内的经济发展,提高经济效益,组织内部成员之间分工合作,相互依存。经济全球化则是为消除全球经济间的贸易壁垒而努力的。区域经济组织以地域为名,为贸易提供一种新的保护手段,这种保护手段对于区域外的成员来说就是阻碍它们相互合作的贸易壁垒。区域经济集团化强化了其内部产品的竞争力,对区域外的产品采取比较严格的防范措施,甚至采取一切手段阻止其他区域或国家的产品进入。这一行为,满足了区域内国家经济发展的需要,但是对于经济全球化来说,则削弱了全球经济之间平等合作的基础,加大了国与国或区域与区域之间对话的难度,妨碍了经济全球化的进程。从长远来说,不利于经济全球化的顺利发展。

总之,经济全球化与区域经济集团化之间的关系是对立统一的。两者之间存在着漫长的过渡时期。随着世界经济的发展,经济全球化与区域经济集团化会慢慢形成互补。两者之间的实施途径虽然相异,但最终目的都是为了推动世界经济的发展。经济全球化与区域经济集团化都为企业创造了统一的市场环境,为世界各地的商务活动提供了便利条件。两者的相互作用必然会影响世界经济格局。两者之间应该加强合作与交流,相辅相成,在全球化不断发展的情况下,克服两者之间的差异,最终推动全球经济持续稳定的发展。

二、当今世界经济发展的基本特点

20 世纪 90 年代以来,在经济全球化发展趋势影响下,世界经济呈现出以下一些基本特点:

1. 科技发展日新月异,经济信息化加速发展,知识经济时代已经来临。经济信息化是指现代信息技术、信息设施、信息产业等组成的信息经济在全球迅速扩散、普及和开发,信息产业成为社会的主导产业,人类社会从工业社会向信息社会转变的动态过程。当代科学技术飞速发展并向现实生产力迅速转化,日益成为现代生产力中最活跃的因素和最主要的推动力量。以数字化和网络化为特征的信息技术的飞速发展,使全球经济增长方式发生根本性变化。科技知识空前快速的生产、传播和转化,对世界经济、各国经济增长方式以及国际经济竞争等都产生了深刻影响。一方面科学技术对传统产业高度渗透和改造,另一方面以知识为基础的新兴产业兴起,各国经济信息化加速发展,对世界经济和整个人类社会的影响已经逐步显现。科学技术的发展不仅极大地提高了劳动生产率,促进了整个生产力系统的升级换代,而且极大地改变着人们的经济生活、社会生活和精神生活。进入21世纪,发达国家企业的核心竞争力已从传统的物质产品转向信息化、无形化的创新能力,现在,美、欧、日等国和地区与信息产业相关的产值已超过GDP的50%。正因为新科技革命具有如此重要的作用,所以20世纪90年代以来,为在21世纪的竞争中占据有利位置,世界许多国家特别是发达国家都不约而同地提出发展本国科学技术的报告和计划,相继调整科技战略和政策,包括加强政府对科学技术发展的领导、调整研究与开发投入结构、促进民用技术发展、推动科技面向经济、加速科研成果商品化等,从而使科技竞争日趋激烈。

2.以经济为中心、科技为先导的综合国力竞争日趋激烈。综合国力是指一个主权国家生存与发展所拥有的全部实力和潜力,包括经济实力、科技实力、国防实力、民族凝聚力在内的物质力、精神力,以及对国际的影响力等方面的综合能力。它是当代衡量一个国家在国际社会中的地位和作用的重要尺度,反映一个国家生存和发展的内力以及在国际社会发挥影响力的外力的总能力。其中科技是先导,经济实力是中心。在过去相当长时间里,在综合国力的较量中,军事力量起着最重要的作用,为了压倒和战胜对方,各国都拼命增加军事力量。冷战结束后,几乎所有国家都意识到,一个国家的强盛衰弱,最终起作用的是综合国力,核心是经济与科技发展水平。各种类型的国家情况虽有不同,但经济和科技始终是国家富强、安全的基础。经济衰退、科技落后、发展停滞、人民生活长期得不到改善,是一个国家国内政治动荡、国际地位低下的根源。可以预见,以科技为中心的综合国力的竞争,将决定21世纪各国在国际上的地位。

3.经济市场化已经成为世界各国经济改革发展的方向。作为一种资源配置方式,市场经济在当前世界经济秩序中取得全面的支配地位。二战后,各主要资本主义国家各具特色的市场经济模式日臻完善,使二战后经济得到较长时期的稳定增长;苏联解体,东欧剧变后,这些国家全部走上市场经济道路;二战后选择“非资本主义道路”的一些亚洲、拉美和非洲国家为摆脱经济困难、政局不稳、人民生活得不到改善的困境,也相继宣布走私有化和市场经济道路;以中国为代表的社会主义国家在改革过程中,冲破将计划经济与市场经济作为两种制度加以区别的传统思想的束缚,开始构筑社会主义市场经济体制。这样,自20世纪90年代以来,一场大规模的市场化浪潮席卷全球,搞市场经济的由原来的日本、澳大利亚、西欧和北美等发达国家和地区以及一批新兴工业化国家和地区扩展到全球几乎所有的国家和地区。市场在资源配置中起基础性作用,市场机制与国家宏观调控相结合,形成统一的有机体,实现社会资源的合理配置。市场经济体制在全球普及，成为一种国际性的经济体制，使世界经济获得了通行的规则。这一趋势必将深刻影响新世纪世界经济的面貌。

4.各国的经济结构在调整和改革中逐渐发展。面对经济全球化趋势和新科技革命的加速发展，为了在当前和未来的国际竞争中占据有利位置，世界各国尤其是经济大国，都在对经济结构进行不断调整和改革。经济改革和调整的范围十分广泛，从所有制的实现形式到经济体制和运行机制；从国有经济的地位、结构到国家宏观调控的对象和手段；并涉及许多具体的经济政策的调整。主要表现在：第一，经济调节机制的调整与改革。市场调节与政府干预越来越紧密地配合，是各国经济调节体系发展的基本趋向。第二，所有制实现形式的调整与改革。在资本主义国家，资本主义私有制实现形式发生了巨大变化，各种股份公司或跨国公司得到迅速发展，资本的股份化、社会化已成为资本主义经济中的一个突出趋向。社会主义国家公有制的实现形式也发生了巨大变化。第三，国有经济地位、结构的调整与改革。世界各国国有企业的存在和发展，及其部门分布与比重随着经济发展客观要求的变化而变化。第四，现代企业组织和规模的调整和改革。以股份制为核心的现代企业组织形式和规模因市场竞争的需要而不断发生变化，又一轮企业兼并浪潮在全球风起云涌，大大推动了经济全球化进程，从而在一定程度上调整了世界和地区的经济结构与生产布局。第五，社会保障体系的大幅度调整与更新。西方社会的福利制度正面临两难境地。可见，主动自觉地改革与调整经济结构，已成为时代潮流。这是当前世界经济发展的一个突出特点。

5.世界经济发展不平衡加剧。经济发展不平衡是世界经济的基本规律。当前世界经济发展不平衡规律作用的范围更广，也更为复杂，主要表现在三个方面：

第一，发达资本主义国家之间的经济发展不平衡。到20世纪90年代初，美国最先走出西方周期性经济危机的阴影，经济平稳增长，持续时间长达10年之久，打破了历史纪录，又重新夺回国际竞争力世界领先的地位，具有比欧、日更大的优势。

第二，发展中国家与发达国家之间的经济发展不平衡。这方面最突出的表现是南北差距进一步拉大。这种差距不仅表现在数量上。1980～1989年，发展中国家人均国内生产总值的年均增长率为1.6%，而发达国家为2.3%。1960年，发达国家的人均收入是发展中国家的30倍；1990年，这一差距扩大到60倍；到21世纪初，已进一步扩大到74倍。少数发达国家拥有全球生产总值的86%和出口市场份额的80%。这种差距更重要的是表现在质的方面。在新科技革命之前，发达国家与发展中国家是工业国与农业国的关系；当发达国家利用科技革命的时机迈入信息时代或知识经济阶段之后，二者之间的差距进一步扩大，形成了所谓的“数字鸿沟”。网络和电脑在发达国家已广泛普及，而发展中国家的许多人却不知道网络和电脑为何物。

第三，发展中国家之间的经济发展不平衡。20 世纪 90 年代发展中国家作为一个整体，其经济发展较快，但从其内部来看，它的发展又是极不平衡的。亚洲、拉美洲之间有很大差距。亚洲，尤其是东亚发展最快。一些发展中国家经过艰苦努力已经成为新兴工业国，甚至可以跻身发达国家的行列，成为经济竞争中的强者。

正是在上述三方面经济发展不平衡作用下，各国实力对比发生变化，其结果是，一方面，大国力量逐步均衡化，世界经济格局向多极化转变。另一方面，由于不平衡规律的作用而世界经济形势更加错综复杂和动荡不安。美、日、欧为争夺世界市场掀起了新贸易保护主义；发展中国家之间发生严重分化；新兴工业化国家在成功地缩小与先进国家差距的同时，面临着更加激烈的市场竞争和规则之争；最不发达国家和地区的长期贫困，使它们在世界经济竞争中逐渐被边缘化。由此可见，地区之间和国家之间经济发展不平衡的加剧，是当今世界经济发展中的一个重要特点。

第四节　当今世界经济发展面临的主要问题

伴随科技革命的发展，国际社会的联系日益紧密，世界各国在政治、经济、文化和科技等方面相互渗透和相互制约。这就使得许多问题跨越国界而成为全球性问题。所谓“全球性问题”，是指在世界范围内普遍存在的社会性问题。就其空间范围来讲，它不是单个国家存在的个别问题，而是关系整个人类利益的重大问题，具有全世界性和全人类性。就其严重程度来讲，它不是世界范围内存在的一般问题，而是严重威胁人类社会生存和发展的一系列重大问题，具有严重性和紧迫性。就其解决方式而言，全球性问题的解决不是仅仅靠某些国家或地区的努力就可以做到的，而必须通过全世界各国的共同努力才能解决，具有全球协调一致性和相互合作性。[①] 世界经济发展面临的问题是全球性问题的重要方面，是在世界范围内普遍存在的影响世界经济可持续发展的问题。它既包括人口问

① 俞正樑等：《全球化时代的国际关系》，上海：复旦大学出版社，2000 年，第 205 页。

题、环境问题、资源问题和粮食问题等，又包括虚拟经济和泡沫经济问题、世界经济发展过度依赖美国问题等。

一、人口问题

当今世界的人口问题，主要是指人口的爆炸性增长和人口的老龄化问题。

(一)人口的爆炸性增长

在人类社会漫长的历史中，由于高出生率和高死亡率并存，人口自然增长率极低，人口增长也极其缓慢。直到 1650 年世界人口只有 5 亿，到 1850 年工业革命时期人口也只有 10 亿。但随着人类生产力水平的提高、医疗卫生事业的发展，人口的自然增长率也逐渐提高，20 世纪世界人口出现急速膨胀。1930 年世界人口为 20 亿，1975 年则达到 40 亿，1987 年 7 月 1 日，联合国秘书长宣布第 50 亿位居民出生。联合国人口基金会和家庭计划国际财团共同制作的"世界人口钟"显示，1993 年 4 月 5 日中午 12 点 13 分 55 秒世界人口为 55 亿 5555 万 5555 人。1999 年 10 月 12 日，地球上第 60 亿位居民诞生。2001 年 11 月，联合国人口基金会发布的《2001 世界人口状况》报告说，目前世界人口正以平均每年 7500 万人的速度增长。按这种速度发展下去的话，2025 年世界人口将可能增至 93 亿，[①]早在 1929 年著名统计学家库琴斯基就根据计算得出一个结论：地球能够养活的人口约为 100 亿至 110 亿。根据联合国人类环境会议推断，地球资源可供养的最多人口数也为 110 亿。按目前世界人口增长的态势，如果不加以控制，再过 50 年左右的时间，人类就会逼近自己生存的临界点！[②] 值得注意的是，在世界人口急速膨胀的过程中，人口增长速度和人口分布是很不均衡的：在不到 30 年的时间，发展中国家的人口翻了一番，人口总数占到世界人口总数的 80% 以上；与之相反，发达国家的人口基本稳定下来，甚至在一些欧洲国家还出现人口减少的现象。[③] 世界人口的过快增长及其不均衡分布，给世界经济、政治和社会发展带来了极大的压力，不但使资源的消耗加快，造成生态失衡和环境污染严重，而且使经济发展负担加重，使"富者越富，穷者越穷"的状况更为严重，造成大量新的移民，从而加剧了世界的矛盾和冲突。

---

① 金鑫主编：《世界问题报告》，北京：中国社会科学出版社，2002 年，第 427 页。

② 金鑫主编：《世界问题报告》，北京：中国社会科学出版社，2002 年，第 429 页。

③ 金鑫主编：《世界问题报告》，北京：中国社会科学出版社，2002 年，第 431 页。

(二)人口的老龄化

国际上一般认为,一个国家或地区60岁以上人口占总人口的比例达到或超过10%,或65岁及65岁以上人口占总人口的比例达到或超过7%,即为人口结构老龄化。第二次世界大战后,由于长期的和平环境和经济、卫生等条件的改善,世界人口日益老龄化。据联合国统计,1950年世界60岁以上的老年人口为2亿多,2000年老年人口增加到6亿多,已占世界总人口的10%以上,2009年,全球老龄人口超过8亿。人口的老龄化带来了一系列的社会问题:一方面,人口的老龄化使劳动力短缺。如在德国等一些发达国家,劳动力短缺严重制约其经济发展和社会生活的正常运转,迫使它们向移民敞开大门,而这又滋生了排外现象和社会冲突等一系列问题。另一方面,人口的老龄化使劳动人口日益老化。如奥地利,1900年劳动人口中45岁以上的“年老”部分占全部劳动人口的比重为39%,1910年为39.5%,1920年为41.7%,1938年为45%,1958年达50.3%,已超过半数。劳动人口的老化,不利于劳动生产率和工作效率的提高,也使整个国家革新能力下降,对迅速发展的社会经济事业起阻滞作用。[①] 另外,人口的老龄化给国家带来的突出问题是,政府直接和间接用于老年人口的财政支出越来越大。发达国家今天面对的这些令人“头痛”的问题,随着发展中国家人口老龄化速度的加快,发展中国家也必将面对。

二、环境问题

这里所说的“环境”是指自然环境,包括人类赖以生存的土地、水、大气、生物等。随着科技进步,人类改造自然的能力迅速提高,对人类赖以生存的自然环境所产生的负面影响也越来越大。以下是一些主要的世界环境问题:

(一)全球气候变暖

大量使用石油、煤炭等矿物燃料,造成大气中二氧化碳等气体的含量迅速增加,从而产生了所谓的“温室效应”。工业革命以来,全球气温上升1.1摄氏度。近一些年来,全球平均气温升高的幅度越来越大。1997年比1961年至1990年间的平均值高出0.43摄氏度。全球气候变暖的后果是十分严重的,它使冰川融化、海平面上升、生物物种减少等,从而造成一系列自然灾害。如果温室气体的

① 金鑫主编:《世界问题报告》,北京:中国社会科学出版社,2002年,第433～434页。

排放量维持现状,那么到2025年,地球表面平均温度将升高1摄氏度,到下个世纪末可能升高5.8摄氏度,这造成的后果将是我们现在难以想象的。

(二)臭氧层受到破坏

臭氧主要聚集在离地面2万~3万米的平流层,可以过滤太阳的紫外线辐射,并起到调节气候的作用,因而臭氧层被喻为地球的“保护伞”。但是,地球的这个“保护伞”正在受到破坏。20世纪70年代后期,人类已观测到南极上空出现臭氧层空洞。这个空洞在20世纪80年代中期有美国国土面积那么大,而到2000年已达到美国国土面积的3倍。美、日、英、俄等国家联合观测发现,北极上空的臭氧层也在减少。2000年与20世纪80年代中期相比,北极上空18公里处的平流层里,臭氧含量累计减少了60%以上。这是近10年间同一区域臭氧损失最严重的一次。除南北两极以外其他地区上空的臭氧量也在减少,中纬度地区30多年平均减少了10%左右。臭氧层的破坏与工业污染直接相关。臭氧层的破坏除了对生态系统造成破坏之外,还对人体造成直接损害,使皮肤癌和白内障等患者增多。

(三)生物物种减少

生物之间以一种链式关系相依存,保持动态平衡。长期以来,物种的自然淘汰是十分缓慢的。从1600年到1900年,大概每4年有一种生物灭绝。但20世纪以来,由于对大自然的过度开发,生物的种类以前所未有的速度在减少。有学者估计,现在世界上每年至少有5万种生物物种灭绝。目前,地球上约有500万~3000万种生物,基本保证了生态系统和自然界的平衡。但是,若不采取措施加以保护,而是按目前的速度减少,在不久的将来,整个生态系统将会崩溃,其后果不堪设想。

(四)土地荒漠化

土地荒漠化包括土地沙化和可耕地退化。由于种种原因,沙漠及土地荒漠化不断扩大。据统计,1984~1991年全球荒漠化土地从3475万平方公里增加到3592万平方公里(几乎等于俄罗斯、美国和中国三大国国土面积的总和),增长了3.4%。荒漠化的扩大,严重威胁着人类的生存。目前,全球有9亿人口受其影响,其中一半左右的人居住在沙漠危害严重的地区。据统计,全球每年表土流失达240亿吨,全世界用于农业的57亿公顷旱地约70%退化。土地荒漠化严重削弱了社会生产的基础,并造成了其他生态系统的变化等灾难。

(五)森林面积萎缩

森林被称为“地球的绿色之肺”,具有多种生态功能。因此,森林覆盖率被看成是衡量一个国家环境优劣的重要指标。500年前,森林覆盖了地球陆地面积的2/3,达到76万亿平方米。但是,20世纪50年代以来,世界森林面积锐减,到1978年只有31万亿平方米,1980～1995年间又失去了1.8万亿平方米。目前,森林面积正以每年2000亿平方米的速度减少。森林资源的减少和破坏,已经带来诸如气候异常、水土流失加剧、水源涵养减少、洪涝灾害增多乃至生态平衡破坏等负面影响。

(六)工业污染和酸雨现象

工业化和城市化的发展,造成了水污染、空气污染和酸雨频发。大量未经处理的生产和生活垃圾,农药的使用和化学工业及其产品所造成的污染日趋严重,让人触目惊心。工业化导致的环境污染,使人类宝贵的水资源被耗费或无法利用。空气和环境的污染,正在动摇人类生存的基础。酸雨的频发,给人类生存带来了极大威胁。酸雨有百害而无一利,它使土壤、湖泊、河流酸化,造成土壤贫瘠、水生态系统和森林生态系统改变和退化;腐蚀各种物质材料和建筑物;危害人类健康等。此外,河流和海洋的污染、工业和生活垃圾的处理等都是我们面临的全球性问题。

三、资源问题

这里所说的“资源问题”是指自然资源的短缺问题。在工业革命以前的人类历史上,人们常用“取之不尽,用之不竭”等字眼来描绘自然资源之丰富。但是,在工业革命以来的短短200年历史中,人类就已经意识到自然资源之有限。20世纪60年代以来,几乎所有的自然资源都出现了短缺,今天人类正面临着自然资源枯竭之威胁!

(一)土地资源问题

人均耕地面积减少。据统计,20世纪50年代中后期,世界耕地面积每年增长1%,而到70年代、80年代、90年代,耕地面积的增长速度分别为0.3%、0.2%、0.15%,呈递减趋势。当今,世界人均耕地面积已由1975年的0.31公顷,降到0.28公顷(我国人均只有0.08公顷,不到世界平均水平的1/3)。耕地退化严重,总体质量越来越差。过度的耕种和放牧,导致全世界大约有2000万公顷的土地被严重侵蚀而辍耕或弃牧。此外，土壤的盐碱化、大量的水土流失、大片土地的荒漠化等都严重影响了耕地质量。

(二)水资源问题

水是“生命之源”。地球表面70.8%被水覆盖，水资源不可谓不丰富。然而，淡水只占地球水总量的2.53%，而人类真正可以利用的淡水资源又不足淡水总量的1%，因此，可以说水资源本来就是非常有限的。20世纪世界人口的迅猛增长、工农业生产的迅速发展，对水资源的需求急速增加。据联合国统计，现在人类提取的淡水量平均每天约为100亿立方米，全年平均3.5万亿立方米，比工业化初期增加了335倍。目前，淡水的提取量以每年4%～8%的速度增加。这种态势已造成水资源的短缺。而严重的水污染又加剧了水资源的危机。目前，全球90%以上的江河湖泊被排放了工业废水、城市生活污水。全世界每年排放的污水达4000亿吨，造成5万多亿吨水体被污染。据统计，目前全球有100多个国家20多亿人口出现淡水资源危机，发展中国家有10亿人喝不上清洁水，其中29个国家的4.5亿多人口完全生活在缺水状态中。全球缺水最严重的是发展中国家，全球20个“缺水国家”(有关专家认为，每年人均1000立方米淡水资源才能满足起码的要求，因此将人均淡水量不足1000立方米的国家称为“缺水国家”)主要是发展中国家，而非洲和中东是目前世界上缺水最严重的两个地区。由于水资源危机，一些人被迫背井离乡，从而形成一种新的难民——“环境难民”。“环境难民”的人数在1998年第一次超过“战争难民”，并有继续增长之势。作为“生命之源”的水资源的短缺，对人类的威胁是多方面的。它不仅影响到粮食生产和生态环境，而且严重影响到人类的生命健康，全球每年有1100万儿童死于各种与水有关的疾病。更为严重的是水资源争夺已成为引发国家冲突、威胁地区稳定的重要因素，埃及前总统萨达特就曾公开表示：“谁想打尼罗河的主意，就是向我们宣战。”①

(三)能源问题

能源问题是资源问题的重要组成部分。能源的种类繁多，有一次能源和二次能源之分。这里所说的“能源”主要是指一次能源的三大支柱——石油、天然气和煤炭。石油、天然气、煤炭都是不可再生资源，它们再丰富，也有枯竭的一天，而这一天离我们已越来越近。

---

① 金鑫主编：《世界问题报告》，北京：中国社会科学出版社，2002年，第456～461页。

自1854年世界上打出第一口油井开始，石油的开采和利用就迅速发展起来，石油在社会经济生活中的作用越来越大，到20世纪60年代中期，已取代煤炭成为世界主要能源，被誉为“经济的血液”。随着世界经济的迅速发展，石油的开采量越来越大，虽然21世纪的头几年世界石油探明储量不断增加，但增幅明显下降。尽管世界石油探明储量还有增长的空间，但这个空间已经不大。目前，关于世界石油总储量有两种估计，悲观的估计为2700亿吨，乐观的估计为6500亿吨。[①] 不管是悲观的估计还是乐观的估计，石油的总产量毕竟是有限的。而现在的石油产量和消费量还在不断增长。按照这样的增长态势，英国石油公司预计，已探明的储量在40年左右的时间将全部开采完毕。即便按乐观估计的石油储量计算，石油资源枯竭那一天的到来已为期不远了！正是在这种背景下，近几年国际市场原油价格剧烈波动，而且涨幅空前。纽约商品交易所原油期货价格，2008年曾上升到每桶150美元左右。由于石油是重要的战略资源，石油价格飞涨对世界经济的冲击极大。按照世界银行前行长沃尔芬森的估计，如果国际市场原油价格每桶上涨10美元并维持一年，世界经济年增长率就会降低0.5个百分点，发展中国家经济增长率则会降低0.75个百分点。20世纪，世界经济在丰富的低价石油的推动下，实现了快速发展。21世纪，世界必将面临石油枯竭带来的极大挑战。

天然气和煤炭的情况也不乐观。全球天然气总储量约1800亿～4000亿吨，对于可采储量有不同看法，一种是70多亿立方米，一种是281亿立方米。按后一种看法算，也只能满足人类170年的需求。[②] 煤炭是一次能源三大支柱中开发利用时间最长的一种，也最为丰富，但也不是取之不尽的。目前已证实的煤炭储量为1.4万亿吨。还有一种估计是，全球煤炭储量的预测量是10万亿吨，但可供采掘的只有约7000亿吨。不管按哪种数字，以目前每年开采量34亿吨算，可用的最长时间是500年。[③]

总之，在当今世界经济急速发展的情况下，如果人类不做出巨大努力，抓紧开发新能源，改变能源消费结构，那么，人类面临全面能源危机的时间就不远了。

四、粮食问题

1994年，著名环境学家布朗先生曾告诫世界：“21世纪将是饥饿的世纪。”如

---

① 金鑫主编：《世界问题报告》，北京：中国社会科学出版社，2002年，第479页。

② 金鑫主编：《世界问题报告》，北京：中国社会科学出版社，2002年，第479页。

③ 金鑫主编：《世界问题报告》，北京：中国社会科学出版社，2002年，第480页。

果人类处置不当，布朗的预言将会成为现实。

20 世纪由于人口膨胀，全球粮食需求快速增加。20 世纪 70 年代末以来，在世界 53 个主要国家和地区中，自给率低于 60％的有 10 个，自给率在 60％～79％之间的有 9 个，自给率在 80％～94％之间的有 15 个，自给率在 95％～99％之间的有 12 个，自给率 100％的只有 7 个。这就必然造成粮食出口国家或地区越来越少。20 世纪 30 年代，世界粮食净出口地区有 6 个，只有西欧是净进口地区。到 20 世纪 80 年代，只有北美洲和大洋洲 2 个地区为净出口地区，其余都成了净进口地区。缺粮最严重的是非洲，它从 20 世纪 50 年代起就成为缺粮区，而且越来越严重，1983～1984 年度非洲的粮食总产量只有 4600 万吨，人均粮食仅为 46 公斤，造成空前的粮食危机——2 亿多非洲人面临饥饿的威胁，3000 万非洲人死于饥饿。此外，亚洲的朝鲜、孟加拉、斯里兰卡、尼泊尔、马尔代夫等国也是粮食严重短缺的国家。[1]

20 世纪 70 年代以来的粮食危机，一再敲响人类的警钟。国际社会为此也不断地做出努力。1979 年联合国粮农组织第二十届大会决定，从 1981 年起，将每年 10 月 16 日定为“世界粮食日”，希望以此唤起人们对粮食问题的重视。但成效并不显著，世界上许多国家和地区的粮食危机还一再发生。1996 年 11 月，186 个国家的领导人聚集在意大利首都罗马，举行了历史上首次世界粮食首脑会议，讨论粮食安全问题，通过了《世界粮食安全罗马宣言》和《世界粮食首脑会议行动计划》，确定了到 2015 年将全球饥饿人数减少到 4 亿人的目标。2002 年 6 月，联合国粮农组织又在罗马召开了世界粮食首脑会议，再次对世界粮食安全形势进行了评估，探讨解决粮食安全问题的新途径。现在，世界各国政府都把粮食和农业问题放在重要地位。世界各国和国际社会的这些努力是值得称道和令人鼓舞的。但是，由于人口的过快增长，特别是发展中国家人口的过快增长、工业化过程中对农业用地的占用和土壤的退化等因素的影响，解决粮食问题的进程不可能一帆风顺。粮农组织在 2000 年公布的一份世界粮食状况报告中指出，全球处于饥饿状态的人口高达 8.26 亿，占世界总人口的 13％。2003 年，全球粮食产量大约为 18.18 亿吨，消费缺口在 9300 万吨左右。据粮农组织估计，到 2025 年，世界人口将逼近百亿，世界粮食产量必须增长 75％才能满足人口增长的需要。人类解决粮食问题的道路依然任重而道远。

---

① 金鑫主编：《世界问题报告》，北京：中国社会科学出版社，2002 年，第 439 页。

五、虚拟经济和泡沫经济问题

当代世界经济中的突出现象是虚拟经济日益背离实体经济，使经济发展风险增大。1972～1995年，世界经济只增长了7倍，出口贸易增长了12倍，国际资本流动则增加了43倍。截至2000年3月底，美国、欧盟、日本的股票市场总和达到34万亿美元，超过全球GDP之和，是美、欧、日GDP的1.51倍。美国股票市值17万亿美元，将近其GDP的2倍。一般说来，在股票市场上进行交易的企业只占每个国家实际企业总数的很小一部分。很小一部分企业的股票市值超过一国GDP总值之和，这里面蕴含的泡沫成分是十分巨大的。

当今世界金融衍生工具种类超过1200多种。1999年底，在交易所交易和场外交易的金融衍生工具累计名义本金额分别达到172620亿美元和814580亿美元，分别相当于1999年全球GDP的0.85倍和4.03倍，远远超出全球实体经济发展所需的金融量。1997年初，仅美国商业银行持有的金融衍生品合同总值就达26万亿美元，是美国GDP的3倍以上。欧洲、日本银行持有的金融衍生品合同总值也都超过其总资产的5～10倍，超过其净资产的100～500倍。金融业的电子化、网络化在加速全球资本流动的同时，也为金融衍生工具交易提供了一个更广阔、多维、虚拟的空间，它也将进一步加剧金融交易、资本流动同实体经济的脱离。

当前，全球有游资将近10万亿美元，外汇市场平均日交易量达到2万亿美元。任何一个国家都无法控制这个巨大的资本和市场。而且，国际资本流动的主要目的是获利，为其所有者带来现实的或者预期的收益。当今国际金融交易的99%是出于投机目的。发达国家为泡沫经济所困，发展中国家则是金融危机的主要受害者。1997年亚洲金融危机发生后，国际社会加强了金融合作，以防范金融风险。但由于南北利益矛盾和发达国家对国际金融主导权的争夺，目前还很难就监督、控制国际资本流动、防范金融风险达成一致意见。全球资本流动仍将在无序、全球监管无力和投机中加速发展。当前，由美国次贷危机引发并进一步演变的全球性国际金融危机就充分说明，虚拟经济和泡沫经济将对国际金融体系和世界经济造成巨大危害。2008年，由美国次贷危机引发并蔓延至全球的金融危机，表明经济过度虚拟化将导致经济的严重泡沫，并给实体经济带来灾难性影响。

六、全球经济过度依赖美国的问题

当今世界经济在相当大程度上受美国影响，世界银行《全球经济展望和发展中国家2003》报告指出，2001年美国GDP总量达到10.082万亿美元，占世界GDP总量的32.7%，超过其他六大工业国GDP之和，也超过GDP规模排在世界第2至第6位的日本、德国、英国、法国、中国的GDP之和。2001年3月，美国经济出现衰退，世界经济随之开始不景气。经济学家们估计，美国经济增长率降低2～3个百分点，世界经济增长率将下降0.75～1个百分点。

美国是世界上最大的商品进出口国，其经济变动对世界经济整体和主要国家经济的影响巨大。世界贸易组织统计，2002年美国商品和服务贸易总值为23822.7亿美元，占全球商品和服务贸易总值的14.73%，其中商品和服务进口为14209.4亿美元，出口为9613.3亿美元，分别占全球的17.31%和12.07%。美国商品和服务进出口总值超过世界第二、第三大贸易国德国、日本之和，进口同世界第二、第三、第四大进口国德国、日本、英国之和持平。美国2002年度商品和服务进口规模占除美国以外的世界各国出口总值的20.3%，也即美国市场吸收了来自世界20%以上的出口。据亚太经合组织资料，参加该组织的亚洲国家2000年出口的20%以上是面向美国市场的。其中，中国为20.9%，日本为30.2%，韩国为22%。由于世界多数国家，包括七大工业国对美国市场的依赖度很高，因此，美国经济的变动对世界经济整体和主要国家经济的影响是很深远的。

美国是当今世界最大的股票市场，美国股票市场的波动对全球股市的影响也很强烈。美国股市处于牛市，全球股市基本繁荣；美国股市处于熊市，其他股票市场也会出现下跌。美元仍然是最主要的世界货币。全球股市50%的交易额使用美元，美元证券交易比例为47%，外币存款35%是美元，外汇交易的87%是美元，国际贸易的48%使用美元。在美国经济10年扩张期，尤其在20世纪90年代中后期，美国政府实行强势美元政策，导致全球资金大量涌入美国。美国成为全球最大的金融帝国。纽约华尔街金融交易市场成为观测世界经济的重要“晴雨表”。

当前，由于美国的次贷危机，美国经济遭受重创，政府财政赤字和贸易赤字居高不下，美国政府通过大量发行美元、实行美元贬值、大量增发国债、向跨国公司和大型企业注资等政策，刺激和拯救美国经济，这种做法对本国经济有利，但对世界其他国家造成了严重伤害。在国际金融市场上，美国的次贷危机已演变成国际金融危机，世界经济受美国经济的拖累和影响，出现了严重的衰退和下滑。

可见，世界经济在相当大程度上受美国经济的影响。世界经济的发展和繁荣不能长期寄托在一个国家身上，世界不能只有一个“发动机”。为了人类社会的长远发展和世界经济的持久繁荣，世界必须有新的“发动机”，必须积极推动世界经济力量中心的多元化和均衡化。因此，从长远着眼，世界经济的可持续发展需要欧盟、日本、中国、印度、巴西、俄罗斯和其他国家尽快发展起来，缩小同美国的经济差距，这样才能共同推动世界经济的发展。

总之，随着世界经济联系的日益紧密，世界各国经济面临的主要问题日渐增多，这些问题严重威胁人类社会的生存和经济发展，世界各国只有协调一致和相互合作，才能解决这些问题并使世界经济稳定、可持续发展。

思考题

1. 什么是当代世界经济？当代世界经济的构成是怎样的？
2. 什么是国际经济协调？它的本质、核心和目标是什么？
3. 简述跨国公司和国际经济组织在当今世界经济发展中起着重要作用。
4. 为什么说 20 世纪 70 年代后世界经济向多极化方向发展？
5. 什么是经济全球化？简述经济全球化的主要表现。
6. 简述经济全球化的双重作用。
7. 简述经济全球化与区域经济集团化的相互作用和影响。
8. 简述 20 世纪 90 年代以来，世界经济发展的基本特点。
9. 什么是全球性问题？为什么说它是当今世界经济发展中面临的主要问题？
10. 怎样看待虚拟经济和泡沫经济问题？

参考文献

1. 冯特君主编. 当代世界政治经济与国际关系[M]. 北京：中国人民大学出版社，2006.
2. 李景治，林甦主编. 当代世界经济与政治[M]. 北京：中国人民大学出版社，2003.
3. 吕有志，戴德铮主编. 当代世界经济与政治[M]. 北京：高等教育出版社，2003.
4. 张幼文，屠启豪，李刚编. 世界经济概论[M]. 北京：高等教育出版社，2004.
5. 张伯里主编. 当代世界经济简明教程[M]. 北京：当代世界出版社，2001.
6. 金鑫主编. 世界问题报告[M]. 北京：中国社会科学出版社，2002.

第三章 当代世界政治

世界政治是世界经济的集中体现，是国际关系中最活跃、最具影响力的因素，它所反映的是世界政治舞台上各种政治力量的分化、组合、协调和较量，从中展示出的是世界政治格局的特点和规律。只有深刻理解和把握世界政治及其格局的形成与发展演变，掌握其特点和规律，才能够正确地认识中国在世界政治舞台中的地位和作用，制定出正确的国际外交战略，为构建和谐世界做出自己的贡献，为实现中华民族的伟大复兴创造良好的外部环境。

第一节　世界政治和世界政治格局

世界政治是以主权国家和国际组织为主的世界政治行为主体，为实现一定的政治目的而进行的各种活动，以及相互间形成的各种政治关系的总和。“它主要涉及各国对外政策及其发展演变，国家之间的冲突与合作，国际政治力量的对比及其变化，国家集团的形成、分化和改组，世界秩序的形成、发展与变革等”。①世界政治主要表现为行为主体之间为了特定的政治利益而发生的关系。

① 教育部社会科学研究与思想政治工作司组编：《当代世界经济与政治》，北京：高等教育出版社，2003年，第34页。

一、世界政治的形成和发展

(一)世界政治的形成

世界政治不是从来就有的,它的形成经历了长期复杂的历史过程。它以世界经济的形成为前提,以近代民族国家的建立为基础,以争夺和瓜分世界为原动力,是资本主义生产方式的产物。在资本主义生产方式确立以前,不存在世界政治。在奴隶社会和封建社会时期,由于生产力发展水平低下,国家之间的交往一般只局限于双边或局部地区,涉及的内容也极为有限,世界多数国家处于闭关自守状态,整个世界只是被分割为几个互不联系的政治文化中心。因此,在资本主义生产方式确立以前,既不存在现代意义上的民族国家,更不存在全球意义上的世界政治。

随着欧洲资产阶级革命的胜利及海外新航线的开辟,欧洲人对世界开始有了新的认识,欧洲国家通过这些航线,竞相掠夺世界资源、争夺廉价劳动力、建立海外殖民地。资本主义商品交换纽带的扩大和殖民政治的推行,不仅促进了世界经济的发展,而且促进了世界政治的形成。产业革命的全面展开和深入进行,彻底摧毁了残余的封建主义生产方式,开始了机器大工业的社会化大生产,极大地推动了欧洲各国生产力的提高,促进了资本主义商品经济的迅速发展。资产阶级为了获取巨额利润,用殖民主义的方式打开了许多落后国家的大门,寻求更为广阔的市场和丰富的原料。资本主义经济活动的日趋国际化,冲破了封建闭关自守的障碍,把越来越多的国家纳入国际分工和世界市场之中,资本主义世界经济体系开始形成,世界越来越成为相互联系的整体。对此,马克思、恩格斯精辟地指出,大工业“首次开创了世界历史,因为它使每个文明国家以及这些国家中的每一个人的需要的满足都依赖于整个世界,因为它消灭了以往自然形成的各国孤立状态”。“资产阶级,由于开拓了世界市场,使一切国家的生产和消费都成为世界性的了”。“过去那种地方的和民族的自给自足和闭关自守状态,被各民族的各方面的互相往来和各方面的互相依赖所代替了”。[①] 近代意义上的民族国家竞相诞生,世界性的经济交往日趋活跃,国家间的相互关系也日益广泛,这样,世界政治也就开始形成了。

19 世纪 70 年代以后发生的第二次科技革命,不仅为自由资本主义过渡到

---

① 《马克思恩格斯选集》,第 3 卷,北京:人民出版社,1995 年,第 15 页。

垄断资本主义奠定了物质基础,而且推动了世界政治的形成。随着自由资本主义向垄断资本主义过渡,新的国际分工体系、世界市场、国际金本位制度相继成熟。19世纪末20世纪初,资本主义从自由竞争转变为垄断,垄断成了全部社会经济生活的基础,金融资本和金融寡头控制了国家的经济命脉,从而导致少数帝国主义国家对整个世界的分割和统治。至此,世界政治基本形成。

(二)世界政治的发展

世界政治形成后,随着国际形势的发展变化,在世界政治中产生了三对矛盾:帝国主义国家之间的矛盾、帝国主义宗主国与殖民地半殖民地国家的矛盾以及无产阶级同资产阶级的矛盾。20世纪初期的世界政治,深深地打上了殖民地半殖民地人民反抗帝国主义殖民统治的烙印。此时的世界政治从力量对比上讲,可以分为两大类:一类是压迫和剥削广大殖民地半殖民地国家的少数帝国主义大国;另一类是被压迫和被剥削的绝大多数殖民地半殖民地国家。从力量上看,帝国主义处于世界政治的中心,帝国主义国家之间的矛盾是世界的基本矛盾之一。同时,帝国主义宗主国与殖民地半殖民地国家的矛盾、无产阶级同资产阶级的矛盾,也以世界基本矛盾的形态表现出来。世界基本矛盾的相互交织和斗争,是推动20世纪初世界政治发展的基本动力。亚非拉民族解放运动的蓬勃兴起推动着世界政治的发展。在非洲,埃及、苏丹、埃塞俄比亚、阿尔及利亚等国反对西方殖民主义的斗争风起云涌,一浪高过一浪。在拉丁美洲,古巴人民争取民族独立的斗争声势浩大,墨西哥资产阶级革命也将斗争的矛头直指美帝国主义。亚洲的民族解放运动更为突出,伊朗革命、土耳其革命和中国的辛亥革命,在世界范围内产生了重要影响。对此,列宁曾给予高度评价,指出:"亚洲的觉醒和欧洲先进无产阶级夺取政权的斗争的展开,标志着20世纪初所揭开的全世界历史的一个新的阶段。"①

第一次世界大战和1917年俄国十月革命的胜利,使世界政治进入了一个新的发展阶段。第一次世界大战是帝国主义列强之间矛盾尖锐化的表现。它的爆发和结束,调整了帝国主义国家之间的力量对比。欧洲作为国际政治中心的地位被削弱;美国在战争中大发横财,开始推行称霸世界的全球战略;日本也迅速崛起,军国主义政策开始出笼;德国虽在战后初期一度衰弱,但却滋生了更为猖獗的法西斯势力,图谋东山再起,横行欧洲,为欧洲和亚洲两个战争策源地的形成埋下了祸根。第一次世界大战中,俄国无产阶级突破帝国主义链条上的薄弱

---

① 《列宁选集》,第2卷,北京:人民出版社,1995年,第448页。

环节，取得了十月革命的胜利，打破了帝国主义一统天下的政治局面，沉重打击了帝国主义的嚣张气焰，动摇了帝国主义的殖民统治，极大地激励着被压迫民族的民族解放运动和无产阶级的革命斗争，开创了人类历史的新纪元。从此，社会主义和资本主义两种社会制度的矛盾，便成为国际社会的基本矛盾之一。第二次世界大战和世界反法西斯战争的胜利，从根本上改变了世界政治格局，为世界政治的发展开创了新局面。首先，苏联的政治军事力量迅速发展，改变了世界政治力量的对比。经过战争的考验，二战中东欧和亚洲一些国家的共产党及其领导的武装力量得到了发展和壮大，并相继取得了反法西斯战争和人民民主革命的胜利，建立了人民民主政权，走上了社会主义道路。这使得社会主义国家的力量迅速壮大，从而极大地改变了世界政治力量的对比，对二战后世界政治及其格局的形成产生了深刻影响。其次，帝国主义的总体力量被削弱，并引发资本主义国家之间的力量对比出现新的变化。德、意、日三个法西斯国家被打败；英、法两国虽是战胜国，但在战争中元气大伤，沦为二流国家；美国本土远离战场，又一次大发战争横财，经济、军事实力迅速膨胀，一跃成为资本主义世界头号强国，为二战后推行称霸世界的全球战略奠定了实力基础。再次，它为被压迫人民的解放斗争开辟了广阔的道路。在战争中，殖民地和半殖民地人民的觉悟和组织程度有了很大提高。随着帝国主义力量在战争中的削弱，亚、非、拉民族解放运动获得蓬勃发展，一大批殖民地、半殖民地国家取得了民族独立，殖民体系土崩瓦解。新独立的近百个拥有主权的国家，成为世界政治中的新生力量，推动着世界政治不断向前发展。

在二战结束以前，世界政治的行为主体主要是主权国家。二战结束后，由于新技术革命的推进、经济全球化的不断发展，世界政治舞台上的角色也不断增多，世界政治变得越来越复杂。主权国家尽管是世界政治的主要行为主体，但行为主体多样化和多样性的特点越来越明显。由于行为主体的增加，它们又不断追求各自的利益，独立地参与国际事务并在其中发挥与自己的实力相适应的政治作用，从而形成世界政治的三种基本形态。

国际竞争，是指各个国际关系行为主体为了达到一定的目的，实现自己的利益和价值，在世界政治舞台上相互攀比，你追我赶，力争取得胜利的一种状态。优胜者在国际舞台上站住了脚，提高了国际地位，扩大了国际影响；落后者就要受气、挨打，甚至被奴役、被占领、被肢解，国际政治舞台上的无数历史事实证明了这一点。国际竞争是国际关系中最基本、最普遍的一种状态。二战后的国际竞争，与过去相比，有许多新的特点：第一，参加竞争的行为主体数量大幅增加，既有主权国家，也有国际组织和跨国公司。第二，国际竞争的激烈程度加大，各国为了生存和发展,都积极地、大力地投入国际竞争。第三,国际竞争内容丰富,大大拓展了经济、政治、文化和军事领域的内容,这为国际竞争提供了广阔的天地。在当代,国际竞争的重点已经转向以经济为基础、科技为先导的综合国力的竞争,谁在这些方面占有优势,谁将对世界拥有发言权。

国际合作,是指国际行为主体由于在一定领域内的利益和目标基本一致或部分一致,而进行的不同程度的协调和联合。二战后的国际合作呈现以下特点:第一,国际合作的全球性,遍及各大洲的全球性合作迅猛发展。第二,国际合作的超意识形态性,不以意识形态异同为界限的国际合作。第三,国际政治合作的面貌焕然一新,在信息技术条件下"地球变得越来越小",共同利益范围日益扩大,出现了许多依靠单个力量难以解决的问题,因此国际合作已成为国际社会生存和发展的潮流。在当代,国际行为主体不参与国际合作,它的生存和发展就可以说是步履维艰。

国际冲突,是指由于世界政治行为主体所追求的利益、目标和价值相悖,或由国际社会结构性矛盾等所引发的种种问题,而使国际行为主体处于一种自觉的抵制、摩擦、对立或对抗状态。国际冲突是国际关系的一种具体状态。随着国际关系的变化、发展,国际冲突呈现出各种不同的特点:国际冲突的规模下降;国际政治冲突具有丰富的内涵;国际冲突的激烈程度特别是国际战争的可能性下降;国际冲突的联动性加强,出现了经济冲突政治化、政治冲突经济化、国内矛盾国际化、国际矛盾国内化、双边矛盾多边化、历史矛盾现实化的现象。不过,当代的国际冲突基本上还是在可控制范围之内的,因为有维护世界和平和促进世界经济发展的一些国际机制的存在和发展,再加上国际法的不断完善。

总之,国际竞争、国际合作、国际冲突是既相互关联、相互影响,又各自独立、自成一体的三种状态。国际竞争有时是相互合作的各方之间的竞争,国际竞争与国际合作相互转化;国际竞争有时是相互冲突的竞争,大量的国际竞争都带有不同程度的冲突性质。正是由于国际竞争、国际合作、国际冲突的存在,当代世界政治舞台上才上演了一幕幕精彩纷呈的"舞台戏"。

二、世界政治格局及其演变规律

(一)世界政治格局的形成

所谓"格局"是指事物的内在结构或态势。世界政治格局是指在一定时期的世界政治舞台上作为国际行为主体的各种政治力量相互联系、相互作用所形成的结构形态。它是由主权国家、全球性国际组织及地区性国际组织构成,其主体是主权国家。世界政治格局的核心是各种政治力量的对比。主权国家是世界政治格局的基本单元,而没有获得国家独立,处于被剥削、被压迫地位的民族和阶级,在政治格局中则处于从属地位。随着世界经济和科技的发展,国际政治中的行为主体迅速增多,除主权国家之外,全球性国际组织和各种区域性组织以及跨国性的经济、军事、政治、宗教、社会组织和集团,在国际社会中都成为单独活动的行为主体。但这些行为主体与主权国家相比,在国际政治中仍然居于次要地位,它们背后的依靠力量仍然是主权国家,而且它们的活动往往要受到主权国家的控制和操纵。因此,可以说,世界政治格局是根据主权国家的利益和战略意图而形成的一种政治力量结构形态,是国际政治力量的系统化、整体化。这种结构形态一旦形成,不因一时的事变和矛盾而破裂,在一段时间内有相对稳定性。当然,世界政治格局的变化是绝对的,随着国际政治力量的此消彼长而不断发生,当这种变化经过一个量变的过程而出现质变的时候,就会引发世界格局的变动。世界格局就是在这样一种相对稳定又不断变化发展的状态中演变的。

(二)世界政治格局的结构形态

作为国际系统的一种表现形式,世界政治格局的形成和发展是与国际社会的形成和发展紧密相关的,也是资本主义形成和发展的产物,它自形成以来主要有以下四种结构形态:

单极格局。即一国独霸世界,是指某一个主要的大国或政治力量在国际政治中居主导地位,其他主要国家不能与之抗衡。实际上它是一种不完全的过渡性格局状态,因为这种独霸局面只会出现在局部区域,而很少出现在整个世界。在现实世界,这种状态是很难存在和发展下去的。

两极格局。是指两个大国或两大集团相互对立和制约,决定、影响着整个国际事务。所谓"两极",主要是指两大对立的国家集团,而不完全是两个国家之间或某个国家与另一个国家集团之间的对立,也不会是线条清晰的紧密两极把世界一分为二,还存在着一些中间地带。如二战期间一些没有卷入战争的国家。这种两极格局在二战后存在近半个世纪。

两极多元格局。是指一种由两极向多极或由多极向两极过渡的格局形态。在这种状态下,一方面有两大集团间的对立,另一方面还存在着"两极"之外的能在国际事务中发挥自身独特作用的、潜在的一极。例如,20 世纪 70 年代以后的格局特点表现为"两极"和多元。"两极"是指美、苏,多元是指中国、日本、西欧和第三世界其他国家。

多极格局。是指多种政治力量相互制约,各种政治力量在国际事务中各自独立、基本平等,相互之间不存在联盟或领导与被领导的关系。这种格局在一战前的欧洲存在过一段时间。

(三)世界政治格局演变的规律

世界政治格局是一种力量对比状态,当世界政治力量的对比达到一定程度的均衡后,在一定时期内便具有相对稳定性。同时,各种政治力量自身也在不断发展变化,一旦原有的格局被打破,则形成新的发展态势。而国际政治力量的形成,又是与其所拥有的经济实力以及在经济格局中的地位紧密相关的,政治力量的强弱取决于多种因素,但经济是长期的决定性因素,经济格局的发展演变直接影响政治格局的变化。国际政治格局在其演进、变化的过程中,总是相互交错的,呈过渡性特征。作为国际系统一种表现形式的世界政治格局,它的发展演变总是同时代的发展和国际社会的主要矛盾相联系,因为国际政治格局总是一定时代条件下的政治力量对比关系,在同一时代条件或不同时代条件下,政治格局的外在形态是不可能一样的。具体说来,国际政治格局的演变是有其内在规律的。

其一,在一定历史时期国际社会中各种行为主体之间实力对比关系的变化是国际政治格局变化的基本动因和物质基础。实力也称"国力"或"综合国力",是一个主权国家在一定的时空条件下从整体上来计量的社会生存和发展的各要素的总和,这些因素主要涉及资源、政治、经济、科学教育、国防、民族、外交等,其中经济因素是基础。综合国力总是处于不断的发展变化之中,在国际社会各个力量的发展过程中,平衡是相对的,不平衡是绝对的,各主要国家之间政治经济发展的不平衡打破了旧的力量对比,从而推动新的政治平衡的出现。近现代国际关系史上,国际力量对比的变化最终是通过角逐来实现的。第二次世界大战以来,特别是冷战结束后各大国综合国力对比的变化逐渐使国际政治格局发生次序移位和要素重组。

其二,一定历史时期国际社会主要矛盾的发展变化是推动世界政治格局发展演变的直接动因。各行为主体历史传统、社会经济发展水平、政治制度等各不相同,决定了各行为主体的利益和对外战略也不尽相同,这就不可避免地导致矛盾和冲突,并最终导致各行为主体对外战略的重大调整,各主权国家的决策者对自己国家、民族、阶级集团这种根本利益的考虑,决定了它们对外战略的调整,并导致国际政治格局的破裂和重新组合。

其三,世界政治格局的发展变化表现为一个从量变到质变的过程。无论世界格局的演变是通过战争的方式还是和平的方式，都是一个从量变到质变的过程，在这个过程中尽管有一些偶然因素或突发事件，但它并不能改变世界政治格局变化发展的基本方向。

第二节　二战后世界政治格局的演变

第二次世界大战后形成的两极政治格局，左右了世界 40 多年。20 世纪 80 年代末 90 年代初，东欧剧变、苏联解体，两极格局终结，世界政治格局进入转换时期，正在向多极化演变。

一、两极政治格局的形成

第二次世界大战极大地改变了世界政治力量的对比，促使世界政治出现重大而深刻的变化，直至今天，我们仍能够看到二战留下来的历史后遗症。第二次世界大战的性质不同于第一次世界大战。第一次世界大战是帝国主义国家之间为争夺势力范围而进行的非正义战争，而第二次世界大战则是法西斯国家与反法西斯国家之间进行的战争。为了尽快打败法西斯，各个制度不同的国家第一次携起手来，对付共同的敌人，并对二战后共同关心的问题进行了讨论。在战争的中、后期，反法西斯联盟的主要国家美国、苏联、英国及中国为了处理战败国问题、重新安排二战后世界政治秩序，先后召开了开罗会议、德黑兰会议、雅尔塔会议、波茨坦会议，为二战后世界秩序勾画出一幅新的蓝图。以雅尔塔会议为代表，形成了关于二战后世界政治秩序的基本方案，故称“雅尔塔体制”。世界反法西斯战争的胜利，将雅尔塔体制由构想变成现实。

雅尔塔体制具有一定的积极意义，表现在它加速了反法西斯战争的胜利，实现了不同社会制度国家的合作与和平相处。在近半个世纪里，雅尔塔体制对于防止德、日军国主义和法西斯势力的复活，维持欧洲各国的相对稳定，保障欧洲与世界的和平，避免新的世界大战的爆发起着一定的积极作用；联合国的建立也是雅尔塔体制的一项重要内容，是各国合作的一个重要标志。但是，雅尔塔体制带有浓厚的强权政治色彩，具有少数大国、特别是美苏两大国依据新的实力对比和利益争夺胜利果实的特质，它将大多数中小国家排除在外，甚至无视和公然侵犯其他国家的主权和领土完整，损害了一些国家的正当权益，因此理所当然地遭到许多国家的强烈抨击。同时，雅尔塔体制是美、英、苏依据实力划分势力范围、对二战后世界秩序重新做出的安排，是大国之间相互妥协的结果，实质是大国对势力范围的划分，它为战后美苏两极对峙的世界政治格局奠定了基础，开了美苏两个超级大国争霸世界的先河。

因此，以雅尔塔体制为基础的两极政治格局是大国实力政策和强权政治的产物。二战后期，美苏两国分别控制着不同的战区，争夺胜利果实，并依靠实力确立了大国地位，在这种体制下产生了两极对立的世界政治格局。在欧洲，东欧属于苏联的势力范围，西欧则被美国所控制，德国由美、英、法、苏四国分区占领，后分裂为东、西两个德国；在远东，大体划分了美、苏的势力范围，苏联承认美国对日本的控制及在中国的利益，美国则满足了苏联收回库页岛、占领千岛群岛等要求。

两极体制下形成的两极格局是以实力为基础的。二战后，美苏处于力量的顶峰，是原来的基础和二战中力量发展的结果。传统的欧洲强国退居第二线，新崛起的强国成了政治中心，控制了世界霸权，并逐步形成了以美国为代表的帝国主义阵营和以苏联为代表的社会主义阵营。第二次世界大战后，美国仰仗其“金元帝国”和“原子弹帝国”的强大实力，在国际社会中，一手拿着美元，一手拿着原子弹在世界各地称王称霸。为了实现其政治野心，美国首先推行了控制欧洲的战略。1947年6月5日，美国国务卿马歇尔在著名的哈佛大学发表演讲，提出了对欧洲进行经济援助的计划，即“马歇尔计划”。1947年至1948年，美国总统杜鲁门两次向国会发表《美国支持欧洲复兴计划》的“国情咨文”。1948年4月2日美国国会通过了《1948年对外援助法》。第二天，杜鲁门正式签署该法案，“马歇尔计划”开始实施。从1948年4月至1952年6月，美国共向西欧拨款131.5亿美元。“马歇尔计划”的提出和实施，为资本主义阵营的形成确立了经济纽带。经济上控制欧洲只是美国对欧战略的开端，美国企图在政治、军事上全面控制欧洲。1949年4月4日，美、英、法、加、冰、意、荷、比、卢、葡、丹、挪等12国的外长聚会华盛顿，正式签署了《北大西洋公约》，公约规定实行军事上的“集体防御”。同年8月4日条约正式生效，北大西洋公约组织诞生（后希腊、土耳其、联邦德国和西班牙相继加入，其成员扩大为16国）。北约的建立，标志着资本主义阵营的形成。

面对美国强硬的遏制政策，苏联也不示弱，与美国展开了针锋相对的斗争。苏联是反法西斯联盟中唯一的社会主义国家，经受了历史上最残酷的战争考验，以牺牲2700万人的高昂代价，赢得了反法西斯战争的最后胜利。二战后，世界社会主义力量得到了迅速发展。苏联经过反法西斯战争的洗礼，政治影响不断增强，经济和军事实力日益强大，成为与美国抗衡的主要力量。欧亚一系列国家的人民民主力量在战争中得到了极大发展，一些国家在二战后相继建立了工人阶级政党及政权，走上了社会主义道路。世界社会主义整体力量的壮大，为社会主义阵营的形成奠定了基础。为了保卫来之不易的胜利果实，针对以美国为首的资本主义阵营的强大攻势，以苏联为代表的社会主义国家迎头出击。1949年1月，苏联针对美国的“马歇尔计划”，倡议召开了由苏、保、匈、波、罗、捷克等6国代表在莫斯科举行的经济会议，决定成立经济互助委员会。“经互会”的成立，形成了社会主义国家的经济纽带，标志着社会主义阵营的初步形成。1955年5月，苏联又针对美国在欧洲建立的北约组织，在华沙召开了东欧国家第二次保障欧洲和平与安全会议，签署了互助条约，通称《华沙条约》，华沙条约组织由此诞生。华沙条约组织的问世，标志着社会主义阵营的最终形成。两大阵营形成的过程，也是二战后两极世界政治格局形成的过程。它为美苏两个超级大国展开全球争夺划分了势力范围，确定了实力基础，标志着冷战的全面展开。两大阵营的对峙和较量反映了二战后初期世界政治舞台上的力量对比状况，但并不具有长期的稳定性。

二、美苏两个超级大国争夺世界霸权

二战后40多年，美苏的全球较量决定着世界的战争与和平、发展与进步，影响着世界政治力量的对比，是二战后世界政治格局演变过程中的主要矛盾。从二战后世界政治格局中各种政治力量的分化、组合、对比、消长来看，二战后世界政治格局的变化大体可以划分为两个阶段：

第一阶段是二战后至20世纪60年代，世界政治斗争的主要表现形式是两大阵营的对峙。这种斗争集中表现在政治、经济、军事三大领域，并最终演化为美苏争霸的世界政治格局。以美国为首的资本主义阵营为了遏制社会主义国家的政治影响、扑灭民族解放斗争的火焰、扩大其势力范围，在政治上推出了“冷战遏制”政策，在经济上实施了“马歇尔计划”，在军事上建立了“北大西洋公约组织”。以苏联为首的社会主义阵营，面对资本主义阵营咄咄逼人的进攻，为了保卫国家安全、捍卫二战胜利果实、支援世界各地的民族解放运动，也采取了一系列针锋相对的行动：在政治上加强苏联与东欧的联合；在经济上成立了经互会组织；在军事上建立了“华沙条约组织”。

美苏两国争夺世界霸权的战略态势因其力量对比的变化而不断发生变化。二战后初期，美国作为资本主义世界头号强国，拥有明显优于苏联的综合实力，在全球范围内对苏联展开了步步紧逼的战略攻势。面对美国的攻势，苏联处于战略守势态势，但同时采取了许多重大举措进行反击，1958年、1961年的两次柏林危机和1962年的古巴导弹危机，便是这一时期美苏直接对抗的产物。

第二阶段是20世纪60年代末至80年代末，世界政治斗争的主要表现形式是美苏争夺世界霸权。从20世纪60年代末起，苏联开始推行咄咄逼人的进攻性全球战略：1968年，苏联悍然出兵侵占捷克斯洛伐克，同时在非洲也加强了进攻；1978年，苏联支持越南侵占柬埔寨；1979年，苏联又公然出兵侵占阿富汗，使其同美国的争夺达到新的高潮。20世纪80年代初，苏联国内经济开始下滑，进攻性全球战略严重受阻。在美国，当尼克松完成战略调整后，里根又开始推行以重振国力为中心的"新遏制政策"。1983年3月，里根提出了"星球大战计划"，决心全面夺回对苏军事优势。由于美国政府的强硬政策，美国开始扭转在同苏联进行全球争夺中较为被动的态势，转而采取进攻战略。20世纪80年代中期以后，美苏关系出现新的缓和。美苏两个超级大国对世界霸权的争夺，以美国全面攻势和苏联危机四起、直至最后解体而宣告结束。

美苏两个超级大国争夺世界霸权，是以强大的军事实力为基本支撑的，它们对世界霸权的争夺，实际上是对军事优势的争夺。愈演愈烈的军备竞赛，成为美苏争夺军事优势的主要表现形式。二战后至20世纪80年代末期，美苏一直是世界上两个军费开支最多的国家；其军费开支占国民生产总值的比例也是最高的，分别达到12%和近40%，其军费开支占世界军费开支的比重分别为35%和30%。美苏军备竞赛遍布军事的各个领域、各个方面。常规军备方面，美苏竞相发展技术含量高、机动性能强、打击目标准的先进武器系统，两国常规武器数量大大超过世界上任何一个国家，技术性能一直处于世界领先水平。核军备优势是美苏军备竞赛争夺的重点。20世纪40年代末，苏联打破了美国对核武器的垄断，由此拉开美苏核军备竞赛的序幕。此后，美苏竞相发展陆基洲际弹道导弹、潜射弹道导弹、远程轰炸机"三位一体"的战略核力量，使其不断改进，投送能力不断提高，数量也急剧增加。到20世纪80年代末期，美苏核武器规模达到顶峰，拥有占世界98%的数万枚核弹头。

外层空间是美苏军备竞赛的新领域。1957年10月4日，苏联成功发射第一艘人造地球卫星。1958年1月31日，美国也发射了第一艘人造地球卫星，从此拉开了美苏太空争夺的帷幕。1961年4月12日，苏联第一艘载人飞船发射成功，在绕地球运行一圈后安全返回地面。1969年7月20日，美国"阿波罗号"飞船实现了人类首次载人登月。20世纪70年代初期，美苏分别发射了各自的试验性航天站。1981年4月，美国航天飞机首次试飞成功。1986年，苏联成功地发射了"和平号"轨道站。随着航天技术的不断发展，军事色彩日益浓厚，外层空间的军事争夺更加激烈。1982年9月，美国在科罗拉多州建立了归属空军的世界上第一个航天司令部，这实际上是美国政府筹建新的军种——天军的起步。

苏联也将航天部门归属战略火箭军。里根提出的“星球大战计划”，把美苏在外层空间的军事争夺推向了新的高峰。美苏全球军备竞赛，对世界和平乃至人类生存构成了巨大威胁。

美苏两个超级大国争夺世界霸权主要体现为对地区的争夺。欧洲一直是美苏争夺的战略重点。作为冷战最前沿的欧洲地区，以北约和华约两大军事集团为堡垒，美苏在这里部署了最庞大的军事力量和最先进的武器装备，使整个欧洲地区一直处于严重的军事对峙之中。东亚和中东地区，是美苏两国进行激烈争夺的重要地区。在东北亚，美国在侵朝战争失败后，加强了对韩国的政治和军事控制；在东南亚，美国直接出兵侵略越南，插手印支三国事务。苏联也不退让。20 世纪 70 年代后，苏联不断扩充其太平洋舰队的实力，以加大同美抗衡的砝码；印支战争中美国战败，苏联控制了越南，并支持越南侵占柬埔寨；在西亚，苏联更是直接出兵侵占了阿富汗，力图打通印度洋的通道。中东地区曾被誉为“世界的火药桶”，也是美苏两国争夺最激烈的地区之一。中东地区战略地位重要，油气资源丰富，民族矛盾复杂，是欧洲、日本和美国经济赖以发展的“石油生命线”。苏联从 20 世纪 50 年代中期就极力向中东渗透，加强与美争夺，直至 20 世纪 70 年代支持“代理人战争”。在拉美地区，美苏在加勒比和中美洲地区的争夺最为激烈。在非洲地区，美苏的争夺也此起彼伏。无处不在、无孔不入的美苏全球争霸，给世界和平与地区稳定造成了极大的威胁。

三、两极政治格局的终结

20 世纪 80 年代末 90 年代初，国际局势发生了重大而深刻的变化，两极格局最终结束。

第一，1989 年东欧剧变，1990 年两个德国统一，使苏联丧失了在欧洲与美国对峙的基础和阵地。自 20 世纪 80 年代末期开始，东欧国家相继放弃社会主义道路和共产党（工人党）领导，社会制度和意识形态发生了急剧变化。1989 年初，波兰和匈牙利率先宣布实行“多党制”和“政治多元化”。同年 6 月，波兰统一工人党在大选中失利，丧失了执政地位。此后，匈牙利、民主德国、捷克斯洛伐克等国的共产党和工人党纷纷改变为社会党，并很快失去了执政地位，继而分裂或解散。1989 年 11 月 9 日，民主德国推倒“柏林墙”，打开了东欧通向西方的“大门”。作为东西方冷战和两大阵营对抗象征的“柏林墙”的倒塌，加速了东欧剧变的进程。1990 年 10 月 3 日，民主德国与联邦德国实现了重新统一。东欧各国新执政的政治势力，纷纷在内政外交上倒向西方，使苏联东欧集团逐渐瓦解。

第二,1991 年 6 月,经互会解散,同年 7 月,华约被取消并宣布解散,“两极”在欧洲对峙的经济、军事支柱相继倒塌,大大改变了东西方力量的对比,从根本上动摇了美苏两极格局的基础,使雅尔塔体制濒临崩溃。

第三,苏联解体。1991 年苏联发生了“8 • 19”事件,拉开了苏联分裂的序幕。1991 年 12 月 21 日,11 个共和国首脑在哈萨克斯坦首都发表《阿拉木图宣言》,签署了关于成立独立国家联合体的协议书。同年 12 月 25 日,飘扬在克里姆林宫上空的红旗悄然降下,苏联不复存在。苏联的解体,使持续了近半个世纪的东西方两大集团之间激烈对抗的两极格局彻底终结。

两极格局的终结,是二战后世界经济、政治发展和美苏两国及其所代表的势力集团力量消长与分化组合的必然结果。首先,苏联及东欧国家路线、方针、政策的严重失误,导致东欧剧变、苏联解体。二战后至 20 世纪 80 年代,苏联将其主要精力放在同美国的军备竞赛和全球争夺上,从而失去了许多发展经济的良机。大规模军备竞赛,使国民经济畸形发展,经济发展速度明显减缓,20 世纪 80 年代开始处于停滞状态。1990 年苏联经济出现了二战后的首次下降:国民生产总值下降 2%,国民收入下降 4%。1991 年经济下降比例扩大到两位数。受苏联的影响,东欧国家经济也困难重重。早已对苏联模式不满的东欧国家,在苏联放松控制时,政治风云急转直下,经济形势日益恶化,最终导致两极格局的终结。其次,以美国为首的西方国家,长期对苏联和东欧国家推行“遏制”战略,并利用苏联、东欧国家内部的矛盾和困难大力实施和平演变战略,对社会主义国家实行政治上孤立、军事上围攻、经济上封锁、思想文化上渗透。再加上戈尔巴乔夫等领导人错误地推行“新思维”,加剧了人们的思想混乱。苏联及东欧国家在内外反社会主义力量的夹击之下,无力支撑,加速了防线的崩溃,致使两极格局瓦解。再次,第三世界的崛起,开始打破两极格局垄断世界政治的局面。第三世界在战后国际舞台上的迅速崛起,是具有划时代意义的重大事件。它以不结盟为旗帜,否定了两大军事集团的直接对抗;它以广大被压迫民族和被压迫国家形象出现,增添了世界政治中积极、健康的因素,促进了国际关系的民主化;它积极参与国际和地区事务,对两个超级大国主宰与控制国际局势的企图形成了很大冲击。当第三世界作为一支强大的力量出现时,两极格局的瓦解、多极化趋势的加速,就成为一种历史的必然。

在历史上,世界格局的转换通常都是通过战争方式完成的,但是,持续了近半个世纪的两极格局,其瓦解并不是因为双方在战场上的直接较量。这次新旧格局的转换具有以下特点:第一,旧格局的解体基本上是在和平条件下进行的。无论是东欧剧变,还是苏联解体,总体上讲都是在非暴力的环境中完成的,是“和平演变”的结果。第二，新格局的形成经历了一个漫长、曲折、复杂的演进过程。尽管美国实力有所下降，但现在它仍然是世界上唯一的超级大国，它力图建立单极世界，但缺乏足够的一统天下的力量；其他主要大国都在争取世界或地区的主导权，期望建立一个多极世界，尽管它们联合起来的力量很可观，但没有任何一个国家拥有足够的实力，可单独与美国相抗衡。因此，在一段时间内，多极化与“单极世界”之间将展开激烈的斗争。这种斗争显然是错综复杂的，不会在短时间内决出胜负。世界各种力量只有经过长时期的消长、分化、组合，才能形成新的稳定的格局。

第三节 冷战后世界政治发展趋势及特点

随着两极政治格局的终结，世界政治格局开始发生重大转变，多极化已经成为世界政治发展的趋势。在多极化趋势中，世界政治也呈现出一些新的特点。

一、世界政治多极化是当今世界发展的基本趋势

世界政治多极化是指在一定时期内对国际关系有重要影响的国家和国家集团等基本政治力量相互作用而朝着多极格局发展的一种趋势，它是对世界主要政治力量在全球实力分布状态的反映。[①] 世界多极化作为一种历史趋势，大体上是在20世纪90年代才出现的。

东欧剧变、苏联解体，冷战结束以后，欧洲统一和自主、自强的速度和规模令人关注。欧盟实施《马斯特里赫特条约》，扩充和完善共同市场，发行欧元，建立货币联盟，进而推行共同的外交政策和防御计划，推行统一的宪制改革，加之欧盟和北约的扩大，就使欧洲切实地成为多元世界里的重要成员，它们发出自己的声音，提出自己的主张，树立起一个力量整体的形象。1997年4月，中俄两国首脑发表联合声明，明确提出世界多极化和建立国际新秩序的主张；许多发展中国家也都主张独立自主地发展本国经济和加强区域合作，反对任何形式的霸权主义和强权政治，世界多极化遂成为一种历史趋势。

进入新世纪，世界多极化发展趋势凸现，国际力量对比的变化速度甚至超过

① 教育部社会科学研究与思想政治工作司组编：《当代世界经济与政治》，北京：高等教育出版社，2003年，第34页。

美国一些“未来学家”的预言。众多国家包括美国的盟国都要求美国与其相互尊重、平等互利，通过对话和合作，促进共同的发展和繁荣，这使美国推行单边扩张政策越来越困难。俄罗斯经济多年来也保持了高速发展，GDP年均增长率达到7.8%，黄金外汇储备大幅增加，苏联解体时遗留的2000多亿美元外债，现已基本提前还清，俄罗斯重新跨入“世界十大经济体”行列。预计2020年可能进入世界五强，人均GDP可能达到3万美元。俄罗斯经过一番周折之后，最终保持了独立自主前提下的东西方平衡外交，加上它广袤的国土、丰富的资源以及苏联时期留下的雄厚的军事工业和国防实力，使它在政治和军事方面仍保持着大国地位，并迅速恢复了其综合大国的地位。中国和印度等国家发展速度惊人。中国的(官方)外汇储备跃居世界第一；印度经济这十几年来年均增长率一直保持在6%～7%。中、印已成为全世界投资最具吸引力的三个国家中的两个(另一个当然是美国)。发展中国家，尤其是新兴经济体外汇储备迅速增加，其经济占全球经济比重已由1990年的39.7%上升到2006年的48%。国际权威经济集团的一些研究报告认为，全球经济正经历自工业革命以来规模最大的转型，经济中心正从发达国家转移到亚洲、东欧、中东与拉美等地的新兴市场；“金砖国家”正在改变着世界经济格局，这些情况的变化和继续发展，是历史性的，对今后国际关系和国际形势的发展将产生不可估量的影响，从而推动世界向多极化方向发展。

当今世界多极化趋势无论是在全球或地区范围内，还是在政治、经济等领域都有新发展。这是因为：

第一，经济多极化是政治多极化的基础，政治多极化是世界经济多中心和区域化趋势在世界政治发展中的体现。经济全球化进程使单极世界构筑的可能性大大降低，科技和经济实力成为越来越重要的因素，在科技与经济的迅速发展中，已没有哪一种力量能够全方位占据绝对优势，更不可能随心所欲地控制世界。

第二，世界政治多极化是世界经济发展不平衡规律作用的结果。当今世界发达国家之间的竞争、发展中国家之间的竞争、发达国家与发展中国家之间的竞争日趋激烈，导致国家之间经济政治发展的不平衡，世界各国在综合国力方面的较量，必然导致世界政治多极化格局的出现。

第三，各种文明的多样性成为世界多极化重要的社会基础。亨廷顿说，冷战后，世界格局的决定因素表现为七大或八大文明，即中华文明、日本文明、印度文明、伊斯兰文明、西方文明、东正教文明、拉美文明，还有可能存在的非洲文明。各种文明的多样性成为当今世界最显著的基本特征，它构成世界多极化组合的内容和形式。

第四，多极化趋势必然发展的根本原因在于各大力量都要维护自己的国家利益,绝不会牺牲或放弃自己的国家利益而屈服于别国利益。世界朝着多极化方向发展既是一个不以人们意志为转移的客观趋势,也是除美国以外的国家和国家集团所追求的目标。

未来的世界将是一个多极化的世界,但多极化的发展不会一帆风顺,多极化政治格局的形成将是一个曲折、长期的过程。其主要依据:第一,美国仍然是当今世界唯一的超级大国,美国的霸权地位还要维持相当长一段时间。第二,国际旧秩序和霸权主义、强权政治依然存在,南北差距不断扩大,这些是阻碍世界多极化发展的重要因素。第三,国际舞台上的各国国家利益不同,由此所形成的"合力"作用的发挥受到种种因素的制约,再加上国际形势错综复杂,必将产生多种不确定因素。因此,世界多极化只能在曲折中缓慢前进。

尽管多极化世界格局在曲折中发展,但未来的世界将是一个多极化的世界,这是不以人们的意志为转移的。世界格局走向多极化有着重要的历史和现实意义:第一,符合世界发展的客观规律;第二,有利于体现各国和各国人民的共同意愿和利益;第三,有利于避免新的世界大战的爆发;第四,有利于遏制霸权主义和强权政治;第五,有利于推动建立公正合理的国际政治经济新秩序;第六,有利于促进世界政治经济文化的协调平衡发展。

二、20 世纪 90 年代以来世界政治发展的基本特点

1. 大国关系经历重大而又深刻的调整,推动着世界向多极化方向发展。两极格局终结后,因大国关系的调整世界政治呈现出空前活跃的局面,世界政治格局也因大国关系调整而加速走向多极化。大国关系正在进行着重大而又深刻的调整,这是多极化趋势中世界政治最显著的特征。同时,经济全球化的迅速发展、恐怖主义的国际化,以及大规模杀伤性武器的扩散,使大国之间的磋商与合作机会大大增加,共识和利益汇合点增多,共同利益领域也相应拓宽。

20 世纪 90 年代中后期以来,大国之间的首脑会晤空前活跃,大国之间纷纷建立和加强战略伙伴关系。1997 年以"大国关系调整年"而载入国际关系史册。自 1997 年 1 月 4 日德国总理科尔访问俄罗斯以来,中、美、俄、法、英、德、日诸国首脑频繁互访。在欧洲,当时的法国总统希拉克、德国总理科尔和俄罗斯总统叶利钦分别互访;俄美首脑在赫尔辛基举行会晤前,德国总统赫尔佐克、法国总统希拉克和英国首相布莱尔相继访俄;叶利钦首次出席欧洲委员会首脑会议,俄、欧、美关系进一步调整,俄、法、德三国领导人做出决定,今后每年至少举行一次三国首脑会晤,形成首脑定期会晤机制。在亚洲,江泽民主席成功地对美国进行

了历史性访问；日本首相桥本也先后访问中国和俄罗斯；叶利钦总统第三次访华，亚洲地区大国关系发生了新的变化。1998 年，大国首脑外交仍频繁展开，中、美、俄、德、法、英、日等国家领导人进行了新一轮的首脑外交活动。他们为了一定的国家利益进行合作，但是大国的核心利益并不完全一致，相互之间的结构性矛盾依然存在且不易解决。大国之间相互竞争、相互防范和相互合作的态势同时增强，世界力量对比日益呈现结构性变化。

科索沃战争和“9・11”事件后，大国关系再度深入调整，大国关系重组，西方与“非西方”界线依稀可见。俄罗斯、印度、巴西等新兴大国迅猛发展，彼此联合自强与共谋发展态势显现。中国力图争得有利的国际地位，实现全方位的开放战略，通过建立各种类型的伙伴关系来加快发展自己。欧盟领导人强调欧美共同利益与价值观，欧美关系重归于好。美日同盟在调整中继续深化，日本与欧盟联系增强。为继续维持世界主导地位，西方大国不断加强政策协调，重塑西方联盟形象。

大国关系进入既相互借重又相互制衡、既相互合作又相互竞争的新的发展时期。多种战略力量交叉互动，强调各国在平等的条件下协调矛盾、发展合作，将有助于推动世界多极化趋势的发展，对美国谋求主导世界的外交政策产生制衡作用。美国力图摆脱战略困境，战略中心从“反恐”至上转向“反恐”与防范大国崛起并重，地缘重点从“大中东”为主转向同时兼顾亚太及东欧，行为方式从单边主义与迷信武力转向借助大国协调、国际多边机制与软硬兼施。德国、英国、法国对外大力凸现“欧洲声音”，对内推动“欧宪条约”，促使欧盟一体化取得实质性进展。日本对外战略更加强调在美日同盟与亚洲外交之间取得平衡，继续争当“全面型大国”。

大国关系的调整，有其深刻的政治、经济背景。首先，是适应多极化趋势的必然产物。冷战结束后，美国仰仗其“一超”的地位，企图建立以美国为主导的世界秩序，实现“单极世界”的构想。然而，经济、政治发展的不平衡和世界多样化的潮流，有力地冲击着美国“单极世界”的企图，推动着世界朝着多极化方向加速发展。在多极化不可逆转的背景下，各大国为了适应这一趋势，不得不通过多方位的大国外交，调整相互间的关系，使其在多极化格局中处于有利的战略地位。其次，是和平与发展时代主题的客观要求。冷战时期大国间极不正常的对峙关系，给世界和平与发展带来了极大威胁。冷战结束后，要和平、求合作、促发展成为时代的主流。世界各国人民要求平等相待、友好相处的呼声日益高涨。因此，建设一个什么样的国际社会、把一个什么样的世界带入 21 世纪，是摆在世界各国尤其是大国面前的重要课题。在利益联系日趋紧密、共同利益日益增多的背景下，大国之间只有放弃对抗、增加对话、建立起新型国家关系，才能实现国家利益与人类利益的协调发展。再次,是经济因素占据主导的现实需要。冷战结束后,随着国际形势日趋缓和,军事安全因素在国际关系中的地位有所下降,经济科技在国际关系中的地位日益凸现,并已成为国际关系中的主导因素。经济优先,发展至上,促使各大国不断淡化意识形态色彩,弱化军事较量,纷纷建立起互利互惠的务实伙伴关系。

在上述因素的制约下,今后大国关系的走向可能呈现以下的发展趋势:其一,相互依存、互利共赢是大国关系发展的主导方向。在经济全球化和和平与发展时代潮流的推动下,大国之间将不断扩大利益的汇合点,优势互补,更加积极地谋求相互之间的合作,实现互利共赢。大国之间也将会努力求同存异,坚持通过协商谈判的方式解决彼此之间的争端,并在一些重大国际问题上加强合作,共同维护国际安全和地区稳定,以利于自身的发展。其二,多边合作机制的建立与完善是大国关系发展的重要途径。大国之间为了加强合作,需要建立稳定的机制、搭建交流的平台。现有的国际组织例如联合国以及一些地区性国际组织将是大国合作的重要舞台,它们的地位和作用将进一步加强。一些新的双边和多边机制将逐步建立起来。大国之间的直接对话机制将进一步固定化、完善化。类似朝核问题"六方会谈"这样的多边合作机制将会进一步发挥作用。伊朗核危机也不是不可能通过某种形式的多边合作机制找到较为理想的解决途径的。美俄、美欧之间的紧张关系也可能通过一定形式的对话机制不断得到缓解。中俄之间的战略协作伙伴关系、中美之间的高层战略对话、中日之间的高层互访都将进一步机制化。这些多边合作机制的建立,无疑将会促进大国关系的良性互动和发展。其三,矛盾与冲突是大国关系发展中难以回避的问题。迄今为止,大国关系中仍然存在着不少矛盾和冲突。其中有些矛盾通过协商对话的办法有可能得到解决或缓解,例如,相互之间的贸易平衡、经济纠纷以及人类所共同面临的一些环境保护等问题。当然,并不是说这类问题是短期内或者仅仅通过几次谈判就能够解决的,而是在这些问题上,各国容易找到利益的交汇点,能够相互谅解、妥协,从而达成共识和协议。而另一些矛盾和冲突则在今后相当长一段时期内可能不会轻而易举地得到解决。大国如何协调立场,共同制止和铲除国际恐怖主义,如何克服因文化和意识形态差异所造成的消极因素,增进互信,从根本上保证大国关系的良性发展,仍然是摆在大国面前的一道难题。

2.全球性、区域性国际组织空前活跃,为构建和谐世界发挥着作用。国际组织在当代国际生活中普遍存在。通过国际组织进行国际交往,维护国家利益,几乎是每个国家的外交战略选择之一。

国际组织是世界经济、政治发展到一定阶段的产物,是国际社会的独立主体，它有其自身的组织宗旨、行为规范和组织机构。国际组织按其宗旨和组织机构大体分为四大类型：一是按宗旨权限划分，可分为一般性（或综合性）和专业性国际组织。联合国、非洲统一组织就属于一般性国际组织；国际劳工组织、石油输出国组织就属于专业性国际组织。二是按地域范围划分，可分为世界性和区域性国际组织。世界贸易组织、国际货币基金组织就属于世界性国际组织；美洲国家组织、阿拉伯国家联盟、海湾合作组织就属于区域性国际组织。三是按活动性质划分，可分为政治、经济和军事性国际组织。东南亚国家联盟属于政治性国际组织；亚太经济合作组织属于经济性国际组织；北大西洋公约组织则属于军事性国际组织。四是按组织主体构成情况划分，可分为政府间和非政府间国际组织。欧洲联盟、东南亚国家联盟就属于政府间国际组织；三边委员会、大赦国际、绿色和平组织就属于非政府间国际组织。

冷战结束后，许多具有世界影响的国际组织迅速崛起，原有的国际组织也通过自身调整，被赋予了新的时代内容与功能。在世界范围内出现了国际组织林立、功能作用增大、相互协调频繁的局面。联合国是当今世界上最大和最有影响的政府间国际组织，在国际上享有很高的威望，受到各国政府的重视。60 多年来，它在维护世界和平与安全、防止地区局势恶化等方面做出了不懈的努力，发挥了重要作用。国际局势的变化，既给联合国提出了许多新的挑战，又给联合国发挥更大作用提供了新的机遇。近年来，从安理会连续不断的会议和协调，到分布于一些热点地区的维和行动；从秘书长的一系列外交斡旋，到对贫困、战乱地区的人道主义援助；从全球首脑讨论经济和社会发展问题大型会议的召开，到多层次、多渠道解决全球问题的有效合作，都充分显示了联合国在处理一系列重大国际问题上的主导作用。联合国的地位和作用日益加强。特别是 2000 年 9 月在纽约召开的联合国千年首脑会议，与会的各国元首和政府首脑围绕“21 世纪联合国的作用”这一中心主题，就在新形势下维护世界和平与安全、促进国际社会均衡发展、建立国际政治经济新秩序、加强联合国作用等问题广泛交换了意见，表明联合国在 21 世纪将会继续并更好地发挥作用。

各种区域性合作组织竞相诞生，相继扩大。据初步统计，仅以协定或条约形式组成的经济合作组织有近 30 个，包括了世界 170 多个国家和地区。已经建立的区域性合作组织相继扩大。1997 年 11 月在温哥华举行的亚太经合组织领导人非正式会议，决定从 1998 年起接纳俄罗斯、越南、秘鲁为该组织的新成员国，使其成员国由 18 个增加到现在的 21 个。1996 年 12 月，欧盟首脑会议决定正式启动“东扩”计划，从 1998 年 4 月开始，已有十几个国家申请加入欧盟，欧盟发展到现在已有 27 个成员国。独联体国家内部的一体化也有所发展：1997 年 1

月，独联体国家政府首脑会议通过了《经济一体化发展构想草案》；2000 年 1 月，又通过了关于打击国际恐怖主义和分裂主义的国际专项纲要，决定为加速建立独联体国家自由贸易区创造条件。1999 年 12 月，俄白签署建立国家联盟条约，两国从 2000 年起，逐步统一货币，实行统一的税收、贸易和关税政策。各种区域性合作组织竞相诞生，不断扩大，是国际组织空前活跃的重要标志。

国际组织作为国际社会的组织，具有维持和平与安全、促进发展、协调矛盾、加强合作等职能。其目的在于维持国际社会这个多元平行系统的正常运转。尽管国际组织作为国际社会的“配角”，它不能发挥主权国家(“主角”)那样的作用。但在国际舞台上，没有“配角”，“主角”也难以充分施展才干，发挥更大更好的作用。国际组织与主权国家这种“配角”与“主角”的关系决定了国际组织在国际社会中的地位和作用，为构建和谐世界发挥了积极作用：第一，国际组织为主权国家在各领域的合作提供了方法和手段，从而使所有或绝大多数国家从各领域的合作中获得利益。第二，国际组织为动员世界舆论、伸张国际正义、关注人类共同利益提供了平台。第三，在维护国际和平与安全方面，国际组织为各国政府提供了多种可供选择的制度与技巧。第四，在绝大多数情况下，国际组织不仅可为各国提供达成有关合作决定的场所，还可以通过其执行机制将这些合作决定付诸实施。此外，非政府组织的发展还突破了以国家利益为中心的制度格局。全球化进程中带来的一系列全球性问题，如环境、传染性疾病、贩毒、走私、恐怖活动等问题，已经超出传统外交的范围而威胁到全人类的生存。这些问题的解决往往超越国家主权的范畴，而必须以国际组织的方式进行更多的国际合作。由于相对于政府组织而言，国际组织较少考虑本国狭隘的国家利益，超越政府受利益集团左右的政治现实，更多地考虑人类共同的利益，因此更容易得到公众的支持，它在国际社会中的公众话语权和政治参与权日益凸现。

3. 新兴国家群体性发展和崛起，正有力地改变着国际力量的对比格局。二战后第三世界在政治舞台上的崛起，冲击了美苏两个超级大国争霸世界的战略格局，开创了国际政治的新时代。冷战结束后，广大发展中国家的经济政治实力不断增强，它们因而成为维护世界和平、促进世界经济发展的一支重要力量。20 世纪 90 年代广大发展中国家经济持续发展，实力不断增强。1995 年，世界经济增长率为 3.5%，发展中国家达到 5.9%。1996 年，世界经济增长率为 3.8%，发展中国家提高到 6.3%，在发展中国家和地区经济增长中，除亚洲独领风骚外，非洲和拉美经济也出现了增长趋旺的可喜局面。1997 年，拉美增幅达 4.5%，非洲经济增长率也达到 4.5%。非洲 53 个国家中有 40 个国家的经济增长率超过了人口增长率，33 个最不发达国家第一次全部转为正增长。尽管 1997 年下半年在亚洲部分国家和地区爆发了较为严重的金融危机，使东亚1997年和1998年经济增长的强劲势头受挫，有的国家甚至出现经济负增长，但21世纪初，亚太地区仍是世界经济增长最快的地区，拉美和非洲经济也保持了较快的增长速度。发展中国家经济的快速增长，使其在世界经济中所占比重不断增加。1974年，发展中国家在全球国民生产总值中的比重为14%，1995年上升至29%；同期，发展中国家在世界贸易中的比重从11%提升到32%。发展中国家在世界经济中所占比重今后将呈不断增长的趋势。发达国家对发展中国家的经济需求有所增大。1980年发达国家从发展中国家的进口仅占其进口总额的5%，而1996年已上升为30%。亚洲已成为日本和欧盟最大的贸易伙伴。发展中国家加强团结、联合反对霸权主义和强权政治的意识进一步增强，国际地位日益提高。

20世纪90年代以来，广大发展中国家从维护国家主权、发展民族经济的大局出发，消除了不少历史隔阂，缓和了许多矛盾，彼此间的团结得到加强，近年来，许多区域性合作组织成为加强发展中国家团结的纽带与桥梁。东南亚国家联盟已成为"10国大东盟"；阿拉伯国家联盟在推动中东和平进程方面发挥了重要作用；环印度洋地区合作联盟已于1997年3月诞生，成为一个具有较好发展前景的区域性经济合作组织。广大发展中国家间团结的加强，为反对霸权主义和强权政治奠定了良好的基础。近年来，广大发展中国家坚持原则，主持正义，同霸权主义和强权政治进行了不懈的斗争。在联合国人权会议上，发展中国家强烈反对西方大国的"人权外交"，形成了团结协作、相互支持、伸张正义的局面，使西方大国的"人权攻势"屡屡遭挫。在联合国事务中，广大发展中国家彼此团结，维护了自身的基本权益。在1997年东盟外长年会上，东盟各国顶住美国和欧盟的压力，接纳缅甸为新的成员国。对于美国的"赫尔姆斯—伯顿法"和"达马托法"，发展中国家更是坚决抵制。广大发展中国家实力的增强，迫使发达国家不得不以较为平等的姿态与之打交道。亚欧首脑会晤机制的形成，标志着亚洲扮演着与欧洲同等重要的政治角色。广大发展中国家整体实力的增强，为世纪之交的世界政治掀开了崭新的一页。

新世纪以来俄罗斯加快回归强国地位，经济多年来保持较快增长，经济实力迅速提升，在外交和安全领域反对西方战略挤压的政策走向愈加突出。在2008年8月爆发的俄格武装冲突中，俄罗斯以武力向美国等西方国家示强，对北约东扩和美国在东欧部署反导系统进行反击，俄美、俄欧矛盾有所上升。印度继续保持经济较快增长势头，加大全方位外交力度，国际影响稳步扩大。巴西、南非、墨西哥等发展中大国以及东盟、非盟等发展中国家集团的实力都呈现上升趋势。发展中国家的整体力量有所增强。中国经济仍基本保持良好局面，北京奥运会的成功主办和抗击特大自然灾害斗争的伟大胜利，使得中国成为国际舞台上最令人瞩目的国家，中国特色的发展模式日益引起世界各国的关注。

上述新兴大国加强了相互间的多边协调与合作，已形成中国、俄罗斯、印度、巴西、南非“金砖国家”和“发展中五国”(中国、印度、巴西、墨西哥和南非)等。随着发展中国家力量的增强，它们强烈希望提高对国际事务的发言权和决策权，要求改变或改革现行的国际体系和机构，更多参与“全球治理”。

4.地缘政治正在进行历史性重组，地缘战略竞争依然激烈。地缘政治作为国际关系的一种理论，是指以地缘关系为基本出发点和立足点，制定一国的国家战略和对外政策，以获取较大的地缘利益。这一理论产生于19世纪，是西方列强进行战争掠夺和殖民统治的产物。第二次世界大战后，地缘政治被广泛运用于国际关系领域，成为美苏两个超级大国争夺世界霸权的理论依据。两大阵营的对峙和两极格局的形成，便是以此为理论依据的。冷战结束后，地缘政治关系的重组，是以世界经济全球化和世界政治多极化为背景的。

世界经济全球化，将世界各国和各地区联系在高度发达的经济统一体中，你中有我、我中有你，相互依存、共同发展，成为世界经济统一体的鲜明特征。这就大大拓展了地缘政治的空间，使地缘政治走出狭隘的相邻和区域关系范畴，更多地从全球角度制定地缘政治战略。经济居于主导的现实，使地缘政治关系带有愈加浓厚的经济色彩。冷战时期的地缘政治关系，更多的是以政治军事画线的结盟关系，经济因素虽对国家综合国力产生决定性影响，但对地缘政治影响较小。冷战结束后，经济因素不仅决定一个国家的综合国力，而且决定一个国家的对外关系，获取经济利益、发展经济关系，已成为世界各国对外政策追求的基本目标，这无不给当今的地缘政治关系打上了深深的经济烙印。20世纪90年代初期以来，美国政府公开宣布：美国首先是一个“太平洋国家”，亚太地区是美国根本利益之所在。为此，美国一方面力主亚太经济合作组织的贸易和投资自由化，另一方面制定了以亚太国家为主要对象的“十大新兴市场”战略。正是在此背景下，美国调整了亚太战略，改善和发展了同亚太国家的合作关系。欧洲国家传统的地缘政治战略从来就是局限于欧洲大陆，但在经济全球化浪潮的冲击下，欧洲的地缘政治战略已经开始出现“泛欧化”和洲际化倾向。欧盟不仅推行东扩战略，而且在1996年3月同亚洲国家建立了跨洲的首脑会晤机制。欧洲认为，亚欧首脑会晤机制“是欧洲在经济上进入亚太、分享亚太繁荣成果的最佳形式”。经济利益关系也可以导致战略同盟关系的改变，美欧经济矛盾、美日经济摩擦，以及由此对政治关系的影响，也是显而易见的。

世界政治的多极化，使以大国关系为核心的地缘政治趋于复杂化和多元化，呈现出多层性、交融性、互补性的特点，使地缘政治关系的结构和内容发生了重大变化。冷战时期的地缘政治关系，是一种集团割据、相互对峙的关系。美苏两个超级大国作为不同地缘政治的中心，代表着各自不同的地缘集团，反映着世界范围内政治力量的对比关系。冷战的终结，从根本上改变了过去敌对的地缘政治关系，大国关系开始在世界范围内谋求“伙伴化”。中俄率先建立战略伙伴关系，这不仅改变了两国面临的地缘政治环境，而且为大国关系的“伙伴化”提供了范例。此后，中、美、俄、法、日等国从各自的地缘政治战略出发，纷纷调整相互间的关系，相继建立起不同形式的伙伴关系。一方面，这种双边伙伴关系，是一种平等、不结盟、不针对和不损害第三国的新型国家关系，消除了过去地缘政治关系的敌对化和结盟性。另一方面，多重交织的大国关系，大大扩展了地缘政治关系的范围，使地缘政治关系更加复杂和微妙。但地缘政治的冷战残余仍在作怪，冷战幽灵仍在徘徊，这就是北约东扩和日美安全保障体制的“重新定义”。北约东扩超越了原集团政治的地理范围，企图将整个欧洲纳入北约的控制之下，构筑新的欧洲地缘政治版图。新的日美安全保障体制则超出“双边范围”，企图涵盖整个亚太地区，以“维护美国在亚太地区的力量存在”，并与北约东扩相呼应，形成控制欧亚两大“心脏”的地缘政治态势。美国推行的这种地缘政治战略，显然违背了时代发展的潮流，相悖于世纪之交地缘政治重组的历史大趋势。

当今世界各大力量继续围绕欧亚大陆的有关战略要地展开激烈角逐，诸多国际热点问题变化不断，地缘政治竞争格局悄然嬗变，不同程度地影响着国际政治形势的发展走向。在东欧地区，美、俄围绕反导系统、北约东扩等展开交锋，反映了冷战后至今西方与俄罗斯之间遏制与反遏制矛盾的积聚发酵。目前，双方地缘竞争的重点日益向乌克兰、外高加索等独联体地区聚焦。在中东地区，巴以和平进程举步维艰，各种矛盾错综交织，多种力量明争暗斗。在中亚里海地区，各大力量围绕油气资源开发、管道建设等展开较量。在东北亚地区，朝鲜半岛南北关系面临新的难题，韩日关于独（竹）岛归属问题的矛盾有所上升。在非洲地区，美军非洲总部开始运作，谋求加大对非洲事务的干预力度；其他大国也更加重视对非洲的经济、政治和军事渗透。在拉美地区，委内瑞拉、玻利维亚等激进左翼国家与美国的矛盾进一步加深；俄罗斯派舰机赴拉美演练，意图对美国形成更多牵制。值得重视的是，主要国家纷纷加紧登月等外层空间发展计划，全球地缘竞争继续向极地、深海、太空等战略“高边疆”和“新边疆”拓展。尽管民族国家在法理上是独立和平等的，但是强国和弱国事实上是不平等的，信息时代又扩大了这种原本就已经存在的不平等，发达国家通过空间、海洋和信息技术把国家权力推展到太空、远洋乃至电磁空间，但有相当一部分发展中国家传统观念上的领空、领海主权尚难以实现,更不用说控制太空空间了,发展中国家在国际经济技术领域中的不利地位,影响到它们在整个国际事务中的作用和在地缘政治中的地位。

5.总体稳定的国际形势下的传统安全威胁和非传统安全威胁因素相互交织,恐怖主义危害上升。当前国际大局并未发生根本性变化,和平与发展是当今时代的主题,求和平、谋发展、促合作是时代潮流。但许多发展中国家正处于发展转型的矛盾多发时期,面临社会分化组合、思潮变迁、利益重新分配等问题,国家内部各种社会矛盾加剧,加上西方国家的干涉和推行民主的冲击,致使政坛乱象丛生,政局难以稳定,也影响到地区的稳定。这种现象在亚洲和非洲尤为突出。

在这样的情势下,传统安全威胁和非传统安全威胁因素相互交织,恐怖主义危害加大。传统安全威胁主要是指国与国之间的军事威胁及威胁国际安全的军事因素。按照威胁程度的大小,可以划分为军事竞赛、军事威胁和战争三类。非传统安全威胁,指除军事、政治和外交冲突以外的其他对主权国家及人类整体生存与发展构成威胁的因素。非传统安全威胁主要包括:经济安全、金融安全、生态环境安全、信息安全、资源安全、恐怖主义、武器扩散、疾病蔓延、跨国犯罪、走私贩毒、非法移民、海盗、“洗钱”等。传统的国家安全关系是一种“零和”关系,主要强调以别国的不安全来换取自身的安全,从而使自己国家的主权不受侵犯。冷战结束后,大国之间一度纷纷建立战略伙伴关系,包括美国在内的一些大国的军费开支明显减少。然而,20 世纪 90 年代中期,特别是进入新世纪以后,国际形势又发生了深刻变化,传统安全威胁重新抬头。其明显表现在:

第一,霸权主义有新的表现。冷战结束以来,美国不遗余力地推行“新干涉主义”,综合运用政治、经济、贸易、军事、文化等各种手段干涉别国内政,对外政策方面表现出强烈的单边主义色彩。美英等国绕过联合国对伊拉克开战,这一行为使“弱肉强食”的丛林法则在某种程度上卷土重来。

第二,某些国家积极扩军备战,强化军事同盟,从而导致大国之间出现高科技军备竞赛的局面,对国际安全的军事威胁增大。“9·11”恐怖事件后,美国扬言对所谓的“邪恶轴心”进行“先发制人”的打击,一些发展中国家的主权和安全面临着大国的武力威胁。

第三,由民族宗教冲突、领土争端及其他原因引发的局部战争和武装冲突不断,地区冲突和地区危机增多。

与此同时,冷战结束以来,随着经济全球化的迅猛发展、科技革命的日新月异,各国间的联系越来越密切,非传统安全威胁越来越突出。特别是经过 1997 年的亚洲金融危机和 2001 年的“9·11”恐怖事件,以及起源于美国的世界金融危机后,绝大多数国家越来越清醒地认识到非传统安全威胁的危害在某种程度上并不亚于传统安全威胁，加强对非传统安全威胁的防范和在非传统安全领域的国际合作十分必要。而在非传统安全威胁中恐怖主义问题尤其突出。

恐怖主义是指为了达到某种政治和社会目的，通过制造恐怖气氛来引起社会注意，以威胁有关政府或社会，无论是弱者还是强者都可以采用，针对非战斗目标特别是无辜平民目标的各种形式的违法或刑事犯罪性质的暴力破坏活动。

恐怖主义的产生有着深刻的历史根源和现实背景。和平与发展问题长期未得到解决是当今恐怖主义产生的重要原因，尤其是与冷战结束后南北差距的拉大、民族宗教矛盾日益尖锐、霸权主义和强权政治的发展有着密切关系。恐怖主义活动严重地威胁世界的和平与稳定，成为国际社会的一大公害。国际社会在界定和反对恐怖主义问题上不能搞双重标准，要反对一切形式的恐怖主义，并加强对话、磋商和国际合作，共同打击恐怖主义。

思考题

1. 何谓世界政治？世界政治主要有哪些基本形态？

2. 什么是雅尔塔体制？它对二战后世界产生了哪些影响？

3. 二战后两极格局解体的原因是什么？两极格局的解体对世界具有哪些重大影响？

4. 为什么冷战后多极化仍然是世界政治发展的基本趋势？

5. 试述新世纪大国关系发生了哪些新变化。

6. 20 世纪 90 年代以来世界政治发展有哪些基本特点？

参考文献

1. 王逸舟. 当代国际政治析论[M]. 上海：上海人民出版社，2001.

2. 教育部社会科学研究与思想政治工作司组编. 当代世界经济与政治[M]. 北京：高等教育出版社，2003.

3. 顾关福编. 战后国际关系[M]. 北京：时事出版社，2003.

4. 夏安凌，戴轶主编. 国际政治学导论[M]. 武汉：武汉出版社，2006.

5. 倪峰. 关于多极化的一些思考[J]. 太平洋学报，2004，(4).

6. 冯特君. 世界多极化趋势不可逆转[J]. 求是，2000，(9).

第四章
极力称霸世界的美国

美国，全称“美利坚合众国”。二战后，美国一跃成为世界上综合国力最强的国家。在政治上，美国坚持自由民主原则，坚持联邦共和的政府组织模式，并根据形势需要不断推进旨在加强联邦政府权力的政治改革；在经济上，美国坚持以市场为导向的经济模式，同时注意平衡发挥市场与政府的经济效能，探索全球化时代以科技创新为主体的新经济增长模式；在外交上，美国坚持本土安全战略，同时强调美国在维护世界和平中的主导地位。美国的发展，源于其自身独特的历史与文化传统，也源于国际、国内的各种发展机遇。当今美国仍然是世界上唯一的超级大国，它在取得发展成就的同时，也存在着较严重的政治、经济、外交以及社会、文化等方面的问题。美国与中国是亚太地区两个重要的大国，两国关系是影响21世纪世界经济与政治发展的重要因素。

第一节　美国概述

一、美国概况

美国位于北美洲大陆南部，居于大西洋和太平洋之间，北接加拿大，南邻墨西哥,地理位置优越。美国国土总面积 937 万平方公里,次于俄罗斯、加拿大和中国,世界排名第四。美国自然资源丰富,石油、煤、天然气、钾盐、硫磺等矿产资源的蕴藏量居世界前列。

2008 年,美国人口达 3 亿,次于中国、印度,世界排名第三。美国是多种族国家,白人约占 75%,其大部分为欧洲移民的后裔;黑人约占 12.1%;拉美移民约占 9%;亚裔人口为 730 万,占总人口的2.9%,其中华人约为 150 万~200 万;另有印第安人 140 万,占人口总数的 0.8%左右。美国人口的区域分布不均,大部分集中在五大湖、密西西比河及大西洋沿岸附近,但有着向西部和南部"阳光地带"迁移的趋势。美国人口中约有 77%居住在城市地区,其中近半数集中在 37 个大城市。美国人口趋于老龄化;老龄化问题、妇女问题、种族问题是美国最主要的人口问题。

美国的官方语言是英语,现已形成有一定特色的美式英语。美国是一个没有国教的多宗教国家,宗教信仰极为普遍。居民主要信奉基督教和天主教,犹太教、东正教、佛教、伊斯兰教、道教等宗教亦有一定信众,信仰宗教的公民在总人口中约占 91%。

美国是一个只有 200 多年历史的国家。它的前身是土著社会和欧洲殖民地。近代以前,印第安人等北美洲的土著居民生活在这片广阔的土地上。1492 年,哥伦布航海到北美洲,发现了这块"新大陆"。随着欧洲殖民者的深入,土著居民的生活受到严重破坏。由于欧洲人带来的各种病菌,在 150 年内,土著人口锐减了 90%;他们的村落被摧毁,原本用于畜牧或种植的土地被毁弃。到 18 世纪中期,英国在北美大西洋沿岸建立起 13 个殖民地;此外,法国、西班牙等欧洲国家也在北美北部、西部建立了殖民地。1775 年,英属殖民地人联合起来,武装反抗英国的殖民统治。1776 年 7 月 4 日,他们在费城召开第二次大陆会议,通过杰斐逊起草的《独立宣言》,正式宣告美利坚合众国成立。

美国独立之后,英国除确认当时 13 个州的领土作为美国的国土外,还把阿巴拉契亚山脉和密西西比河之间的大片土地也划入美国版图。当时其面积总共约 230 多万平方公里。此后,美国开始走上一条领土扩张之路。1803 年,美国趁法国与欧洲各国战争之际,在出兵强占佛罗里达半岛之后,用 1500 万美元从法国手中"购买"了密西西比河以西、落基山脉以东面积约为 210 万平方公里的土地,面积扩大了近 1 倍。实际上,当时法国并不真正拥有路易斯安那,最多只是声称拥有那片土地;路易斯安那的真正主人是世代生活在这块土地上的土著人。1819 年,美国趁西班牙困于拉丁美洲独立运动之际,用 649 万美元从西班牙人手中购买了佛罗里达半岛。1823 年,美国总统门罗在"国情咨文"中提出

"美洲是美洲人的美洲"的口号,后人称之为"门罗主义";其实质是阻止欧洲人插手美洲事务,把美洲作为美国的势力范围。在"门罗主义"的指导下,美国加快了领土扩张的步伐。1839 年,美国与英国签订条约,确定美国与英属加拿大的边界,由此获得了 7015 平方英里的土地。1844 年,美国兼并墨西哥的得克萨斯省,使其成为美国第 28 个州,领土扩大了 39 万平方英里。1846 年,美英确定以北纬 49°线作为在俄勒冈的分界线,至此,美国领土又扩大了 28.5 万平方英里。1859 年,俄勒冈州正式加入联邦。1867 年,美国从沙俄手中购得阿拉斯加。1898 年,通过美西战争,从西班牙手中夺取了波多黎各、菲律宾、古巴和关岛。在领土扩张的过程中,美国不断驱赶和屠杀印第安人,为美国的西进领土扩张铺平了道路,也导致印第安人的大规模反抗以及美国政府种族灭绝活动的不断升级。这样,从独立开始经过 115 年,美国的领土增加了 3 倍,州数由原来的 13 个增加到现在的 50 个。另外,美国还有一个哥伦比亚特区,即首都华盛顿的所在地。

二、美国政治

1787 年,美国 13 个联邦的代表在费城召开会议,制定了新的宪法。它是世界上第一部独立、统一国家的成文宪法。两个多世纪以来,共制定了 27 条宪法修正案。重要的修改有:1791 年 9 月由国会通过的包括保证信仰、言论、出版自由与和平集会权利在内的宪法前 10 条修正案,后通称《权利法案》;1865 年和 1870 年通过的关于废除奴隶制度和承认黑人公民权利的第 13 条、第 14 条和第 15 条修正案;1951 年通过的规定总统如不能行使职权由副总统升任总统的第 25 条修正案。

宪法确定美国是联邦共和制国家:联邦制主要是指联邦政府与州政府实行分权,不得干涉州的权力,不享有宪法未赋予的权力;共和制主要是指联邦政府及各州都是共和政体,实行立法、行政、司法三权分立的政体结构。

作为联邦制国家,美国联邦政府与州政府有一定的权力区分。联邦政府有明确的权力,在对外事务上有完全的主权。根据宪法,联邦政府在管理州际和对外贸易、造币、移民归化、维持陆军部队或者海军部队等事务上,拥有非其莫属的权力。美国联邦制保证每个州政府都是共和政府,从而保证没有任何州能够建立其他政体,比如说君主制。在上述领域,国家利益显然超越各州利益,因而在这些领域的权力也相应地归属国家政府。国家政府还具有解决两州或多州争端、解决不同州公民之间争端的司法权。

但是，在国内政策的其他领域，国家政府和州政府可能会有平行或者重叠的利益与需要。在这些领域，州政府与国家政府也许会同时行使权力；在这些并存权力中，最主要的是征税权。在宪法没有就国家政府权威做出规定的领域，州政府可以在不与国家政府可合法行使的权力相冲突的情况下采取行动。在一些影响公民日常生活的重大问题，如教育、罪行与惩罚、健康与安全等上，宪法没有做出直接的责任划分。

作为共和制国家，美国联邦政府及各州政府实行三权分立的政治体制，立法、行政、司法三部门鼎立，并相互制约。

联邦行政权属于总统，国家元首和政府首脑职权集中于总统一人，总统兼任武装部队总司令，总统不对国会负责。总统的行政命令有与法律同等的效力。总统通过间接选举产生，任期 4 年。政府内阁由各部部长和总统指定的其他成员组成。内阁实际上只起总统助手和顾问团的作用，没有集体决策的权力。

联邦国会为最高立法机构，由参议院和众议院联合组成。国会的主要职权有：立法权、行政监督权、条约及官员任命的审批权（参议院）、宪法修改权及对总统、副总统的复选权等。两院议员由各州选民直接选举产生。参议员每州 2 名，共 100 名，任期 6 年，每两年改选 1/3。众议员按各州的人口比例分配名额选出，共 435 名，任期 2 年，期满全部改选。两院议员均可连任，任期不限。参众议员均系专职，不得兼任政府职务。此外，国会可通过不需要总统签署的决议案，它们无法律效力。国会对总统、副总统及官员有弹劾权，提出弹劾之权属于众议院，审判弹劾之权属于参议院。

美国设联邦最高法院、联邦法院、州法院及一些特别法院。联邦最高法院由首席大法官和 8 名大法官组成，终身任职。联邦最高法院有权宣布联邦和各州的任何法律无效。

美国是一个政党政治国家。美国目前有共和党、民主党、绿党和改革党等多个党派，但在国内政治及社会生活中起重大作用的只有共和党和民主党。党员没有固定的身份，一般来说，在总统大选中投票给该党候选人的选民即为该党党员。美国人习惯以长耳朵的驴和长鼻子的象比拟民主党和共和党，因此两党的总统竞选又被称为“驴象之争”。

以华盛顿为代表的早期美国领导人从一开始就反对政党政治，认为政党政治会带来寡头利益和社会分裂与腐败。但建国初期仍然出现了“联邦党”（汉密尔顿的党）和“民主共和党”（杰斐逊的党）两大政党，并且联邦党掌权。1800 年，联邦党下台，不久后瓦解，此后 20 多年基本上是民主共和党单独。1828 年，美国民主党成立之后，辉格党亦宣告组成。19 世纪 50 年代，辉格党瓦解，从民主党和辉格党内分裂出以北方主张废奴为背景的共和党(即现在的共和党)。1861年林肯就任总统,共和党首次执政。此后至1933年的70多年中,除16年外,共和党一直主政白宫。1933年以后,曾有艾森豪威尔、尼克松、福特、里根、老布什和小布什等共和党人总统执政。就民主党而言,南北战争结束后,民主党在野24年。1885年克利夫兰当选总统。战后,克利夫兰又于1892年当选总统。此后该党又大部分时间在野。1933年开始,民主党人罗斯福、杜鲁门、肯尼迪、约翰逊、卡特、克林顿、奥巴马先后当选总统执政。

美国历任总统名单:

任次	总 统	任期(年)	所属党派
1	乔治·华盛顿	1789～1797	联邦党
2	约翰·亚当斯	1797～1801	联邦党
3	托马斯·杰斐逊	1801～1809	民主共和党
4	詹姆斯·麦迪逊	1809～1817	民主共和党
5	詹姆斯·门罗	1817～1825	民主共和党
6	约翰·亚当斯	1825～1829	民主共和党
7	安德鲁·杰克逊	1829～1837	民主党
8	马丁·范·布伦	1837～1841	民主党
9	威廉·哈里森	1841～1841	辉格党
10	约翰·泰勒	1841～1845	辉格党
11	詹姆斯·波尔克	1845～1849	民主党
12	托卡里·泰勒	1849～1850	辉格党
13	米勒德·菲尔莫尔	1850～1853	辉格党
14	弗兰克林·皮尔斯	1853～1857	民主党
15	詹姆斯·布坎南	1857～1861	民主党
16	亚伯拉罕·林肯	1861～1865	共和党
17	安德鲁·约翰逊	1865～1869	共和党
18	尤利塞斯·格兰特	1869～1877	共和党
19	拉瑟福德·海斯	1877～1881	共和党
20	詹姆斯·加菲尔德	1881～1881	共和党
21	切斯特·阿瑟	1881～1885	共和党
22	格罗弗·克利夫兰	1885～1889	民主党
23	本杰明·哈里森	1889～1893	共和党
24	格罗弗·克利夫兰	1893～1897	民主党

25	威廉·麦金利	1897～1901	共和党
26	西奥多·罗斯福	1901～1909	共和党
27	威廉·塔夫特	1909～1913	共和党
28	伍德罗·威尔逊	1913～1921	民主党
29	华伦·哈定	1921～1923	共和党
30	卡尔文·柯立芝	1923～1929	共和党
31	赫伯特·胡佛	1929～1933	共和党
32	富兰克林·罗斯福	1933～1945	民主党
33	哈里·杜鲁门	1945～1953	民主党
34	德怀特·艾森豪威尔	1953～1961	共和党
35	约翰·肯尼迪	1961～1963	民主党
36	林顿·约翰逊	1963～1969	民主党
37	理查德·尼克松	1969～1974	共和党
38	杰拉尔德·福特	1974～1977	共和党
39	吉米·卡特	1977～1981	民主党
40	罗纳德·里根	1981～1989	共和党
41	乔治·布什	1989～1993	共和党
42	比尔·克林顿	1993～2001	民主党
43	乔治·W.布什	2001～2009	共和党
44	贝拉克·侯赛因·奥巴马	2009～	民主党

三、美国经济

美国是当今世界上总体经济实力最强大的国家，自由市场经济是其基本特征。这一实力与特征的形成，经历了一个复杂的历史过程。

美国独立之前，经过殖民者和当地印第安人的努力，北美经济迅速发展。美国独立以后，形成了南北两种不同的经济制度。北方是资本主义经济，南方是奴隶制种植园经济。北方资本主义经济的发展需要大量的自由劳动力，而南方种植园却使用了大量劳动力。1861～1865年的南北战争，挫败了南方各州的叛乱，维护了国家统一，并废除了黑人奴隶制度，为资本主义发展扫清了又一障碍，也为美国经济的迅猛发展铺平了道路。

1877～1898年是美国经济发展史上的狂飙时期。美国开始了以电力革命和内燃机革命为标志的科学技术革命，在当时的世界最高水准上完成了近代工业化，赶上了德国和英国，成为世界头号工业大国。与此同时，自由资本主义发展为典型的现代化企业组织，出现了普尔、托拉斯、控股公司等现代化组织，进入了现代资本主义即垄断资本主义的发展阶段。

1898年美西战争标志着美国由自由资本主义向现代资本主义的转变，也是划分美国近代和现代历史的界标。美西战争的结果使美国步入了世界经济大国的行列，走上了对外经济扩张的道路，在远东，美国制定了“门户开放”政策。经过第一次世界大战，美国大发战争财，并于1916年成为世界上最大的资本输出国。战后的20年代美国经济发展到新的高峰。由于美国通过西奥多·罗斯福的“公平交易”、伍德罗·威尔逊的“新自由”政策、美国的进步主义运动以及20世纪20年代美国经济的自由放任，现代资本主义的经济和政治统治得到进一步巩固，但与此同时，也孕育着潜在的严重危机。

1929～1933年，美国经历了人类历史上空前严重的经济和政治危机。1933年3月，富兰克林·罗斯福上台执政，奉行凯恩斯主义，实行“新政”。他顺应了历史发展的潮流，通过国家全面干预金融财政、工业、农业、公共工程、社会保障等，缓解了自由资本主义个体发展有序和总体发展无序的矛盾，保护了劳动生产力，避免了美国走上法西斯道路，并为美国在第二次世界大战中的胜利准备了物质条件。

罗斯福新政的改良措施是有利于现代化发展的进步的改革举措，它全面强化国家干预政策，使垄断资本主义发展到国家垄断资本主义的新阶段，这标志着现代资本主义发展的成熟，而对公共工程和社会保障的改良，使得民众购买力这个限制生产力继续发展的内在动力得以保证，对现代美国历史的发展具有多方面的深远影响。

美国在第二次世界大战中先是中立，1941年底随着珍珠港事件的爆发，美国加入了世界反法西斯战争行列。美国在经济上发挥了民主国家兵工厂的作用；在军事上通过组织参加一系列重大战役作出了重要贡献；在政治上推动了国际反法西斯联盟的建立和发展，保证了世界反法西斯战争的胜利。这次战争的结果，使美国成为得益最大的国家，也奠定了美国在二战后称霸资本主义世界的基础。

第二节　当代美国经济

当代美国经济的发展，大体可以划分为三个阶段：第一阶段，二战结束后的

20 世纪 50～60 年代,经过恢复与改造,经济持续发展,西部、南部呈现繁荣景象;第二阶段,20 世纪 70 年代后,美国经济出现危机与“滞胀”,经过调整,到 20 世纪 80 年代中期以后,经济形势好转,但债务负担沉重;第三阶段,20 世纪 90 年代以来,通过政策调整,经济持续稳定发展,进入“新经济”时代。

一、20 世纪 50～60 年代美国经济的繁荣

第二次世界大战后,美国的经济实力骤然增强,在资本主义世界经济中占有全面优势。从 1955 年至 1968 年,美国的国民生产总值以每年 4%的速度增长。虽然同一时期西欧各国和日本的整体经济增长速度赶超了美国(法国为 5.7%、联邦德国为 5.1%、日本为7.2%),但是二战后美国经济在相当长一个时期仍占有优势地位。值得注意的是,从这一时期开始,美国经济出现持续 106 个月的增长,这一纪录直至 20 世纪 90 年代出现所谓的“新经济”之后才被打破。

美国二战后经济的迅速发展和优势地位的保持,在很大程度上得益于美国联邦政府对经济的干预。二战后美国政府对经济的干预不是表现在采取工业国有化的形式,而是运用财政和金融手段对资本主义的再生产进行干预。其主要特点是不断依靠增加国家预算中的财政支出,依靠军事订货和对垄断组织甚至中小私营企业实行优惠税率来刺激生产,增加社会固定资本投资。美国没有在二战后实行工业国有化,其经济体制仍保持着较为典型的资本主义私有制,但是,美国联邦政府在二战后对许多新兴的工业部门、重大科研项目、现代化公共设施进行大量投资。比如美国政府对发展原子能工业的投资,从 1945 年至 1970 年共计 175 亿美元;对宇航工业的投资,从 20 世纪 60 年代末起每年投入 50 多亿美元。美国政府之所以如此做,是因为二战后科技革命的需要。科学技术是生产力,科学技术的发展对二战后美国经济的繁荣有直接作用,然而,对新科技产业部门的投资风险高,因此二战后美国政府就主动出面承担起对这些部门的投资任务。美国政府在二战后对经济的干预还表现在,为了维持高出口水平,一方面在“援外”项目下通过国家购买进行出口,另一方面对某些美国产品的出口实行补贴。在“援外”项目下提供的出口在美国出口比重中,1949 年占 46%,20 世纪 50 年代占 30%左右,60 年代占 20%左右。此外,美国政府还通过在全国范围内建立科研和教育网点,推行社会保障政策等,在缓和国内阶级矛盾的同时,进一步促进生产力的发展。

二、20世纪70～80年代美国经济的“滞胀”与调整

20世纪70年代之后，美国出现了以经济滞胀为特点的结构性危机。经济滞胀指生产停滞(stagnation)或缓慢发展和通货膨胀(inflation)并存的现象。在经济滞胀期间，美国和西方世界发生了1973～1975年世界性经济危机。美国的通货膨胀率1970～1971年为4.5%，20世纪70年代为7.1%，1980年初为18%，1960年10月到1973年12月，美国先后发生了10次美元危机，1977年10月到1978年11月，又连续发生8次美元危机，1980年1月21日，每盎司黄金兑换美元高达875，而1971年8月前1盎司黄金只兑换35美元。

对于滞胀现象，经济学界和史学界迄今众说纷纭。按照传统的凯恩斯主义理论，只要政府推行赤字财政，组织公共工程等就能实现充分就业，就能刺激生产发展。后凯恩斯主流学派则强调运用补偿性财政政策来消除经济周期的激烈波动，主张交替使用膨胀和紧缩两种政策，以实现长期预算平衡。然而经济滞胀使这种理论在实践上束手无策，现代凯恩斯主义主流综合学派对滞胀的解释和对策仍处于难以自圆其说的境地。

20世纪70年代以来，美国历届政府面临如何解决经济滞胀、振兴经济和重振国威的新课题。随着共和、民主两党交替执政，20世纪70～80年代美国政府进行了三次调整和改革：1969～1976年共和党尼克松、福特政府的新联邦主义政策；1977～1980年民主党卡特政府的反滞胀经济政策；1981～1992年共和党里根、布什政府的振兴和稳定发展经济政策。

尼克松新联邦主义政策的主要内容是：第一，宣布停止和缩减约翰逊政府推行的“伟大社会政策”。第二，推行“分享税入计划”，主张从个人所得税中划出一定比例，由财政部拨给各州，联邦税入在各州和哥伦比亚特区的分配比例，按各州人口的比重来定。第三，改革福利制度，推行家庭援助计划。尼克松在解释这一计划时说：“我们决定用联邦的经费不仅补助失业的穷人，而且也补助有工作的穷人。款项不仅发给无父亲的孩子，也发给有父亲的家庭。”“基本的方针是：不工作就不能享受福利。唯一的例外是年老体弱者和有学龄前儿童的母亲。”第四，继续加强环保，在这个基础上，美国国会于1969年12月30日通过了经修改的《美国国家环境政策法》，该法成为保护生态环境的基本大法。1970～1971年间，联邦政府建立了几个环保机构，包括作为总统咨询机构的环境标准委员会、执行联邦反污染计划的环境保护署、防止石油溢漏等海洋污染的全国海洋和大气管理局等。第五，尼克松政府还适当精简和改组了联邦政府机构，但总统的行

政控制权并未削弱。

民主党人吉米·卡特就任总统期间经济滞胀，美元危机不断，能源危机加剧，1980年2月起又爆发了以结构性危机为特征的严重经济危机。面对这一新情况，卡特一方面寻求新对策，另一方面又要遵循民主党政府的传统政策。卡特称自己"自由派和保守派哲学思想兼而有之"。卡特首先致力于解决通货膨胀问题。在工资和物价政策上，卡特的主张既不同于传统的凯恩斯理论，也有别于尼克松的新经济政策，强调实行自愿限制工资和物价的增长。其次，在社会福利方面，卡特政府主张实行灾祸保险，对享有福利待遇的人规定严格的工作条件，提出更好的工作和收入计划。这一方案遭到了国会的拒绝。再次，为解决滞胀现象，卡特在1977年5月签署美国国会通过的《减税和简化手续申请法》，要求在1979年底前减税342亿美元。

20世纪70年代美国能源危机愈演愈烈，美国石油消费量猛增。依靠进口石油的消费比例，由1973年的35%增加到1977年的50%。1970年进口石油只有11.57亿桶，1977年猛增到31.03亿桶。为解决能源短缺问题，卡特采取了开源节流兼顾的能源政策。1980年3月13日和17日，国会众、参两院分别通过了卡特政府提出的修正后的石油暴利税计划，同年4月2日，卡特签署了这一法案，法案规定向石油公司征收50%的石油暴利税，以便在10年内集资2273亿美元，作为能源开发的经费。整体说来，卡特政府的经济政策反映了传统的凯恩斯主义理论面临危机和探索应付结构性危机的新政策。结构性经济危机动摇了凯恩斯主义的独霸地位。卡特政府试图解决经济滞胀难题的努力，虽然在当时收效甚微，但是却为里根政府提供了宝贵借鉴，卡特身为民主党总统，却不固守传统的"新政"模式，可谓民主党人中间路线的体现者。

然而，20世纪70年代以来，美国的经济发展水平仍居世界首位。按1972年美元价格计算，1970年美国的国民生产总值为10750亿美元，1980年为14807亿美元，10年间增长了37.7%。国民收入按当年美元计算，1970年为7984亿美元，1980年为12214亿美元。

1983年，美国率先走出经济危机，经济回升很快，打破了滞胀局面。1984年的经济增长率达到6.9%，是1951年以来美国的最高增长率。此后，增长率有所下降，但一直到1990年，经济连续8年增长。通货膨胀率和失业率都有所下降。从道·琼斯股票指数的变化也可以看出美国经济的改善。危机前的1972年，道·琼斯股票指数为1052，1982年降为776，1983年升为1287，超过危机前的指数。1987年突破2000，比1972年增长将近一倍。到1988年，国民生产总值达到48806亿美元，比日本和西欧国家高出很多。美国经济的迅速发展，使它在世界上的地位再次得以加强。

总体看来，二战后美国经济的发展具有如下特点：发展速度处于西方发达国家经济发展的前列；经历了繁荣—危机—持续稳定发展的过程；高新技术产业发达，科技含量高。

二战后美国经济发展的主要原因有：

第一，抓住第三次科技革命的机遇，大力发展科学技术，发展高新技术产业。科技飞速发展，尤其知识经济的形成是二战后美国经济发展的根本原因。

第二，适时调整经济政策，进行资本主义自我调节。国家垄断资本主义对经济的干预、协调是美国经济得以发展的重要原因。

第三，利用经济全球化的契机，凭借经济、军事、政治等综合优势输出资本、争夺国外市场，扩大商品出口，是二战后美国经济发展的又一重要原因。

第四，重视基础教育，培养实用人才。

有的学者认为，二战后美国利用先进的军工科技，靠出售军火，甚至发动战争来推动经济增长也是美国经济增长的一个原因。据美国经济学家估计，美国民间劳动力中每100人就有20个人在经济上依靠国防部为生。

二战后美国经济发展的表现及原因如下表所示：

时期	表现(特点)	原因
20世纪50～60年代	持续发展，西部和南部繁荣	美国是世界上最富强的国家，占据了广阔的国际市场；大力发展科技教育，发展新兴工业和军事工业；改善人民生活，创造经济发展环境
20世纪70～80年代	20世纪70年代危机，经济地位下降；20世纪80年代调整，经济发展受阻	经济发展弊端显露；受到危机严重打击，通货膨胀，债务沉重
20世纪90年代	持续稳定发展，进入新经济时代	改革社会经济；加大发展教育科技事业的力度，促进以信息产业为代表的高新技术的发展；完成传统产业的技术改造

三、20世纪90年代以来美国“新经济”时代

20世纪90年代以来，美国经济出现了二战后罕见的持续高速增长。在信息技术部门的带领下，美国自1991年4月份以后，经济增长幅度达到4%，而失业率却从6%降到4%，通胀率也在不断下降。如果食品和能源不计算在内的话，美国1999年的消费品通胀率只有1.9%，增幅为34年来最小。这种经济现象被人们表述为“新经济”。

所谓美国“新经济”是指由信息技术、航天技术、生物技术、新材料等催发的美国新一轮经济增长，是有别于传统经济的“知识经济”，包括网络、信息技术和其他高新技术的发展等基本内容，主要特征为信息化和全球化。

美国“新经济”具有许多不同于以往经济的新特征，一般而言，突出表现为“一高两低”，即高经济增长率、低通货膨胀率、低失业率三个方面。美国经济从1991年4月开始复苏，并保持持续增长，远远超出战后美国经济平均连续增长50个月的期限，成为二战后美国第三个最长的经济增长期。物价增幅保持在较低水平，政府过去长期面临的通货膨胀压力得以消除。消费物价指数自1992年降至3%以后，至今未见反弹，1998年仅为1%。国内生产总值的紧缩价格指数从1990年的4.3%逐步降至1993年以来的2%，1997年第四季度，该指数仅增长了1.5%，全年则为1.8%，是1965年以来的最低点。就业人数不断增加，失业率稳步下降。从1993年开始，美国就业状况开始改善，失业率稳步下降，1998年12月降到了4.3%，这是美国30年来的最低水平。此外，美国出口贸易增长势头强劲，联邦财政赤字逐年减小。这些也构成美国“新经济”的主要表现。

美国“新经济”的出现，与美国国内经济政策的调整及国际环境的变化有密切关系，主要原因有：

第一，加快高科技产业发展。早在里根政府时期，就对高科技发展采取政策性倾斜。布什上台后，向国会提出《国家关键技术报告》，提出与国家安全和经济实力相关的6大领域的22项高科技发展计划。克林顿上台后，首次提出“信息高速公路建设计划”，并设立美国全国科学技术委员会和总统科技委员会，把科学研究和开发提高到与国家安全和经济事务同等重要的地位。通过这些措施，美国高新技术产业在经济发展中的比例空前提高。1998年IT部门雇用劳动力达740万人，比1994年增加了28%，其他行业中从事信息技术工作的雇员也增加了22%。

第二，经济全球化的促进作用。首先，经济全球化为美国从实体经济中解脱出来，将更多的精力投入到以“虚拟化”信息技术为核心的高科技经济发展中。其次，经济全球化进一步扩大了美国经济发展的空间。1990～1999年美国商品出口年增长6.5%，其中对外直接投资平均增长11.7%。最后，经济全球化还使大量国际资本和人才涌进美国，为美国“新经济”提供了重要的资金和人才。另外，经济全球化加剧了国际竞争，使其他地区初级产品和低技术制成品的价格大幅度降低，使美国得以在经济持续增长的同时保持低通货膨胀率。

第三，稳健的财政与货币政策。克林顿入主白宫后，大规模削减财政赤字。为此，一方面增加税收，提高高收入群体的个人所得税和公司所得税；另一方面大幅度削减政府开支，最终放弃了耗资巨大的“星球大战计划”。为减少这一紧缩政策短期内可能对经济增长产生的消极影响，克林顿政府还及时降低了利率，以刺激企业投资。

四、美国经济的现状与问题

经过上述几个阶段的经济发展，美国经济与科技实力空前强大。相比之下，苏联解体后，俄罗斯国力全面下降；日本经济长期陷入泡沫泥潭；西欧经济增长乏力。美国遂成为世界头号经济和科技强国，具体表现在：

第一，从国内生产总值、人均国内生产总值、进出口贸易和国际投资等宏观经济指数看，美国全球优势地位明显。根据世界银行的统计，美国在 2001 年仍然是世界上经济增长总量最大的国家，其 GDP 相当于世界的1/3。美国是世界上最大的出口和进口国，其 2001 年进出口贸易总值占全球的 15.7%。美国还是对外直接投资(FDI)最多的国家。

第二，美国的全球竞争力连续多年高居世界首位。1986～1991 年，日本曾位于世界竞争力排行榜的首位，到 1992～2002 年，美国的竞争力得到很大提升，并开始位于世界第一。美国企业竞争力优势尤其明显。2001 年，世界 500 强企业中，美国就有 197 家。在世界 500 强企业的前 10 名中，美国占 6 家之多。

第三，美国在产业结构和关键性产业中居世界领先地位。在信息技术产业上，美国遥遥领先，是当今世界信息技术发明、使用和出口的头号大国。美国的计算机软件及其服务占世界市场的 75%。同时，美国在传统制造业与农业上，也保持较大优势。美国不仅矿产资源丰富，而且制造业十分发达。据统计，在 20 多种重要工业产品的产量中，美国有 10 多种居世界第一。美国还是世界上最大的农产品生产和贸易国。在世界 20 多种主要奶制品中，美国有 10 多种产量居世界第一。美国的农产品大半用于出口，占世界农产品出口的一半以上。

第四，美国整体科技实力居世界领先地位。在诸多先进的技术领域，美国拥有突出的优势，信息与通讯技术大大领先于世界各国。美国科研经费投入在世界各国中最多，2000 年达到 2640 亿美元。美国拥有世界上最庞大和最优秀的科研人才队伍。美国科研人员的科研成果在数量与质量上都领先于其他国家，全球有将近一半的国际专利是由美国人申请的。

第五，美国的经济发展趋势对世界经济发展具有重要影响。经济学家分析，如果美国经济下降 3 个百分点，世界经济增长就下降近 1 个百分点。近年来，由美国次贷危机引发的全球性严重金融风暴，就是一个极好的例证。

新世纪以来,美国经济与科技在发展的同时,也出现了一些问题。首先,随着欧、日与中国的经济发展,美国拥有的经济与科技优势在逐渐下降。其次,美国并非在所有的经济与科技领域都占有优势,在某些方面也存在劣势。在国际投资领域,流入美国的资本量高于流出美国的资本量,这导致美国依然是当今世界最大的净债务国。次贷危机的发生,就是美国经济与科技优势减弱,以及美国经济问题的集中反映。

次贷危机又称"次级房贷危机",是一场因次级抵押贷款机构破产、投资基金被迫关闭、股市剧烈震荡引起的金融风暴。次贷危机是从 2006 年春季开始在美国显现的。2007 年 8 月次贷危机开始席卷美国、欧盟和日本等世界主要金融市场。

2007 年 2 月 13 日美国新世纪金融公司(New Century Finance Corporation)发出 2006 年第四季度盈利预警。汇丰控股为在美次级房贷业务增加 18 亿美元坏账准备。面对来自华尔街 174 亿美元逼债,作为美国第二大次级抵押贷款公司——新世纪金融公司在 2007 年 4 月 2 日宣布申请破产保护,裁减 54%的员工。2007 年 8 月 2 日,德国工业银行宣布盈利预警,后来更估计出现了 82 亿欧元的亏损,因为旗下的一个规模为 127 亿欧元的"莱茵兰基金"(Rhineland Funding)以及银行本身少量参与了美国房地产次级抵押贷款市场业务而遭到巨大损失。德国央行召集全国银行同业商讨拯救德国工业银行的一揽子计划。接着,美国第十大抵押贷款机构——美国住房抵押贷款投资公司 8 月 6 日正式向法院申请破产保护,成为继新世纪金融公司之后美国又一家申请破产的大型抵押贷款机构。2007 年 8 月 8 日,美国第五大投资银行贝尔斯登宣布旗下两支基金倒闭,同样是由于次贷风暴。2007 年 8 月 9 日,法国第一大银行巴黎银行宣布冻结旗下三支基金,同样是因为投资了美国次贷债券而蒙受巨大损失。此举导致欧洲股市重挫。2007 年 8 月 13 日,日本第二大银行瑞穗银行的母公司瑞穗集团宣布与美国次贷相关损失为 6 亿日元。日、韩银行也因美国次级房贷风暴产生损失。据瑞银证券日本公司的估计,日本九大银行持有美国次级房贷担保证券已超过 1 万亿日元。

次贷危机对包括美国在内的世界经济产生了重大影响。首先,美国股市剧烈动荡,投资者信心受挫。其次,美国的许多金融机构在次贷危机中倒闭,并引发很多企业融资困难。从外部环境看,其他国家经济也受到牵连,导致美元信用下降。最后,次贷危机还将向其他经济产业蔓延。

面对次贷危机,美国政府采取积极措施予以应对。在 2007 年 7 月次贷危机出现伊始,美联储悉数使用了传统的货币政策工具以及相应的政策手段,对金融市场进行了全面干预，其中包括：公开市场操作，注入流动性；降低联邦基金基准利率；降低贴现率等。随着危机的扩散和升级，美联储在2007年12月之后，相继推出了三种新的流动性管理工具：①期限拍卖融资便利（Term Auction Facility，简称TAF），这是一种通过招标拍卖方式向合格的存款类金融机构提供贷款融资的政策工具。②一级交易商信贷便利（Primary Dealer Credit Facility，简称PDCF），这是一种针对投资银行等市场交易商的隔夜融资机制，旨在紧急状况下为市场交易商提供援助来拯救濒临倒闭的公司。③定期证券借贷工具（Term Securities Lending Facility，简称TSLF），这是一种通过招标方式向市场交易商卖出高流动性国债而买入其他抵押资产的融资方式，交易商可以提供联邦机构债券、住房抵押贷款支持债券以及其他一些非联邦机构债券资产。

随着危机的加剧，国会与总统达成共识，出台经济刺激方案。针对2007年底次贷危机的加深，在美联储之外，美国政府各部门又陆续推出抵押贷款若干市场救助措施，并最终促成了总规模达1500亿美元的经济刺激方案的出台。2008年2月14日，总统布什签署了总额约为1680亿美元的法案，拟通过大幅退税刺激消费和投资，刺激经济增长，以避免经济衰退。在不容乐观的形势下，历经波折的《住房和经济恢复法案》（The Housing and Economic Recovery Act，2008）终获通过，并于7月30日经总统签署发布。法案一方面宣布拨款3000亿美元在联邦住宅管理局（FHA）管理下建立专项基金，为40万个逾期未还按揭贷款的家庭提供担保；另一方面授权美国财政部可以“无限度”提高“房利美”和“房地美”的贷款信用额度，并承诺必要时美国政府将出资购买这两家机构的股票。2008年9月，美国第四大投行雷曼兄弟宣布破产，引发自次贷危机以来最严重的一场金融风暴，风暴迅速波及全球各行各业。在危急形势下，美国财政部向国会提交一项总额达7000亿美元的金融救援计划。这是自20世纪30年代“大萧条”以来美国最大规模的金融救援计划。

次贷危机宣告美国“新经济”时代的终结，给世界经济造成极大影响。当前，美国正与世界各国一道，为应对危机做出最大努力。

第三节　当代美国政治

20世纪中后期，随着美国经济的发展，特别是随着美国社会、经济和政治问题的更加复杂，以严格的三权分立、相互制衡为基础的美国政治体制无法适应形势变化的需要。于是，三权分立的政治体制逐渐变形，即在保持三权相互分立、平行和独立的基本结构的同时，总统逐渐成为联邦政府的权力中心，明显地取得对另外两个部门的优先地位。美国的政党制度有走向衰落的趋势，而利益集团则成为美国政体运转中一支影响巨大的力量。与此同时，新保守主义成为美国占主导地位的政治意识形态。

一、总统行政权力进一步扩大

继富兰克林·罗斯福之后，二战后美国总统在行政、立法、经济、军事、外交方面的权力和影响进一步扩大，俨然成为所谓的“帝王般”总统。

总统行政权力的扩大首先表现为联邦官僚机构的扩大。现在美国政府共有13个内阁级的部和数百个署和局，其中国防部、住房和城市发展部、交通运输部、教育部、卫生和公众服务部都是第二次世界大战后新设的。1939年联邦政府行政部门文职雇员只有93.6万人，二战后一直保持在200万人以上，1970年超过294万人，比1939年增长两倍以上。

联邦官僚机构的扩大，不仅给总统提供了一个直接为他服务的处理日常工作的办公机构，而且给总统提供了一个阵容强大的高级参谋集团。总统国家安全事务助理是美国总统制定外交、军事战略政策的主要顾问，协调美国庞大的情报机构。总统国内事务助理是国内事务委员会的实际负责人，总统经济事务助理是国际经济政策委员会的实际负责人。由总统助理和顾问构成的白宫办公厅主要人员，大多数是总统的幕僚和亲信。他们与总统接触频繁，对总统忠心耿耿。这些人由总统任命，无需参议院同意(行政管理和预算局长除外)。他们所做的工作完全取决于总统的当前需要、行动和目标，是总统强有力的后盾。正是这些“既不是选举出来又未经过批准的无名助手”，对外交和国内政策做出重要决定。正是通过他们把政府各部门、各专业机构决定政策的功能协调起来，在这个过程中把总统的观点施加给整个行政部门，从而使总统的权力更加高度集中。

总统行政权力扩大的另一表现是联邦政府对经济生活的直接干预。二战后美国许多政府，不仅继承了罗斯福新政的改革措施，而且扩大了国家干预经济生活的规模和内容，并使国家干预经济生活由二战前的针对严重经济危机和世界大战采用的非常手段，转变为经常性制度。特别是1946年的《就业法》明确规定，国家的任务就是保证使用一切手段来促进最大限度的就业、生产和购买。这就意味着联邦政府首次正式承担责任，为了调节就业和失业，国家要干预经济的发展，而联邦政府对经济生活的干预，是在总统领导下进行的，从而正式确立了总统对经济的领导权。

此外，总统在立法、外交、对外战争方面的权力也都呈加强趋势。大量事实说明，二战后美国总统滥用了签订行政协定和从事战争活动的权力，侵犯了国会的宣战权和参议院与总统共享的条约权。美国舆论惊呼，美国总统权力已发展到帝王般的程度，如不加以限制，势必使参议院的条约权和国会的宣战权化为乌有。

为了限制总统滥用行政协定权，1972 年国会通过《凯斯法》。该法规定，国务院必须将一切行政协定的副本在协定签署后 60 日之内送交国会。1973 年美国国会参众两院不顾当时共和党在职总统尼克松的否决，通过了《战争权力法》。主要内容为：总统在命令军队进入战争状态后 48 小时内得向国会报告，除非国会特别授权总统继续承担义务，否则在 60 日之内就要停止军事行动；在 90 日之内撤军，如果国会指示总统这样做的话；在开战后的任何时间，国会可用不经总统否决的共同决议，终止使用合众国军队。1974 年 8 月尼克松因“水门事件”被迫辞职，这是对美国现代总统权力的最大冲击。

旨在限制总统行政协定权的《凯斯法》和 1973 年的《战争权力法》并未收到预期的效果。1987 年 3 月里根总统做出美国军舰为科威特油轮护航的决定之后，已多次同伊朗发生武装冲突，民主党控制的国会多次试图援引《战争权力法》，以限制美军在波斯湾的行动，但由于国会内部意见分歧，直到现在，限制总统权力议案仍未能在国会两院通过。

二、最高法院积极行使司法审查权

美国最高法院的司法审查权，即宣布某项法令违宪而使之归于无效的权力，是美国宪法规定的三权分立、相互制衡政体的一个组成部分。这一特权是由 1803 年最高法院首席法官约翰・马歇尔的有关判决确立的。在此后的几十年里，最高法院否决过不符合宪法精神的州和联邦法规，到了第二次世界大战以后的 20 世纪 50 年代，特别是厄尔・沃伦从 1953 年到 1969 年担任联邦最高法院首席法官期间，联邦最高法院积极扩大行使司法审查权，在解决重大的社会问题和政治问题上起了重要作用，使最高法院变为二战后社会改革的工具。

1954 年 5 月 5 日，沃伦代表最高法院就布朗诉托皮卡教育局一案做出判决，宣布公立学校种族隔离违反宪法第 14 条修正案，从而推翻了 1896 年普莱希诉弗格森一案判决所确认的“隔离但是平等”的原则。这个判决是美国宪法史上重要的里程碑，并为 20 世纪 60 年代的民权立法开辟了道路。在其他一系列判决中，联邦最高法院还宣布公园、公共住宅、高尔夫球场、公共海滨和浴室、市内公共汽车、州际汽车站、火车站和飞机场的种族隔离为非法。20世纪60年代黑人民权运动高涨。1961年最高法院在审理伯顿诉威明顿停车管理处一案中,裁定在私人业主的餐馆中不得排斥黑人,从而扩大了宪法第14条修正案的适用范围。1963年的裁决将此原则扩大到所有的私人设施。1964年最高法院否决弗吉尼亚州在州与地方选举中征收人头税。1967年,最高法院在审理洛芬诉弗吉尼亚州一案时,否决了禁止种族间通婚的各种州法令。1968年,最高法院在审理琼斯诉A. H.迈耶公司一案时,禁止在出售或出租公房和私宅时实行种族歧视。

1969年伯格领导的最高法院一致同意立即结束所有学校的种族隔离。1971年斯旺案判决宣布:用校车接送儿童上混合学校是消除种族隔离的一个适当办法。同年6月,最高法院裁决:《纽约时报》和《华盛顿邮报》有权发表五角大楼的一份题为"美国对越南问题的决策过程史实"的研究报告,即所谓"五角大楼文件"。1973年在罗诉韦德一案中,最高法院宣布妇女有权堕胎。伯格领导的最高法院还匆忙介入"水门事件"录音磁带之争,以迅雷不及掩耳之势从根本上解决了这一危机。这是司法能动主义大胆而成功的一例。

最高法院在过去30年里积极行使司法审查权,逐渐成为解决种族、民权、堕胎、立法机构席位重新分配、总统和国会的冲突等有关社会和政治重大问题的工具。由于二战后国会与总统之间矛盾的日益尖锐,在保持三权分立中司法部门的作用越来越大。它不仅在解决总统与国会间争夺权力的纠纷中处于仲裁者地位,有时还变成事实上的立法机构。

三、联邦与各州之间权力重新定位

二战后,杜鲁门的"公平施政"、肯尼迪的"新边疆"和约翰逊的"伟大社会"计划的实施,大大加强了从罗斯福新政开始的以联邦政府集权为特点的政府间关系——合作联邦主义,联邦对社会经济生活的干预和管制空前扩大。1964年以前,联邦的管制活动主要着眼于调节经济,以促进繁荣和充分就业。从"伟大社会"计划开始,联邦的管制活动扩大到对教育、医疗、民权、环境和消费者的保护等领域。由于这种干预所涉及的领域传统上大都属于州一级主管,因此往往是在与各州和地方合作的过程中进行。不过联邦与州政府之间的这种合作,经常是强制的因素多于协作的因素。因为实行这种合作计划主要依靠联邦政府提供拨款,而联邦拨款往往都有附加条件。随着时间的推移,联邦政府附加的条件变得越来越广泛和苛刻。在使用联邦拨款时,州政府必须接受联邦政府的监督,遵照联邦规定的考核制度任用管理人员,按时向联邦政府提交说明使用情况报告,严格遵守联邦政府的各种法令、规定。稍有违犯,便停止拨款。可见,通过联邦拨款而进行的联邦和州政府之间的合作,使州政府愈来愈受制于联邦政府,独立性和积极性愈来愈小;联邦政府的作用愈来愈大,联邦政府机构变得更加臃肿,更加官僚化,更加难以驾驭。总之,联邦政府的集权到20世纪60年代中期以后发展到顶峰,而联邦过分集权所造成的弊病愈来愈明显。人们开始认识到,像美国这样一个大国,企图把一切决策权集中于华盛顿的合作联邦主义是行不通的。

1969年8月8日,尼克松在向全国发表的广播电视演说中,正式提出“新联邦主义”的口号。尼克松公开宣称:“在权力从人民和各州流向华盛顿达1/3世纪之后,让权力、资金、责任从华盛顿流向各州和人民,实行新联邦主义的时候到了。”尼克松政府主要是通过税收分享计划实施新联邦主义的,即把联邦所得税的一部分直接交给各州,把新政以来联邦政府对各州的主要拨款方式——分类拨款,逐步改为整笔拨款,以此加强州和地方政府在使用联邦援助经费上的自主权,削弱联邦政府对州和地方政府的干预和控制。“水门事件”之后,杰拉尔德·福特继任总统。罗纳德·里根当选总统使新联邦主义得到继承和发展。以后,他又多次强调改进联邦制,强调各州作为政治实体的重要性;各州具有自行制定政策和决策的权力,而不只是执行联邦政府各项指示的中间人。

四、政党作用衰落和利益集团活动盛行

美国两党制虽有相当长的历史,但美国宪法对政党的地位未作任何规定。自1964年总统选举以来,大量迹象表明,美国的政党制度有走向衰落的趋势。这表现在以下几个方面:首先,越来越多的选民政治热情降低,对两大垄断资产阶级政党丧失信心。在全国、州和地方的选举中实际投票的人数大大降低。1960年大选的投票率为62.8%,1968年为60.9%,1972年为55.7%,1976年为54.4%,1980年则下降为52%。其次,越来越多的选民脱离自己的政党,在选举活动中采取独立的立场。1940年至1976年,公民中以两大政党中某一党派成员自居的,已由80%降至68%,而自称是无党派的独立人士则从20%上升到32%。再次,政党对选举活动的控制削弱。历来,对于总统和国会议员候选人的提名、竞选经费的筹措、动员选民投票,以及组织政府,政党在其中起着重要作用。20世纪60年代中期以来,这种情形开始有改变。比如,因为大众传播媒介影响的扩大,许多选民往往单凭从传播媒介中了解到的候选人个性来决定他们的取舍,减弱了政党在候选人选择中的作用。1976年,吉米·卡特就是在与党的领导层没有多少联系的情况下当选的。最后,当选的总统与他同属一党的国

会议员之间的联系,也越来越削弱。当选的总统即使以一面倒的选票获胜,也不能担保他的党将控制国会;而且即使他自己的党控制了国会,总统也仍然会在国会中遇到困难。吉米·卡特任总统时,民主党在国会中几乎占了 2:1 的多数,但在国会中要实现他的主要政策目标却困难重重,因为他无法指望一个团结一致的民主党多数来支持他提出的各项主张。

由上述可见,当代美国政党的作用在下降。在政党作用下降的同时,各种利益集团的活动发展起来了。美国的利益集团五花八门,种类繁多。有企业集团、劳工集团、农业集团、教育集团、民权集团、环境保护团体等。很多利益集团组织了政治行动委员会。1972 年,对参众两院议员候选人的捐款只有 14%来自各个政治行动委员会,而到 1980 年,则上升到 25%。1974 年,政治行动委员会的数目不到 600 个,到 1981 年,已超过 2600 个。全国保守派政治行动委员会是其中较为活跃的一个。1980 年,它在民意测验、电视和广告宣传以及邮寄宣传品上花了 450 万美元,其中 120 万美元专用于攻击在参议院任职的自由派。结果,在该年的选举中,它击败了 4 名民主党自由派参议员。环境保护集团宣称:自 1970 年以来,已击败被列入它的"卑鄙的一伙"名单的 24 名国会议员。反堕胎集团在 1978 年的国会选举中,也使他们反对的候选人在竞选中遭到失败。1980 年,枪支院外活动集团不满前南达科他州民主党参议员乔治·麦戈文,设法使他不能连选连任。

各利益集团还通过从事院外活动,促进国会通过有利于本集团利益的立法。1979 年 11 月,石油院外集团通过游说活动,使参议院通过一项法规,对独立石油公司每天生产的头 1000 桶石油免征暴利税,从而使大石油公司每年增加利润 100 亿美元。20 世纪 70 年代末,各财团的院外活动者为争夺国防部的军火合同展开了激烈竞争,格鲁曼公司院外活动者为摩根财团兜售 F-14 型战斗机,加利福尼亚财团的诺斯罗普公司联合洛克菲勒财团的麦克唐纳—道格拉斯的院外活动者,为兜售 F-18 型战斗机进行紧张活动,最后双方达成妥协,对国防部的军火合同进行了分配。

1946 年,美国登记的院外活动者为 2000 人,1978 年增加到 15000 人。至于没有登记的则更多。各利益集团雇用的院外活动人员,大都是一些下台的国会议员、离职的国会工作人员、前政府官员或律师,他们通晓国会的种种法规,又同国会议员和政府要员有特殊交往,因而能够在关键时刻发挥作用。院外集团用在影响华盛顿舆论界的经费,每年达 10 亿美元之多,另有 10 亿美元则用来影响全国舆论。这说明利益集团在美国政体的运转中,已成为一支影响巨大的社会力量,它对美国选举、国会立法和政府决策起着越来越大的作用。亨利·W. 埃尔曼写道:“在经济、社会和政治权力之间的关系中,利益集团把经济权力转换为社会权力,并与政党共同起着把社会权力转换为政治决议的作用。”他认为,在美国政党作用下降,“有组织的利益集团的影响大大超过政党,已在美国造成一种长期盛行的趋势”。

五、各种政治思潮与意识形态广泛传播

大致说来,二战之后,自由主义、保守主义是西方世界主导性的政治思潮,对西方世界各国的政治发展产生了重要影响。自由主义是当代西方社会最重要的政治观念,是典型的资本主义意识形态。自由主义的根本立场是坚持个人主义,但自由主义又有经典自由主义与现代自由主义之分。20世纪以来,现代自由主义成为自由主义的主要形态。现代自由主义在政治上追求个人自由与社会发展的统一,主张扩大国家的积极作用,建设福利国家。保守主义的主张则是重视传统和社会认同。现代西方社会保守主义思潮的表现形式为“新保守主义”。新保守主义主张与自由主义相结合,促进个人进步与社会发展。二战以后美国政治思潮的发展与美国政治实践密切相关,总体说来,新保守主义是美国当前主导的政治意识形态,同时,新自由主义、孤立主义甚至极端主义思想也在抬头。

综上所述,二战后美国政治制度发展、演变的特点是,现代总统权力的增长比政府任何其他部门权力的增长都“更快而广泛”,国会的地位和影响则相对下降;联邦政府的权力在迅速扩大,州和地方政府的权力则大大削弱。联邦最高法院积极扩大行使司法审查权,在解决重大的社会问题和政治问题方面起了重要作用,并由过去一向被认为是资产阶级保守势力的堡垒,变为二战后推动社会改革的工具。

现代美国总统权力的增长是与二战后国家垄断资本主义的迅速发展相适应的,也是二战后美国成为世界头号强国和资本主义世界霸主的必然结果。而且总统权力的增长在一个相当长时期内是得到国会和最高法院默许或公开支持的。在外交和战争问题上,总的说来,最高法院是“倾向于扩大而不是缩小总统权力的范围”。在内政问题上,最高法院给予总统的是支持多于限制。

第四节　当代美国外交

二战之前,美国一直奉行孤立主义的外交政策,尽量避免卷入国际战争。但

二战之后，随着美国在政治、经济、军事等领域实力的提升，以及国际环境的变化，美国的外交方针也发生了很大变化，称霸世界是其新外交路线的核心内容。

一、全球扩张战略

杜鲁门(1945～1953年)上台以后，面对苏联、东欧等社会主义力量不断壮大的现实，美国放弃了罗斯福在二战时期确定的大国合作政策，转而以苏联及其共产主义意识形态为自己国际地位的障碍。美国驻苏使馆参赞乔治·凯南继丘吉尔发表"铁幕演说"之后，也提出对苏遏制战略，由此拉开了冷战的序幕。一直到20世纪60年代末之前，美国以其强大的军事与经济实力为后盾，推行进攻性的全球扩展战略，对苏联、西欧与日本以及包括中国在内的亚非拉国家实行不同的扩张政策。

第一，对苏联实行全面遏制。在政治上，孤立苏联，并分化苏联与东欧社会主义国家之间的关系；在经济上，对苏联等社会主义国家实行封锁和禁运；在军事上，对苏联进行包围和威胁；在意识形态上，发动反苏、反共宣传，进行和平演变。

第二，对西欧、日本实行扶植和控制政策。为建立资本主义阵营以对抗苏联，1947年6月，美国提出"马歇尔计划"，决定向西欧提供131亿美元的经济援助，帮助西欧各国实现战后经济复苏。"马歇尔计划"在客观上使西欧经济得到较快恢复和发展，但也给美国经济发展，特别是美国控制欧洲经济创造了条件。美国还加强与西欧各国的军事联盟。1949年，"北大西洋公约组织"正式成立，这是一个军事攻守同盟，为美国在欧洲军事力量的发展以及与苏联的军事对抗奠定了重要基础。为了从太平洋西岸包围苏联，美国还加强对日本的经济援助与政治控制。二战后，美国单独占领日本，向日本提供了23亿美元的贷款和援助。在朝鲜战争和越南战争期间，美国还向日本提出"特需订货"，以刺激日本经济的恢复和发展。1951年，美国甚至单独对日媾和，与日本签订《日美安全条约》，将日本拉入西方阵营，对苏联和中国形成更大的对抗。

第三，对亚非拉国家继续推行新殖民主义政策。二战期间，很多亚非拉殖民地半殖民地国家掀起了民族独立与解放运动，二战后，一些国家获得了独立，摆脱了西方国家的控制。美国视这些新独立的国家为"中间地带"，与苏联展开了激烈的争夺。1949年初，杜鲁门提出"技术援助和开发落后地区计划"，也就是所谓的"第四点计划"。该计划旨在以向亚非拉国家提供经济援助的方式，实行政治渗透和军事控制。为此，1948年美国支持以色列发动对阿拉伯国家的战争,1950 年美国卷入朝鲜战争,1958 年美国出兵黎巴嫩,1961 年美国悍然武装入侵独立的古巴,同时发动越南战争。

第四,对新中国实行政治孤立、经济封锁、军事包围的政策。二战结束前夕,美国在中国实行扶蒋反共政策,为蒋介石集团发动内战提供经济与军事支持,并派赫尔利来华。新中国成立后,美国对中国共产党领导的新中国采取敌视态度,不承认新中国的国际合法地位,操纵联合国不承认中华人民共和国在联合国的合法席位,从政治上孤立中国。美国对新中国从军事上进行包围和武装威胁。在朝鲜战争的同时,还派出第七舰队进入台湾海峡。1954 年,美国与台湾蒋介石政权签订《共同防御条约》,对新中国实施军事对抗。

二、全球战略调整

20 世纪 60 年代末 70 年代初,世界形势发生了较大变化。苏联的经济与军事实力得到很大提升,成为对美国的重要威胁,冷战形势日趋严峻。美国由于长期坚持对外扩张,特别是陷入越南战争的泥潭,经济实力大为减弱。同时,欧洲、日本通过战后恢复,经济实力提升,美国在西方世界的优势地位也受到挑战。美国政府不得不对全球战略做出重大调整,以全球战略调整为主要内容的“尼克松主义”出台。

1969 年 7 月 25 日,就任总统不久的尼克松在关岛发表讲话,表示美国要在亚洲实行战略收缩。1970 年 2 月,尼克松向国会提交“国情咨文”《70 年代美国的对外政策:争取和平的新战略》,提出以伙伴关系为核心,以实力为基础,以谈判为重要手段的三大外交支柱。1972 年 7 月,尼克松又提出“世界五大力量中心”论,认为美国、苏联、中国、西欧和日本为世界五大力量,美国应该利用这些力量积极开展外交,谋取自己的国际利益。尼克松的这些新外交思想,被称为“尼克松主义”。

尼克松主义的具体内容是:①在相对平等的基础上,建立与同盟国的“伙伴关系”,并以此为美国外交政策的基石。在这一原则下,同盟国应该在政策上保持一致,共同对抗苏联,在经济上相互让步,帮助美国渡过难关,在军事上共同分担军费和防务责任。②承认美苏战略核武器已经达到一定平衡,坚持以谈判牵制苏联,保持两国之间的军事均势。③改变敌视中国的政策,实施对华关系正常化,并利用中国制约苏联。④缩短在第三世界的战线。在亚洲,实行以亚洲人打击亚洲人的“新亚洲政策”,在中东和波斯湾地区加强驻军,阻止苏联的渗透和扩张。

1974 年，尼克松因“水门事件”辞职，福特继任总统。福特政府基本上延续了尼克松的战略调整政策。1978 年，卡特上台后，由于苏联的攻势，加上国内社会问题层出不穷，美国开始对苏联采取较为强硬的政策。1979 年 12 月，苏联入侵阿富汗，卡特政府认为这是对美国利益的严重威胁，便提出新的“世界秩序战略”。加强美、日、欧三边合作，发展南北关系，并“把中美关系作为美国全球政策的一个中心环节”。1979 年 1 月 1 日，中美两国发表第二个联合公报，宣布中美两国正式建立外交关系。但另一方面，美国提出“人权外交”的思想，以人权为武器，对苏联和中国进行意识形态进攻。

三、“以实力求和平”和“超越遏制”

里根执政时期（1981～1989 年），放弃了前任的缓和和利用均势的战略，制定了“以实力求和平”的战略。主要举措是：

第一，提出“重振国威”的口号，恢复和发展美国经济，扩充美国军事力量。从 1982 年开始，美国政府推行扩大联邦预算赤字政策，刺激经济回升。1983 年和 1984 年，美国国民经济分别增长了 3.5%和 6.5%。在此基础上，美国政府全面扩充军备，里根执政时期的军备投入达 1 万亿美元之多。1985 年，里根再次当选美国总统，进一步提出“星球大战计划”，妄图打破美苏在核武器上的“恐怖平衡”。

第二，对苏联推行强硬政策，美苏关系又降到最低点。1986 年提出“里根主义”，运用军事、外交、经济和政治手段企图把苏联在第三世界扩张得手的地方“推回去”。

第三，利用中美关系牵制苏联。1982 年，中美签署《八一七公报》，两国关系进一步好转。

布什执政时期（1989～1992 年），苏联解体，东欧剧变，两极格局结束，冷战局面被打破，美国的全球战略也有了很大变化。

第一，提出“超越遏制”战略。1989 年 5 月 12 日，布什发表“苏联的变化”演讲，提出这一战略，即在不放弃对苏联军事遏制的前提下，抓住苏联、东欧改革的时机，以经济为诱饵，采取多种手段，促使这些国家改变政策和体制，并逐步融入西方的政治经济体系。

第二，推出“新大西洋主义”。这是美国处理与欧洲、大洋洲两岸关系的新原则与新构想，即在北约、欧盟、欧安会等现有体制基础上通过调整改造，以加强欧洲与美国的合作，保证美国在欧洲的利益和领导地位不变。

第三,对第三世界采取更加灵活务实的做法,加强防范地区危机对美国利益的损害,防止地区强国的崛起。在中东,借伊拉克入侵科威特之机,美国率领多国部队对伊拉克实施名为“沙漠风暴行动”的军事打击,加强了美国对波斯湾地区的军事力量。美国还提出在拉美建立“开创美洲事业倡议”,并积极建立美洲自由贸易区。

第四,对中国,维持中美关系的基本框架,同时又诱压中国进行“和平演变”。

第五,倡导建立“世界新秩序”,这一主张实质是在美国领导下按美国价值观改造整个世界。

四、冷战之后的“参与与扩展”

随着东欧剧变、苏联解体,冷战结束。1992 年,克林顿当选美国总统。1993 年 1 月,面对新的国际形势,克林顿提出了美国外交政策三项指导原则,即维护经济安全、军事安全和推进民主。1993 年 9 月,美国政府首次向全世界推出了“扩展战略”。1994 年 7 月,美国政府正式提出“参与与扩展战略”,其核心是确保 21 世纪是“美国的世纪”,建立美国主导的国际新秩序。具体措施包括:

第一,构建“美国主导下的大国合作”的世界秩序。冷战结束后,为了防范任何可与自己抗衡的大国或大国集团的出现,美国强调所谓大国合作的重要性。在保持与西欧、日本等合作与集体行动的同时,也通过建立各种战略伙伴关系,加强与俄罗斯、中国等大国的合作与对话,注重发挥联合国等国际组织的作用,推行“多边主义”,维护美国的国家利益,减少“领导的风险和代价”。美国还注重加强与亚太国家的合作。克林顿提出“新太平洋共同体”的设想,利用主持召开亚太经合组织西雅图会议的机会,倡议召开有美国家领导人的非正式会议,开创了亚太经合组织的新机制。

第二,调整地区战略部署。冷战结束后,美国全球战略的重点仍然在欧洲,巩固北约和推动北约东扩是美国这一时期的核心外交政策。在亚太地区,美国与日本重新制定了《美日防卫合作指针》,加强与澳大利亚、新西兰和韩国的双边安全同盟,对中国和朝鲜实行预防性遏制,以“建立强大和稳定的亚太共同体”。同时,美国奉行对华接触战略,在分享中国经济快速发展成就的同时,使中国变成一个西方认为“负责任”的国家。在拉美,美国进一步加强与拉美国家的合作,建立以自由贸易为基础、以美国为主导的泛美政治经济联盟。在中东,美国支持以色列,允许巴勒斯坦建国,同时积极推动中东和平进程。

第三,在政治上,美国把扩大西方民主提高到战略地位。美国高举“人权高于主权”的旗帜，推行“新干涉主义”，突出民主价值作为美国外交“软因素”的作用。美国以那些具有重大战略意义的国家为重点，促其向西方民主制转变；巩固苏联、东欧地区和拉美各国新生的“民主政权”。同时，推行“一个超级大国主义”，把谋求美国对世界的“领导地位”和维护联盟关系结合起来，防止任何地区性大国崛起成为新的超级大国，挑战美国的全球利益。

第四，在经济上，加强七国集团，尤其是美、日、欧之间的政策协调；利用国际货币基金组织、世界贸易组织和世界银行等，推动全球经济自由化；重视占领新兴市场和确保能源安全，并把经济安全提到战略高度。

第五，在军事上，提出“塑造”、“反应”和“准备”三位一体的军事战略，即“帮助塑造有利于美国利益的国际安全环境，随时对危机做出反应和为应付未来挑战做好准备”。美国力图保持强大的防务能力，确保能够“同时打赢两场大规模地区性战争”。美国重视“质量建军”，力图通过现代化的高科技武器装备提高军队战斗力。1991 年，美国国防部公布了美国发展导弹防御系统的计划，其中包括“有限的国家导弹防御系统”和“战区导弹防御系统”。

五、“先发制人”战略

2001 年小布什担任总统后，他在对外关系上奉行单边主义，追求单极世界，单方面撕毁《反导条约》，积极进行导弹防御体系的研究、实验。2001 年 9 月 11 日，恐怖分子劫持 4 架美国民用飞机，撞击美国纽约世贸中心和华盛顿五角大楼，并打算袭击华盛顿美国国会。世贸中心的摩天大楼倒塌，3000 多人丧生，五角大楼被严重毁坏。“9 • 11”恐怖袭击对美国外交政策产生了重大影响。

“9 • 11”事件之后，布什政府把恐怖主义和扩散大规模杀伤性武器确定为美国面临的最大威胁。并以各国对此的态度作为判断敌友的标准。2002 年 6 月 1 日，布什在西点军校的演讲中首次正式提出了“先发制人”论。他指出，为了对付许多意想不到的威胁，美国必须“做好必要时采取先发制人的行动捍卫我们的自由和保护我们的生命的准备”。在《国家安全战略报告》中，布什政府正式将“先发制人”确定为美国的安全战略。这一战略新概念的提出，标志着第二次世界大战结束以来美国推行了半个多世纪的“遏制威慑”战略发生重大改变，已被“先发制人”的进攻性战略所取代。从布什政府的言论来看，美国“先发制人”新战略概念具有以下特点：

第一，“先发制人”战略实施的主要目标是恐怖主义活动的地区和拥有大规模杀伤性武器的国家。有时为了捍卫“自由”，也需要对某些特定对象实施“先发制人”打击,这样,美国就需要“不断制造敌人”。2002年1月29日,布什在“国情咨文”中抛出“邪恶轴心”论,将伊拉克、伊朗与朝鲜称为“邪恶轴心”,声称这些国家开发和拥有大规模杀伤性武器,威胁美国和世界的和平,美国必须尽快消除这些武装力量。

第二,“先发制人”战略主要以战争手段来实施,这种战争从本质上讲绝不是一种消极的自卫和被动的反应,而是一种“预防性干预”和主动出击,“美国将在威胁完全形成之前就采取行动”。“9·11”事件之后,美国将本土安全作为维护国家安全的首要任务,采取具有进攻性的多种军事安全战略部署。2002年1月8日完成的《核态势评估报告》,修改了美国的核政策,从以核武器应对核战争发展到用核武器作为辅助和威慑手段支持常规战争,主要对付所谓的“邪恶轴心”国家。

第三,“先发制人”战略的实施表现为典型的单边主义,无论国际社会是否接受,联合国是否授权,其行为是否符合《联合国宪章》和国际关系基本准则,美国政府一旦锁定目标,就将果断出手。可以看出,“先发制人”论是“布什主义”的主旨与核心。

总体看来,美国战后外交政策虽在不同时期有所变化,但谋求世界霸主地位是其一贯目标。美国这种自称为“领袖”的外交角色,虽然对世界和平曾经起到一定的制衡作用,但越来越成为美国的一种负担,也引起世界一些地区和国家的强烈不满。

六、“巧实力”外交

2009年,贝拉克·侯赛因·奥巴马出任美国第44任总统,同年1月,国务卿希拉里提出,美国新一届政府将采取“巧实力”战略来处理国际关系。

“巧实力”一词最早由美安全与和平研究所高级研究员苏珊尼·诺瑟提出。2004年,苏珊尼在《外交》杂志上发表题为“巧实力”的论文,文章称,“9·11”事件之后,保守主义者打着自由国际主义的旗号,实行侵略性的单边主义战略,宣称要扩展人权和民主。但是布什政府采取的军事危险政策同他们声称的理念根本不符。“必须实行这样一种外交政策,不仅能更有效地反击恐怖主义,而且能走得更远,通过灵巧地运用各种力量,在一个稳定的盟友、机构和框架中促进美国利益”。2006年1月,哈佛大学教授、著名学者约瑟夫·奈在《外交》杂志上发表题为“重新思考软实力”的文章,文章称“单独依靠硬实力或软实力都是错误的。将它们有效结合起来可以称作巧实力”。主张美国必须采取有效结合“硬实力”与“软实力”的“巧实力”，灵活运用社会制度、意识形态、价值观与军事实力、经济实力、外交实力……软硬两手，面对种种挑战，该软则软，该硬则硬，不要僵硬地运用实力。

一时间，“巧实力”外交策略思想的影响日益扩展，逐渐成为美国主流的外交思想。国务卿希拉里·克林顿刚上任时更是把“巧实力”正式列为美国的国家对外国际战略。“巧实力”外交战略提出美国要重点发展五大领域：第一，重振传统盟友体系和国际机制的活力，推进各国在重大问题上的战略协调，更好地应对21世纪的挑战。第二，提升外交中的援助发展水平，将美国的利益同世界人民的愿望统一起来。第三，强化公共外交，通过长期的、人与人之间特别是年轻人的交往获取民心。第四，推进全球经济一体化，并关注那些被边缘化的人群。第五，技术和革新，美国应在全球能源安全和应对气候变化等议题上发挥领导作用，并寻找创造性的解决方案。

“巧实力”的提出是美国精英综合考虑历史和现实因素的结果。二战结束后，美国对外政策基本以简单的遏制战略为主，以意识形态划分两大阵营，以遏制苏联为目标。冷战结束后，美国一直就没有形成新的大战略。老布什任总统时，虽然提出了“世界新秩序”的理念，但没有等他完整地实施该理念，就败选下台了。克林顿执政后，以拼经济为目标，缺乏明确的外交战略，被众人批评为“没有战略的总统”。小布什曾经雄心勃勃，开启了一定的外交大战略，但是，太过于看重硬实力，走向另一个极端，不太符合美国的实力地位，也不适应世界真正的情况。因此，奥巴马政府吸取过去的经验和教训，希望结合软硬实力的优势，缔造全新的美国外交战略。从国际现实看，“巧实力”的提出，也是美国结合欧洲、中国过去多年成功的外交战略经验，想以此来应对全球新形势。

美国奥巴马总统和希拉里国务卿以美国近百年来前所未有的“谦虚”，向世人展示着美国的新形象。无论是在G20世界峰会上，还是在美洲国家领导人会议上，美国总统奥巴马，都一改过去的美国是世界领袖的傲慢姿态，谦卑地说是来“学习”的。美国现在的对外战略中，尽量不自己出面，而是通过中间国家来平衡世界均势和实现美国势力在某些地区的力量存在。在世界很多国家的时局变化中，过去看到的是美国的压力和美国势力的直接表现，现在只能看到美国势力和美国利益的影子。这些都是美国“巧实力”外交的具体体现。

“巧实力”外交战略，是重树美国新形象的外交战略。美国绝不会轻易放弃对霸权主义、对世界领袖地位的谋求，美国只不过在寻找与等待重新崛起的机遇和时机。

思考题

1.美国当代经济与政治发展的历史与文化基础主要是什么?

2.美国当代政治发展经历了哪些主要阶段?存在什么样的问题?发展趋势如何?

3.美国当代经济发展经历了哪些主要阶段?存在什么样的问题?发展趋势如何?

4.讲述二战后美国外交政策的新走向。

5.延伸思考:展望21世纪美国的大国地位与中美关系。

6.延伸思考:你如何看待“新保守主义”?

参考文献

1.刘绪贻,杨生茂.美国通史[M].1~6卷.北京:人民出版社,2002~2004.

2.王希.原则与妥协:美国宪法的精神与实践[M].修订本.北京:北京大学出版社,2005.

3.李道揆.美国政府和美国政治[M].北京:中国社会科学出版社,1990.

4.[法]托克维尔.论美国的民主[M].北京:商务印书馆,1991.

5.[美]弗兰西斯·福山.历史的终结[M].呼和浩特:远方出版社,1998.

6.[美]塞缪尔·亨廷顿.文明的冲突与世界秩序的重建[M].北京:新华出版社,2002.

第五章
走向联合的欧洲

欧洲在古代曾经创造了灿烂的希腊罗马文明，近代作为资本主义的发祥地和心脏地区，一直是世界政治、经济和文化的中心。二战结束后，欧洲被分成西欧和东欧。西欧泛指欧洲所有的资本主义国家，东欧则是指二战后走上社会主义道路的欧洲国家。二战后的欧洲丧失了世界中心的传统地位，成为美苏两个超级大国争夺世界霸权的重点地区。欧洲国家在不同程度上依附于两个超级大国，在美苏霸权夹击中生存。然而，谋求独立、共同发展的愿望使欧洲国家逐渐走上"联合自强"的道路。

第一节　欧洲一体化进程

在欧洲纷争不断、四分五裂的历史上，统一曾是许多欧洲人的梦想。但是，统一的理想在现实中常常表现为一国对别国的征服，结果带给欧洲人的不是统一而是无穷的灾难。欧洲真正走上联合道路、推进一体化是在二战结束以后，从西欧国家开始的。

一、欧盟的建立

欧洲联盟的建立是欧洲国家一体化进程中的标志性成果。欧盟的成立，大大推动了西欧经济的发展，改善了西欧各国的关系，并提升了欧洲的国际地位。

（一）欧洲联合的原因

欧洲国家在二战后实行联合，其原因是多方面的：第一，经过两次世界大战的洗劫，西欧政治家深刻认识到，欧洲和平的维护与欧洲文明的延续发展是密不可分的，而这有赖于国家之间的联合，即建立一种较为紧密和稳定的欧洲国家联合体。第二，防止法西斯主义、军国主义再起，是欧洲联合的一个重要而直接的目的。德国问题长期以来是欧洲安全的一大症结。二战结束后，德国在强大的经济军事机器遭到毁灭性打击和政治地位一落千丈的情况下，已经从昔日的对手转变成西方世界的盟友，这就为欧洲的重组与西欧的联合提供了有利条件。第三，冷战的开始致使西欧国家意识到共同行动更具紧迫感，以对内防御共产主义，对外抵御苏联威胁。第四，美国出于对付苏联以及便于控制西欧考虑，支持西欧复兴，大力促进西欧联合，这成为西欧走上联合道路的另一个外部推动因素。

（二）欧洲共同体成立

二战后初期，欧洲一体化的起步是从经济问题入手的。1950 年 5 月，法国外长罗贝尔·舒曼提出了建立欧洲煤钢共同市场的计划，即“舒曼计划”。1951 年 4 月，法国、意大利、联邦德国、荷兰、比利时和卢森堡 6 国在巴黎签署了为期 50 年的《欧洲煤钢联营条约》。1952 年 7 月条约正式生效，欧洲煤钢联营（或称“欧洲煤钢共同体”）成立。欧洲煤钢共同体的建立，为欧洲联合发展确立了方向。1957 年 3 月，上述 6 国在罗马签订《欧洲经济共同体条约》和《欧洲原子能联营条约》，史称《罗马条约》。该条约于 1958 年 1 月 1 日生效，欧洲经济共同体和欧洲原子能共同体正式建立。1967 年 1 月，上述 6 国决定将欧洲煤钢共同体、欧洲经济共同体和欧洲原子能共同体三个组织合并，建立统一的组织机构——欧洲共同体。

欧洲共同体成立之后不断扩大。1973 年 1 月，英国、爱尔兰、丹麦加入欧洲共同体；1981 年 1 月，希腊加入欧洲共同体；1986 年 1 月，西班牙和葡萄牙同时加入，欧洲共同体成员扩大为 12 个国家。此外，欧洲共同体在经济一体化方面取得了一系列重大成就：第一，建立关税同盟。具体措施是在共同体内部分阶段削减关税直到最终取消关税，实现商品自由流通；对外则筑起统一的关税壁垒，限制外部商品的输入。第二，实施共同的农业政策。其核心是对高于世界农产品市场价格的欧共体内部市场价格给予支持，主要内容包括建立农业基金、统一农产品价格、实行农产品出口补贴、取消农产品关税，实现共同体内农产品的自由流通。第三,创立欧洲货币体系。具体措施是加强共同体各国的货币合作,创建"欧洲货币单位"作为中心汇率的计算单位,对内实行可调整的固定汇率,对外实行联合浮动,以促进欧共体国家贸易的发展。第四,建立欧洲统一市场。1985年12月,欧共体首脑会议通过了《欧洲一体化文件》,确定在1992年底之前实现内部统一大市场的目标。统一大市场的措施包括:逐步取消欧共体各国在关税、贸易、金融等方面的限制,实现商品、资本、劳务、人员的自由流动。经过努力,1993年1月,欧洲统一大市场正式启动。然而,欧共体政治一体化的发展曲折缓慢,直到20世纪70年代初才有所进展,主要体现在:确立了成员国外长定期协商对外政策的机制,努力做到在国际舞台上"用一个声音说话"。例如欧共体就中东问题、南非问题、阿富汗问题、柬埔寨问题、南北关系和欧安会合作及援助苏东等重大国际问题,多次发表共同声明,采取共同立场。

(三)欧洲联盟诞生

1991年12月,欧共体12国首脑在荷兰小镇马斯特里赫特讨论建立经济货币联盟和政治联盟的问题。会议通过了《欧洲联盟条约》(即《马斯特里赫特条约》),决定建立欧洲联盟。《欧洲联盟条约》于1993年11月1日正式生效,主要内容包括:一是对欧共体条约进行修改,建立经济与货币联盟,即通过分阶段协调和统一各成员国的经济、财政和货币政策,最终于1999年建立欧洲中央银行和使用单一货币;二是将成员国之间在外交事务上的政治合作机制上升为建立一个"更为紧密的国家联盟",实行共同的外交和安全政策,最终实行共同防务;三是建立成员国之间在司法和内政事务方面的合作机制。《欧洲联盟条约》使欧洲一体化在广度和深度上出现了质的飞跃,因而被视为自《罗马条约》签订以来欧共体一体化进程中的第二个重要文件和全新的里程碑。条约上述三个方面内容,被称为"欧洲联盟的三大支柱"。从此,欧洲共同体正式易名为"欧洲联盟",简称"欧盟"。1995年1月1日,瑞典、芬兰、奥地利加入欧盟;2004年5月1日,中东欧和地中海沿岸的10个国家加入欧盟;2007年1月1日,罗马尼亚和保加利亚正式成为欧盟成员国。迄今为止,欧盟变成一个涵盖27国、总人口近5亿、国民生产总值达16.6万亿美元的国家联合体。

二、欧盟共同的外交与安全政策

共同的外交与安全政策是欧盟在冷战结束后推进政治一体化的核心内容,和经济与货币联盟、司法与民政事务合作并行构成欧盟的"三大支柱",使欧盟成为一个举足轻重的新型国际行为体。

(一)共同的外交与安全政策的由来

欧洲曾是两次世界大战的策源地和重灾区。二战结束后,建立欧洲防务共同体、实现防务和军事一体化、避免战争悲剧再度发生是欧洲政治家们不懈追求的目标。1953年,德、法、意、荷、比、卢6国签署了旨在加强政治合作的欧洲防务共同体计划。1970年,欧共体卢森堡首脑会议决定实施欧洲政治合作机制。冷战结束后,中东欧地区一直冲突不断,严重威胁着欧洲的稳定和安全。欧盟深感自身在外交和安全事务上的严重缺陷,决心加快实施共同的外交与安全政策的步伐。1993年签订的《马斯特里赫特条约》正式确立了欧盟共同的外交与安全政策,后经1997年《阿姆斯特丹条约》的修改,突出了欧盟在共同的外交与安全方面的职责和地位。1999年科索沃战争后,欧盟独立防务建设突飞猛进。欧盟科隆首脑会议发表《加强欧洲共同安全和防务政策的声明》,决定将西欧联盟[1]并入欧盟,并任命时任北约秘书长的索拉纳为"欧盟共同的外交与安全政策高级代表",这两项措施奠定了欧洲防务联盟的基石,标志着欧盟在共同的外交与安全政策领域迈出了决定性一步。随后,欧盟赫尔辛基首脑会议明确启动"欧洲共同安全与防务政策",决定组建一支能够在60天内部署、由5万至6万人组成的快速反应部队,以使欧盟在没有北约参与的情况下能够对地区危机和冲突采取有效的军事行动。为此,欧盟成立一个常设的政治与安全委员会、一个由各成员国国防部长和参谋长代表组成的军事委员会和军事参谋部,共同致力于欧洲防务的决策和协调。2002年,欧盟尼斯首脑会议通过《尼斯条约》,实质性修改了欧盟有关共同的外交与安全政策的条款,新增加了"强化合作"的目标、范围、职权、运作机制和决策程序,尤其是尽快具备行动能力的要求。

(二)共同的外交与安全政策的运作机制

欧盟共同的外交与安全政策的基本目标包括:第一,遵循《联合国宪章》原则,确保欧盟共同的价值观、根本利益及独立与完整;第二,全面加强欧盟的安

---

[1] 西欧联盟。1948年3月17日,法、英、荷兰、比利时和卢森堡签署《布鲁塞尔条约》,宣布成立布鲁塞尔条约组织。1954年10月23日,上述5国与联邦德国、意大利签署《巴黎协定》,将布鲁塞尔条约组织易名为西欧联盟,总部设在伦敦。其宗旨是:促进欧洲的团结和推动欧洲的统一进程;协调成员国在防务方面的政策,以提升欧洲集体防御能力;促进成员国之间经济、社会和文化的合作。

全;第三,依照《联合国宪章》、《赫尔辛基最后文件》的原则和《巴黎宪章》的目标及其对外部疆域的规定,维护和平并加强国际安全;第四,促进国际合作;第五,发展和巩固民主与法制,尊重人权与基本自由。为实现以上目标,欧盟对政治制度和机构设施进行了改革,寻求在制度上加强共同的外交与安全政策的实施。

欧盟共同的外交与安全政策的运作机制有以下几种:

1.欧洲理事会。欧洲理事会由成员国元首、政府首脑及执委会主席组成,是欧盟共同的外交与安全政策的最高决策机构。它决定共同的外交与安全政策的原则和总体指导方针,并有权就欧盟动用西欧联盟军事力量等事务做出决定。《阿姆斯特丹条约》规定,欧洲理事会在欧盟成员国之间有着重大共同利益的领域实施共同战略。在共同战略基础上,欧洲理事会可以特定的多数通过欧盟在外交事务上应采取的决议、行动和共同立场。如果欧盟成员国以其重要的国家政策为由反对有关决策的通过,欧洲理事会就将以一致通过原则进行表决。理事会秘书长担任欧盟共同的外交与安全政策的高级代表,协助理事会负责共同的外交与安全政策范围内的有关事务,尤其是负责政策的筹划、制定和实施。

2.欧盟理事会。又称"部长理事会",由成员国部长级代表组成,它在共同的外交与安全政策中负责日常决策。其主要职责是根据欧洲理事会的总方针,做出为规定和执行共同的外交与安全政策所需的决定;向欧洲理事会推荐共同战略并以联合行动和共同立场来执行这些战略;采取共同立场和联合行动;监督成员国的行动;决定操作费用的支付;在必要时任命与特定政策问题有关的特别授权代表。欧盟理事会的决定,一般遵循一致同意的表决原则。

3.政治委员会。由成员国和欧盟委员会的政治代表组成,每月召开两次会议。政治委员会主要行使监督职能,负责实施欧盟的有关条约和理事会做出的决定,向理事会和欧洲议会提出报告和立法动议,监督共同体法律的实施,处理欧盟日常事务,负责欧盟对外经贸谈判和部分对外联系事宜。政治委员会具有一定的"超国家性"。

4.秘书处。属于欧盟理事会的一个下属机构,主要由来自欧盟理事会的前两任、现任和后两任主席国的代表组成。其任务是协调成员国与欧盟的关系、处理日常行政事务及向欧盟理事会提出建议等。

5.欧盟委员会。《阿姆斯特丹条约》规定,欧盟委员会作为欧盟的执行机构,将充分参与在共同的外交与安全政策方面展开的工作。它可以向欧洲理事会提出共同的外交与安全政策方面的有关建议,亦可要求理事会主席国在48小时或更短的时间里召集理事会特别会议。欧盟委员会还负责共同的外交与安全政策的预算,并提出财务方面的适宜建议。它与欧洲理事会一起负责确保欧盟作为一个整体在对外关系中协调一致,实施共同的战略举措,在国际事务中代表欧盟的利益。

6. 欧洲议会,是一个经直接选举而产生的机构,其权力是:理事会主席应就共同的外交与安全政策的主要方面和基本选择与欧洲议会协商,保证欧洲议会的建议得到应有的考虑,定期从主席国和委员会获取有关信息;欧洲议会可以向理事会提出质询和建议,欧洲议会将就执行共同的外交与安全政策方面的情况每年举行一次辩论;理事会连同主席国定期向欧洲议会通报联盟共同的外交与安全政策的发展情况。

依照以上机构的设置,就可了解欧盟共同的外交与安全政策的决策程序:首先欧洲理事会以全体一致通过的形式确定原则和总的指导方针,决定成员国共同行动的范围;欧盟理事会则根据欧洲理事会的决定以特定多数的投票方式进行决策;欧盟委员会在这一程序中具有动议权,可以提出建议,并要求理事会在48小时或更短时间里召集特别会议,但它不参与决策;欧洲议会权力更小,主要是建议和监督;执委会和秘书处在决策过程中也只是对欧盟理事会提出一些具体的政策建议。

(三)共同的外交与安全政策的执行

20世纪末,欧盟在共同的外交与安全建设上取得一定进展。任命了共同的外交与安全政策高级代表,出台了《欧洲安全战略》和《反恐战略》;成立了欧洲军备局,组建了军事及民事行动计划小组、欧洲战斗群。2008年12月,欧盟舰队开始在索马里海域执行护航和打击海盗的任务。欧盟进一步加强司法与内政合作,建立欧洲警察署,设立反恐协调员,并决定加快建立统一的司法区。2007年12月,欧盟通过了《里斯本条约》,主要内容包括设立欧盟理事会常任主席,取消半年一任的轮值主席国制度,使用“双重多数”表决机制等。截至2008年底,除爱尔兰、捷克外,欧盟25国批准了该条约。

尽管欧盟共同的外交与安全政策已初具规模,在共同防务建设上也有进展,但由于欧盟是主权国家联合体,而各主权国家仍在不断追求自身国家利益的最大化,所以,国家主权与超国家主权的矛盾将是欧盟共同的外交与安全政策曲折发展的主要因素。另外,共同的外交与安全政策在运作机制上存在机构重叠、职权划分不清、决策效率不高等弊端;各国对防务问题的不同看法、欧盟缺乏强有力的军事保障以及美国的政策影响,是欧盟难以执行共同的外交与安全政策的重要因素。

作为一项庞大的系统工程,实现共同的外交与安全政策需要相当长的时间,欧盟要建立真正意义上的独立防务还有很长的路要走。尽管如此,欧盟毕竟迈出了政治联合的步伐,共同的外交与安全政策的实施已不可逆转。从长远看,欧盟将通过西欧联盟，把北约对欧洲安全的主导权逐渐转到欧洲联盟上来；欧盟共同的外交政策也会逐步加强。这将有助于欧盟在国际事务中更好地维护自身利益，推动世界格局进一步向多极化发展。

三、欧洲经济与货币联盟和欧元的问世

欧洲国家联盟最重要的是建立经济与货币联盟，欧元问世并作为欧盟国家所使用的统一货币，它既是欧洲一体化进程的重要组成部分，也是“布雷顿森林体系”崩溃以来国际货币体系中最重大的变革。

(一)欧元产生的历史过程

1969年3月，卢森堡首相皮埃尔·维尔纳在欧共体海牙会议上提出建立欧洲货币联盟的构想。同年，“欧元之父”蒙代尔撰写《欧洲货币案例分析》、《欧洲货币规划》，明确表达了建立共同货币的主张。1971年，美国爆发的经济危机迫使欧共体采取浮动汇率制。为了回避浮动汇率所带来的危害，1972年，欧共体部长理事会决定各国货币与美元挂钩，对美元汇率的上下波动幅度为2.25%，而欧共体各国货币间的波幅为1.125%，即“蛇形浮动机制”。1973年，“布雷顿森林体系”崩溃，美元接连贬值，欧洲各国深受打击。1978年7月，法国总统德斯坦和联邦德国总理施密特在欧共体首脑会议上，联合提出了建立欧洲货币体系的建议。1979年3月，欧共体巴黎首脑会议宣告正式成立“欧洲货币体系”，确认欧共体国家之间的结算采用欧洲货币单位——埃居，并建立固定的货币兑换机制，以摆脱对美元的过分依赖，削弱美元在欧洲货币市场上的作用。1989年底，欧共体主席德洛尔提出了建立欧洲经济与货币联盟的计划，主张用欧洲货币取代各种国家货币。1991年12月，欧共体12国首脑签订《马斯特里赫特条约》，同意实行欧洲共同货币。1995年，欧盟马德里首脑会议决定将欧洲统一的货币定名为“欧元”。1998年6月，欧洲中央银行成立。1999年1月1日，欧盟正式发行欧元，并在使用欧元的国家区域(欧元区)内实施统一的货币政策，这标志着孕育30年的欧元宣告诞生。经过3年过渡期，2002年1月1日欧元正式进入流通领域。德国、法国、意大利、荷兰、比利时、卢森堡、爱尔兰、西班牙、葡萄牙、奥地利、芬兰率先成为使用欧元的国家，之后希腊、斯洛文尼亚、马耳他、塞浦路斯、斯洛伐克陆续加入，欧元区扩大到16个国家，总人口3.3亿，国内生产总值达4万亿欧元，经济规模超过第一大经济体美国。2006年，欧元兑美元汇率稳中有升，在国际舞台上迅速占据第二大货币的地位。随着经济实力的壮大，欧元成为美元最强劲的竞争对手。

(二)欧元对欧洲一体化建设的意义

第一,欧元诞生,在经济上使欧洲内部的市场经济更加自由化、合理化,有利于欧元区国家和欧盟的经济发展。实行统一货币,给欧盟各国带来重大的经济利益:一是增强自身经济实力,提高竞争力。欧元启动以后,统一货币与统一市场的共同促进无疑会带来新的经济增长,使欧盟在与美国和日本的竞争中处于有利地位。二是减少内部矛盾,防范和化解金融风险。在经济竞争日益全球化、地区化、集团化的大趋势下,统一货币是最有力的武器之一。欧盟是当今世界一体化程度最高的区域集团,但对国内市场动荡的冲击仍然缺乏抵御能力。1995年的墨西哥比索危机、1996年的日元危机,都一度导致欧盟经济增长滑坡、出口下降、就业减少。事实证明,欧盟浮动汇率机制下各自为政的多国货币币值"软硬"不一,利率的差别、汇率的变动等因素都引发过欧盟内部金融秩序的混乱。欧元作为单一货币正式使用后,上述问题自然会大大缓解。三是简化流通手续,降低成本。欧元的使用,不仅简化了手续、节省了时间、加快了商品与资金流通的速度,而且会减少近300亿美元的兑换和佣金损失,无形中降低了欧盟企业的成本,增强了竞争实力。随着欧元地位的上升和欧洲资本市场的发展,成员国的资金成本也会下降,有利于投资和经济增长。四是增加社会消费,刺激企业投资。尽管欧盟统一大市场已经建立,但由于多种货币的存在,使得同样的资源、商品、服务在不同的国家表现出不同的价格,这非常不利于大市场的合理发展。实施单一货币后,由欧洲中央银行制定和实施统一的货币政策,各国的物价、利率、投资利益的差别将逐步缩小或趋于一致,导致物价和利率水平的总体下降,居民社会消费扩大,企业投资环境改善,最终有利于欧盟总体经济的良性发展。

第二,欧元诞生,在政治上有利于促进欧洲国家走向联合,加深欧洲经济一体化和推动欧洲政治一体化。欧洲在二战后的联合,走的是"先经济、后政治"、"政治经济化"的发展道路。欧元的诞生,被欧盟领导人称作是推进欧洲政治一体化的"加速器"。欧元启动之后,欧洲政治一体化建设开始大步迈进,主要表现为:欧盟共同的外交势头强劲,在国际舞台上日趋活跃;欧盟共同安全已经确定了具体时间表,要在2003年建成一支6万人的欧洲快速反应部队,维护欧洲的和平与稳定;在司法内政方面,欧盟决定设立欧洲单一逮捕证制度,并建立一支5000人的共同警察部队,执行紧急维持秩序行动;东扩步伐不断加快,欧盟在2004年开始吸收第一批新成员。另外,欧元的使用,能淡化欧洲地区的疆域和国别概念,有利于加强欧盟人民对欧洲联合的认同感和凝聚力。如今,欧盟16个国家,心甘情愿地放弃各自国家的货币,共同使用同一种货币——欧元,这在欧洲近代史上是绝无仅有的，为此欧元被人们视为“政治货币”。总之，欧元对推进欧洲政治一体化建设的作用是巨大的。

第二节　东欧剧变后的社会转型

东欧国家剧变后，东欧各国强烈要求摆脱苏联政治经济模式的影响，做出了非社会主义选择，认同西方的价值观念，接受并模仿西方经济、政治制度，外交选择“回归欧洲”，实现了全面的社会转型。经过剧烈动荡并付出沉重代价，时至今日，东欧大多数国家的政治、经济制度框架已初步确立。经济上以私有制为基础的市场经济取代了以公有制为基础的计划经济，政治上共产党执政的体制被建立在多党制基础之上的三权分立制度所取代。然而，东欧的社会转型过程尚未最后完成。

一、经济制度的转型

东欧经济转型是从以公有制为基础的计划经济体制向以私有制为基础的市场经济体制转变。其主要措施包括：放开物价，形成依靠市场调节的价格体系；取消对外贸易限制，实行货币自由兑换，建立自由贸易体系；取消严格的货币紧缩政策，削减财政补贴，抑制通货膨胀；对国有企业实行私有化等。经济的转型分为激进与渐进两种方式。这两种转型的内容是一致的，但转型的步骤与力度有差异。激进转型即通常所说的“休克疗法”，[①]多数东欧国家选择了这一方式，波兰是其中的典型，也是西方扶持的重点，被视为东欧国家效法西方社会经济模式的样板。匈牙利采取了一种比较稳健有序的渐进变革方式。

东欧国家在经济转型中，无论采取哪种方式，面临的问题和付出的代价都是相似的。出于对旧体制的强烈抵触，在许多东欧国家，政府宏观调控经济成为计划经济的同义语而备受冷遇和贬低，西方经济模式则备受推崇并被全盘照搬，这就加剧了转型给经济生活带来的震荡，引起国民经济的严重紊乱。西方做出提

---

① “休克疗法”是美国经济学家杰弗里·萨克斯提出的一整套激进的反危机措施和经济体制转轨方式。其核心内容是：在宏观政策方面，实行更严厉的财政紧缩政策；在经济自由化方面，主张采取一步到位的方式实现价格、外贸的自由化和货币的自由兑换；在私有化方面，不惜采取无偿分配办法，强调迅速实现私有化。“休克疗法”的宗旨是在经济已经病入膏肓的情况下，通过迅速私有化和自由化，完成对经济制度的改造，置之死地而后生。

供经济援助的种种承诺,又大多停留在口头和纸上,这也增加了转型的难度。所以在转型过程中,东欧各国经济出现严重衰退,经济发展水平倒退了十几年,而且经济秩序混乱,社会治安状况恶化,失业人数急剧增加,通货膨胀严重,居民实际平均收入锐减,生活水平大大降低,贫富差距日趋扩大。

1993年,东欧许多国家开始调整其经济政策和转轨步伐,舍弃了一些全盘照抄西方经济制度的激进方法,实行较适合本国国情的经济政策。到1995年,多数国家度过了混乱衰退的最艰难时期。东欧各国经济转轨的步伐很不一致,大体可分为三种类型:第一类,捷克、波兰、匈牙利、斯洛伐克和斯洛文尼亚5个中欧国家,经济基础较好,转轨以来的生产滑坡期降幅相对小,回升相对早。第二类,保加利亚、罗马尼亚、阿尔巴尼亚、克罗地亚、马其顿等东南欧国家经济基础较差,向市场经济转轨困难重重。第三类,波黑和塞尔维亚受到战乱的严重影响,经济转轨最为迟缓。

总之,东欧国家的经济转型经历了一个从混乱到稳定、从阵痛到缓解、从无序到有序、从下降到回升的痛苦过程。目前,许多国家已初步确立了市场经济的框架,价格、外贸实现了自由化,以私有制为主的混合所有制结构形成,新的金融体制、财政体制、社会保障体制初步建立,产业结构得到调整,总体经济形势趋好,东欧经济基本步入正轨。然而,经济转轨是一个制度重建的过程,东欧国家过去普遍忽视制度建设,导致市场机制不健全,各环节运转不协调;基础设施薄弱,支柱产业和高新技术产业发展缓慢,经济增长缺乏后劲;政府宏观调控不力等深层次问题远未解决,这就使得东欧国家的经济回升极不稳定。

二、政治制度的转型

剧变后的东欧各国普遍采纳西方资本主义政治制度和议会民主的政治体制。主要内容包括:修改原来的宪法或制定新宪法,放弃将马克思列宁主义作为社会的指导思想,实行意识形态多元化;取消共产党一党执政,制定一系列有关政党活动的法律和准则,实行多党制;以三权分立为原则建立总统制或议会制的国家政权组织形式等。

东欧国家在政治转型过程中,呈现以下特点:

第一,东欧许多国家掀起反共浪潮。东欧国家共产党失去执政地位以后,国内反对派还要消除原来社会主义制度的“一切痕迹”,进一步打击共产党,排斥和迫害共产党人。他们宣布共产党非法,取缔共产党;强占共产党的总部,没收共产党的财产;以过去的政治事件立案,追究共产党人的所谓“政治历史责任”,以逮捕、审查、软禁、解职等手段清算共产党的前领导人。一些国家甚至颁布法律，禁止原共产党人担任国家公职。

第二，各国以反共、反社会主义为特色的党派林立，夺权与反夺权斗争激烈，街头政治盛行，在相当长一段时间内政局动荡，社会不稳。

第三，民族矛盾尖锐，民族分裂主义盛行。东欧国家的民族矛盾是随着两次世界大战带来的疆界和国家组成的变化而积累下来的。东欧剧变使原来被压制、被掩盖的民族矛盾凸现，各国之间及一个国家内部错综复杂的民族矛盾趋于公开化。民族矛盾使捷克斯洛伐克于 1993 年 1 月 1 日分为捷克与斯洛伐克；民族问题给巴尔干地区带来旷日持久的动荡乃至战争，南斯拉夫一分为六（斯洛文尼亚、克罗地亚、马其顿、波黑、黑山和塞尔维亚），并酿成了波黑战争与科索沃战争。一时间，民族主义和民族分裂主义的泛滥成为冷战后威胁东欧国家乃至整个欧洲稳定与安全的首要问题。

20 世纪 90 年代后期，东欧国家向西方式政治民主制度的转变基本完成，政治多元化原则、三权分立原则已经通过宪法和法律得以贯彻，新型政治体制的框架初步确立。但是，东欧国家现行的政治体制离成熟的“民主体制”还有相当大距离；[①]加上贫富分化加剧、贪污腐败盛行、社会犯罪严重、人们的政治热情锐减、政府威信大大降低等社会问题得不到有效解决，这将制约东欧各国政治的发展走向。

三、外交政策的转型

冷战的结束极大地改变了东欧地区的战略地位和地缘政治特征，东欧各国在对外关系上都进行了重大调整，推行以西方为重点的新型多元务实外交。主要内容包括：

第一，各国都把“回归欧洲”作为对外政策的重点和首要目标。东欧各国奉行亲西方的政策，并且为了保障自身的安全和寻求更好的发展机会，纷纷提出加入北约与欧盟，力争尽快在政治、经济、军事等方面同欧洲实现一体化。现在，捷克、波兰、匈牙利和斯洛伐克已经加入“发达国家的俱乐部”——经济合作与发展组织；12 个中东欧国家已加入西方政治军事同盟——北约组织；10 个中东欧国家加入欧盟的愿望也已经实现。但是一些东南欧国家要真正达到“西方标准”和“欧洲标准”仍需一个较长的过程，中东欧国家在相当长时间内还难以成为与西欧国家平起平坐的伙伴。

---

① 高德平：《东欧国家 10 年政治体制转轨》，《东欧中亚研究》，2001 年第 1 期。

第二，东欧剧变后，东欧诸国与苏联的关系变得十分冷淡，一些国家还一度掀起仇苏、反苏、防苏的民族主义浪潮。苏联解体后，由于历史原因，东欧国家对苏联的后继者俄罗斯联邦也一度十分戒备。但俄罗斯毕竟是对它们的安全有至关重要影响的邻国和大国，它们之间几十年来形成的相互依存、千丝万缕的联系也不可能一下斩断，因此东欧各国已重新认识到同俄罗斯保持正常国家关系的重要性，而俄罗斯也放弃了所谓的“甩包袱”政策，主动与东欧修好，双方开始谋求发展睦邻友好关系。不过，双方在北约东扩问题上的分歧、对立制约着彼此之间关系的发展。在与俄罗斯发展关系的同时，东欧国家也寻求与其他独联体国家建立友好关系，并优先发展同自己毗邻国家的关系。

第三，努力加强区域性合作。东欧国家地域相连，传统联系密切，处境相似，为了共渡难关，协调西进步伐，东欧国家在谋求同西欧一体化的过程中，积极加强内部联系与合作，成立了多个区域性组织，如中欧贸易自由区、东南欧合作组织、“维谢格拉德集团”①、“中欧倡议国”组织②等。这些组织为推进各国经济发展，促进地区形势缓和与稳定发挥了积极作用。

第四，加强与中国等亚太国家的关系。东欧剧变后，东欧诸国同中国的关系经历了一个短暂的低潮。但东欧各国新政府出于维护国家利益的需要，都表示同中国保持和扩大友好合作的基本方针不变，继续执行只承认“一个中国”的政策，加之中国对东欧剧变和各国新政权都采取了现实主义态度，双方关系很快开始步入正常发展的新阶段。现在东欧同中国在各个领域的交往与合作不断增加。此外，东欧各国还开始重视与亚太地区其他国家和地区的友好关系，特别是加强与东盟、日本、韩国、中国香港等国家和地区的经贸合作。

第三节　欧洲的联合与发展

欧洲的前途在于联合，欧洲各国的前途与欧洲联合的进展密切联系在一起。

---

① “维谢格拉德集团”于1991年2月正式成立，现有4个成员国，即波兰、匈牙利、捷克和斯洛伐克。该组织的合作是一种较为全面的合作，包括经济、政治与安全等方面，该集团成为维护地区稳定的重要因素。

② “中欧倡议国”组织创始于1989年11月，当初仅有4个成员国(奥、意、匈、南)，现有18个成员国，包括奥地利、意大利、波兰、匈牙利、捷克、斯洛伐克、克罗地亚、斯洛文尼亚、波黑、马其顿、塞尔维亚与黑山、阿尔巴尼亚、白俄罗斯、保加利亚、罗马尼亚、乌克兰、摩尔瓦多。其宗旨是促进地区政治、经济、科技和文化合作，为欧洲一体化铺平道路。

冷战结束后，欧盟扩大和北约东扩，为欧洲联合的进一步推进提供了新的契机。欧洲国家普遍对彼此接近、融合的必要性有较大程度的认同，以西欧标准和欧洲联盟为核心的联合走向也基本形成。但是，要在全欧范围内实现持久稳定的联合，显然比西欧范围内的一体化更为复杂。

一、欧盟扩大与欧洲联合的前景

欧盟扩大是欧盟自身的战略发展问题，它既检验欧盟在更大规模基础上的包容性、凝聚力与活力，也将影响到欧盟的国际地位与作用，同时给实现“泛欧联合”这一目标带来新的挑战。

(一)欧盟扩大

从狭义上讲，欧盟的扩大是指欧盟吸收新成员；从广义上讲，它不仅指欧盟在北、东、南三个方向上扩大其正式成员的范围，也包括通过密切与周边地区的经济政治联系实现扩展。随着 1995 年奥地利、芬兰和瑞典的加入，欧盟北进的任务基本完成，欧盟扩大的重点转向东和南两个方向，其中欧盟的东扩最受关注。

消除东西欧的政治地理界线，实现全欧一体化，一直是二战后欧洲联合思想的最终目标。为此，欧共体成立几十年来一直对东欧、苏联实行分化瓦解策略。东欧剧变和苏联解体使欧洲政治版图发生重大变化，东欧国家迫切希望“回归欧洲”，它们积极向西欧靠拢，纷纷要求加入欧盟，欧盟则很快制定并实施了扩大战略。从经济方面看，欧盟东扩意味着最初作为富国俱乐部的欧盟，将面对如何平衡富国与一批相对较穷国家关系的严峻任务。欧盟东扩会带来成员国财政负担的加重，冲击共同的农业政策，影响南欧国家从地区基金中获得好处；当然，作为原料产地和巨大的销售市场，中东欧国家也会给欧盟经济注入新的活力。从政治和战略上看，欧盟可以借东扩控制中东欧秩序，限制俄罗斯的潜在威胁与重新崛起；不过东扩将进一步增强德国的实力地位，这不免引起其他成员国的疑虑；另外，欧盟的扩大会进一步增强欧盟内部的多样性，必然制约欧洲一体化的深化。

尽管欧盟国家认识到东扩有一定的风险，但仍努力促其实现。欧盟对中东欧国家提供财政援助，并加强政治及外交上的联系，促进中东欧国家经济贸易、政治结构和体制的转轨，以将其逐步纳入欧盟。1997 年，欧盟委员会确定了与欧盟展开入盟谈判的 12 个候选国(爱沙尼亚、波兰、捷克、匈牙利、斯洛文尼亚、塞浦路斯、保加利亚、罗马尼亚、拉脱维亚、斯洛伐克、立陶宛和马耳他)。1999

年土耳其被作为入盟候选国。2001 年 2 月签署的《尼斯条约》在机构体制上为东扩作了准备。2004 年 5 月 1 日，欧盟实现了历史上的第五次扩大，包括原属于苏东集团的 8 个中东欧国家（波兰、捷克、匈牙利、斯洛伐克、斯洛文尼亚、爱沙尼亚、立陶宛、拉脱维亚）和 2 个地中海岛国（马耳他、塞浦路斯）在内的总共 10 个国家正式入盟。欧盟向东扩展相当顺利，本轮扩大使欧盟新增了 1 亿多消费者，人口增加到 4.5 亿，整体实力也有所增强。

而欧盟向南的扩张，虽然吸纳了 2 个新成员，但更强调的是与南部的地中海沿岸国家建立更密切的联系。地中海沿岸国家是欧盟国家传统的贸易伙伴，它们的经济、战略地位十分重要。20 世纪 90 年代，法国及一些南欧国家为平衡欧盟北进和东扩所带来的德国力量的加强，积极主张采取南下战略。1995 年 11 月，欧盟 15 国与地中海沿岸 12 国的外长在巴塞罗纳召开了欧洲—地中海会议，决定到 2010 年建立“欧洲—地中海自由贸易区”，欧盟为此承诺向地中海沿岸国家提供积极援助。随后双方又出台了欧盟—地中海《和平与稳定纲要》，以加强政治和安全合作。建立欧洲—地中海自由贸易区是欧盟南下战略的重要组成部分，尽管这一地区情况复杂，欧盟与其经济差距悬殊，但欧盟向南扩展仍在缓慢推进。2005 年 4 月，欧盟与罗马尼亚和保加利亚签署入盟条约，并于同年 10 月启动了与土耳其和克罗地亚的入盟谈判。2005 年 12 月，马其顿被欧盟接纳为入盟候选国。另外，欧盟还在 2005 年启动了同波黑、塞黑关于签署《稳定与联系协议》的谈判。2006 年 6 月，阿尔巴尼亚与欧盟签订了《稳定与联系协议》。2007 年 1 月 1 日，罗马尼亚和保加利亚正式成为欧盟成员国，这是欧盟历史上第六次扩大。目前，欧盟成为一个拥有 27 个国家、总人口超过 4.9 亿、国民生产总值高达 16.6 万亿美元的当今世界上经济实力最强、一体化程度最高的国家联合体。

（二）欧盟扩大对欧洲联合的影响

总体来看，欧盟的北进基本完成，东扩和南下战略已经明确并正在实施，以欧盟为核心的欧洲联合与一体化正在形成。从欧洲格局重构角度分析，欧洲联合的扩大将面临以下考验：

第一，把东南欧国家纳入欧洲一体化。东南欧的巴尔干半岛素有“欧洲火药桶”之称，20 世纪 90 年代的波黑战争和科索沃战争表明，这一地区仍是欧洲的一大乱源。1999 年 6 月《东南欧稳定公约》在巴尔干问题国际会议上获得通过并得到欧盟的批准，确定要以加快市场经济发展及建立地区性安全协作关系等措施实现巴尔干的长期稳定与安全。欧盟力图尽快将东南欧纳入欧盟，并为此提供了大量的经济援助。随着 2000 年 10 月南联盟政权的更迭，南联盟也加入了欧洲一体化的进程。目前,尽管东南欧处于冷战以来的最好时期,但地区不稳定的隐患仍未根除,科索沃问题尚未彻底解决,东南欧国家的民主化进程、市场化改革与经济发展的实现,仍有很长的路要走。东南欧能否彻底融入欧洲,取决于欧盟实施援助的力度和措施是否得当,以及东南欧国家自身的努力。

第二,把土耳其纳入欧洲一体化。1987 年土耳其正式提出了入盟申请,并为达到与欧盟的接轨而不懈努力,如 1995 年与欧盟签订了加入欧盟关税同盟国的协议,2002 年废除了死刑。但欧盟却迟迟未与土耳其展开入盟谈判。欧盟迟疑的原因包括:担心奥斯曼帝国的扩张野心会在土耳其死灰复燃;土耳其在塞浦路斯和欧洲防卫问题上的不妥协立场,令欧盟国家对土耳其加入欧盟以后能否切实履行承诺持怀疑态度;土耳其的历史传统、文化习俗、宗教信仰与欧洲完全不同,将对欧盟的欧洲属性和宗教结构产生巨大冲击;吸收土耳其将使欧盟面临沉重的经济负担和移民等社会问题。然而,欧盟建立防务体系又离不开土耳其的合作;在打击伊斯兰极端势力和“反恐”问题上,更需要土耳其的配合与支持;美国为巩固北约,支持土耳其加入欧盟,对欧盟也造成一定的压力。2004 年 12 月,欧盟与土耳其达成协议,双方在 2005 年 10 月 3 日启动土耳其加入欧盟的谈判。欧盟在增强内部的文化多样性与包容性方面又迈出了一大步,但欧盟的消化能力将面临更大的考验。

第三,欧盟扩大与“大欧洲”建设的关系。以欧盟为核心的欧洲一体化范围是有限的,欧洲联合在不同地区表现有差异,其中的关键问题是欧盟与俄罗斯及独联体国家关系的定位。尽管欧盟并不具有突出的安全战略职能,但欧盟东扩的地缘政治、经济意义仍难免与俄罗斯的地缘政治、经济利益发生冲撞。总的来看,欧盟十分重视发展与俄罗斯的关系,并确立了稳住俄罗斯的方针,援助和推动俄罗斯的西方化,尽力改善和加强同俄罗斯的关系,避免过分刺激俄罗斯。但欧盟与俄罗斯的接近与合作是有限度的,欧盟的东扩战略还从未考虑吸收独联体国家,俄罗斯不可能被“一体化”进欧盟。俄罗斯将作为欧盟集团之外的一个强大实体,对欧洲事务发挥重要影响。1994 年 6 月,欧盟与俄罗斯签署了伙伴关系与合作协定;1999 年,欧盟通过了《欧盟对俄罗斯共同战略》的文件,强调与俄罗斯进行多个领域的合作,帮助其融入“欧洲共同经济与社会区域”,并提出共同建立自由贸易区;2003 年 6 月,在彼得堡召开了由 26 国(俄罗斯、15 个欧盟成员国及 10 个候选国)参加的俄罗斯—欧盟峰会,会议气氛友好。2004 年 11 月,俄欧首脑会议决定建立俄欧战略伙伴关系,俄欧关系得到前所未有的加强。但是,欧盟东扩对俄欧关系带来的负面影响也是不容否认的:俄罗斯将在政治、外交上面对一个更加复杂的欧盟;俄大量的贸易出口因必须符合欧盟的统一标准而遭受巨大的经济损失;另外与新入盟国家之间原有的有利于俄罗斯人的入境和过境安排也面临被统一的申根体制所取代的问题。总之,尽管欧盟扩大为结束欧洲的人为分割提供了契机,但至少在短期之内,俄罗斯、独联体与中东欧国家之间的鸿沟不是缩小了而是将进一步扩大。欧盟与不入盟的周边国家建立建设性关系,将是欧洲联合与重构进程中的长期任务。

二、北约东扩及其影响

欧洲安全体系的重构,是欧洲重组进程中能够标示冷战后欧洲国际关系状况的带有根本意义的问题,直接影响着欧洲格局的形成与稳定。而北约东扩是其中的关键步骤,目的是填补苏联解体后的东欧"安全真空",建立以北约为核心的未来安全新机制。因此,北约东扩对冷战后欧洲国际关系造成重大影响,并牵动着世界政治力量的重组。

(一)北约东扩

北大西洋公约组织(北约)于1949年4月4日在美国华盛顿成立,旨在和二战后的苏联对抗。当时的条约规定,缔约国实行"集体防御",任何缔约国同他国发生战争时,成员国必须给予帮助,包括使用武力。北约最初的成员国包括:美国、加拿大、比利时、法国、卢森堡、荷兰、英国、丹麦、挪威、冰岛、葡萄牙和意大利。1952年2月,土耳其和希腊加入北约;1955年5月,联邦德国加入北约;1982年5月,西班牙加入北约。

20世纪90年代初,华约解散,苏联解体。许多人认为作为冷战产物的北约,理应同华约一样停止存在。但是,美国人却提出了北约东扩主张,致使北约没有退出历史舞台,而是继续保持军事政治同盟的性质,并调整战略,决心在欧洲安全方面起主导作用。北约不愿解散,并执意东扩,主要由以下因素决定:

第一,加入北约是中东欧国家的迫切愿望。这些处于欧洲中东部的中小国家,面对冷战后欧洲不稳定因素的威胁,无力自保,由于历史和现实的原因也极力避免再把自己的命运与俄罗斯捆在一起或投入德国的怀抱,而欧安会又难以起到强有力的安全保障作用。因此,加入北约成为这些已经选择西方化道路的国家谋求自身安全并借以成为西方世界正式成员的必然选择。

第二,美欧把填补中东欧的安全真空、将中东欧纳入西方的政治版图、防止俄罗斯重建势力范围的扩张势头,作为冷战后的重要战略目标。吸收中东欧国家加入北约可以促进该地区的稳定,避免该地区形势恶化或逆转,从而巩固冷战的胜利成果,这无疑符合西方国家的利益。冷战后尽管西方不再把俄罗斯当做假想敌,防止其军事侵略,但俄罗斯国内民族主义的发展、对西方不满情绪的增强和俄国内共产党力量的发展,仍使西方对俄罗斯十分担忧,所以它们还以俄为主要防范对象,力图尽量削弱俄罗斯。因此美欧对中东欧国家希望加入北约的要求予以鼓励,特别是在遭到俄罗斯激烈反对的情况下,愈发支持。虽然美欧双方对北约东扩的最终目标,东扩的进度、方式和对俄的具体态度有所不同,但是关于东扩的基本观点和利益是一致的。

第三,北约东扩是美国维持冷战后"一超"地位的重大步骤。北约东扩计划主要由美国主持制定,美国的意图在于借东扩为北约在冷战后的生存和发展提供新的依据和基础,加强美欧之间的联系纽带,将美国的军事政治影响扩展至全欧洲,并辐射到欧洲以外的周边地区,这是冷战后美国全球战略中的重要环节。

第四,对西欧国家来说,虽然北约东扩无疑将增强美国在欧洲的影响,但目前欧洲的安全稳定尚需依靠美国。西欧国家不仅对俄罗斯心存疑虑,而且对最早提出北约东扩的德国也不甚放心,北约东扩可以对这两个国家形成制约,进一步确保自身的安全,同时也为欧盟东扩提供便利。

由于北约东扩直接打压到俄罗斯的战略空间,美欧与俄罗斯难免围绕北约东扩展开争斗。俄罗斯提出把欧洲安全与合作组织发展成一个具有实际权力的机制,使其成为统揽北约和独联体的新的欧洲安全最高机构,希望借此在欧洲安全领域同西方平起平坐。然而许多国家对俄罗斯仍有戒心,对于这一主张,多数欧洲国家表现冷淡,同时俄罗斯毕竟缺乏阻止北约东扩的有效手段。但是,如果美欧完全不顾俄罗斯的反应强行东扩,也不利于欧洲全局的稳定,因此美欧实施东扩战略时不得不平衡各方的利益,照顾到俄罗斯的内外处境。特别是西欧,坚决主张先与俄达成协议再实行北约东扩。1994 年 1 月,在美国的倡导下北约首脑会议决定扩大北约,同时根据美国的建议实施"和平伙伴关系"计划,这既可为中东欧国家加入北约作准备,又在一定程度上照顾了俄罗斯的要求,并使北约的影响扩大到独联体地区。1994 年 6 月俄罗斯正式加入该计划。1997 年 5 月,在巴黎又签署了《俄罗斯与北约相互关系、合作与安全的基本文件》,北约东扩得到俄罗斯的某种认可,北约表示不在新成员国部署核武器和修建军事设施,并且西方同意俄加入西方七国集团和承诺增加对俄援助;双方还确定了未来相互合作的原则、范围、任务和机制,即所谓的"19+1 机制",从而在一定程度上保证了俄罗斯参与欧洲事务的权利,缓和了双方矛盾。总的来看,文件的签署基本上体现了北约的战略意图,西方国家实现了北约平稳东扩的战略目的。1999 年 3 月,北约正式吸收了波兰、匈牙利和捷克 3 国,并通过了"新战略概念",将北约的作用扩大到集体防务以外的更为广泛的政治军事方面。

2001年"9·11"事件以后，在美国主导下，北约战略部署做出新的调整：北约由军事政治组织进一步转化为复合性政治组织；俄罗斯和巴尔干对北约的威胁程度得到重新评估，反对恐怖主义成为北约的核心任务；北约的活动范围突破传统防区，走向"全球化"，北约可以干预防区以外的危机；同时北约不再强调"先达标后入盟"的扩大原则，决定成批发展新成员。为确保北约新战略的顺利实施，北约与俄罗斯之间的协调合作也有新进展。2002年5月，19个北约成员国与俄罗斯签署《罗马宣言》，宣布正式成立北约—俄罗斯理事会，"20国机制"取代了原先的"19+1机制"，作为讨论和建立欧洲共同安全制度的平台和框架。2004年3月，北约实现了新一轮扩大，保加利亚、爱沙尼亚、拉脱维亚、立陶宛、罗马尼亚、斯洛伐克以及斯洛文尼亚7国正式加入北约，北约成员增至26国，覆盖范围延伸到原苏联地区。随后，阿尔巴尼亚、克罗地亚、马其顿、波黑、塞尔维亚、黑山、乌克兰、格鲁吉亚、阿塞拜疆等国也有意入约。一个囊括欧洲绝大多数国家的"泛欧化"大北约悄然出现，向外高加索和中亚的挺进也在进行之中。

(二)北约东扩的影响

北约东扩对冷战结束以后的欧洲国际关系造成重大影响，并牵动着世界政治力量的组合。

第一，北约东扩突破了欧洲在冷战时期的地缘政治安全界线，使冷战后的欧洲形成了以北约为主导的欧洲安全结构。尽管在欧洲仍有西欧联盟、欧洲安全与合作组织和独联体等机构作为地区安全机制依然发挥作用，但北约的行动能力显然更胜一筹。尽管北约一再表明它发展为一个政治组织的取向，极力淡化东扩的军事意义和安全对立色彩，但其军事职能毕竟仍是实质性、核心性的。北约东扩的直接后果是：美欧将其军事存在扩展至欧亚结合部，并加强了对"大中东"、巴尔干和北非的控制；而俄罗斯的战略回旋空间后缩将近2000公里，不仅缓冲地带基本消失，丧失了在中东欧国家和波罗的海三国的传统政治、军事影响，而且作为安全屏障的独联体也面临瓦解的局面。

第二，北约东扩影响着世界政治与安全格局。由于欧洲的几大力量是世界格局中的主要角色，北约东扩作为冷战结束后欧洲政治版图最深刻的变化之一，对当今世界"一超多强"力量结构的特点产生着深刻影响，进一步凸显了美国主导的西方政治力量的优势地位以及美国全球战略的进攻态势。北约发动科索沃战争、在科索沃驻扎"维和部队"、在阿富汗领导"国际安全援助部队"、一些成员国发动和参加伊拉克战争，这些都表明北约已经成为欧美在欧洲乃至全球范围内维护其战略利益和推行西方政治制度与价值观念的工具。

第三,北约东扩的实现方式,反映了冷战后国际关系的新特点,即在大国关系和地区国际体系的构建中,传统的地缘政治安全竞争与新型的安全合作这两类互动模式并存。北约东扩首先是冷战思维继续存在和发挥作用的产物。冷战的结束、意识形态分歧的消失,为消除集团对立和促进国家间融合创造了条件,但是北约东扩却又造成欧洲潜在的或事实上的新分界线。西方国家对俄加强防范和实行战略挤压的举动表明,冷战格局给欧洲带来的历史影响还未消除;北约和西方国家与俄罗斯的关系发生了极大变化。俄罗斯虽坚决反对北约东扩,但继续从政治、经济上向西方靠拢。由于双方都认识到在冷战后的新形势下,相互间的利益需求大于意见分歧,因而最终以协调取代对抗,使双方各有所得,并建立起某种合作机制。这在一定程度上也反映了冷战后国家间因相互依存加深、共同利益增多而使一些矛盾冲突得到调节控制的新特点。如果说安全合作是确保地区安全的理想方式和根本出路,那么北约东扩表明,重构的欧洲安全体系在这方面有所进展,但仍有相当大的距离。鉴于北约继续东扩的战略并未改变,北约与俄罗斯在欧洲安全问题上的根本分歧仍没有解决,双方之间的较量与妥协仍会继续。

第四,北约规模扩大以后,内部关系复杂化,美国与西欧盟国之间的协调合作面临考验。北约扩大本来旨在继续维持和巩固美欧之间的军事同盟关系,但最近几年的事态发展表明,新成员的加入使得北约内部出现了某种三角关系,美欧协调的地位有所弱化。伊拉克战争中"新欧洲"与"老欧洲"论调的出现,不仅表明了北约内部的分歧,而且显示出美国对西欧盟国需要程度的下降,甚至暴露出美国有意分化欧洲的动向。美欧关系将如何演变、北约在扩大的同时如何进行内部整合,值得密切关注。

总之,欧盟扩大和北约东扩成为构建冷战后欧洲经济政治格局的主要事态。欧盟的扩大,集中体现了欧洲联合与统一的基本趋势,它首先是经济生活的重组,同时具有深刻的政治含义。应该说,欧盟推动欧洲联合的成就是巨大的,但是,今后欧盟的容纳多样性与推动同一性的能力将面临更为严峻的考验。北约东扩是欧洲安全结构的重大变动,是决定冷战后欧洲政治格局轮廓的一个关键因素,显示了美国作为外部力量对欧洲事务的巨大影响和冷战后欧洲安全关系中矛盾与裂痕犹在,但和解与协调毕竟有很大发展的错综复杂的特点。

第四节　欧洲与中国的关系

欧洲与中国的关系,既包括欧洲各国与中国的关系,也包括欧洲整体与中国的关系。这些关系随着欧洲的联合以及中国的强大而不断调整和发展。

一、西欧同中国的关系

历史上,西欧不少国家曾侵略、掠夺过中国。荷兰侵占中国台湾;英国曾多次发动和参加侵华战争,强迫中国签订了许多丧权辱国的条约,霸占中国香港等地;葡萄牙强占中国澳门;法国和德国也曾积极参与侵略中国;八国联军劫掠中国首都北京,其中有5个就是西欧国家。

新中国成立之后,出于不同考虑,一些西欧国家先于美国与中国建立外交关系。瑞典、丹麦、瑞士和芬兰等国于1951年最早一批与中国建交。20世纪50年代,英国、荷兰与中国建立代办级关系。1964年1月法国成为第一个同中国建立正式外交关系的西方大国。20世纪70年代之前,尽管西欧国家对华政策的看法与美国不尽一致,更强调与中国发展关系而把苏联作为主要对手,但它们基本追随美国的对华政策,与中国的关系较为疏远。

20世纪70年代,随着中国在联合国合法席位的恢复和中美关系的改善,西欧各国逐步认识到发展对华关系的重要性、紧迫性,认为中国是支持西欧联合自强的世界大国,是牵制苏联的主要力量,并可借助对华关系改善在第三世界国家人们心目中的形象。因此,出现了西欧国家同中国建交的高潮。1970年到1979年间,除梵蒂冈之外的所有西欧国家都与中国建立了正式外交关系。20世纪80年代,西欧同中国的政治经济关系全面发展,各国首脑、党政要员频繁访华;英国、葡萄牙政府与中国政府还就妥善解决香港、澳门等历史遗留问题达成协议;中国与西欧国家的双边经济技术合作不断扩大,经贸关系迅速发展。

1989年6月中国发生政治风波以后,西欧与美国联手对中国采取“制裁”政策,并在联合国人权会议上提出反华议案,企图孤立中国,西欧与中国关系转为冷淡。但由于制裁中国的政策未能奏效,再加上中国在逆境中坚持改革,取得显著成效,西欧国家逐渐放弃了孤立中国的政策。1992年10月,德国外长访华,中德关系实现正常化。1994年4月,法国总理访问中国,中法关系恢复正常。中英虽然在香港问题上分歧不断,但进入1996年基本恢复了交往与合作关系,且经贸关系稳步发展。1997年7月1日,香港回归中国。1999年底,澳门回归中国。20世纪末,中国与西欧关系得到进一步发展。1997年5月,法国总统希拉克访华,中法宣布建立面向21世纪的全面伙伴关系。1998年10月,英国首相布莱尔访华,中英宣布建立全面伙伴关系。1998年10月,德国新政府宣布保持对华政策的连续性,重视与中国发展友好关系。1998年,建立中欧领导人年度会话机制，这是中欧双方最高级别的对话机制。2001年，中欧双方决定建立全面伙伴关系。2003年，中欧建立全面战略伙伴关系。至此，除军售方面仍保留冷战遗留色彩外，欧洲与中国的关系基本全面得以好转。

中国与欧盟关系也不断得到巩固和发展。1975年5月6日，中国与欧洲经济共同体达成建立正式关系的协议。1983年11月1日，中国与欧洲煤钢共同体和欧洲原子能共同体建立正式关系，至此，中国与欧共体全面建交。1988年5月，欧共体委员会在华设立代表团。1994年底，欧盟做出决定，正式取消1989年制定的对华限制措施的最后两条，允许国家元首互访和军事往来，双方关系实现正常化，各方面交流合作向更加务实、深入的方向发展。1995年和1998年，欧盟分别发表《中国—欧洲关系长期政策》、《与中国建立全面伙伴关系》对华政策文件。两个文件对中国形势和中国在世界舞台上的影响作了较为全面、积极的评价，把对华关系提升到与美、日、俄同等重要的水平；主张中国全面进入国际社会，强调与中国保持和扩大政治对话，发展经贸关系，加强全面合作。1998年4月2日，中国与欧盟领导人在伦敦举行首次会晤，宣布建立面向21世纪的长期稳定的中国欧盟建设性伙伴关系。2003年，中欧正式建立全面战略伙伴关系。欧盟调整对华政策首先基于经济因素。中国经济持续高速发展，政局稳定，市场不断开放，对欧盟产生很大的吸引力。其次，中国综合国力不断增强和国际地位日益提高，使中国在欧盟外交安全战略中的地位得到提高。欧盟认识到在世界多极化的发展中，中国是其在联合国和其他国际事务中重要的合作伙伴，因此有必要从战略的高度发展对华关系。

此后，欧盟与中国在经贸、科技、能源、环境等领域的互利合作不断扩大。1975年，欧共体与中国的贸易额仅为24亿美元；2003年，中欧贸易额首次突破1000亿美元；2005年，欧盟与中国贸易又突破2000亿美元，达到2173亿美元；[①] 2008年则高达4225.8亿美元。[②] 与美、日相比，欧盟对华技术出口政策相对宽松。截止到2002年，中国从欧盟引进技术的累计金额达746亿美元，位居中国引进技术金额之首。[③] 2004年以来，欧盟已成为中国第一大技术和设备供给方、第四大投资方和第一大贸易伙伴，而中国是欧盟的第二大贸易伙伴，中欧之间已经形成全方位、多层次和宽领域的互利合作格局。

---

① 赵军、马克卿：《走向成熟的中欧伙伴关系》，《求是》，2004年第5期。

② 侯隽：《欧盟驻华“三驾马车”表示：加强与中国合作应对危机》，《中国经济周刊》，2009年第6期。

③ 裘元伦：《中欧经贸更上一层楼》，《人民日报》，2003年10月29日。

然而，从2005年下半年开始，欧洲舆论中形形色色的“中国威胁论”突然增多；欧盟对华贸易保护主义明显增强；欧美之间加强了对华政策的协调性。因此，欧盟在2006年10月24日出台了《欧盟与中国：更紧密的伙伴、承担更多责任》及《竞争与合作关系——欧盟与中国贸易和投资政策》新文件，认为中国的发展给欧洲带来机遇的同时，也成为欧洲强劲的竞争者。欧盟把“竞争”放在中欧关系的首位，[①]对华政策趋于强硬。

从总体看，西欧国家改善与发展对华关系是主流，其中经贸关系发展尤为迅速，文教等领域的交流也不断扩大。但与此同时，欧盟拒绝给予中国“完全市场经济地位”；迟迟不解除对华军售禁令；双方贸易摩擦不断增加，这反映了欧中之间不平等的经济地位。在政治领域，欧中双方由于历史、文化传统不同，社会制度、意识形态迥异，西欧对华政策具有明显的两面性。作为西方世界的主要力量，西欧一直没有放弃对中国推行西化战略，对中国采取既保持压力又保持联系的政策。一些政界、学界人士鼓噪“中国威胁论”，一些国家不时借台湾问题、人权问题、西藏问题、军控问题、宗教问题等向中国施加压力，以推动“中国更多地融入国际社会”，“支持中国向以法治与尊重人权为基础的开放型社会过渡”。但作为西方国家，西欧对华政策仍有别于美国，其总的基调是承认分歧，主张通过对话与合作来解决，这是应当充分肯定的。

二、东欧与中国的关系

东欧各国是继苏联之后最早承认中华人民共和国的国家，中国在建国后不到两个月的时间就同除南斯拉夫之外的东欧各国建立了外交关系。此后中国同这些国家在政治、经济和文化等方面关系发展迅速。20世纪60年代初中苏关系恶化以后，受苏联影响，东欧华约6国除罗马尼亚以外，都执行反华政策。20世纪70年代中期，双方关系逐渐改善。到20世纪80年代中后期，捷、波、匈、民德、保5国先于苏联实现对华关系全面正常化，并恢复了党际关系，经济贸易往来和科技文化交流合作也有较大幅度增长。

1955年南斯拉夫同中国正式建立外交关系，从20世纪70年代中期开始，两国关系有了迅速发展。阿尔巴尼亚同中国的关系在20世纪60年代有着不同寻常的发展。在中苏关系恶化时，阿尔巴尼亚坚定地站在中国一边，同苏联的大

---

① 梅兆荣：《欧盟对华政策的调整和中欧关系》，《世界大势与和谐世界》，北京：世界知识出版社，2007年，第265页。

党主义和大国沙文主义进行坚决斗争。阿苏关系破裂以后，中国对处境困难的阿尔巴尼亚给予了有力的政治支持和大量的经济、军事援助。但20世纪70年代以后，由于中国调整了对外政策和逐步改变了一些极端做法，阿中分歧不断加深，并发展到阿攻击、诋毁中国和破坏两国的合作。直到1985年阿利雅当政以后，阿中关系才有所缓和。

东欧剧变后，东欧各国同中国关系经历了一个短暂的低潮。但东欧各国新政府出于维护国家利益的需要，都表示同中国保持和扩大友好合作关系的基本方针不变，继续执行只承认“一个中国”的政策，加上中国对东欧剧变和各国新政权都采取了现实主义态度，双方关系很快开始步入正常发展的新阶段。现在东欧同中国在各个领域的交往与合作不断增加。此外，东欧各国还开始重视与亚太地区其他国家的友好关系，特别是加强与东盟、日本、韩国、中国香港等国家和地区的经贸合作。

思考题

1. 什么是欧洲一体化？试析欧盟难以执行共同的外交与安全政策的原因。
2. 东欧经济转型的主要方式和基本内容是什么？
3. 试述欧盟扩大对欧洲联合前景的影响。
4. 如何看待全球化背景下的欧中关系？

参考文献

1. 薛君度，朱晓中. 转轨中的中东欧[M]. 北京：人民出版社，2002.

2. 孔田平. 东欧经济改革之路——经济转轨与制度变迁[M]. 广州：广东人民出版社，2003.

3. 金鑫主编. 世界问题报告[M]. 北京：中国社会科学出版社，2002.

4. 李景治，林苏主编. 当代世界经济与政治[M]. 北京：中国人民大学出版社，2003.

5. 李寿源，吕艳君，杨冕. 世界政治经济与国际关系[M]. 北京：北京广播学院出版社，2003.

6. 冯特君主编. 当代世界政治经济与国际关系[M]. 北京：中国人民大学出版社，2006.

第六章
谋求政治大国地位的日本

日本是一个后起的发达资本主义国家，是第二次世界大战的战败国。但是，二战后，日本在美国的保护下，全力发展经济科技，一跃成为世界经济大国。20世纪80年代，日本以雄厚的经济实力为基础，确立了实现“世界政治大国”的基本国家战略。20世纪90年代以来，日本采取了一系列重大举措，试图早日成为世界政治大国，成为未来世界多极格局中的一极。日本欲成为世界政治大国，必然要走军事大国的道路，这应引起我们的高度重视和关注。日本是中国的一个重要邻国，是中国最大的贸易伙伴，在历史上曾对中国发动过多次大规模的侵略战争，给中国人民带来了深重灾难。因此，研究日本的经济、政治和外交，对我们具有特别重要的意义。

第一节　经济大国地位的确立

一、二战后日本经济的恢复与发展

第二次世界大战前，日本已是发达的资本主义国家。第二次世界大战结束时，日本经济遭到严重破坏，25%的财富化为乌有，国民经济陷入崩溃状态，物资奇缺，物价飞涨,国民经济出现了20世纪20年代以来最严重的危机。然而,二战后日本在美国的扶持下,经济不仅迅速摆脱了困境,而且出现了从未有过的高速增长。

纵观二战后日本经济的发展史,从二战后初期至20世纪90年代初期,日本经济的恢复和发展大体上经历了以下五个阶段:

1.1946～1955年为战后恢复阶段。战争结束后,日本经济陷入瘫痪,濒临崩溃的边缘,大量工人失业,人民生活极端困苦,呈现出民不聊生的悲惨景象。但在美国的扶持下,日本仅用10年时间,到1955年其主要经济指标除外贸一项外,全部恢复到或超过二战前的最高水平。其中,国民生产总值超过36%,工业超过58%,农、林、渔业超过34%。虽然如此,当时日本经济在资本主义世界经济中还是比较落后的。1955年,其国民生产总值仅为美国的1/15、联邦德国的1/5。人均国民收入只有220美元,在资本主义世界中名列第35位。就业结构和出口产品的构成很不合理,在第一产业中就业的人数占总就业人数的40%,轻工业产品在出口总额中的比重高达65%。整体技术水平比欧美国家落后20年左右。

2.1956～1973年为高速发展阶段。从1956年到1973年,日本经济获得了高速发展,日本的工矿业生产增长了8.6倍,年均增长率高达13.6%。国内生产总值翻了四番。1956年,日本的国民生产总值仅250亿美元,经过5年时间,到1961年便翻了一番,达到500亿美元。又经过5年的时间,到1966年,再次实现了翻番,其国民生产总值超过了1000亿美元。1970年,其国民生产总值超过了2000亿美元,4年又翻了一番。到1973年,国民生产总值达到4099亿美元,3年又翻了一番多。从1956年到1973年,日本的国民生产总值年均增长率高达10.9%。在近20年的时间里,保持如此高的发展速度,不仅在日本经济发展史上是空前的,而且在世界经济发展史上也是不多见的。随着日本国民经济的高速发展,日本国民生产总值的绝对量,在1960年超过加拿大,1966年超过法国,1967年超过英国,1968年超过德国,跃居到资本主义世界第二位,成为资本主义世界的第二经济大国。

3.1973～1990年为中低速增长阶段。1973年第一次石油危机和资本主义世界经济危机爆发后,日本的经济增长速度开始放慢。但由于日本的资本雄厚,劳动力数量充足、价格便宜,技术水平和管理水平高,企业富有开拓力,产品质量好,具有强大的竞争力,因此,日本经济的发展速度仍然是发达资本主义国家中最高的。拿国民生产总值的年均增长率来说,从1973年到1984年,日本为4.3%,美国为2.3%,西德为2.0%,法国为2.3%,英国为1.0%,意大利为2.1%,加拿大为2.5%。1984～1988年,西方主要国家国民生产总值的年均增长率为:日本为4.5%,美国为4.0%,西德为2.5%,法国为2.2%,英国为3.3%,意大利为2.9%。1989 年和 1990 年国民生产总值的实际增长率分别为:日本 4.7%和 4.8%,美国 2.5%和 0.8%,德国 3.3%和4.7%,法国 5.3%和 2.5%,英国 2.1%和 0.5%,意大利 2.9%和 2.1%,加拿大 2.5%和-0.2%。由于日本经济增长速度较快,到 20 世纪 80 年代中期已发展成为世界第二经济大国。

4.1990~2000 年为经济发展的低迷阶段。随着泡沫经济的破灭,日本经济进入长期萧条时期,当年号称"世界第一"的日本在 20 世纪 90 年代沦为西方发达国家中经济实绩最差的国家之一。1991 年以后的经济增长速度明显落后于 1990 年,1992 年至 1994 年间日本经济的平均增长速度为0.63%,这段时期称为"平成萧条"。其中 1993 年仅为 0.3%,1996 年回升到 3.9%。正当人们期待日本经济进一步好转时,1997 年经济形势却急转直下,增长速度仅为 0.8%,1998 年经济又出现了-2.8%的负增长,1999 年和 2000 年经济也处于低增长,分别为 0.3%和 1.9%。这一阶段日本经济衰退的严重程度是二战后从未有过的。①

5.2000 年至今为日本经济略微恢复阶段。与其他国家 GDP 增长率的横向比较和二战后不同时期 GDP 增长率的纵向比较表明,2000 年以来日本经济增速虽然依旧缓慢但已略呈恢复之势。2000 年以来日本经济的发展,呈现出先抑后扬的特征。日本经济形势的好转,主要得益于美、中等国经济增长对其出口的拉动而非其本国自主性因素的推动。② 日本经济从 2002 年开始出现景气恢复的趋势。从 2003 年起经济增长率逐年提高,由 2003 年的 1.8%增加到 2005 年的 2.6%,2006 年第一季度实际 GDP 增长率更达到 3.8%,为 1991 年以来的最高值。从需求结构来看,其基本特征表现为:第一,居民消费支出继续保持较低水平,但开始出现缓慢回升迹象。2005 年民间最终消费支出的增幅为 2.1%,2006 年第一季度进一步达到2.4%。第二,投资需求回升明显。日本企业经营状况明显改善,利润大幅增加。上市公司的利润总额连续 4 年保持增长。受利润增加的推动,从 2003 年起民间企业设备投资连续 3 年增长,2003 年至 2005 年分别达到 5.9%、4.9%和7.7%,2006 年第一季度继续保持 7.6%的增势。第三,出口不景气状况得到明显改善。从 2002 年至 2005 年,对外出口连续 4 年增长,增幅分别达到7.6%、9.0%、13.9%和 7.0%,进入 2006 年,这一增势继续保持,第一季度出口额同比增长 13.7%。③

---

① 冯星光、张晓静:《需求管理的瘫痪与复合性萧条——20 世纪 90 年代日本经济长期萧条的原因》,《日本问题研究》,2002 年第 3 期。

② 梁军:《2000 年以来日本经济走势与原因分析》,《日本学刊》,2005 年第 3 期。

③ 陈志恒:《失去的 10 年:日本经济的长期低迷及其成因》,《现代日本经济》,2007 年第 1 期。

二、经济大国地位的确立

第二次世界大战后，日本历届政府都把发展经济、促进经济技术实力不断增强作为首要的基本国策，以实现世界经济大国地位。二战后，日本历届政府都大力推行“贸易立国”、“教育立国”和“科技立国”的战略，使日本的经济技术实力不断增强。在对外贸易方面，到 1971 年，日本的出口和进口在资本主义世界中所占比重，分别上升 7.9%和 8.6%，仅次于美国和联邦德国的对外贸易规模。在科学技术方面，在大力加强国内教育的同时，大规模从国外引进先进技术。在整个 20 世纪 60 年代，日本支付引进技术的费用高达 2148 亿美元，超过欧美任何国家，使其与欧美的技术差距迅速缩小，并于 20 世纪 70 年代开始形成自己的技术优势。在极为有利的国际环境下，日本政府制定了切实可行的经济发展战略和具体方针，运用科学有效的经济管理与运行机制，举国上下全力发展经济，经过近 30 年的努力，终于在 20 世纪 70 年代中期基本实现了经济立国的战略目标，确立了经济大国地位。20 世纪 70 年代中期后，日本适时调整经济指导方针和产业结构，使其经济实力不断发展壮大。至 20 世纪 80 年代中后期，日本已牢牢确立了世界经济大国的地位，成为仅次于美国的第二经济大国。

二战后，整个资本主义世界经济，除了恢复时期以外，大体上出现过 20 年(1954～1974 年)的大发展时期。而日本经济虽起步较晚、起点又低，但却后来居上，发展速度是西方主要工业化国家中最快的。1951～1973 年，日本国民生产总值年均增长率为 10.1%，其中，在实现国民经济现代化具有关键性意义的 20 世纪 60 年代，年均增长率高达 11.1%，这一速度相当于美国的 2.7 倍、联邦德国的 2.3 倍；工业的年均增长率高达 14.1%，相当于美国的 3.1 倍、联邦德国的 2.4 倍。1947 年日本的国民生产总值超过英、法，1968 年又超过联邦德国，由一个后进的工业国一跃而为资本主义世界的第二经济大国。以后，又经过 20 世纪七八十年代的持续发展，日本的经济实力大大增强。按人口平均的国民收入，1950 年日本居世界的第 37 位，1973 年上升至第 17 位，1978 年已接近美国水平。到 1988 年，国民生产总值已达 2.85 万亿美元，占世界的 15%，相当于美国的 60%，超过苏联，跃居世界第二位；人均收入达 2.1 万美元，仅次于瑞士；人均国民生产总值在 1987 年超过美国的基础上，又超过瑞典，达 2.45 万美元，跃居世界第一。①

---

① 吴建华：《论日本经济大国的地位及其发展前景》，《西南师范大学学报(哲学社会科学版)》，1999 年第 3 期。

第二节 谋求政治大国地位

一、确立政治大国战略

(一)政治大国战略的提出和确立

所谓“政治大国”,就是日本要从经济大国发展为“得到国际公认的能起领导作用的国家”,依仗经济、外交、政治等手段,并辅以军事力量,争取成为多极世界中重要的一极,建立“几个大国共同管理”的“国际经济政治新秩序”,为开创“以日本为中心的太平洋时代”铺平道路,使日本成为支配世界的强者之一。①

日本谋求政治大国的基本战略,是由中曾根康弘正式提出并加以确立的。中曾根1982年11月27日就任日本首相后,就明确提出“战后政治总决算”的口号。所谓“战后政治总决算”,就是公开向二战后的“政治禁区”挑战,摘掉战败国的帽子,彻底清算不适应日本走向国际社会的政治体制和国民意识,改变日本“纯经济大国”的形象,确立新的国家战略。1983年7月14日,中曾根康弘在一次演讲中称:“今后日本作为国际国家应同经济力量相称,在政治方面也积极发言,并履行义务。”同年7月28日,他又在演讲中称:“要在世界政治中加强日本的发言权,不仅增加日本作为经济大国的分量,而且增加作为政治大国的分量。”②

1983年7月30日,中曾根在对他的家乡群马县选民发表讲话时,第一次明确提出日本要从经济大国走向政治大国。他说:“今后要在世界政治中加强日本的发言权,不仅要增加日本作为经济大国的分量,而且要增加日本作为政治大国的分量。”后来为了避免刺激在野党和亚洲其他国家,中曾根将“政治大国”改称为“国际国家”。1983年8月27日,中曾根在自民党夏季研讨会上作了《“国际国家日本”的展望和指针》的报告,声称日本现在“正处于战后政治总决算时期”,必须“朝着受到世界信赖的国际国家的方向迈出步伐”。同年9月9日,中曾根在第100届临时国会的施政演讲中又说:“现在要求我们站在两千年传统的基础上发挥自己的特点,在文化上和政治上为世界作出贡献。”如果我们“只停留在经

① 徐超:《日本谋求“政治大国”透析》,《中学政治教学参考》,1997年第Z2期。

② 金熙德:《日本政治大国战略的内涵与走势》,《当代世界》,2007年第7期。

济国际化,而不在文化、政治方面为世界作出贡献,就不可能成为真正的国际国家”。中曾根所说的“国际国家”的目标,就是要在政治上与美欧平起平坐,经济上成为同美国、西欧并列的一个中心,军事上增强防卫实力。可见,中曾根提出的“国际国家”,实际上就是“政治大国”。1985年日本政府的《外交蓝皮书》首次公开写明:日本应该成为“向世界开放的国际国家”;日本自民党《1987年运动方针》又将“国际国家”及有关改革列为日本“最大的国家目标”。这样,在中曾根执政时期,日本政府和自民党以国家和党最高文献的形式,正式将“政治大国”确立为日本基本的国家战略。中曾根之后的日本历届首相,如竹下登、宇野宗佑、海部俊树、宫泽喜一等,都坚持和实施了这一政治大国战略。

(二)谋求政治大国的背景和原因

日本政治大国战略的确立,既有其深刻的经济根源,又有其国际政治背景和国内社会原因。

首先,谋求政治大国地位,既是日本经济实力膨胀的必然结果,又是其经济长期稳定发展的客观要求。二战后,作为战败国的日本,其过问、参与国际政治事务的权利有限,在一个较长时期内只能把主要精力用于经济建设上,即使是对外交往也是以“经济外交”为主。因此,日本在国际政治舞台上的影响甚微。但是,随着经济实力的增强,日本绝不愿单单做一个经济大国,而必然要求有与之相适应的政治大国地位。因为日本越是在经济这条道路上迅跑,就越会被世人看做是“经济动物”而遭唾弃。可以说,日本经济地位越是提高,其谋求政治大国地位的愿望越是强烈。另外,为确保日本经济长期稳定的发展,巩固、维系经济大国地位,也需要有政治大国地位的保护。由于日本是一个资源极端贫乏、人口众多、国土面积又相对狭小的岛国,无论其经济地位如何提高都始终改变不了其经济对外依赖的脆弱性,尤其是经济活动的日益国际化使日本经济的对外依赖性越来越强。因而谋求一个对国际政治有影响,对世界事务有发言权的地位,对于日本经济的巩固、稳定和持续发展是至关重要的。①

其次,冷战结束后国际关系的较大调整,为日本谋求政治大国地位提供了有利时机。冷战结束后,国际力量开始了新一轮的分化、重组。美国以其超强地位及与亚太的传统关系确立了其对亚太格局的主导地位。在欧亚大陆西翼,美偕同其欧洲盟国,推出北约新战略,坚持北约东扩,挤压俄罗斯的战略空间;在欧亚大陆东翼,美坚持在日、韩驻军,强化美日同盟,加紧开发部署TMD。美、欧、中、

---

① 甘剑斌:《试论日本政治大国战略的背景和手段》,《苏州丝绸工学院学报》,1998年第4期。

日、俄等之间的关系因美国的全球战略而变得更为复杂,彼此间的地缘战略都不同程度地显露出两重性:既互相制约又互相借重。在大国关系调整中,日本政治作用的砝码在加重,这为日本谋求政治大国地位提供了有利时机。日本要成为"普通国家"具备了现实性和可能性:第一,鉴于美国实力的相对下降,美国在许多地区性事务及全球问题上已明显表现出力不从心,因此必然将日美同盟关系推向地区甚至全球层面,为美国的全球战略目标服务。为了继续利用日本这个亚太地区最重要的双边关系,美国通过《日美安全保障条约》把日本置于两国安全合作的框架之中,使日本成为它的全球性安全伙伴。日美战略关系的加强,既有助于日本提高"国际贡献"的参与度,也有助于加重日本地缘政治制衡作用的砝码。第二,中国为确保自朝鲜半岛经中国台湾到南沙这一地缘战略线的安全,防止美日合谋构筑以中国为对象的战略包围圈,始终坚持全方位外交。而日本争当政治大国的战略目标由两部分组成:一是立足亚太,成为左右亚太局势的地区性政治大国,然后以此为出发点,向世界性大国迈进;二是争取早日成为联合国安理会常任理事国。这两个目标的实现都离不开中国的支持。第三,日本虽然与俄有领土争端,但俄毕竟是政治大国和资源大国,在国际社会依然发挥着重要作用,所以,目前日本应以优先发展两国经济关系来推动政治关系的发展,从而提升日本的国际地位。①

再次,谋求政治大国地位,还有其深刻的国内根源和社会思想基础。远在明治维新之后,随着国富民强,日本政府便产生了某种优越感,认为日本是"黄种人中的佼佼者","应居于亚洲之上",并由此而对亚洲邻国发动了一系列的侵略战争。二战之后的战败地位曾使这种意识一度退却。但随其经济实力的增强,其大国意识便以"退一步,进两步"的势头迅速膨胀。财大气粗,踌躇满志,不仅是领导层思想的反映,在一般的日本人中也有明显表现。② 随着经济实力的增强和经济大国地位的确立,日本国内各界人士的大国意识和民族自大情绪明显抬头,谋求政治大国地位的呼声越来越强烈,并且日本常常以大国自居。除了夸耀自己是经济大国外,还时常以"贸易大国"、"技术大国"、"投资大国"、"金融大国"自诩,表现出异乎寻常的大国意识。据日本广播协会 1983 年的舆论调查,认为"日本是一流国家"的人,由 1973 年的 41%升至 1983 年的 57%;认为"日本人比其他民族优秀"的人,同期由 60%升至 71%;96%的人认为"生活在日本比生活在其他国家好"。这不仅成为日本确立政治大国战略的思想基础,而且为日本推

① 张薇:《日本谋求政治大国地位的成因》,《思想理论教育导刊》,2002 年第 4 期。

② 甘剑斌:《试论日本政治大国战略的背景和手段》,《苏州丝绸工学院学报》,1998 年第 4 期。

进政治大国战略提供了重要的社会动力。特别是日本取代美国成为世界上最大的债权国以后，更显得财大气粗，国内各界人士纷纷要求日本政府更多地参与国际事务，努力改变日本在国际舞台上没有什么发言权的状况，并试图从摆脱战后体系束缚，回归所谓的正常国家出发，积极谋求与经济大国地位相称的政治大国地位。因此 20 世纪 80 年代以来，日本一直把从经济大国过渡到政治大国，作为自己最基本的国家战略。但日本从未对当年发动侵华战争进行反省，故不可能得到中国等当年受日本侵略的国家的认可和支持。

二、日本谋求政治大国的方略①

1. 以经济实力为后盾，走“以经促政”的发展道路。与国际政治史上的政治与经济“协调发展”和政治“率先发展”的政治大国发展道路不同，日本选择的是先经济大国后政治大国，以经济大国促政治大国的政治大国发展道路。如果说，政治与经济“协调发展”的政治大国发展道路是正常环境和条件下的常态发展道路，那么政治“率先发展”和“以经促政”的政治大国发展道路则是特殊环境和条件下的非常态发展道路。从是否有利于政治大国顺利发展的角度看，日本选择的“以经促政”的政治大国发展道路并非最佳的发展道路。虽然它因注重经济发展和经济实力在政治大国发展中的基础性作用，而比政治大国“率先发展”的发展道路要稳当、可靠，但是，由于它缺乏国际政治对经济的有效作用和由政治经济互动而形成的内在动力，却比政治与经济“协调发展”的政治大国发展道路要艰难、曲折。日本之所以选择“以经促政”的政治大国发展道路，主要是基于对选择范围受到限制的战败国地位的考虑。战败国地位使其军事动向成为敏感问题，限制了军事发展水平；战败国地位使其政治走向引人注目，限制了政治发展的回旋余地；战败国地位使其对美追随外交成为必然选择，限制了自主外交的发展空间。尽管这种“以经促政”的政治大国发展道路，不及政治与经济“协调发展”的政治大国发展道路符合日本的意愿，却比政治“率先发展”的发展道路更能反映日本的现实需要和长远利益。

2. 以“日美同盟”为依托，借美国力量护航。要实现政治大国目标，就必须有强大的军事实力作保障，而作为战败国的日本，其军事发展受到了和平宪法和专守防卫方针等各种因素的限制。因此，如何突破军事发展限制，发展军事力量，就成为向政治大国迈进的日本不得不考虑的问题。对于日本来说，突破军事发

① 姜永泉：《论日本政治大国的实施方略》，《社会主义研究》，2006 年第 3 期。

展限制,发展政治大国所需的军事力量,有两种可供选择的发展方式:一种是激进发展方式,即废除日美同盟,抛开制约军事发展的各种限制,依靠其强大的经济实力,发展独立的军事力量。一种是渐进发展方式,即依托日美同盟,借助美国的庇护,逐步突破军事发展限制,发展军事力量。在日本看来,激进发展方式虽然能发挥军事"自主性",以较快的速度推进军事发展,增强军事实力,但它将冒遭受国际社会尤其是东亚国家和美国坚决反对的巨大风险,甚至可能付出葬送政治大国前途的沉重代价。而渐进发展方式尽管存在诸多弊端,如军事发展会受到日美同盟框架的制约和同盟主导者美国的控制、军事发展速度会相对放慢等,但是它的好处却较为明显:它能保持并密切同世界唯一超级大国美国的关系,获得美国的理解与支持;它能避免"军事大国"嫌疑,减轻亚洲国家的压力;它能名正言顺地在"同盟框架"内发展军事力量,增强军事能力,为实现政治大国增加筹码。日本在权衡利弊得失后,选择了渐进发展方式。

3.以亚洲地区为立足点,全面拓展国际政治空间。拓展国际政治空间是政治大国发展的内在要求。向政治大国迈进的日本,采取的是以亚洲为立足点,以世界为基本面,点面结合,全面拓展国际政治空间的策略。在日本看来,要实现政治大国目标,不能不以亚洲为立足点。这不仅因为亚洲地区自20世纪80年代以来已成为世界最具经济活力的地区,在国际战略格局中的地位越来越突出,而且因为亚洲地区是日本重要的原料产地、商品市场和海上通道,在日本对外战略中具有特殊地位。此外,日本深知,虽然自己极力巴结欧美国家,长期实行"脱亚入欧"、"脱亚入美"战略,并把自己当做"西方一员",但在欧美人眼里,自己却是来自东半球的竞争对手和威胁因素;虽然自己在国际组织中不乏热情"表现",但在国际组织的选举中却被视为"归属区域"不鲜明,没有固定"选举地盘"的国家。正反两方面的因素使日本认识到亚洲在其政治大国战略中的极端重要性。日本前首相中曾根康弘曾反复强调:"欲登世界舞台,需以亚洲为选区。"在看重亚洲这个"点"的同时,日本也没有忽视全球这个"面"。对日本来说,它要实现的不是地区政治大国,而是全球政治大国,而要实现全球政治大国目标,就不能拘泥于"立足亚洲",还必须"放眼全球",在全球范围扩大其政治影响力。

4.以"入常"为目标,着力扩大国际事务发言权。国际事务发言权,在很大程度上就是国际事务决策权。谋求扩大在国际事务中的发言权,是实现政治大国目标、显示政治大国地位的必然选择。日本采取的是通过成为安理会常任理事国来谋求扩大其国际事务发言权的策略。在日本看来,联合国安理会是当今世界处理国际事务、解决国际纠纷、左右国际局势的权威机构。获得安理会常任理事国席位,不仅可以在此之前借助安理会的扩大程序,修改《联合国宪章》中的

“敌国条款”,使日本由战败国变为“普通国家”,甩掉历史包袱,为其行使国际事务发言权扫除心理障碍,而且更为重要的是,可以在此之后进而获得国际事务决策权、国际纠纷裁决权和国际局势影响力,使日本由区域性大国变成具有“世界影响”的“领导国家”。此外,日本深知,通过在像安理会这种全球性国际组织的权威机构中占有一席之地的途径获得国际事务发言权,要比通过分别发展国与国双边关系,取得对方信任的途径获得国际事务发言权更加便利、快捷和易于得手。

三、日本所谋求的政治大国的现行标准①

“政治大国”是与经济大国、军事大国相对应的概念,是指在全球或地区具有较高政治地位和较大政治影响力的国家。在当今世界,人们一般把占据安理会常任理事国席位、在国际事务中有较大影响力的美国、中国、俄罗斯、英国、法国5个国家称为“政治大国”。然而,这5个政治大国就其在国际政治中的地位、作用和影响而言,也并非完全相同,而是存在着一定差别。在它们中间,既有像美国那样处于超级大国地位、作为国际政治格局中“完整的一级”、在全球事务中发挥作用、具有全球性影响的政治大国,也有像其他国家那样处于一般大国地位、作为国际政治格局中“准极”或“次极”、主要在地区事务中发挥作用、具有区域性影响的政治大国。那么,以政治大国为战略目标的日本,追求的是什么样的政治大国呢?综观日本政治大国的理论和实践,人们就会发现,日本所追求的政治大国,主要有以下三个标准:一是成为国际政治格局中真正“极”的政治大国。在经济上,日本是仅次于美国、中国的世界第三经济大国,是国际经济格局中名副其实的“一极”。根据经济实力决定对外战略,对外战略目标必须与经济实力对等的现实主义原则,日本已是国际经济格局中真正“极”的经济大国,自然要把成为国际政治格局中真正“极”的政治大国作为战略目标。日本政要曾多次强调,日本的国家目标是要改变其国际政治地位与国际经济地位不协调的状况,使日本成为“与其经济地位相称”的政治大国。二是在亚太地区起主导作用的政治大国。在日本看来,大凡被国际社会称为真正“极”的政治大国,都把支配所在地区或邻近地区、在所在地区或邻近地区起主导作用视为巩固其政治大国地位、增强其政治大国实力的重要方式和有效途径。冷战时期苏联对待东欧、美国对待拉美莫不如此。而日本要成为真正“极”的政治大国,就必须把亚太地区变成自己的“后院”,在亚太地区发挥主导作用,成为亚太地区的“领袖”或“代言人”。自推

① 姜永泉:《日本政治大国的若干问题研究》,《新东方》,2008年第11期。

行政治大国战略以来，日本就把建立“以日本为中心的亚太时代”作为奋斗目标，并将它视为重要标准纳入其政治大国战略。三是具有全球性影响的政治大国。随着世界经济全球化和日本经济国际化的发展，日本经济利益尤其是外部经济利益的国际化程度越来越高。在日本看来，国际化的经济利益必须伴以全球性政治影响，只有具有全球性政治影响，才能有效维护其国际化经济利益。维护其国际化经济利益的需要，促使日本把全球性影响视为其政治大国的重要标准。日本领导人曾明确表示，要“确立日本在世界的光荣地位”，使日本成为“国际上公认的起领导作用的国家”。由此可见，日本所追求的政治大国是高于中、俄、英、法等国，而与美国平起平坐或至少处于两者之间的政治大国。换言之，日本所追求的政治大国，不是世界第一，就是世界第二。

日本政治大国的现行标准，是日本根据自身特点和国际战略力量对比变化，在其政治大国战略确立和实施过程中形成和确立的。它既是日本自身实力发展的结果，也是国际战略力量对比变化的产物；既是日本追求政治大国的反映，也是日本发展政治大国的指南。

四、对日本政治大国进程的估计①

1. 修改宪法需要酝酿很长的时间。在宪法问题上，日本要经过很长时间的酝酿、讨论，才能逐步进入修宪的法律程序，最终修改第 9 条，彻底解除对战败国的制约，真正实现所谓的“普通国家”目标。在此之前，日本最有可能的做法是对第 9 条进行牵强附会的解释，以便修改 PKO 法案，进一步完善“有事法制”，达到军队合法化、海外派兵正常化、行使武力正当化的目的。

2. 今后一个时期，日本的军事实力会进一步增强。武器装备将向高技术、远程化方向发展。指挥通信和后勤保障能力将进一步提高。整体协同作战水平及战斗能力会迈上新的台阶。总体上讲，日本军事能力在某些方面已超过英、法，但由于目前还没有迹象表明日本准备发展攻击性航母、远程战略轰炸机和洲际导弹，所以日本军事发展模式是在防御基础上的“遏制”，而日本要成为世界级军事大国还有很长的路要走。

3. 日本发展核武装的可能性不大。由于日本拥有较强的技术能力并储存有大量的核原料，因此原防卫厅次官西村真悟发出要进行核武装的狂言，这不能不引起世人对日本是否发展核武器产生疑虑。20 世纪 60 年代末，当时的佐藤内阁曾

---

① 赵大为：《日本的政治大国战略动向及前景展望》，《国际问题研究》，2000 年第 3 期。

对此进行研究，认为：从技术方面看，日本有能力开发核武器，但是将引起三种不利后果，即外交上陷于孤立、得不到舆论支持和造成巨额财政负担。鉴于此，日政府提出了无核三原则。目前看来，日本发展核武器仍受某些因素制约：第一，上述三种不利后果中的前两种依然存在；第二，日本国土狭小，缺乏战略纵深，难以承受核打击，不具备核报复的条件；第三，日本一直以“唯一遭受过核灾难的国家”自居，而且以核裁军作为政治大国的进身之路，因此短时间内不会丢掉这块招牌；第四，日本处于中、美、俄三核大国的中间地带，缺乏核战略空间。所以，在世界整体缓和的时代，核武装恐怕在很长时间内不是日本军事发展的首选目标。

4. 今后日本在联合国的活动会更加积极，在不久的将来可能会实现安理会常任理事国的梦想。目前，由于日本处心积虑地活动，大国中，美、英、法、俄都公开表示支持日本成为常任理事国，不少中小国家受过日本的“恩惠”也持赞成态度。现在日本成为安理会常任理事国的主要障碍在于巴西、印度、意大利等国家的竞争。为消除障碍，日本会利用联合国成员国首脑大会和八国首脑会议的机会，再搏一番。因此，随着联合国改革的深化，如果在安理会扩大成员国数量和新的常任理事国是否享受否决权问题上，各方能达成妥协，那么日本最有可能和德国等其他国家一道成为新的不拥有否决权的常任理事国。

5. 日本今后虽仍把日美军事同盟作为其军事安全框架的“基石”，把日美关系作为其外交政策的“基轴”，但是为实现政治大国的战略目标，日本外交策略会更强调积极灵活，呈现全方位特征。目前全球力量对比中，美国的“一超”地位无人匹敌，西方占尽优势，而日本作为八国集团的正式成员，无论在意识形态、价值观念，还是在经济、安全利益上，都和美国及西方其他成员国的根本立场是一致的。再加上历史上形成的日本对美国的“依附性”，日本又把借重美国、依靠西方，作为自己实现政治大国目标的捷径。所以，日本的立足点在西方。但是，与欧美相比，日本缺少稳固的后方和可资利用的势力范围，缺少实现政治大国目标的战略依托。因此，日本为弥补这一不足，曾一度以经援为手段，加大“回归亚洲”的力度，争取把亚洲作为其战略大本营，在此基础上扩展在非洲的影响，落实“欧亚大陆外交构想”，横向促进日欧关系，以便在国际上发出自己的“声音”，使自己成为举足轻重的政治大国。

第三节　日本的外交政策

二战前日本外交政策的基本特点是“军事外交”，实现外交目标的手段是军事侵略。二战后日本沦为战败国，丧失了国家主权，军事外交的基础不复存在。二战后几十年来，随着经济和军事实力的逐渐恢复和不断增强，日本由战后初期的没有外交权，经历“经济外交”、“多边自主外交”，逐渐发展为“政治大国外交”。

一、二战后初期的“追随外交”

二战后，日本被美国单独占领，丧失了国家主权，外交上完全依附于美国。1949 年中国人民革命的胜利和 1950 年朝鲜战争的爆发，彻底打乱了美国在远东的战略部署，美国决定把对亚洲政策的重点由中国转向日本，从而使日本成为美国在亚洲的新战略基地。为了把日美关系由原来的敌对国转变为同盟国，美国决定通过缔结对日和约，尽快使日本恢复所谓的“合法地位”。1951 年 9 月，美国在旧金山召开了片面的对日和会。作为抗日战争的主力、付出牺牲最大的中国则被拒之和会门外；南斯拉夫、印度、缅甸拒绝参加；苏联、波兰、捷克斯洛伐克虽然参加了和会，但拒绝在和约上签字。和约的签订使日本与 48 个和约签署国和地区结束了战争状态。就在和约签字的同一天，日本与美国签订了《日美安全条约》。其主要内容是：“由日本授予、并由美利坚合众国接受在日本国内及周围驻扎美国陆、空、海军之权利”；驻日美军根据日本政府的要求，可用于镇压“在日本引起的大规模暴动和骚乱”；未经美国事先同意，日本不得将任何基地和陆海空军驻防、演习、过境的权利给予第三国。1952 年 2 月 28 日，日美两国根据安全条约又签订了关于美军驻日具体条件的行政协定，规定：美国可在日本各地设置陆海空军基地；日本除对美军提供一切公共事业和设施外，每年还需分担 1.55 亿美元的驻日美军经费；驻日美军、文职人员及其家属均享有治外法权。1952 年 4 月 28 日，《日美安全条约》、《日美行政协定》与《对日和约》同时生效。以上表明，日本虽然获得了形式上的独立，实际上仍处于美国的半占领状态之下，所不同的是日本被正式纳入美国的全球战略轨道，通过双边条约，使日本单独对美国承担义务，而美国却没有保护日本的义务。这种半独立半占领体制被称为“旧金山体制”。1952 年 4 月，日本政府迫于美国的压力，同中国“台湾当局”签订和约，这是日本外交追随美国“一边倒”政策的又一具体表现。就连当时的日本首相吉田茂也忧心忡忡地说：“这对日中关系的前途来说，乃是一个可悲的选择。”

二、20 世纪 50 年代中期以后的“经济外交”

20 世纪 50 年代中期，日本开始步入经济高速发展时期。为促进国内经济发展，恢复国际地位，日本把对外政策的基本方针确定为“经济外交”，即在政治、军事上依附美国的同时，着重从经济上同西方国家展开竞争，向亚非拉地区扩张。日本在二战后首次发表的《外交蓝皮书》中称：信奉和平主义的日本，要提高分居在4个小岛上的9000万国民的生活水平。而发展经济，培育国力的唯一方法是以和平的经济力量向外发展。

日本“经济外交”的重点是东南亚。东南亚一直是日本的重要市场和原料供应地，日本所需的天然橡胶、锡、石油、木材等，主要依靠东南亚国家。因此日本统治集团认为“东南亚对日本具有生死攸关的重要性”，“没有恢复在东南亚的地位，就不能恢复日本在世界上的地位”。早在20世纪50年代初，日本就通过信贷和“赔款”方式，主动改善与东南亚国家的关系。自20世纪50年代中期开始，日本先后与缅甸、印尼等国签订赔偿协定和经济合作协定。到1959年底，日本向东南亚各国提供的贷款达6400万美元。20世纪60年代以后，日本又通过援助、赊销和“私人投资开发”等形式，加紧了对东亚的经济渗透。日本“经济外交”的另一重点是不断加强与美欧的经济交往。1960年签署的《日美共同合作和安全条约》(即《新日美安全条约》)特意增加了日美经济合作的内容，规定“将设法消除两国在国际经济政策方面的矛盾，并且将鼓励两国之间的经济合作”。除了加强与美国的经济合作外，日本还注重发展与西欧的经济关系，1962年11月，日本首相访问西欧7国，提出西欧、北美、日本是“自由世界三大支柱”。1963年又分别同英、法签订了《日英通商航海条约》和《日法通商条约》，并同其他欧共体国家签订了一系列贸易协定，相互给予最惠国待遇，使日本得以逐步打入欧洲市场。在大力推进“经济外交”的同时，日本还不断争取在政治、军事上获得更多的自主权。1960年，在日本的要求下，修改了1951年的《日美安全条约》。修改后的《新日美安全条约》，规定日本不断增强防卫义务，删除了美国镇压日本“内乱”等损害日本国家主权的不平等条款。总之，《新日美安全条约》突出了日美关系的对等性，表明日本在继续追随美国的前提下，对美争取了某些有利于日本的环境和条件，取得了一定的自主权。

三、20世纪70年代初推行“多边自主外交”

随着日本经济实力的增强和世界各种政治力量的重大变化，日本根据国家利益加紧调整其外交政策。1972年2月田中角荣出任首相后，提出了“多边自主外交”：即除了同美国继续保持密切关系外，还同世界上其他战略力量，如中国、苏联等国进行符合日本国家利益的外交。据此，田中内阁在一定程度上改变了二战后以来日本历届内阁对美一边倒的外交政策，开创了日本对外关系的新局面。“多边自主外交”强调发展与第三世界国家的关系。1973 年第四次中东战争爆发后，阿拉伯国家以石油为武器，缩减供应，提高油价，给西方国家带来严重冲击。这时期，日本一改长期在中东问题上的所谓“中立”态度，决定实行支持阿拉伯国家反侵略的“新中东政策”，积极同阿拉伯国家展开政治对话，承认巴解组织是巴勒斯坦人民的合法代表，支持和平解决中东问题。另外，针对东南亚国家的恐日心理，日本福田首相于 1977 年访问东南亚时，提出日本对东盟国家的方针政策，即“福田主义”三原则：日本坚持和平，不做军事大国；作为真正的朋友，同东南亚各国建立“心心相印”的信任关系；与东盟及其盟国加强团结，为东亚的和平与繁荣做贡献。除此之外，日本还加强了同拉丁美洲和非洲国家的合作关系。“多边自主外交”的另一重要内容就是加强同苏联的对话，增大日本外交自主性。20 世纪 70 年代初，日本利用中美日三国接近、苏联在亚太地区的国际地位进一步下降的有利形势，以经济实力为后盾，不失时机地对苏联展开自主外交，以寻求解决北方领土问题的突破口，扩大日苏经济合作，提高自己在大国中的地位。1973 年 10 月田中首相访问苏联，双方在联合声明中表示同意“解决第二次世界大战以来悬而未决的诸问题”。此外，日本于 1975 年参加了西方七国首脑会议，积极参加国际事务。总之，这一时期，日本在外交上已不仅仅是谋求原料供应和市场保障，而且加强日本外交的自主性，谋求在国际舞台上有更大的发言权，力求摆脱“政治侏儒”形象，向政治大国迈进。

四、20 世纪 80 年代以来开始“政治大国外交”

20 世纪 70 年代末 80 年代初的大平内阁时期，日本政府提出了二战后第一个具有全局观点和长远考虑的国家总体战略——《综合安全保障战略》。其主要内容为：第一，国家间相互依存关系日益增强。政治、经济、军事、宗教等各种因素相互影响，对世界和日本构成多种多样的综合性威胁。第二，为了应付各种类型的威胁，日本所采取的手段也必须多种多样，要把防卫、政治、经济、外交、文化等一切力量汇集起来，充分加以运用。第三，要应付综合性危机的挑战，不能单靠一国力量，必须依靠集体努力，联合具有共同战略利益的国家，尤其要加强日美合作关系。第四，在坚持《日美安全条约》的前提下，有节制地扩充防卫力量，重点放在提高防卫质量上，“为日美间公平分担防卫责任作出进一步努力”。《综合安全保障战略》的提出，为日本在 20 世纪 80 年代推行大国外交确定了理论依据和行动方针。在综合安全保障战略思想的基础上，日本政府分别提出“第三次远航”和推动实现“环太平洋合作圈”构想。这些都标志着日本开始朝着政治大国的方向迈进。

五、冷战结束后日本“政治大国外交”的新发展

1992年版的《外交蓝皮书》第一次明确提出了日本应在国际上发挥与其国力相称的“领导作用”的指导方针。《外交蓝皮书》指出:“日本必须向国际社会阐明它争取建立什么样的世界,追求什么样的目标,并且发挥与国力相称的领导作用。只有通过这种努力,日本在国际社会中才能够占有‘光荣的地位’。”作为日本外交的基本文献,《外交蓝皮书》对日本政治大国战略的基本目标及其实现途径进行了系统全面的阐述,这在二战后历史上尚属首次,表明随着东西方对峙的国际关系体系的终结,日本政府进一步加快了谋求政治大国的步伐,也表明日本争当政治大国的进程已进入新的阶段。

1. 提出以美、日、欧为主导的世界新秩序。1990年,日本首相海部提出建立国际新秩序的设想,即以美、日、欧三极复合领导为目标,日本作为一极发挥与美、欧相当的主导作用。

2. 加强与美国的同盟关系。1996年4月,日美签署《日美安全保障共同宣言》,双方重申冷战结束后《日美安全条约》依然是“亚太地区和平与繁荣的基础”。1997年发表的《日美防卫合作指针》(以下简称《合作指针》)将原来的“日本遇到紧急事态”改为“日本周边地区发生的事态对日本的和平与安全产生重要影响时,两国将进行磋商与合作”。《合作指针》详尽规定了日美两国在平时和战时的具体合作事宜,为加强日美安全保障体制提供了具体方案,主要表现为:第一,在防卫范围上,由“保卫日本”转向“应付周边紧急事态”。根据《合作指针》规定的“平时合作”、“日本遭到武装攻击时的对付措施”、“日本周边出现紧急事态时的合作”三种情况,具体拟定了日美军事合作的基本方式、范围与程度。其中“日本周边出现紧急事态时的合作”,成为今后日美军事合作的重点。第二,在地位作用上,日本由“接受保护型”转向“主动参与型”。改变了日本在过去40多年同盟关系中始终处于单纯的“接受保护”的地位,日本在亚太地区承担更多的防卫责任,充当美国推行亚太战略的重要配角,并开始触及日本防卫体制乃至和平宪法的禁区,赋予日本在其周边出现“紧急事态”时支援美军的许多战斗性任务。由于某些战斗性任务与直接参战的界限难以区分,不排除今后日本直接卷入地区军事冲突的可能性。第三,在基本职能上,日美安全保障体制从过去的“应付各种威胁‘日本’安全的紧急事态”扩大到“应付‘亚太地区’的各种不稳定因素”。

从而将两者结合起来，为日美利用这一体制更多地介入亚太地区事务提供了借口和依据。第四，在战略态势上，由过去的“防守型”转向“攻防兼备型”。冷战时期日美安全保障体制的防卫范围、基本职能，决定了该体制在战略态势上是“防守型”的，即只有在日本本土的安全受到军事攻击时才启用这一体制。然而，随着该体制防卫范围的迅速扩大和职能的转换，其防卫态势已转向“攻防兼备型”。所有这些，都表明日美安全保障体制开始发生转折性变化。这不仅决定日美关系的发展趋向，而且将对亚太地区乃至世界局势产生深刻影响。使冷战后日美同盟关系进一步加深，也是防范中国倾向明显增强的表现。

3. 制定《协助联合国维持和平活动合作法案》，突破了不得向海外派兵的原则。1954年陆海空三军自卫队成立后，参议院根据日本新宪法通过了《关于自卫队不向海外出动的决议》，直到1989年以前，日本一直未向海外派兵。1990年海湾危机爆发后，日本提出了旨在向国外派兵的《联合国和平合作法案》，试图突破向海外派兵的禁区。1991年4月26日，日本政府以“从人员上为海湾地区作贡献，确保日本重要的通商路线”为由，向波斯湾派遣了由6艘舰艇和500名自卫队员组成的海上自卫队扫雷艇，首次突破了不得向海外派兵的禁令。1992年9月和1993年4月，日本分两次派出了1216人的维和部队到柬埔寨去开展维和行动。1992年6月，日本参众两院分别通过了《协助联合国维持和平活动合作法案》(“PKO法案”)，从而使日本以参与联合国维持和平活动为名向海外派遣自卫队有了法律依据。1993年5月，日本自卫队又参加了莫桑比克的联合国维和行动。1994年9月，以人道主义援助为名向卢旺达派遣了救援队。1996年7月，向叙利亚的戈兰高地派出了43人的三军运输队。此后又协助了美国在阿富汗的军事行动和美国在伊拉克的战争。日本打着“联合国维和行动”的旗帜，一再向海外派兵，充分表明日本为了充当政治大国必然要走军事大国的道路。

4. 推出“宫泽主义”，提出综合性对亚太政策。1993年1月，日本首相宫泽喜一出访东南亚国家，并在曼谷发表了题为“亚太新时代与日本和东盟的合作”的演说，提出冷战后日本对亚洲政策的四项原则：第一，参与筹划亚太政治、安全保障对话。第二，坚持对内外经济开放。第三，联合推进民主。第四，合作支援印支三国。宫泽还强调要以“亚洲中的日本”的立场，与东盟国家“共同行动”。

5. 调整对俄政策。1993年4月，日本政府改变了二战结束以来解决“北方四岛”问题的态度，不再采取政经不可分的消极方针，而以“扩大均衡”为处理日俄关系的原则。同年10月，叶利钦总统访问日本，双方联合发表了《东京宣言》和《经济宣言》，日俄关系有所发展。

6. 积极开展联合国外交。从1990年开始，日本明确提出开展联合国外交的目标;1992 年,日本国会通过了《联合国维持和平行动合作法案》;1994 年,日本政府正式宣布将谋求成为联合国安理会常任理事国。日本还积极参与世界环境保护,开展"环境外交",加强对联合国财政与人力的援助。

小泉上台后,在外交上不顾国内外反对声,积极突破这两个制约:派兵海外和参拜靖国神社,与周边国家的关系因领土、历史问题而日益紧张。与此同时,在 2002 年 11 月,小泉的咨询机构"对外关系工作组"提交了一份政策报告——《21 世纪日本外交基本战略》,提出日本急需改变缺乏长远战略的状况,应以"国家利益"为基础制定明确的外交战略。可以看到小泉的外交战略:第一,最大的特点是基于"国家利益"制定外交战略。这是以前内阁所未提过的概念。第二,继续坚持和强化日美同盟。认为,在可预见的未来,维护日本安全最重要的手段是日美安全体制,称美国是"亚洲及世界安全的最终承担者"。第三,坚持联合国外交。把"维护国际和平",由以前的"附属任务",提升为"基本任务",加大对外援助,力争成为安理会常任理事国。第四,在亚洲外交上,即在如何应对中国崛起、历史问题、东亚安全与经济合作等方面详细阐述了日本的外交政策。实质上,小泉实行的是一种建立在"国家利益"和日美同盟基础之上的更现实的外交战略。小泉政府为实施其大国外交战略,积极修改国家防卫政策。小泉内阁在 2004 年 12 月 10 日通过了表明今后 10 年安全保障政策的《中期防卫力量整备计划》。这是为适应国际形势的变化而进行修改的、指导日本自卫队建设的纲领性文件。该大纲提出日本安全战略的两大目标,即"防止威胁直接波及日本"和"改善国际环境,以防威胁波及日本"。同时把"国际和平合作"由"附属任务"提升为自卫队的"基本任务"。尽管"新大纲"重申将继续坚持"专守防卫"政策,但是小泉内阁借反恐之机,相继通过的防恐特别措施法案、"有事法制"法案以及向伊拉克派兵法案,使自卫队可以合法地参与地区和全球事务,突破了宪法对行使集体自卫权的限制。实质上,日本防卫政策目标的制定和自卫队基本任务的调整,均改变了日本"专守防卫"的被动防御性质,使日本的防卫战略转向具有全球性质的"主动干预"战略。

值得注意的是,为了加快实现政治大国的战略目标,日本不断加强军事力量,并在 1986 年废止了军事开支不得超过当年国民生产总值 1%的规定;在法律上,突破不准向海外派兵的禁区;在对过去侵略亚洲国家问题的认识上态度暧昧。这些都降低了亚洲国家对日本的信任,也在一定程度上影响日本实现政治大国的目标。

思考题

1. 二战后日本经济的恢复与发展经历了哪些阶段？

2. 日本经济大国的地位是如何确立的？

3. 分析日本谋求政治大国地位的背景与原因。

4. 论述日本谋求政治大国的方略。

5. 试论述二战后日本的外交政策。

6. 谈谈你对日本政治大国进程的看法。

参考文献

1. 冯昭奎等. 战后日本外交(1945～1995)[M]. 北京：中国社会科学出版社，1996.

2. 李寒梅等. 21 世纪日本的国家战略[M]. 北京：社会科学文献出版社，2000.

3. 冯特君. 当代世界经济与政治[M]. 北京：经济管理出版社，2005.

4. 李景治主编. 世界经济政治疑难解析[M]. 北京：中国人民大学出版社，2002.

5. 教育部社会科学研究与思想政治工作司组编. 当代世界经济与政治[M]. 北京：经济科学出版社，2005.

6. 吕有志，戴德铮主编. 当代世界经济与政治[M]. 北京：高等教育出版社，2003.

7. 李景治等主编. 当代世界经济与政治[M]. 北京：中国人民大学出版社，2003.

8. 段霞主编. 当代世界经济与政治(学生学习辅导用书)[M]. 北京：高等教育出版社，2004.

9. 张脉强主编. 当代世界经济与政治[M]. 合肥：安徽大学出版社，2003.

10. 王慧媞，韩玉贵主编. 当代世界政治经济概论[M]. 济南：山东大学出版社，2001.

11. 王义德，冷兆松主编. 世界政治经济与国际关系[M]. 北京：新世界出版社，1992.

12. 王广信，赵丽娜主编. 当代世界经济[M]. 北京：人民出版社，2002.

13. 冯星光，张晓静. 需求管理的瘫痪与复合性萧条——20 世纪 90 年代日本经济长期萧条的原因[J]. 日本问题研究，2002，(3).

14. 梁军. 2000 年以来日本经济走势与原因分析[J]. 日本学刊，2005，(3).

15. 陈志恒. 失去的 10 年：日本经济的长期低迷及其成因[J]. 现代日本经济，2007，(1).

16. 石家庄陆军指挥学院：军队院校政治理论课多媒体教学软件系列《当代世界经济政治和国际关系》.

第七章
重振大国雄风的俄罗斯

俄罗斯(或俄罗斯联邦)是苏联(苏维埃社会主义共和国联盟)的最大继承国。而苏联曾经是人类历史上第一个社会主义国家,国际共产主义运动的中心,在社会主义革命和建设的道路上取得过巨大的成就。它由 15 个加盟共和国组成,是世界第二号超级大国,在国际舞台上起着举足轻重的作用,以至于一度离开苏联就无法谈及世界政治经济与国际关系的演变。然而这样一个社会主义大国却在 1991 年解体了,分裂为 15 个国家。俄罗斯成为苏联遗产的最大继承者、独联体中最大的国家,但其实力和地位与苏联已不可同日而语,在内政外交的调整中明显地表现出衰弱的一面。不过,无论从现实的角度还是从发展的角度来看,俄罗斯都是国际社会中不可忽视的重要角色。近年来,随着国内政治的稳定、经济的复苏和对外政策逐步趋向独立自主,俄罗斯在国际舞台上发挥着越来越重要的作用和影响,成为多极化世界格局中重要的一极,并日益呈现出重振大国雄风的趋势。

第一节　苏联的兴亡及其历史教训

1917 年的俄国十月革命,建立了世界上第一个无产阶级专政的社会主义国家——俄罗斯苏维埃社会主义联邦共和国(简称苏俄)。之后,苏俄完成了从战时共产主义政策向新经济政策的转变，巩固了新生的苏维埃政权。1922 年 12 月 30 日，俄罗斯联邦、乌克兰、白俄罗斯和南高加索联邦 4 个苏维埃社会主义共和国建立联盟，简称苏联。第二次世界大战期间先后又有几个苏维埃社会主义共和国加盟，从而使苏联成为一个拥有 15 个加盟共和国、横跨欧亚大陆的社会主义大国。

一、苏联经济政治体制

苏联的经济政治体制是在特定的历史条件下形成的。经过 20 世纪20～30年代的社会主义改造和社会主义建设，苏联在 1936 年通过的新宪法中，宣布已经建成社会主义，标志着苏联政治经济体制的正式形成，其基本特点是经济上高度集中和政治上高度集权，这一体制在二战后已成为固定模式。

（一）苏联的经济体制

苏联高度集中的经济体制的主要特征有：第一，在所有制结构上，实行单一的生产资料公有制。国家所有制是社会主义所有制的基本形式，集体农庄合作社所有制是劳动者的集体所有制。工业国有化，农业集体化。第二，在经济管理上，实行高度集中的计划经济管理体制，完全靠行政手段管理经济，视指令性计划为一切经济活动的目标和准则。在微观经济活动中，实行国家直接经营企业。第三，在分配体制上，全部实行单一的按劳分配原则。第四，在经济发展战略上，强调优先发展重工业特别是国防工业，忽视农业，压缩轻工业，形成重、轻、农的发展序列。

（二）苏联的政治体制

苏联高度集权的政治体制的主要特征是：第一，在领导体制上，党对国家实行统一领导，党政不分、以党代政和政企不分、以政代企的现象严重。同时，权力过分集中于党的上级机关和少数人手里。第二，在干部制度上，实行领导职务终身制和干部委任制。干部的选用调迁完全取决于上级的意志。第三，民主和法制不健全，党内和人民的民主权利得不到保障。尽管建立了必要的民主法律制度，但过分强调国家的专政职能，忽视社会主义民主和法制建设。缺乏有效的监督和制约机制，特别缺乏人民群众自下而上的监督。

苏联社会主义模式在特定的历史条件下，发挥过积极作用。然而，随着时代主题的转换和社会主义国家步入正常的建设轨道，苏联模式的弊端就逐渐暴露出来。在经济上导致经济发展缺乏活力和效率，经济结构失调，没有参与世界经济的竞争与合作,影响了整个国民经济的进一步发展和人民生活水平的更快提高;在政治上导致个人专断和个人崇拜盛行,教条主义、官僚主义、形式主义和腐化现象严重,民主与法制遭到践踏,在相当大程度上阻碍了苏联社会主义事业的发展。

二、戈尔巴乔夫改革与苏联的解体

1985年3月,戈尔巴乔夫担任苏共总书记,当时苏联国内外面临的是一个困难、复杂的形势。在国内,苏联模式的历史局限性使问题累积越来越多,传统经济体制已不适应生产力发展的要求,从20世纪70年代后期开始连续三个五年计划未能完成,经济进入停滞时期;政治领域,领导层老化,权力过分集中在少数人手中,官僚主义严重,腐化和特权问题惊人,社会生活缺乏活力,党的威信不断下降;意识形态领域,一方面教条主义严重,另一方面西方思想文化大量涌入,造成人们思想混乱。在国际上,由于长期的军备竞赛和大搞霸权主义,苏联处境十分孤立。此外,苏联还面临着世界新科技革命、美国的"星球大战计划"和社会主义国家改革的挑战。在这种形势下,戈尔巴乔夫决心对苏联的内外政策进行调整和改革。

(一)戈尔巴乔夫的改革与新思维

戈尔巴乔夫上台以后,先后在1985年4月的苏共中央全会、1986年2月的苏共第27次代表大会、1987年6月的苏共中央全会上,提出要进行改革。这些会议讨论的问题和通过的决议,都指出要在苏共领导下,坚持社会主义方向,改进和完善苏联原有的政治经济体制,重点探索经济改革和经济发展的途径。但是,由于苏联多年形成的政治经济体制对人们的影响根深蒂固,由于苏联领导人对旧体制还缺乏深刻的本质的认识,也由于没有采取切实可行的措施来推进改革,到1987年底,苏联的经济改革基本上流于形式,没有取得实质性进展。

1987年10月戈尔巴乔夫出版的《改革与新思维》,以及1988年6月在苏共召开的第19次代表会议,戈尔巴乔夫确定把"人道的、民主的社会主义"作为苏共为之奋斗的目标,并且决定把政治体制改革放在"首要地位",把公开性、民主化和社会主义多元化并列为苏共的三个"革命性倡议"。从此,苏联改革的指导思想发生了变化,并且公开对斯大林进行全面揭露和严厉谴责,造成了否定革命历史、丑化共产党和社会主义的严重后果,引起了人们思想的混乱。

1990年苏共中央二月全会以及随后的三月全会做出了关系党和国家前途命运的几项重大决定。其中有:修改宪法,取消苏共的法定领导地位,实行多党制和总统制，改革现有的国家机关，等等。1990年7月召开的苏共“二十八大”通过了《走向人道的民主的社会主义》纲领性文件，并且通过了新党章及一系列决议，使民主社会主义成为完整的体系。即在政治上取消共产党的领导，实行议会制、总统制和多党制，共产党的指导思想、奋斗目标、阶级属性、地位作用和组织原则也都发生了根本性的变化；在经济上全面改革所有制关系，取消起主导作用的社会主义公有制，实行生产资料非国有化和私有化，实行自由市场经济；在意识形态上实行多元化，放弃马克思列宁主义的指导地位；在国际上实行收缩战略，为了争取西方的援助，对美国采取忍让态度，主动做出一系列让步，同时主动甩掉东欧和第三世界的包袱。从此，苏联的政治经济和对外关系发生了质变，改革逐渐背离了社会主义方向，社会出现了全面危机。另外，民族矛盾日益尖锐，民族分裂主义倾向不断发展，民族分裂活动愈演愈烈。各共和国之间及一些共和国内部民族纠纷日渐扩大，甚至发展为武装对抗和战争。

（二）“8·19”事件和苏联解体

面对日益严重的政治、经济、社会和民族危机，传统派向戈尔巴乔夫发难。1991年8月19日，当时的副总统亚纳耶夫发表声明说，苏联总统戈尔巴乔夫由于健康原因已经不能履行职务，根据宪法，即日起由他本人行使总统职权。同时宣布，成立由亚纳耶夫等8人组成的苏联国家紧急状态委员会，并发表了《告苏联人民书》，呼吁公民支持该委员会力图使国家摆脱危机而努力。各共和国的领导人，除俄罗斯外，都在静观其变，在思考，在动摇。此时，戈尔巴乔夫在克里米亚与叶利钦、纳扎尔巴耶夫和其他共和国领导人以及美国总统布什通了电话，并发布命令，撤掉亚佐夫国防部长一职，由莫伊谢耶夫接任。戈尔巴乔夫还指示政府通讯部门领导人切断国家紧急状态委员会成员所有的电话，命令克里姆林宫的卫队长将克里姆林宫监护起来，把所有留在那里的事变分子隔离起来。21日，戈尔巴乔夫会见了到达的俄罗斯代表团及新闻记者，并在克里米亚发表声明，强调他已控制了局势，恢复了一度中断的与全国的联系。22日凌晨，戈尔巴乔夫回到莫斯科后立即发布总统令，宣布撤销国家紧急状态委员会及其所颁布的一切决定，解除紧急状态委员会所有成员的一切职务，并对他们进行拘留和审讯。“8·19”事件是苏联七年来各派政治力量的最后一次大搏斗，其结局是加速了苏联的解体。紧急状态委员会举事不到三天便归于失败，苏联共产党和社会主义国家开始全面崩溃和瓦解。

“8·19”事件后，戈尔巴乔夫宣布辞去苏共中央总书记职务，建议苏共中央自行解散，让各个党组织独立自主地决定自己以后的活动，并下令剥夺苏共财产。随后，叶利钦下令停止俄共活动，并没收俄共财产。《真理报》等报刊也被停止,苏共中央大楼被查封,苏共档案被接收。各共和国的共产党也被禁止活动,其财产被没收,有些领导人遭到逮捕。在一片反共浪潮中,苏联共产党不复存在。与此同时,联盟迅速走向解体。1991 年 8 月底,苏联第二大共和国乌克兰宣布独立,给了联盟致命一击。从 9 月到 10 月,实际上苏联原有的 15 个共和国中绝大部分均宣布独立。戈尔巴乔夫倡导的“主权联盟”也成为泡影。同年 12 月 8 日,俄罗斯、乌克兰、白俄罗斯三国在白俄罗斯首都明斯克发表宣言,宣布建立独立国家联合体。三国宣言声称:制定新联盟条约的谈判陷入死胡同,共和国脱离苏联和建立独立国家已成为事实,苏联作为国际法的一个主体和一种地缘政治的现实已不复存在。同年 12 月 21 日,上述三国再加上阿塞拜疆、亚美尼亚、哈萨克斯坦、摩尔多瓦、塔吉克斯坦、土库曼斯坦、吉尔吉斯斯坦和乌兹别克斯坦共 11 国发表《阿拉木图宣言》,正式宣告了独立国家联合体(简称独联体)的诞生。1994 年 3 月 1 日,格鲁吉亚正式加入独联体。至此,原苏联 15 个加盟共和国中除波罗的海地区的立陶宛、爱沙尼亚和拉脱维亚 3 国之外,其他 12 个国家都成为独联体的成员国。戈尔巴乔夫不得不在 1991 年 12 月 25 日在国家电视台发表《告苏联公民书》,宣布“终止自己以苏联总统身份进行的活动”。至此,苏维埃社会主义共和国联盟不复存在,列宁缔造的第一个社会主义国家在 74 年后走到终点。

三、苏联解体的原因与教训

(一)苏联解体的原因

苏联解体震惊了全世界。苏联的解体既有外部原因(西方国家长期以来对苏实行“和平演变”战略)又有内部原因,是内外因交织作用的结果,但是,苏联解体的主要原因还在于其内部。

1. 戈尔巴乔夫推行的错误路线、方针和政策是苏联解体的直接原因。苏联解体发生在戈尔巴乔夫任内,是作为戈尔巴乔夫“改革”的直接结果和最终结局而出现的。尽管之前苏联就存在种种问题,为联盟解体留下隐患、积累矛盾、形成土壤和基础,但这些问题并非绝症,联盟的前途并非注定是解体。然而,戈尔巴乔夫提出的“新思维”改革理论和他对苏联社会主义制度的全面否定,为反党反社会主义分子和民族分裂主义分子提供了极好的时机,为苏联解体提供了促使矛盾总爆发,并使可能性变成现实性的条件。从这个意义上说,戈尔巴乔夫推行的错误的改革路线、方针和政策,对苏联解体起了决定性作用,是苏联解体的直接原因。

2.长期实行高度集中的计划经济体制和高度集权的政治体制，是苏联解体的根本原因。苏联的经济，曾以它的高增长率、充分就业、公平分配、全面的社会福利和迅速的工业化而令世界刮目相看。随着经济规模日益扩大、科技革命深入发展以及世界经济日益走向一体化，这种高度集中的经济体制逐渐失去其合理性，很难适应苏联经济社会发展的需要和世界形势的发展。在这种经济体制下，不能够充分发挥地方、企业以及个人的积极性和主动性，缺乏活力与生机；难以及时地进行技术改造，不能够真正地提高经济效益；不能够正确地调整经济结构，促进经济全面发展；不能够全面对外开放，难以参与国际竞争促进自身发展。苏联高度集权的政治体制在实践中导致了过度集权。这种体制助长了个人崇拜、官僚主义、腐化和特权现象的出现，使党和国家的领导干部日益脱离群众，社会主义的民主法制和党的威信均遭到严重破坏。

3.争夺世界霸权的对外政策是苏联解体的重要原因。二战后初期，苏联在处理同社会主义国家的关系中就暴露出大国主义、大党主义的错误。虽说苏联一度做过自我批评，有所收敛，但并未真正克服。同美国开展激烈的军备竞赛，以夺取对美国的军事优势，进而夺取世界霸权，是20世纪60～70年代苏联霸权主义对外政策的主要内容。苏联不仅加强了对其他社会主义国家的控制，还向第三世界广大地区渗透、扩张，甚至不惜使用武力解决问题。另外，对东欧和第三世界国家的补贴巨大，包袱沉重。这样做，不仅败坏了社会主义的声誉，国际处境更加孤立，而且严重削弱了自己，拖累了经济。

4.处理民族问题上的失误和错误以及民族分裂主义的出现，是苏联解体的又一重要原因。苏联成立几十年来，在发展各民族的经济、文化方面取得了很大成就，但也潜伏着一些民族问题。如经济发展不平衡、在有关少数民族政策上存在重大失误以及历史上遗留下来的民族矛盾和隔阂等。而苏联领导人长期以来一直认为民族和谐，讳言民族问题，甚至说，“苏联的民族问题已经一劳永逸地解决了”。但在戈尔巴乔夫公开化、民主化的鼓动下，以前党和政府在民族关系中的大俄罗斯主义以及在民族工作中犯的错误被揭露出来，引起了极端民族主义的迅速泛滥，民族危机成为苏联社会全面危机的关键部分。当维护民族团结的核心力量——苏共被削弱和瓦解时，民族分裂主义就成为加速苏联解体的一个重要因素。

5.苏联解体的最关键因素，是苏共日益严重地脱离群众，不能代表最广大人民群众的利益，变成一个官僚阶级的党。一个失去了民心、得不到人民支持的政权，自然是不会稳固的。苏共长期处于执政地位，缺乏对党的强有力的监督；党内民主遭到破坏，党内监督难以实现；许多群众团体处于苏共的绝对领导之下，没有自己的独立性，更谈不上党接受群众的监督。长期的执政地位还使得一部分党员干部尤其是高级领导干部自觉不自觉地享有各种特权，加上领导干部的终身制，必然使他们高居于群众之上，日益脱离群众。在党内还难免有各种不良分子，存在各种党小组腐败现象，败坏了党的声誉。更为严重的是党内思想保守、僵化，不能跟上时代的步伐，使党不仅不能带领群众去创造新生活，反而成了群众的障碍。苏共变成了一个官僚阶级的党，不能真正关心和代表群众的利益，群众也就不会真正拥护这个党的领导、关心这个党的命运。

（二）苏联解体的教训

苏联解体是20世纪人类历史上的一件大事，它不仅意味着一个超级大国的崩溃，而且意味着长达70年之久的苏联社会主义建设与实践的失败，其中的教训是深刻的。

1. 经济建设是关系国家兴亡的根本问题，社会主义国家一定要把经济建设当做压倒一切的中心任务。革命成功后建设社会主义，最根本的任务就是发展生产力。苏联解体的直接原因虽然不是源于经济，但其最深刻的基础仍然在经济生活中。反观二战后苏联几十年社会主义建设的历史，面对现代科技发展的日新月异，苏联生产力的发展和经济增长却严重滞后，生产力发展缓慢，人民生活水平得不到提高，社会主义制度的优越性就无法体现出来，人们对社会主义的信念就会发生动摇。经济停滞与混乱也为国内反对势力的活跃和夺权提供了有利条件，为西方国家的“和平演变”战略提供了可乘之机。同时，经济的停滞与混乱也促使民族矛盾激化，酿成了一系列民族矛盾和民族冲突，最终引起政局的动荡、政权的坍塌和国家的解体。

2. 建设社会主义必须从本国国情出发，必须解放思想、实事求是，独立自主地探索具有本国特色的社会主义建设模式。邓小平讲：“一个党，一个国家，一个民族，如果一切从本本出发，思想僵化，迷信盛行，那它就不能前进，它的生机就停止了，就要亡党亡国。”①只有坚持解放思想、实事求是，一切从实际出发，理论联系实际，社会主义现代化建设才有可能顺利进行。无论是革命还是建设，都要注意学习和借鉴外国经验，但是，照抄照搬别国经验、别国模式，从来都不能取得成功。苏联的社会发展模式并不是社会主义的唯一发展模式，一定要把马克思主义的普遍真理同本国的具体实际结合起来，走自己的路，创造出具有本国特色的社会主义建设与发展模式。

---

① 《邓小平文选》，第2卷，北京：人民出版社，1983年，第143页。

3.社会主义国家必须重视执政党的建设，使党始终代表最广大人民群众的根本利益。苏联解体的根本问题出在执政的共产党内部。共产党的状况直接决定着党的命运、国家的命运和社会主义改革事业的命运。在思想上必须提倡从实际出发、实事求是，在组织上必须贯彻民主集中制原则，在宗旨上必须牢记全心全意为人民服务，在性质上必须坚持代表最广大人民群众的根本利益。尤其要防止在党内形成特殊的利益集团，使党严重脱离人民群众进而变成一个官僚主义的党或者官僚阶级的党。如果执政的共产党长期不注重从时代需要出发搞好自身建设，不能够适应时代的发展不断提高自身的领导能力和执政水平，在执政中多次决策失误，那么必然会败坏党和社会主义事业的声誉，使人民对党失去信心，动摇对社会主义的信念。

4.必须警惕西方国家的“和平演变”战略。“和平演变”战略是西方国家用武力消灭社会主义国家的图谋受挫之后，改用和平方式，使社会主义制度逐步演变成资本主义制度，进而把社会主义国家纳入到世界资本主义体系之中的战略。在冷战时期，西方国家始终没有放弃过对社会主义国家实施“和平演变”的图谋。20世纪80年代中期以后，美国等西方国家认为戈尔巴乔夫的“新思维”和“人道的民主的社会主义”提供了改变苏联的历史机遇，加紧对苏联实施“和平演变”战略。在苏联演变的过程中，西方势力推行的“和平演变”战略起了直接的催化作用，是苏联演变的重要外部原因。因此，在多样性的世界里，资本主义国家和社会主义国家的和平共处将是长期存在的，它们之间的渗透和反渗透、颠覆和反颠覆、和平演变和反和平演变斗争也将是长期存在的，对此应有充分的思想准备和实际准备。

第二节　俄罗斯的经济与政治

苏联解体之后的俄罗斯联邦面积1707.54万平方公里（占原苏联领土面积的76%），人口1.45亿（截至2007年），具有极为丰富的自然资源，不仅在独联体内位居老大，且仍然是个世界大国。

一、俄罗斯的经济与改革

（一）俄罗斯“休克疗法”式经济改革

“休克疗法”的创始人是美国哈佛大学的经济学家杰弗里·萨克斯。“休克疗法”原本是医学上的一种治疗方法，后来被经济学家用来指采取一步到位的激进方式实现从计划经济向市场经济的过渡。1991 年 10 月 28 日，叶利钦在俄罗斯第五次人代会上提出俄罗斯的激进改革方案。由于纲领规定的改革措施十分激进，又聘请了萨克斯做顾问，因此，这个改革方案被称为“休克疗法”式改革。叶利钦政府决定从 1992 年 1 月 2 日起正式实施“休克疗法”，采取的主要措施有：

第一，实行紧缩政策，控制通货膨胀。①紧缩财政。一方面，削减财政支出，主要是通过压缩基本建设和集中投资，大幅度削减各种价格补贴和机关行政费用来实现；另一方面，增加财政收入，主要是通过实行强硬的税收政策来实现。根据这一方案，实行新的税收制度后，企业利润的 70%～80%归国家预算收入。②紧缩信贷。为了控制通货膨胀，实行了紧缩银根政策，硬性控制货币发行和信贷投放，将借贷利率由 2%提高到 9%；实行银行许可证制度，限制银行和其他金融机构数量的增加。

第二，实行经济自由化，转变整个经济运行机制。所谓“经济自由化”，就是最大限度地取消经济管制，给经济主体以充分的经营自由，主要包括价格自由化、企业经营自由化、对外经济活动自由化和外汇自由化。

第三，迅速实现私有化，完成基本经济制度和经济体制的转轨。“休克疗法”的核心内容之一是对所有制进行一步到位的大规模私有化改造。1991 年 12 月 29 日，叶利钦发布总统令，批准了《1992 年俄罗斯联邦国有及市有企业私有化纲领基本原则》。1992 年 1 月 2 日，开始了纲领所规定的大规模私有化运动。

“休克疗法”在打破原有高度集中的计划经济体制方面是十分迅速的。1993 年底，俄罗斯就已基本形成市场价格体系，私有化也基本完成。但是，“休克疗法”付出的代价也是惨重的。

第一，经济进一步滑坡，各项经济指标大幅度下降。1992 年，国民生产水平下降了 20%。1993 年和 1992 年相比，工业总产值下降 16.2%，农业总产值下降 4%，国民总产值下降 17%，国民收入下降 13%。

第二，通货膨胀失控，财政赤字更加严重。1992 年底与 1991 年底相比，商品批发价格上涨了 31 倍，零售商品价格则提高了 15 倍，而食品价格竟然比 1989 年增加了 80～130 倍。1992 年通货膨胀率达 875%，财政赤字达 9500 亿卢布。

第三，国有资产大量流失，居民生活水平急剧下降。在私有化过程中大量国有资产流失，养肥了一批新贵。而普通俄罗斯公民得到的价值 1 万卢布的私有化证券只不过相当于 32 美元，在物价飞涨的情况下几乎毫无意义。1993 年，人均每月最低消费约需 1.6 万卢布，全俄约有 1/3 的居民在此水平线之下，甚至有

9%的人无力购买必需的食品。失业人口70余万，其中32%的人得不到任何补助。

第四，进出口额大幅下降，外汇储备趋于枯竭。1992年，俄罗斯对外贸易总额比1991年下降了23%，1993年又继续下降了12%，造成外汇的严重短缺和沉重的债务负担。1993年底，俄罗斯宣布放弃“休克疗法”。

总之，“休克疗法”的实施主要是因为政治上的需要，叶利钦政府对过去苏联的社会主义理论和实践基本持否定态度。从“休克疗法”实施的结果看，达到了叶利钦等人所追求的西方式“民主、自由”的政治目的。同时，“休克疗法”摧毁了社会主义赖以存在的经济基础，使俄罗斯经济改革的进程和建立市场经济体制的方向不可逆转。

(二)俄罗斯经济的逐渐调整与复苏

1.俄罗斯经济的逐渐调整。1993年12月切尔诺梅尔金就任总理后，明确表示赞成前政府确定的向市场经济过渡的改革总方针，继续深化改革，但同时又表示必须对改革策略做灵活的修正和补充，并开始逐渐对经济政策进行调整。

第一，加强国家宏观调控，实行财政稳定政策。整顿经济秩序，加强对物价、税收、外汇以及战略原料和能源出口的监督，制定一系列经济法规，削除一些领域出现的管理真空，严厉打击各种经济犯罪。

第二，实行经济结构改革。调整信贷税收政策，减轻企业负担，鼓励投资；重点扶持农业、能源和有竞争力的企业；在国有经济的非国有化问题上，由大规模私有化转向有选择地使某些企业非国有化，使之与改善经济结构相结合，注重提高经济效益。同时，仍保留一部分国有企业和国家控制的股份，对属于国家的资产加强有效管理。

第三，加强居民的社会保障。着力解决居民存款贬值问题和拖欠工资问题，适当降低个人所得税，提高农产品收购价格，增加社会保障拨款，提高退休金和工资，保障居民的教育、医疗和文化等一系列社会需求。

第四，积极调整对外经贸政策。一方面，变消极等待外援为积极争取合作，对外资实行优惠政策，鼓励外国资本来俄直接投资。另一方面，积极拓展对外经济联系，为了进一步同世界经济接轨，俄罗斯改革外贸体制，积极申请加入世界贸易组织。开展全方位的对外经济活动，开拓与独联体的经济合作空间，加入亚太经合组织，融入亚太尤其是东北亚地区经济一体化进程。

2.俄罗斯经济的艰难复苏。随着上述政策的实施，从1995年开始，经济中的积极因素有所增加，出现了局部好转的迹象。1996年，经济下滑的幅度趋缓。

1997年,经济终于摆脱多年的负增长开始走出谷底,增长率为0.4%,国内生产总值增长1.2%,工业生产总值增长3.2%,零售贸易额增长3.9%,居民收入增长2.5%。

但是,1997年10月,受东南亚金融危机和世界石油价格下跌的影响,俄接连出现了四次金融动荡,酿成了一次规模空前的经济、政治、社会危机。稳定了两年的卢布汇率遭到冲击;物价暴涨,失业人口急剧增加,1/3的居民在贫困线以下;俄政府失去了外国投资者和国内老百姓的信任。在这场金融风暴中,俄政坛也出现了危机。1998年3月23日,叶利钦以"政府缺乏活力"为由,解除了切尔诺梅尔金的总理职务,任命35岁的基里延科为总理。基里延科治国乏术,同年8月21日,国家杜马召开紧急会议,通过了对基里延科政府的不信任决议,并要求叶利钦总统辞职。叶利钦不得不罢免基里延科,9月10日,只好同意国家杜马的提名,任命普里马科夫为总理。

普里马科夫就任后,提出了《俄罗斯联邦政府和中央银行关于稳定国内局势的措施》,通过一系列的政策调整,如向居民提供生活保障、争取实现金融和财政的稳定、改变私有化政策、支持民族工业的发展等,俄罗斯的政治、经济形势在一定程度上有所好转。1999年3月,俄罗斯经济出现复苏,但是并未走出困境。

(三)世纪之交俄罗斯经济改革的成效

2000年3月26日,普京当选为俄罗斯新一届总统,标志着俄罗斯进入了一个新的历史时期。普京执政后,为了恢复和振兴俄罗斯经济,提出了"强国富民"和"实现经济快速增长"的战略思想。

1.普京政府的经济改革。普京主张俄罗斯既不能回到以往的计划经济体制,也不能照抄西方激进的经济改革模式,而应走"第三条道路",将市场经济与俄罗斯的现实相结合,探索符合俄罗斯国情的经济改革道路和经济发展模式。

第一,加强国家宏观经济调控体系。普京主张建立国家干预的市场经济,强调俄罗斯必须在经济和社会领域建立完整的国家调控体系,并且采取了一系列强化国家管理职能、落实国家对经济的宏观调控的措施。如加强中央集权、保护各种所有制形式的积极性、国家保持对有战略意义的经济部门的控制、为企业创造平等的竞争条件等。后来,普京又主张建立"有秩序的市场经济",强调的不再是加强国家干预,而是保证市场经济体制和维护市场经济运行条件方面的作用,这些作用主要有:保护所有权;保证竞争条件;保护经营自由;建立国家统一的经济空间;实施社会政策等。

第二,改善投资环境,鼓励增加投资,加速经济发展。普京放弃货币主义的政策,强调刺激经济快速增长,而经济增长的决定性因素是增加投资。为此,修改有关吸收外国投资的法规，制定了《俄罗斯联邦自由经济区法》、《俄罗斯联邦自由贸易区法》等。同时通过首脑外交等各种主动的外交行动，争取国际组织、外国政府和企业支持俄经济改革以及对俄投资。

第三，大力整顿经济秩序，取缔"影子经济"，打击经济犯罪。整顿法律秩序，消除部门、地区间的种种壁垒，建立国家统一的经济空间；适当增加货币的发行量，扭转经济实物化倾向，扩大市场的现金交易并提高其透明度；加强实施个人税收的申报制度，将"灰色收入"纳入国家管理的轨道；加强对经济犯罪案件的侦破工作，打击和惩办官僚的贪污腐败，追缴其贪污和侵吞的赃物赃款；制定既往不咎的政策，采取软硬兼施的办法，要求莫斯科和地方的企业界返回其转移国外的资金；并向违法乱纪的金融工业寡头宣战。

第四，提高居民收入，扩大消费需求。政府决定把反贫困和增加居民实际收入作为政策的优先方面。对国家公务员将实行高薪养廉政策，对职工保证其工资增长水平超过通货膨胀率，对退休人员实行最低退休金指数化，对生活在贫困线以下的家庭实行针对性的社会帮助。根据政府长期经济发展纲要，居民消费需求应在10年内增长80%。

第五，建立有效的财政金融体系。在财政方面，继续进行税制改革。通过了《税法典》，减少税种，降低税率，税种由几百种减少到50种，利润税从35%降至30%；改变个人所得税的计征办法，即由实行累计税率(12%、20%和30%)改为实行统一税率(13%)；实行烟酒国家专营；加强税收征管，严格财政纪律，消除税收拖欠现象，杜绝易货及其他非货币结算形式。

在金融体制方面，调整和完善现行金融体制。继续进行银行重组并建立新的银行体系；建立银行储蓄保险制度；恢复和发展各种证券市场，建立文明的金融证券市场和合理的融资渠道；保持卢布汇率稳定的低通胀率。

第六，进行结构改革，重塑经济发展的结构框架。首先，重视农业，认为没有农业的发展，就不可能有俄罗斯的复兴。针对农业部门亏损、各地土地立法混乱的局面，普京提出实行国家扶持、国家调控和农村及土地所有制改革相结合的政策。在普京的推动下，2001年10月25日颁布了统一的《俄罗斯联邦土地法典》，为土地制度的变革和土地市场化提供了法律保障。其次，实行积极的工业政策，优先发展在技术领域处于领先地位的行业，支持高新技术产业的发展。再次，增加对教育、医疗、住房、农业等四大领域的投资，加强基础建设，注重解决民生问题，以推动经济的进一步发展。

第七，加强同世界经济的联系，逐步实现俄经济与世界经济的一体化。普京政府积极申请加入世贸组织，争取尽快加入国际经济活动的调节体系；在坚持独立自主的同时,努力通过各种外交活动,争取国际组织、外国政府和企业增加对俄罗斯的投资;积极支持企业或公司的对外经济活动,成立联邦出口支持署,为俄罗斯生产厂家的出口合同提供担保;发展军工产业,扩大军火出口。与此同时,坚决抵制国际商品、服务及资本市场歧视俄罗斯的行为,推动俄罗斯经济与世界经济的一体化进程。

2.普京政府经济改革的成效。在新一届政府的努力下,俄罗斯的经济一直保持较快增长。2000年俄罗斯经济开始走出低谷,国内生产总值比1999年增长了8.3%,结束了长达10年的危机,开始进入一个相对平稳的复苏阶段。2001年,农业形势明显好转,粮食产量破苏联时期的记录,成为世界粮食出口大国。2003年,国内生产总值达到4652亿美元,同比增长17.3%,工业产值增长7.3%。2004年国内生产总值增长7.1%,居民实际收入增长8.4%。据2005年底俄罗斯政府公布的经济数据,2005年俄国内生产总值增长6.4%,居民实际收入增长了9.1%。与此同时,俄罗斯的进出口增长迅速,黄金外汇储备急剧增加。2003年,俄外贸总额首次突破2000亿美元,达到2092亿美元,黄金外汇储备达到720多亿美元。普京时期的经济增长,固然与国际能源加快上涨有关,但不能不说,它也是普京政府经济改革与政策成效的体现。

从长远来看,俄罗斯振兴经济的任务还十分艰巨,创造良好的投资环境还是一个长期的任务,振兴经济的道路并不平坦,经济发展会有波动。但是,由于俄罗斯拥有丰富的自然资源和人力资源,其经济发展的潜力是巨大的。更重要的是,俄罗斯正在不断探索、寻找一条适合本国国情的经济发展道路。

二、俄罗斯的政治与变革

(一)俄罗斯政治体制的转轨

俄罗斯独立后,其政治体制转轨的主要目标是建立西方式的多党议会民主制度。在俄罗斯政治体制转轨过程中,政权的建立经过了一系列的调整和斗争。独立初期,由于总统与议会之间权力划分不明确造成了实际操作中两派间的政见分歧和激烈斗争,从而一度形成了实际上存在的国家政权"二元权力中心"的局面。总统派和议会派斗争的焦点是建立以总统为中心的总统制政体还是建立以议会为核心的议会内阁制政体,是加强总统权力还是削弱总统权力,其实质是双方对国家最高权力的争夺。两派的激烈争夺最终导致兵戎相见,1993年10月,以叶利钦为首的总统派炮轰俄罗斯议会所在地——"白宫","十月流血事件"

以议会派的失败告终，从而也结束了当时国家存在的“双重政权”局面。

(二)俄罗斯政治体制的确立

1993 年宪法规定，俄罗斯的国家政体为总统共和制，实行立法、行政、司法三权分立。其基本特点可概括为：总统权力极大，议会权力极小，政府缺少独立性，从而形成了一种“强总统、弱议会、小政府”的权力格局。也正因为如此，俄罗斯的政治体制被舆论普遍称为“总统集权制”或“超级总统制”。

1. 总统。俄罗斯总统既是国家元首，也是俄罗斯武装力量最高统帅。总统由公民直接选举产生，总统决定内外政策，有权直接任命政府，有权提出法案和签署总统令，有权决定国家杜马选举和解散国家杜马，拥有否决权和决定全民公决的权力，等等，可以说总统集外交、行政、立法大权于一身。

2. 联邦会议。俄罗斯联邦会议是俄罗斯联邦的代表与立法机关。它由联邦委员会(上院)和国家杜马(下院)两院组成。联邦委员会的主要职能是对国家杜马提出的法案进行复审，批准联邦主体边界变更、总统关于战争状态和紧急状态的命令，决定境外驻军、总统选举及弹劾、中央与地方关系问题等。国家杜马是俄罗斯的立法机构，所有的法案必须先由国家杜马审理。国家杜马对总统提名的政府总理有确认权；有权对政府提出不信任案；有权提出弹劾总统的指控，但必须是在总统犯叛国罪或其他重罪的情况下才能提出。

3. 行政体制。俄罗斯联邦政府是国家权力的最高执行机关。它由联邦政府总理、副总理和各部部长组成。联邦政府既对联邦议会负责，也对联邦总统负责。它本身的权力很小，关键部门由总统直接领导，总统可以直接任免各部部长，因此联邦政府几乎成了总统的直接办事机构。

4. 司法体制。司法系统包括联邦宪法法院、联邦最高法院、联邦最高仲裁法院和联邦检察院。联邦宪法法院主要对联邦委员会和国家杜马的法律章程和决定、总统的命令、其他联邦机构的文件、各共和国的宪法、联邦主体的法律和法规、联邦内部条约和国际条约是否符合联邦宪法等做出裁决。联邦最高法院是民事、刑事、行政和其他案件的最高司法机关，它根据联邦法律规定的诉讼程序对法院的活动实行司法监督并对审判实践问题做出解释。联邦最高仲裁法院、联邦检察院系统实行集中统一的领导体制，联邦总检察院对犯罪案件侦查的合法性进行监督，支持在法院的公诉，为维护国家利益和公民权利与自由向法院提起诉讼，就国家机关、地方自治机关和公职人员的违法行为向法院提起诉讼。

5. 政党制度。苏联解体后，俄罗斯出现了形形色色的政党和政治组织，它们的政治纲领和组织情况各异。1993 年通过的俄罗斯新宪法规定：在俄罗斯联邦承认政治多元化和多党制，每个人都享有自由组成社会联合组织的权利，从而奠定了多党制在俄罗斯的宪法基础。此后，各种类型的政党活动非常活跃，斗争也非常激烈，但斗争重心逐渐从街头转向议会。1995 年国家杜马又通过了《俄罗斯联邦社会联合组织法》，对实施多党制的宪法原则作了具体规定。

总的来讲，俄罗斯“总统集权制”在确立后初期运行比较正常，这种权力体制在当时对稳定国内局势发挥了一定的积极作用，使国内政治生活开始走上法制化轨道。

(三)普京时期的俄罗斯政治变革

2000 年 5 月，普京执政后，奉行顺乎民心的“强国富民”路线，赢得了军队、强力部门和广大选民的拥护，也赢得了许多党派的支持配合，进一步强化了国家政权，强化了总统的权力。并且对俄罗斯的政治体制进行了根本性改革，采取了有力措施，进一步维护了国家的统一和稳定。

1. 普京进一步改革和加强了联邦制，建立联邦区并任命总统驻联邦区代表。2000 年 5 月 13 日，普京签署命令将俄联邦划分为 7 大联邦区，在每个联邦区设立由总统任命并直接对总统负责的总统特使(或称“总统全权代表”)。为保证俄罗斯有一个统一的法律空间和政令的畅通，普京还分别签署了《关于联邦主体国家权力机关组织的普遍原则》、《俄联邦地方自治法》。2004 年，普京又提出改变地方领导人产生办法，取消原来的直接选举，改为由总统提名、地方议会选举产生。2005 年 4 月 22 日，国家杜马通过了在 2007 年按新规定选举的法律，所有地方行政长官均将按总统提名、地方议会选举的办法产生。这些措施加强了总统对国家的垂直领导。

2. 改革联邦委员会(上院)，改变国家杜马(下院)代表的产生方式。规定新的联邦委员会是常设立法机构。联邦主体议会派出的上院代表，由地方议会选举产生。联邦主体执行权力机构派出的上院代表，由地方行政首脑提名、并经地方议会 2/3 多数票同意，从而使联邦委员会成为不受地方势力影响和干扰的独立立法机构。2004 年，普京又提出对国家杜马的改革，即国家杜马代表选举全部席位由进入杜马的党派按比例分配。此外，为完善联邦制，普京还在 2005 年的“国情咨文”中提出合并联邦主体的建议。2008 年 12 月 30 日，梅德韦杰夫总统签署了延长总统及国家杜马(议会下院)议员任期的宪法修正案。根据宪法修正案，俄罗斯总统和国家杜马议员的任期由原来的 4 年分别延长到 6 年和 5 年，政府领导人将每年向国家杜马汇报工作，接受杜马监督。

3. 整顿联邦宪法秩序纪律。普京于 2000 年 8 月 1 日签署的《关于联邦主体国家权力机关组织的普遍原则》规定,俄联邦中央权力机构和总统有权整顿国家的法律秩序。此外,俄联邦宪法法院还专门做出了有关审查阿迪盖、巴什科尔特斯坦、科米、北奥塞梯、印古什、鞑靼斯坦等6个共和国的宪法和法规的决定,限期它们修改自己的宪法和法规,使之与俄联邦宪法和法律相一致。

4.普京重点打击有严重违法犯罪行为的金融、工业和媒体寡头势力,使国家政权重新"国有化"。叶利钦时代,金融、工业寡头势力在私有化中异军突起,在叶利钦的利用和怂恿下操纵了国家政权,这一现象被称为俄罗斯国家政权的"私有化"。普京选择经济问题作为打击寡头势力的突破口,使国家政权重新"国有化"。联邦执法机构对列别佐夫斯基和古辛斯基所属公司进行了搜查,掌握了其贪污犯罪证据,拘留了古辛斯基,列别佐夫斯基也辞掉了国家杜马议员一职,把公众电视台的股份卖给了国家,出走他乡。之后,政府一方面加强对国有媒体的扶持,在政策上给予倾斜;另一方面运用法律手段迫使寡头在相当程度上从大众媒体领域退出。金融、工业寡头涉政扰政的行为有所收敛,普京作为强势总统的权力地位更趋稳定。

5.普京加强了总统权力的政党基础。普京奉行广泛团结各派政治力量的方针,保持总统办公厅和政府机构的基本稳定,注意吸收各派政治力量和各个政党的代表参加出国访问团和政治经济改革纲领以及文件的制定。他除了支持作为政权党的"团结党"的发展外,还频繁地与一些反对党接触,以促进各政党的协调发展。与此同时,普京加快了俄罗斯政党政治的法制化进程。2001年,普京签署并正式颁布《政党法》,对政党的成立、登记和撤销,党员的人数和地区组织的数量,政党的宗旨和活动形式,政党的权利和义务等,都作了详细规定,俄罗斯的政党政治进一步纳入法制化轨道。

6.普京严厉打击民族分裂主义、恐怖主义等极端势力,加强对车臣等地的综合治理,巩固国家的统一。普京上任后,明确地把打击恐怖主义作为第二次车臣战争的旗帜,获得了俄罗斯全社会的支持,也遏制了西方国家对车臣分裂主义的支持。他下令对车臣境内残存的武装叛乱分子进行全面清剿。在车臣叛乱分子制造的2002年莫斯科人质事件和2004年别斯兰人质事件中,他都要求采取果断措施予以解决。他还对一些西方国家施压,使美国等西方国家承认车臣叛乱武装是恐怖主义分子,切断车臣分裂势力的国际支持。在俄罗斯的严厉打击下,在车臣全境摧毁了非法武装组织的反抗。2005年以来,马斯哈多夫、古达耶夫、巴萨耶夫等叛乱头目先后被击毙或炸死。此后,俄罗斯开始在分裂势力比较集中的南部联邦区,特别是车臣地区进行政治、经济和军事的综合治理。与此同时,俄罗斯加大对车臣的财政投入,帮助车臣人民恢复生产,加强城市和农村建设，取得了明显的成效。这些措施增加了普通百姓的安全感，增强了人民对解决车臣问题的信心，维护了俄罗斯的领土完整和统一。

第三节　俄罗斯的对外政策

一、俄罗斯对外政策的调整

苏联解体后，俄罗斯联邦单独继承了苏联的外交遗产。1991 年 12 月 21 日，苏联 11 个共和国领导人在哈萨克斯坦首都阿拉木图签署决定，苏联在联合国安理会的席位由俄罗斯继承。但是，为了维护自己的国家利益和国际地位，俄罗斯独立后在对外战略和对外政策的制定和实施上也经历了一个不断争论和探索的过程，经历了从向西方"一边倒"到"双头鹰"式全方位外交的转变。

（一）向西方"一边倒"的外交政策

俄罗斯独立初期，以叶利钦为首的"民主派"，为国家制定的对外战略目标就是积极争取西方国家在经济、政治方面支持和帮助俄罗斯实现制度的变更，全面加入西方国际政治经济和安全体系。为了实现这一战略目标，俄罗斯采取了向西方"一边倒"的对外政策。具体内容是：第一，以西方价值观为取向确立关系的亲疏，开展以西方为重点的外交活动，力求与西方国家建立"伙伴"关系和结成"盟友"关系。与美国结成"战略伙伴关系"，积极改善与西欧国家和欧盟的关系，以达到回归欧洲、融入欧洲的目的。第二，对外活动的重要目标是谋求西方提供的直接经济援助和投资，以帮助俄罗斯融入世界经济体系。俄罗斯在外交上做出低姿态，在制裁伊拉克等一些国际重大热点问题上与美国保持一致；在削减核武器和从波罗的海撤军等问题上做出了让步；并宣布手中的核武器不再瞄准西方。第三，在世界范围内实行收缩政策，减少或撤销对原来盟友和第三世界国家的支援，与苏联的传统盟友和独联体国家逐步疏远，甚至对东欧和独联体中部分国家要求加入北约持无所谓态度。俄罗斯还大大减少了对印度的援助，并认为与朝鲜的关系已不再重要，先后取消对朝鲜的各种援助。

然而，俄罗斯向西方"一边倒"并没有达到预期目的。西方并没有真正把俄罗斯看成是"自家人"，所承诺的援助不仅多数附有苛刻条件，而且不给俄罗斯相应的政治伙伴地位，反而趁俄衰落之机向俄的传统势力范围进行渗透。这不仅激起俄罗斯强烈的民族情绪，也使俄罗斯的领导人逐步认识到，要重返国际舞台、恢复俄罗斯的大国地位，西方是靠不住的，从 1993 年起，俄罗斯开始对外交政策做出重大调整。

(二)“双头鹰”式的全方位外交政策

1993 年初，叶利钦提出，俄罗斯“应像它国旗上的双头鹰那样，一头看西方，一头看东方”，“不仅在西方，而且在东方都保持政治利益的均衡”，俄罗斯外交政策开始转向“双头鹰”式外交。1993 年 4 月，俄政府出台《俄罗斯外交政策构想的基本原则》，提出要维护俄罗斯的国家利益和大国地位，推行“全方位”的外交政策。1993 年 11 月和 12 月，叶利钦先后访问韩国和中国，以表明俄罗斯的外交“需要从面向西方转为面向东方”。1994 年 1 月 10 日，北约首脑会议正式宣布，北约对新成员是敞开大门的。此后，俄罗斯加快了政策调整的步伐。1994 年 3 月，叶利钦发表的“国情咨文”提出了俄罗斯外交战略的原则——“恢复强大的俄罗斯”，明确了“以恢复大国地位，确保势力范围”为核心内容和总体政策目标。同年 4 月，俄政府出台的《俄罗斯外交政策构想的基本原则》为独立后俄外交战略的基本形成作了重要的理论和政策准备。1995 年，叶利钦发表的“总统国情咨文”又进一步提出俄全方位外交战略方针。1996 年 1 月，叶利钦任命普里马科夫担任外交部长，开始实施全方位外交战略。“多极世界论”逐渐成为俄罗斯外交的指导思想，俄外交政策的独立性、全方位性更为突出。1997 年 3 月，叶利钦在“国情咨文”中指出，俄罗斯外交政策的目标是建立以多极世界为原则的国际关系体系。

1997 年 12 月，叶利钦总统签署了《俄联邦国家安全构想》，提出了“加强作为大国的俄罗斯在正在形成的多极世界中有影响的中心之一的地位”，并指出这一方针的主要内容是：在自愿的基础上组织独联体国家实现一体化联合；同其他大国发展平等伙伴关系；开展国际合作，与跨国犯罪和恐怖主义活动作斗争；加强俄罗斯在国际组织中的重要作用。在外交具体实践上，优先发展与独联体的关系，进一步推动独联体一体化的进程；倡导多极世界，坚决反对美国独霸的单极世界，争当多极世界中独立的一极；更加强调与西方国家建立“平等的伙伴关系”；积极地改善与中国、印度的关系，与东盟国家和日本发展政治对话和经济联系；积极在中东开展外交活动。由此，俄罗斯的全方位外交战略得到确立。

总体上来说，全方位外交强调独立性，放弃“意识形态西方化”的方针，以现实的国家利益及发挥大国作用作为出发点；强调全方位性，放弃“西方化”取向；强调大国等距离性，放弃亲美、亲西方大国的倾向。

二、新世纪俄罗斯重振大国雄风的对外政策与外交实践

2000年,普京上任之初,重新认识和判断了俄罗斯的国际地位,很快就出台了《俄罗斯联邦国家安全构想》(2000年1月10日)和《俄罗斯联邦外交政策构想》(2000年6月28日)等一系列文件,确立了新世纪俄罗斯的对外战略和对外政策,明确了俄罗斯外交的基本任务是实现国家利益,对外战略的总体目标是建立多极世界,确保大国地位。

(一)重振大国雄风的对外政策

1.建立国际新体系。希望建立相互平等、相互尊重和互利合作原则之上的稳定的国际关系体系,强调联合国在21世纪仍然应当是调解国际关系的主要中心,应加强联合国在国际上的凝聚作用。

2.加强国际安全合作。主张在加强全球和地区安全的同时,进一步降低武力因素在国际方面的作用,俄罗斯将根据自己的国家利益和所承担的国际义务,积极参与以联合国等国际机构名义进行的国际维和行动。

3.发展国际经济关系,认为促进国家经济的发展是俄罗斯对外战略的优先方面。俄罗斯将创造有利的外部条件,以使国家在市场经济条件下实现对外经济专业化,确保俄罗斯在国际分工中获得最大的经济效益。

4.尊重人权和人身自由。强调俄罗斯将遵循民主社会的价值观,力求在遵守国际法准则的基础上维护俄罗斯公民和国外同胞的权益。

5.确定外交活动的优先地区。普京把发展与独联体所有国家的睦邻关系和战略伙伴关系作为俄罗斯外交活动的"优先方面",并保证与独联体国家进行的双边和多边合作符合国家安全的利益;称发展与欧洲国家的关系是俄罗斯外交的"传统的优先方面",主要目标是建立全欧安全与合作稳定的民主体系;重视改善与美国之间的关系;强调亚洲在俄罗斯外交活动中具有越来越重要的意义,认为俄罗斯亚洲外交极为重要的方向之一是发展与亚洲主要国家的友好关系,首先是中国和印度,等等。

新世纪俄罗斯的对外政策既不同于冷战时期苏联的政策,也不完全等同于叶利钦时代的政策,而是在继承基础上的创新,显示出俄罗斯外交的新特点:即要从俄罗斯国力出发,以最大限度维护国家利益为核心,以复兴国家为目标,以谋求和捍卫经济利益为重点,灵活变通,具有强烈的务实性色彩。这一外交政

策，使俄罗斯大国形象得到增强，在国际社会中的地位不断得到提升。

(二)俄罗斯的对外关系与外交实践

1.加强对独联体的控制。独联体地区是俄罗斯的后院，也是俄与西方争夺的重要地区。俄在对外政策中一直把发展同独联体国家的关系置于优先地位。2000年初，普京明确表示，“同独联体国家的合作在过去、现在和将来都是俄绝对优先的方针”。普京当选总统后首次出访的3个国家中就有白俄罗斯和乌克兰2个独联体国家。普京于同年5月宣誓就任俄总统后，立即选择乌兹别克斯坦和土库曼斯坦这2个独联体国家作为他的出访国，后来又访问了摩尔多瓦。2000年1月25日和6月21日，独联体国家元首理事会先后在莫斯科举行了两次会议。独联体12国领导人均出席了会议。在6月21日的独联体首脑会议上，12国总统一致通过了维护世界战略稳定的声明，主张原封不动地保持俄美1972年签署的反弹道导弹条约。

2.外交重点放在欧洲。俄罗斯从维护国家利益，特别是从坚持经济利益优先的务实对外政策原则出发，将俄的外交重点放在西方国家，以便西方更多地向俄投资和提供贷款来解决俄国内的经济问题。普京上台以来，遍访了欧洲主要国家，俄欧在各个领域的关系都有所发展。俄欧之间的经济合作进一步加强。2000年俄与西方关系发生的最令人瞩目的变化是俄英关系升温。普京访英是俄为改善与西方的关系迈出的关键一步。恢复俄罗斯与北约的关系，是普京谋求同西方改善关系的又一大外交举措。

在谋求与西方改善关系方面，俄罗斯依旧重视并积极发展同欧盟的关系。普京在会见欧盟代表团时表示，无论是在地理位置和文化方面，还是在经济一体化方面，俄罗斯过去、现在和将来都是欧洲国家，俄将一如既往地把发展同欧洲的关系放在首位。2002年6月的俄欧首脑会议提出启动俄欧一体化进程，将俄罗斯融入欧洲经济体系。2003年5月，俄欧首次讨论建立欧洲共同经济区。欧盟承认俄罗斯为市场经济国家，并表示支持俄加入世界贸易组织。在政治安全领域，俄欧在欧盟东扩、建立统一大欧洲、北约东扩、军备控制、核不扩散、地区冲突等一系列问题上展开了多层次、全方位的沟通与对话，两者之间的共识进一步增多，协调与合作进一步加强。2004年11月，俄欧首脑会议决定建立俄欧战略伙伴关系。

3.重视改善俄美关系。2000年普京上任之初，俄美关系一度紧张。普京2000年2月在致克林顿的信中指出，与美国的关系是俄罗斯对外政策的优先方面之一，总的来讲，俄美的战略目标是吻合的。普京在同年7月4日即美国独立日致克林顿的贺信中再次表示，俄希望继续积极与美国发展在各个领域的合作，加强两国和两国人民之间的信任和谅解。在普京的努力下，俄国家杜马批准了多年困扰俄美关系的《第二阶段削减进攻性战略武器条约》。条约的批准为俄美关系的改善扫除了一个重要障碍，形成了俄与美国改善关系良好的和自然的契机。美国“9・11”事件发生后，在孤立恐怖组织上俄罗斯与美国分享有价值的情报，为美国针对塔利班的军事行动提供“人道主义援助”，在外交上声援美国，以及在上海 APEC 会议期间美俄总统之间的会晤，使俄美关系大为加强。

4. 积极发展与亚洲主要国家的友好关系——首先是中国和印度。2001 年 6 月，中、俄、哈、吉、塔、乌 6 国元首在上海签署了《上海合作组织成立宣言》，这是中俄关系发展的一个重大成果。同年 7 月，两国元首在莫斯科又签署了《中俄睦邻友好合作条约》，为两国关系的发展奠定了法律基础。2004 年 10 月，普京访华解决了历史遗留的边界问题，签署《〈中俄睦邻友好合作条约〉实施纲要 2005～2008 年》，规划了两国关系进一步发展的方向。2005 年 5 月，中国国家主席胡锦涛赴俄罗斯出席在莫斯科举行的纪念卫国战争胜利 60 周年庆典。同年 6 月底 7 月初，胡锦涛主席对俄罗斯进行国事访问，两国签署了《中俄关于 21 世纪国际秩序的联合声明》和《中俄联合公报》。同年 8 月，两国举行首次联合军事演习，标志着两军交流完全恢复正常，两国的战略互信又上了一个新台阶。同年 11 月，俄罗斯联邦总理弗拉德科夫对中国进行正式访问，并同温家宝总理举行中俄总理第十次定期会晤。2006 年是中国的“俄罗斯年”，普京总统再次访华，两国签署了一系列合作文件，将俄中关系推向新的高潮。2008 年 5 月 23 日至 24 日，梅德韦杰夫总统对中国进行国事访问，两国签署《中华人民共和国和俄罗斯联邦关于重大国际问题的联合声明》，并发表《中俄元首北京会晤联合公报》。俄罗斯在巩固和发展同中国关系的同时，十分重视发展与印度的关系。2000 年 10 月，普京访问印度，俄印双方签署了《俄印战略伙伴关系宣言》，决定将两国关系提升为战略伙伴关系，标志着两国关系进入一个新的发展阶段。此后，俄印高层互访不断，在经济、科技、安全等领域签订了一系列的合作协议，两国的战略协作伙伴关系不断加强。2005 年，印度总统访俄，又加深了这两个传统盟友之间的特殊关系。而后，中、俄、印 3 国之间的战略协作关系开始启动。

此外，俄罗斯还加强与日本的对话与协调，两国还决定首脑定期会晤制度化，构建军事和经济领域的对话机制。2005 年 2 月，普京总统访问日本，俄日关系进入一个新的发展时期。俄罗斯还调整了对朝鲜半岛的政策，对韩朝实行平衡外交。俄朝两国签署了《俄朝友好睦邻合作条约》，普京和金正日进行互访，传统友好关系得到一定的恢复。俄罗斯也非常重视与东盟的关系，加强与东盟的对话与合作。2005 年 11 月中旬，东盟与俄罗斯举行“10＋1”会议，并邀请俄罗斯以观察员身份参加首次东亚峰会。

5.积极参与以国际组织为舞台的多边外交行动。俄罗斯加强了与中东地区国家的关系，积极参与中东和平进程，积极斡旋伊朗核危机，发挥自己的影响力。俄罗斯以国际组织为舞台的多边外交也很活跃。俄罗斯不仅支持和推动联合国的改革，主张联合国发挥更大作用，还参加了亚太经合组织，积极参与亚太地区的经济交流与合作。近年来更积极利用"上海合作组织"、"独联体集体安全组织"、"欧亚经济共同体"等组织，增进经济和安全合作。俄罗斯还积极参与"八国集团"的活动，争取"完全平等"的地位。2006年，首次担任"八国集团"主席国，主办"八国集团"峰会，与中国、印度、巴西等发展中国家领导人进行对话，讨论了能源等俄认定的重要国际问题，扩大了俄罗斯的国际影响力。

(三)当今俄罗斯外交政策的调整

2008年3月2日，俄罗斯举行总统选举，梅德韦杰夫以70.28%的得票率高票当选。同年5月宣誓就职。梅德韦杰夫多次表示，他将继续奉行普京的路线方针，实行普京制定的发展战略，即带领俄罗斯走上"创新国家"的发展道路，若干年后跻身世界经济前五强，提高人民生活水平，捍卫国家主权与安全。

2008年以来，俄罗斯外交呈现出与以往明显不同的强势特点。一方面，俄罗斯采取出兵格鲁吉亚等一系列军事和外交主动行动，使俄与美国、欧盟国家的矛盾和对立加深，关系出现重要调整。另一方面，俄继续奉行全方位务实外交，加强与独联体国家、印度、中国等国家的关系，大力拓展与拉美地区国家的关系，维护本国在全球范围内的政治经济利益，努力恢复作为大国的政治影响力。

苏联解体后，俄罗斯经历了经济衰退、国力下降的艰难时期。北约东扩、"颜色革命"等一系列事件，使俄在全球，特别是在周边的战略空间被一再挤压。尽管俄一直努力恢复大国地位，但在维护国家战略利益问题上却"心有余而力不足"。进入21世纪后，得益于石油价格上涨、国家政局稳定和部分经济改革措施效果良好，俄经济出现了快速发展，综合国力大大提升。2008年，俄实现了国家政权的平稳过渡。梅德韦杰夫就任总统后，普京出任总理，"梅普组合"不仅使普京担任总统8年的全方位务实外交方针得以延续，而且更加强调俄在国际事务中的外交主动性。在日益上升的国力支撑下，俄罗斯目前有能力针对北约东扩、美国在东欧国家部署反导基地等采取强硬反击措施。

俄罗斯的强硬反击在2008年8月份的俄格冲突中得到充分体现。在俄格冲突中俄所表现出的捍卫国家核心利益的决心是前所未有的，同时对北约继续东扩以及一些独联体国家加入北约的计划也是一种严厉警告。俄随后还宣布承认南奥塞梯和阿布哈兹独立，并在11月份宣布将在位于立陶宛和波兰之间的加里宁格勒州部署“伊斯坎德尔”导弹，以对抗美国在东欧国家部署反导基地。

加强军事外交是俄2008年外交主动性的又一表现。俄战略轰炸机飞抵委内瑞拉进行军事训练；俄海军舰队同委海军在加勒比海海域举行联合军事演习；梅德韦杰夫成功访问秘鲁、巴西、委内瑞拉和古巴，并签署了涉及经济、军事、能源等领域的多项合作协议。

在欧洲安全问题上，俄外交也表现出了更大的主动性。俄罗斯于2008年6月提出了新的欧洲安全观，倡导缔结新欧洲安全框架，取代现行的以北约、欧盟和欧安组织为支柱的欧洲安全框架。2008年11月普京在圣彼得堡出席国际人权问题会议时阐述了新欧洲安全条约三原则：第一，不能以牺牲别国安全为代价来保障本国安全；第二，不能采取危害统一安全空间的行动；第三，不能为了发展和扩大军事同盟而损害其他条约成员国。俄外长拉夫罗夫则指出，欧洲的安全离不开俄、欧、美三方的平衡，新安全框架是一种可信赖的集体安全体系，能确保所有国家都获得安全。

俄格冲突发生后，俄欧关系、俄美关系陷入低谷，但到2008年底逐渐出现回暖迹象。同年11月召开的欧盟—俄罗斯峰会决定恢复双方框架协议谈判，并同意于2009年夏天召开欧安组织首脑会议，讨论俄总统提出的欧洲安全新建议。在同年12月初召开的北约外长会议上，德国、法国等国顶住了美国的压力，力促北约做出逐步恢复与俄高层政治对话的决定。本次北约外长会议未能就乌克兰和格鲁吉亚加入北约“成员国行动计划”达成一致，两国加入北约的进程再次受阻。美国也在12月与俄恢复了军控问题对话。

这些变化说明，在全球化、反恐、共同应对金融危机等各种挑战的现实条件下，一个具有重要政治、经济、军事实力的俄罗斯被国际社会孤立是不可想象的。一方面，俄不愿被孤立，它会采取一切措施，利用各种优势，展开更加务实的多元外交行动；另一方面，由于各自利益存在差异，美国、欧盟和欧盟成员国内部，难以形成一致的对俄政策，很多欧洲国家需要俄提供石油、天然气；而在反恐、军控等领域，在处理朝核和伊朗核问题方面，欧盟、美国也需要俄的合作。

加大对新兴经济体的关注度，也是俄2008年外交主动性的重要表现。梅德韦杰夫和普京分别访问了中国、巴西、印度三国。与此同时，2008年，俄罗斯外交政策在地缘方向上的总体方针没有出现大的变化：继续加强与独联体及周边国家的关系；努力启动俄欧关系基础条约的谈判；重视俄美战略关系的平稳过渡；加强同经济高速发展的亚太地区的关系；继续拓展俄商品、武器装备和军事技术在中东和北非的出口市场。

总之,主动采取政治、军事和外交行动,努力阻止北约向独联体国家东扩,对美国在东欧国家部署反导基地采取不对称反抗措施,坚决维护本国的核心利益,是 2008 年以来俄罗斯外交最为重要的内容。另一方面,21 世纪初多极化格局的发展演变以及俄罗斯国力的不断增强,也要求俄罗斯以新姿态出现在国际舞台上,在国际事务中谋求更多的话语权。

思考题

1. 苏联解体的原因何在?
2. 俄罗斯“休克疗法”式改革的措施及其后果有哪些?
3. 普京时期俄罗斯对外政策有何变化和调整?

参考文献

1. 陆南泉等. 苏联剧变深层原因研究[M]. 北京:中国社会科学出版社,1999.
2. 江流等. 苏联演变的历史思考[M]. 北京:中国社会科学出版社,1994.
3. 宫达非. 苏联剧变新探[M]. 北京:世界知识出版社,1998.
4. 王正泉主编. 剧变后的原苏联东欧国家[M]. 上海:东方出版中心,2001.
5. 陈之骅等主编. 苏联兴亡史纲[M]. 北京:中国社会科学出版社,2005.
6. 陆南泉等主编. 苏联兴亡史论[M]. 北京:人民出版社,2002.
7. 于洪君. 在苏联废墟上的艰难探索[M]. 北京:当代世界出版社,1997.
8. 周新城. 对世纪性悲剧的思考——苏联演变的性质、原因和教训[M]. 北京:中国人民大学出版社,2000.
9. 王郦久,刘桂玲主编. 跨世纪的俄罗斯[M]. 北京:时事出版社,1997.
10. 许新主编. 叶利钦时代的俄罗斯·经济卷[M]. 北京:人民出版社,2001.
11. 海运主编. 叶利钦时代的俄罗斯·政治卷[M]. 北京:人民出版社,2001.
12. 海运,李静杰主编. 叶利钦时代的俄罗斯·外交卷[M]. 北京:人民出版社,2001。
13. 薛君度等. 新俄罗斯:政治、经济、外交[M]. 北京:中国社会科学出版社,1997.
14. 李静杰等. 俄罗斯与当代世界[M]. 北京:世界知识出版社,1998.
15. 郑羽主编. 独联体十年(上、下册)[M]. 北京:世界知识出版社,2002.
16. 冯绍雷,相兰欣主编. 普京外交[M]. 上海:上海人民出版社,2004.

第八章 发展中的亚非拉

亚非拉的崛起极大地改变了世界政治力量的对比，推动了世界历史的进程。亚非拉成为维护世界和平和促进世界经济发展的一支重要力量。冷战后亚非拉国家的经济发展环境发生了重大的变化，但经济发展的不平衡更加突出，不少国家政局不稳，出现了发展与动荡并存的局面。在经历了几十年的风风雨雨后，"南南合作"有了新进展，南北关系也在经济全球化和世界多极化趋势的影响下进入一个新阶段。亚非拉的发展进程是曲折的和坎坷的，至今仍面临着许多困难和问题。亚非拉的处境和发展趋势关系到世界的全局和人类的未来。

第一节　亚非拉的崛起

一、亚非拉的基本含义

"亚非拉"是第二次世界大战后出现的一个新概念，指亚洲、非洲、拉丁美洲原属于殖民地半殖民地而后争得民族独立的国家的总称，即亚非拉地区的发展中国家。但它不是一个国家集团，而是一种以主权国家为主体，以平等协商、互相合作为基础，奉行具有共同特征的对外政策，在国际社会处于同样地位的联合力量实体,是逐步形成并壮大的一支新兴力量。

亚非拉地域辽阔,人口众多,自然资源丰富。目前,它拥有130多个国家,约占全世界国家总数的80%,占联合国成员国的80%以上,人口有30多亿,约占世界人口总数的57%,土地面积约1亿平方公里,约占世界土地总面积的67%。仅从国家数量、人口和土地面积来看,亚非拉就构成国际社会的主体,是国际社会中一支不可忽视的力量。

随着民族解放运动的发展,亚非拉民族独立国家大量涌现,其地位和作用日益受到重视,它们既不属于以美国为首的西方世界,也不属于以苏联为首的东方世界。

随着两极格局的终结,广大的亚非拉国家,尽管面临着许多新问题,本身也有许多新变化,但它们在国际舞台上的战略地位并没有发生根本的改变。

二、亚非拉的形成与发展

亚非拉是随着殖民体系的崩溃和民族解放运动的深入发展而形成和发展的。亚非拉民族解放运动大体经历了三个阶段:

第一阶段,从第二次世界大战结束到20世纪50年代中期,民族独立运动的高潮主要在亚洲。1945年,朝鲜、越南、老挝、柬埔寨先后取得了民族独立。特别是新中国的成立,极大地鼓舞了亚洲的民族独立和解放运动。随后,缅甸、菲律宾、印度尼西亚、印度、巴基斯坦、锡兰(今斯里兰卡)、约旦、叙利亚、黎巴嫩、伊朗等一系列国家相继取得了独立,建立了民族独立国家。这使得西方帝国主义在东南亚、南亚及中东地区的殖民统治基本瓦解。

第二阶段,从20世纪50年代中期到60年代末,民族独立运动深入发展,从中东发展到北非以及撒哈拉大沙漠以南地区,在非洲掀起了民族独立的浪潮。1957年,加纳人民经过顽强斗争,成立了摆脱英国殖民统治的第一个非洲独立国家。从20世纪50年代到60年代,先后有32个非洲国家取得独立,仅1960年一年,就有17个国家取得独立。因此,1960年被称为非洲"独立年"。1963年5月,31个非洲独立国家在埃塞俄比亚首都亚的斯亚贝巴举行首脑会议。5月25日,会议一致通过了《非洲统一组织宪章》,成立了非洲统一组织,并把这一天定为"非洲解放日"。非洲统一组织的成立,标志着非洲国家和人民走上了团结合作、共同反帝反殖的道路。从此,非洲独立运动深入发展,许多英属非洲殖民地也先后独立。到1968年,非洲独立国家已增加到41个,英法在非洲的殖民统治基本结束。

第三阶段,20 世纪 70 年代以后,民族解放运动从非洲逐步发展到拉丁美洲地区和大洋洲地区,再次掀起高潮。在非洲,1974 年,安哥拉、莫桑比克等先后独立。1980 年,津巴布韦建立了共和国。1989 年,非洲最后一块殖民地纳米比亚也取得独立。在拉美,有 8 个殖民地先后获得独立。这一时期,民族解放运动的重点从争取政治独立转向发展民族经济,巩固政治独立,同时把政治斗争和经济斗争结合起来,使民族解放运动向纵深发展。

总之,第二次世界大战后,民族解放运动风起云涌,帝国主义的殖民体系彻底崩溃,一大批民族独立国家作为一支新兴的政治力量登上国际舞台,对世界历史进程产生了不可估量的影响。

三、亚非拉崛起的基本标志

十月革命开辟了人类社会历史的新纪元,资本主义势力不断受到削弱,社会主义力量日益得到加强。第二次世界大战的炮火,大大削弱了帝国主义国家的力量,迎来了一批社会主义国家的诞生,并形成社会主义阵营。尤其是新中国的诞生,对世界政治格局影响巨大。所有这一切,动摇了帝国主义数百年的殖民体系,使之土崩瓦解,民族解放运动风起云涌。在二战中,亚非国家站在反法西斯战斗的第一线,在英勇卓绝的斗争中,从政治、军事、思想和组织等方面锻炼自己,为本国民族解放斗争积蓄力量;拉美国家开展了反对帝国主义、封建主义的民族民主运动。在民族独立运动的基础上,亚非拉迅速崛起。

亚非拉崛起的标志主要包括以下几点:

第一,亚非会议的胜利召开,是亚非拉崛起的标志。20 世纪 50 年代初期,随着美国在侵朝战场上的失败,美国不可战胜的神话破灭。法国被迫退出印度支那。在社会主义国家的鼓舞下,亚非人民争取民族独立的运动迅猛发展。同时,老殖民主义还没有消除,新殖民主义又趁机而入。在这种情况下,新独立的民族主义国家迫切需要联合起来,共同反对帝国主义的干涉、颠覆活动,维护国家主权。1955 年 4 月 18 日,亚非地区民族独立国家,为了共同进行反殖斗争,维护国家的主权和独立,促进彼此间的合作与交流,在印度尼西亚总统苏加诺的提议下,经过充分酝酿和筹备,在印尼的万隆召开亚非会议。29 个亚非国家和地区的政府代表团共 340 人出席了会议。会议通过了《亚非会议最后公报》。公报包括经济合作、文化合作、人权和自主权等七个方面的决议。亚非会议是第一次没有西方殖民主义者参加的、自己讨论切身问题的国际会议,是亚非民族独立国家以一支新兴力量登上国际舞台、联合起来发挥独立作用的起点,是亚非拉兴起的重要里程碑。我国政府也应邀出席了会议。周恩来总理在大会上,针对帝国主义的挑拨离间,提出了“求同存异”的著名方针,为会议的顺利进行奠定了基础。这次会议体现了民族独立国家团结友好、互相合作,为反帝反殖、争取和保卫民族独立、维护世界和平而共同斗争的精神,被人们称为“万隆精神”。“求同存异,团结合作”的万隆精神极大地推进了亚非拉各国的联合反殖、反帝、反霸斗争,为20世纪60年代不结盟运动的兴起准备了条件。

第二,不结盟运动是亚非拉进一步觉醒和壮大的标志。在亚非会议的指引下,许多国家摆脱了殖民统治,获得了战后独立。但20世纪50年代后期,国际上形成了以美、苏两大国为首的军事集团。一些中小国家,特别是新独立的国家,为了摆脱大国的控制,维护来之不易的民族独立,要求执行独立自主、和平中立的不结盟政策。以南斯拉夫总统铁托为代表的一些国家领导人提出不结盟主张。他们所进行的国际联合的斗争形式被称为“不结盟运动”。

1961年9月,在南斯拉夫首都贝尔格莱德召开了第一届不结盟国家和政府首脑会议。共有25个国家的代表出席了会议。会议拟定了加入不结盟运动的五项条件:第一,奉行和平共处和不结盟为基础的独立外交政策;第二,始终不渝地支持民族解放运动;第三,不参加大国军事同盟;第四,不与大国缔结双边军事协定;第五,不允许在本国建立大国军事基地。最后发表了《不结盟国家和政府首脑宣言》,宣告了以独立自主、非集团、不结盟、联合自强为宗旨的不结盟运动的诞生。到2006年为止,不结盟国家和政府首脑会议共召开了14次,此外还召开过多次不结盟国家外长会议。不结盟运动发展很快,至今,其成员已发展到118个国家,还有19个观察员。

两极格局终结后,不结盟运动存在的基础受到很大冲击,处于历史的十字路口。大多数不结盟运动成员国,认为霸权主义、强权政治并没有消失,同时,认为不结盟运动应进一步努力促进解决发展问题,因此,不结盟运动的历史使命并没有结束,它仍是亚非拉人民为维护国家独立、发展民族经济、完成国际使命的重要形式。1992年9月,第十次不结盟国家和政府首脑会议在雅加达举行,这是冷战结束后不结盟运动的第一次首脑会议。会议通过了关于索马里、外债、人口、非洲基金、粮食安全、国际合作和联合国改革等7个决议,充分体现了成员国的求实精神、凝聚力和活力。

中国政府一贯支持不结盟运动。“在联合国安理会五常任理事国各类问题磋商中,我们经常征求安理会中不结盟运动成员国的意见”。[①] 在1992年第十

---

① 钱其琛:《变幻的国际形势和中国的外交》,《求是》,1990年第24期。

次不结盟运动首脑会议上，中国被邀请作为观察员国参加活动。

第三，七十七国集团的出现是亚非拉进一步发展的标志。民族解放运动的发展，并没有改变国际经济旧秩序，它已成为发展中国家经济发展的重要障碍。广大发展中国家早在 20 世纪 60 年代初，就要求改变这种不公平、不合理的国际经济秩序。七十七国集团形成于 1963 年。在第十八届联合国大会讨论召开关于贸易和发展问题会议时，75 个发展中国家共同提出了《联合宣言》。1964 年 6 月 15 日在日内瓦召开的第一届联合国贸易和发展会议上，发达国家和发展中国家在一些重大问题上产生尖锐分歧。77 个发展中国家和地区联合起来，发表了《77 国联合宣言》，要求建立新的、公正的国际经济秩序，并以此组成一个集团参加联合国贸易和发展会议的谈判，因而该集团被称为“七十七国集团”。虽然后来成员国逐渐增加，但集团名称仍保持不变。1973 年石油输出国组织开展了石油斗争，获得重大胜利。在这种形势下，应亚非拉国家的要求，联合国于 1974 年 4 月召开了专门研究原料和发展问题的第六届特别会议。大会通过《关于建立国际经济新秩序宣言》，第一次提出国际新秩序的主张。

七十七国集团成员国现已扩大到 134 个，已成为发展中国家在国际经济组织中共同利益的代表。它为促进南南合作、推动南北对话，为维护自己的正当权益以及改变不合理的国际经济秩序进行了不懈的努力，并取得了可喜的成就，在联合国贸易和发展会议主持的谈判中达成了一系列对发展中国家有利的国际公约和协定，在国际经济和政治领域发挥了不可低估的作用。

四、亚非拉的基本特征

在帝国主义殖民体系瓦解的基础上崛起的亚非拉国家，尽管在政治、经济、文化、历史和对外政策上相互之间存在很大差异，但它们作为一支新兴的政治力量，有其共同的特征，这些特征主要表现在：

第一，它们都有共同的遭遇、共同的情感、共同的愿望。这些国家自近代以来都曾经承受过，并且现在仍在承受着殖民主义所造成的灾难和痛苦。为了生存与发展，广大人民群众进行了不屈不挠的斗争，最终赢得了胜利。以前，这些国家沦为殖民地或半殖民地，遭受殖民主义的屠杀、掠夺和占领，处于贫穷落后状态。这些灾难和痛苦至今还给这些国家的人民留下了深深的伤痛。苦与乐赋予它们共同的思想感情、共同的语言，使它们有着维护民族尊严、发展政治经济文化的强烈愿望。

第二，巩固国家独立、肃清殖民主义影响、扩大民主，是它们共同的任务。国家独立是亚非拉人民的夙愿,而巩固国家独立在某种意义上说,比争得独立更难。因为它们面临着外来势力的颠覆,且新殖民主义的软硬兼施更难对付。从内部肃清殖民统治在各方面的影响、扩大民主,是这些国家面临的一项长期而艰巨的任务。

第三,发展民族经济、解决经济发展水平和群众生活水平低的问题,是它们的共同要求。亚非拉国家生产力水平普遍低下,产业结构不合理,人民生活困难。这是帝国主义长期掠夺的结果。为改变贫穷落后的面貌,它们一般都提出了社会经济发展战略,努力引用外部经济条件,克服国际经济旧秩序的束缚,实现本国经济的稳定增长。

第四,它们都有决心维护世界和平,反对侵略和战争。二战后这些国家虽赢得了独立,但超级大国的争夺又使它们沦为战场,给这些国家和人民造成了无尽的灾难和痛苦。为了发展民族经济,这些国家大都奉行和平、中立和不结盟的对外政策,以和平、中立和不结盟政策来反对和抵制侵略和战争,维护自己的主权和独立,维护世界和平,促进经济发展。

第五,它们都要求加强团结与合作。这些国家之间无疑存在着许多矛盾、分歧和疑虑,亚非拉国家只有加强团结与合作,包括经济上和文化上的合作,才能解决这些矛盾、分歧和疑虑。面对着纷繁复杂的世界,尤其是南北差距的日益扩大,亚非拉国家更加需要加强内部的团结与合作,以此来维护自己的利益,提高自己的地位,在国际事务中发挥自己的独特作用。

然而,亚非拉国家的确存在各种差异,情况十分复杂,其差异性主要有:一是社会发展阶段不同;二是经济发展水平不同;三是政治体制不同;四是意识形态不同。除此之外,其他如民族构成、风土人情等更是千差万别。这些差异是客观存在的,不承认或者不重视这些差异是错误的,但是不能因为这些差异就否定亚非拉国家的共同性。

五、亚非拉在国际舞台上的地位与作用

随着亚非拉的崛起和它在国际舞台上地位的不断提高,其作用不断增强。在国际政治格局发生新的变化,亚非拉国家处境面临新的困难的今天,它仍是国际舞台上一支不可忽视、具有独特作用的力量。

第一,亚非拉是促使世界格局演变的重要力量。第二次世界大战结束时形成的雅尔塔体制奠定了两极格局的基础。亚非拉的兴起和发展不断冲击着两极格局,从20世纪50年代中期开始,为反对美苏为首的两个军事集团的激烈对

峙，缓和国际紧张局势，进行了不懈的努力。20 世纪 70 年代以后，亚非拉为反对美苏两个超级大国的激烈争斗，维护世界和平，进行了顽强的斗争。亚非拉国家起到了牵制美苏的侵略、动摇美苏的霸权地位的作用。在新旧格局交替、世界新格局形成过程中，亚非拉的一些国家或国家集团，随着发展战略的调整、经济实力的增长、内部团结的加强，毫无疑问，一定会在未来的新格局中成为一支重要力量，为世界的和平和发展做出更大贡献。

第二，亚非拉是建立世界经济新秩序的基本力量。广大亚非拉国家在取得政治独立之后，面临的主要任务就是要发展民族经济，以经济独立来巩固政治独立。现存的国际经济秩序基本上还是建立在原先宗主国对殖民地剥削基础上的。为了改变不公正、不合理的国际经济旧秩序，从 20 世纪 60 年代起，广大亚非拉发展中国家进行了持续不断、卓有成效的斗争，迫使西方一些国家开始重视改善南北关系。20 世纪 80 年代以来，南北差距进一步扩大，众多的南方国家处境更加困难，它们要为建立国际经济新秩序而继续斗争。离开了南方国家的经济发展，世界经济，包括发达国家的经济很难有大的发展。这就决定了亚非拉发展中国家在建立世界经济新秩序斗争中的地位，也决定了世界经济新秩序的建立是不可阻挡的历史趋势。

第三，亚非拉是反对霸权主义、强权政治的主要力量。维护世界和平是世界人民的共同愿望，也是当今世界的一大主题。霸权主义、强权政治，始终是维护和实现世界和平的主要障碍。亚非拉国家渴望和平，需要和平的国际环境来进行经济建设，是维护世界和平的一支主要力量，也必然是反对霸权主义、强权政治的主要力量。如果说，过去在反对霸权主义、强权政治的斗争中，它们已经显示出巨大威力的话，那么，在今后反对霸权主义、强权政治的斗争中它们仍是一支主要力量。

第四，亚非拉的崛起深刻地改变着联合国的面貌。联合国是二战后建立起来的一个政府间国际组织，成立之初有 51 个会员国，包括 13 个亚非国家，本该具有广泛的代表性和权威性。但是，在相当长一段时间内，它一直为美国所把持。随着新兴民族独立国家的大量涌现，联合国的成员国已达 193 个，其中发展中国家占 3/4 以上。这种状况使联合国的面貌发生深刻的变化。如联合国的一些机构中，亚非拉国家代表的名额得到增加，对一些重大的国际问题和事件，众多亚非拉国家能够主持公道，通过联合国大会的民主表决，使之做出比较能反映世界大多数国家和人民愿望的决议。今后，亚非拉国家在支持联合国在维护世界和平、推进裁军进程以及解决国际争端等方面仍将发挥积极作用。

第二节　亚非拉的政治

由于种种原因,亚非拉国家的政治发展道路和政治体制呈现出明显的多样性。冷战后的民主化浪潮强烈地冲击了几乎所有的亚非拉国家,给亚非拉国家的政治带来了深刻的影响。

一、亚非拉国家的发展道路

一定时代的革命都是社会矛盾激化的产物。革命道路的选择是由主、客观条件决定的。革命胜利后,一个国家走什么样的发展道路,也是由多种因素决定的。一般来说,一个国家的革命道路决定其发展道路,但又不能绝对化。

挣脱了殖民主义统治而获得民族独立的亚非拉国家,由于政治、经济、历史传统、宗教信仰、生产力发展水平的差异,以及国际环境的影响,因而选择了不同的发展道路。

第一种情况,中国、古巴、越南、朝鲜以及老挝等国在无产阶级的领导下,坚定不移地走上了社会主义发展道路。

第二种情况,非无产阶级政党领导下的五花八门的"社会主义"。从1955年到1990年,先后有50多个亚非拉国家宣称要搞"社会主义"。但是,这些国家的"社会主义"都不是真正的社会主义,而且千差万别,名目繁多。它们在内政外交方面仿效苏联或中国。例如,把一些自然资源、银行和工商企业收归国有,建立国营经济;在农村进行土改,推行农业合作化;实行国家干预经济,限制并取消私人经济和市场经济;试图通过平均分配和福利措施实现社会公平。在对外政策方面,反对殖民主义、帝国主义和霸权主义,主张建立国际新秩序等。而实践证明,非马克思主义的"社会主义"经受不住国际风云变幻的考验,20世纪80年代以后,这些国家纷纷放弃了"社会主义"。

这些国家之所以选择"社会主义"道路,从内因来看,是因为这些国家的领导人多是革命的民族主义者,他们是在同西方列强的斗争中走上政治舞台的,民族的灾难和自身的经历使他们认识到,资本主义就是侵略、压迫、奴役、剥削和掠夺。独立后,宗主国仍然继续使用各种手段剥削和压迫他们的国家,因此,他们痛恨资本主义,不愿意继续走资本主义道路,而是选择走"社会主义"道路。这种选择不仅符合他们反帝、反殖的思想,而且能赢得同样具有强烈反帝、反殖思想的广大群众的支持。从外因来看，主要是因为，当时世界社会主义运动处于高潮时期，一系列社会主义国家取得的显著成就，为新独立的国家树立了榜样，对这些国家产生了极大的吸引力。这些国家的"社会主义"带有强烈的"非资本主义"情绪色彩，但实际上它们还不具有走社会主义道路的政治经济基础，加上它们所实行的一些政策严重脱离了国情，超越了历史发展阶段，因此，这些政策并没有解决它们的独立和富强问题。

第三种情况，资本主义发展道路。绝大多数亚非拉国家走上了资本主义发展道路。这些国家大多生产力水平低下，社会政治经济生活中封建色彩浓厚，他们走上资本主义发展道路是一种社会进步，符合历史发展的规律。

为什么二战后大多数亚非拉国家走上了资本主义发展道路呢？

从国际环境来看，二战后国际形势的发展，为这些国家向资本主义发展创造了有利条件。第一，被民族解放运动摧垮了的殖民主义者，无法再继续维持直接的殖民统治，但又不愿意完全丧失其长期享有的殖民利益，所以在政治上它们做出重大让步，和平交出殖民地的主权，允许这些国家独立，使这些国家独立后经济上继续留在世界资本主义体系中。第二，社会主义力量在二战后虽然有了很大发展，但与资本主义相比仍有较大差距，特别是某些社会主义国家内政、外交上的失误，在一定程度上削弱了对亚非拉的影响。第三，由于科技革命的发展，资本主义国家，特别是日本和联邦德国的经济迅速发展，出现了所谓的"奇迹"，这就更促使绝大多数亚非拉国家选择了资本主义发展道路。

从国内条件来看，主要有三个原因：第一，阶级力量对比。大多数亚非拉国家民族资产阶级占有优势，无产阶级力量比较薄弱。在民族解放运动中，领导权大都掌握在民族资产阶级手中。独立后，他们当然处于执政地位，也必然利用手中掌握的国家机器，制定和推行有利于资本主义的方针、政策，走上发展资本主义的道路。第二，大多数亚非拉国家的资产阶级具有反对帝国主义、殖民主义和封建主义的要求，具有强烈的民族主义意识，在一定的历史时期内，作为一种新的、先进的生产力的代表，能够致力于发展本国经济、维护政治独立、反映本国人民的一些共同利益，因而能够得到人民群众的拥护。第三，大多数亚非拉国家原有生产力水平极为低下，落后的小农经济、奴隶主经济和封建经济十分普遍，占有重要的甚至统治的地位。资本主义生产方式对于广大亚非拉国家原有生产方式而言，是先进的、有潜力的和有发展前景的。

大多数亚非拉国家选择了资本主义发展道路，这是二战后国际政治的现实。但是，完全效仿西方发达国家的模式未必能解决它们的问题。原因在于：与西方发达资本主义相比，大多数亚非拉国家虽然是资本主义生产关系占统治地位，但封建的、部落的前资本主义生产关系仍不同程度地存在;国家政权与私人财团相交织,民主法制不健全;无力完全摆脱对西方资本主义的依附;政局较为动荡,等等。如何选择适合自己国情的发展道路,对于大多数亚非拉国家来说,仍然是任重而道远。

二、亚非拉国家的政治制度和政治体制

亚非拉国家由于选择的道路不同,其政治制度自然也各不相同,不仅国体不同,而且政体更加复杂。亚非拉国家的政治制度分为两大类:一是无产阶级专政的社会主义制度;二是资产阶级或小资产阶级专政的资本主义制度。亚非拉同发达资本主义国家是不同的,我们称之为"民族主义国家",但其社会性质是资本主义的。这里仅就走上资本主义发展道路的亚非拉国家的政体略加介绍,主要有以下几种形式:

1.共和制政体。多数亚非拉国家实行这种政体,该政体是从西方发达资本主义国家移植或效仿而来。具体形式一般有两种:

第一种是议会共和制政体。它以议会为国家政治的中心,掌握国家最高权力,政府对议会负责,通过选举产生的总统只是国家元首,如印度、新加坡、委内瑞拉、哥伦比亚等多数国家实行议会共和制。印度是民族独立国家中议会民主制比较成熟和稳固的国家。它的特点是:内阁由议会选举产生并对议会负责;在议会中占多数席位的政党或政党联盟为执政党,执政党领袖就是政府首脑并组织内阁政府;国家元首(总统)的权力是象征性的、礼仪性的;内阁是个决策机构,国家行政权力完全是内阁(总理)掌握、行使。

第二种是总统共和制政体。它始于18世纪末独立战争后的美国,第二次世界大战后菲律宾、印度尼西亚、巴基斯坦、埃及、阿尔及利亚、塞内加尔、危地马拉等都仿照美国实行总统共和制政体。其特点是:总统由选民或选民代表选举产生并对选民(宪法)负责;总统既是国家元首又是政府首脑和军队最高统帅,集政府行政大权于一身;总统经议会同意任命政府各部部长、组成内阁,内阁各部长对总统负责而不是对议会负责;内阁不是决策机构,而是执行总统决策的一个执行机构。在实行总统共和制的民族国家中大多数又实行一党制,如非洲50个独立国家中有30个先后以不同方式采取了这种政治体制。

2.君主制政体。君主制政体的国家有三种情况:一是绝对君主制,是一种以世袭的君主作为国家元首而独揽全部国家权力,即君主拥有绝对的权力,"朕即国家",没有议会,也没有宪法,如沙特阿拉伯,国王兼任政府首相和教长,集立

法、行政、司法和军政大权于一身，伊斯兰教的《古兰经》和先知穆罕默德的遗训就是法律的依据，国王则是全国最高法律权威；二是议会君主制，议会是国家的最高立法机关，内阁由议会产生并向议会负责，君主没有实权，如马来西亚、泰国等；三是二元君主制，君主为国家元首，议会为立法机关，内阁向君主或同时向议会负责，君主的权力虽受到宪法和议会的制约，但国家实权主要掌握在君主手中，一些主要从事农牧业、工业落后、资产阶级力量较弱的国家实行这种政体，如尼泊尔、约旦、摩洛哥等。

3. 政教合一的神权制政体。这种体制是政权和教权合二为一。伊朗现在实行的就是这种政体。伊朗虽然有作为国家元首的民选总统，但国家的最高领导人不是总统，而是宗教领袖。宗教领袖统率全国的武装力量，有权罢免总统。这是在霍梅尼政教合一、神权高于一切的思想指导下建立起来的。1979 年的伊朗宪法规定，国家以《古兰经》为准则，实行政教合一的制度，确立了神权统治高于一切和宗教领袖在国家政权中的最高地位。目前，在政治、经济方面的具体内容也在进行调整，如实行内阁制，健全司法制度，实行工商企业国有化，适当放松政府对经济、外贸的控制，奉行独立、不结盟的外交政策。

4. 酋长制政体。这种体制最典型的是海湾国家中的阿拉伯联合酋长国。该国由 7 个小酋长国组成，各酋长国具有一定的独立性和自主权，有各自的内阁和临时宪法，酋长联席会议选举产生联邦酋长的总统和副总统，组成联合内阁，行使行政权，向联邦最高委员会负责。这种酋长制的国家已经逐渐接受了资产阶级共和制的一套政治制度，向着资产阶级共和制演变和发展。

5. 军人政权。这是民族独立国家中一种特殊的政权形式。一些国家在独立以后，国内社会矛盾激化、政局动荡、政变迭起，并由此产生军人掌权的军事专制统治。从 1954 年到 1972 年，各民族国家共发生 280 次政变(包括未遂政变)。拉美先后有 13 个国家由军人执政。非洲在二战后有 30 多个国家发生了 80 多次政变，有 20 个以上的国家建立过军人政权。在这些政变中，有的是代表资产阶级的激进军人为反对殖民主义、维护民族独立与发展而发动的政变，具有资产阶级民族民主革命性质。有的则是部族间的权力争夺和地区间的利益冲突而引起的政变，有的则是帝国主义、殖民主义和霸权主义利用矛盾，干预和策划政变并建立起军人独裁政权。

总之，亚非拉国家过去大多是西方的殖民地、半殖民地，独立后建立的新政权难免受西方政体的影响，但同时也必然会带有各国历史、文化的烙印。伴随着经济社会的不断发展，亚非拉国家的政治体制也会不断变革。

三、冷战后亚非拉国家的民主化浪潮

亚非拉国家的民主化进程源于第二次世界大战后。二战后亚非拉国家民主化取得了明显的成就，在摆脱了殖民地时期被压迫、被奴役的地位，成为国际社会中独立的主权国家的前提下，亚非拉国家不断探索与本国相适应的发展道路和模式，政治参与的民主化程度不断提高，集权体制逐步向民主体制发展，大多数亚非拉国家都不同程度地实行了有利于民族团结的政策。

冷战结束以来，亚非拉国家的民主化进程出现了新情况。苏联解体、东欧剧变对亚非拉国家，特别是对过去效仿苏联建立政治体制的国家，产生了巨大的冲击，使民主化掀起新的浪潮。

在非洲，从西非的贝宁到东非的莫桑比克、从北非的阿尔及利亚到南部非洲的赞比亚，都掀起了许多以多党民主为核心的政治风暴，仅 1990 年非洲就有 21 个国家宣布放弃一党制，改行多党制。在这种形势下，发展中国家在政治体制上纷纷进行形式多样的改革，基本上是朝着效仿西方宣扬的多党议会方向发展。在这股浪潮的冲击之下，非洲的政治面貌发生了重大变化。1989 年非洲实行一党制和军人统治的国家有 39 个，而经过 20 世纪 90 年代的民主化改革，目前非洲已经没有一个国家坚持一党制和军人统治了。

在拉美，大多数国家在 20 世纪 80 年代以前都效仿西方的政治体制建立了总统制或议会制，20 世纪 80 年代绝大多数国家以文人政权取代了军人政权，进入 20 世纪 90 年代后，拉美国家的民主化浪潮侧重于调整总统与议会的关系，完善选举制度，规范政党行为，建立和健全司法体系，进一步完善和严格规范三权分立的政治体制，不断巩固民主化的成果。

在亚洲，南亚地区在冷战结束前，除印度、斯里兰卡已较早建立议会民主制外，其余国家都长期实行军人独裁或君主专制统治。冷战后，巴基斯坦、孟加拉、尼泊尔等国在向议会民主制过渡的过程中都出现了良好开端。中东地区大多实行君主立宪制，冷战后该地区大多数国家的封建贵族阶层开始与新兴资产阶级分享权力，如科威特、伊朗及约旦以分权形式建立议会制度，沙特和阿曼两个君主制国家也建立了咨询议会制度，在贵族阶层中扩大了民主参政范围。冷战结束以后，东南亚的民主化进程更快，菲律宾、泰国、印度尼西亚等国家的强人独裁政权纷纷倒台。

冷战后的民主化浪潮之所以对几乎所有的亚非拉国家产生了强烈的冲击，其原因是多方面的：

第一，二战后不少亚非拉国家脱离自己的国情，超越历史发展阶段，盲目效仿或搬用苏联模式，结果使社会经济与政治陷入困境。苏联解体和东欧剧变所产生的巨大冲击波，直接诱发了这些国家的民主化浪潮。

第二，以美国为首的西方国家利用其优势地位，向广大亚非拉国家施加巨大的政治经济压力来推行其价值观念、意识形态以及政治和经济社会发展模式，迫使各国向其靠拢。冷战后亚非拉国家的民主化浪潮，就其实质而言，是在经济全球化趋势下世界政治普遍“西化”的反映，是以美国为首的西方发达国家强力推行西方意识形态和民主价值观的结果。

第三，20 世纪 80 年代以来，西方发达国家经济持续增长，人民生活水平不断提高，社会相对稳定，这些都对亚非拉国家产生了巨大的吸引力。西方国家的政治和经济模式对亚非拉国家产生了一定的示范效应。

第四，亚非拉国家独立后所建立的政治管理体制，由于种种原因，保留了较为浓厚的封建专制色彩，与现代民主制度相比存在巨大反差。亚非拉国家内部具有进行政治改革、迈向民主化的客观要求和内在动力。同时，20 世纪 80 年代以来，大多数亚非拉国家经济停滞，财政困难，债务沉重，人民生活困苦，社会动荡不安，它们迫切希望以推行政治、经济变革为契机，尽快摆脱贫困落后的面貌。

第五，亚非拉国家独立后，伴随其经济、政治、教育、文化等的不断发展，资本主义生产方式在社会经济生活中逐渐占据主导地位，国内资产阶级日益壮大。社会结构的变化和新兴阶层的出现，为亚非拉国家的民主化浪潮注入了新兴的社会政治力量。

冷战后的这场民主化浪潮给亚非拉国家带来了深刻影响。就积极面来看，其一，它使许多亚非拉国家建立起初步的民主制度，一党政治和军人专制普遍遭到唾弃。许多亚非拉国家初步建立起宪政体制，多党制、普选制及议会制得到不同程度的实行，强权受到抑制，公民有了更多的民主权利。其二，这种初步的民主制度在一定范围内起到了调节利益冲突、缓和矛盾和化解政治冲突的作用。亚非拉国家普遍具有多民族、多宗教、多部族的特点，相互间的矛盾在所难免，有时甚至会诱发内乱和内战。民主制度的初步建立，在一定程度上满足了各利益集团的政治要求，从而有助于用和平的方式调解各种矛盾，化解危机，稳定政局。其三，民主政治的实行不同程度地起到稳定政局的作用，促进了一些亚非拉国家经济的发展。

然而，这种以西方民主为样板的民主化并非对所有国家都是“灵丹妙药”，这种民主化浪潮也给一些亚非拉国家带来消极影响。一方面，在一些国家中，多党制的推行造成政党林立，政党之间为权力展开争夺，加之本已十分复杂的民族、部族、教派矛盾，使得国内政治派别斗争更加激烈，难以集中力量发展经济，一些国家甚至陷入持续的政治动荡和经济衰退之中。另一方面，实行西方民主后，西方民主的一些弊端也暴露出来，金钱政治在发展中国家蔓延。把过多的金钱用于政治，势必影响经济发展。此外，与多党制、议会民主相伴而生的相互扯皮、官僚机构臃肿、腐败等现象也在亚非拉国家滋生。

亚非拉国家的民主化道路将是长期而曲折的。实践证明，卷入这场民主化浪潮的许多亚非拉国家，实行民主政治的条件并不充分，照搬西方模式也并非历史的选择，而主要是外力作用的结果。因此，探索符合历史潮流和本国国情的民主化道路，对于亚非拉国家来讲，仍是一个非常重大的历史课题。

四、亚非拉国家的政治思潮

在亚非拉国家中，政治思潮具有多样性，主要有以下几种：

1. 民族主义思潮。这是亚非拉众多国家中占统治地位的思潮。它往往是民族解放运动的指导思想和奋斗纲领，具有反帝、反霸，号召和动员人民的巨大力量。民族主义思潮在独立前是争取民族独立、反对异族压迫的思想武器，独立后，是巩固政治独立、发展民族经济、反对外来干涉的精神支柱。它在不同国家还有不同特点，有的与古老的传统、古老的宗教相结合。它所代表的是亚非拉国家中民族资产阶级的利益和要求，既要反帝反霸，又要反对封建主义，为本国资本主义发展服务。一般地说，亚非拉国家民族主义具有进步性。但在一定条件下，它也可以演变成民族虚无主义或民族沙文主义，这是应该加以注意和区分的。

2. 社会主义思潮。这是亚非拉众多国家中仅次于民族主义的、广泛流行的另一种思潮。这种思潮中又有许多不同的派别，如：宗教的和民族的社会主义，往往把宗教教义和民族意识与社会主义相联系，借用社会主义的口号为宗教的、民族的利益服务；农村的和村社的社会主义，往往是美化农村村社制度，寄希望于恢复传统的村社制度来消灭贫困落后，实现社会公平，它反映的是小资产阶级的、农民的和小手工业者的利益；民主的和宪政的社会主义，往往把民主与社会主义直接联系起来，认为只要实现了民主和宪政，就可以实现社会公平、人人平等，就能走向社会主义，反对阶级斗争和阶级专政，反对马克思主义的革命学说，主张劳资合作和福利主义，实际上是西方发达国家的“民主社会主义”的翻版，是为资产阶级的统治服务的；激进的和革命的社会主义，往往自称以马克思主义为指导，要搞科学社会主义，实行一些激进的社会政策，甚至照搬社会主义国家的做法,实际上是脱离本国的实际,混淆民族民主革命与社会主义革命的界限,是小资产阶级激进派和不成熟的工人阶级的思想表现。此外,还有军事的和国家社会主义、合作的和自治的社会主义等。亚非拉众多国家社会主义思潮的发展和涌现,既反映了这些国家广大群众对社会主义的向往,也表现了二战后初期社会主义力量迅速发展的巨大影响。尽管从严格意义上来说,各种社会主义思潮均非科学社会主义,不是无产阶级的思想体系,但仍不失它的积极意义,应该正确对待和评价。

第三节　亚非拉的经济

冷战后,亚非拉国家的经济发展环境发生了深刻变化。亚非拉国家的经济发展虽然取得了很大成就,但内部呈现出明显的不平衡性,而且在目前的经济发展进程中面临着外债负担极其严重、粮食严重短缺等严峻问题。

一、冷战后经济发展环境的变化

第一,知识经济拉大了亚非拉国家与发达国家之间的差距。20世纪后期世界经济发展中的一个重要现象,是新的技术革命及其带动下的信息产业的繁荣,出现了所谓的"知识经济"。发达国家能够集中大量人力、物力及财力向高技术领域急速推进,巩固和提升经济优势;而亚非拉国家的经济贫困和技术落后相互制约,使它们和发达国家之间的"数字鸿沟"急剧拉大。在知识经济发展的过程中,高技术的智力密集性和能源、自然资源的低投入,也使亚非拉国家具有的人力资源和自然资源的巨大优势迅速弱化,高技术产品和初级产品之间的价格剪刀差越来越大。此外,发达国家的市场机制完善、竞争活跃,形成了有利于高技术发展的社会和经济环境;而亚非拉国家的市场发育不健全,竞争乏力,难以在短期内形成激励高技术及其产业发展的有利环境。

第二,环保时代日益高昂的经济发展成本使亚非拉国家处于两难境地。1992年联合国环境与发展大会通过的《21世纪议程》和2002年约翰内斯堡"地球峰会"通过的《执行计划》都预示着环保时代的到来。保护地球,治理环境,实现人类可持续发展,已成为当今世界普遍的共识。无论是发达国家还是发展中国家,都把可持续发展作为国家宏观经济发展重要的战略选择。然而,环保对于亚非拉国家的经济发展也意味着更高的技术门槛、更高的经济技术成本和起点的不同。例如，在发达国家的制冷工业进入升级换代时，研究发现氟氯烃制冷剂对臭氧层具有极大的破坏性，于是以发达国家为主体在1987年签署了从20世纪90年代开始逐步减少直至停止氟氯烃制冷剂生产的《蒙特利尔公约》，并要求亚非拉国家也要遵守公约。发达国家此时的技术能力和工业能力已发展到能寻找和使用替代物的阶段，但是，对于大多数亚非拉国家来说，要跳过传统的制冷工业阶段而直接进入无污染的高技术阶段，需要付出很大的经济代价。环保与发展使亚非拉国家时常处于两难境地。

第三，发达国家把“人权”作为提供经济援助的条件，使得亚非拉国家获取援助的难度加大。冷战期间，亚非拉国家是美苏争夺的对象，可以利用超级大国的相互争夺，左右周旋，谋求更多的经济援助，借以求得生存和发展机会。冷战后，美国等发达国家在政治上对亚非拉国家的需要下降，不仅减少了对亚非拉国家的经济援助，而且将“人权”矛头转向亚非拉国家，把“人权”作为提供经济援助的条件，凡达不到所谓“人权”标准的亚非拉国家，不仅不能获得援助，甚至还会遭受经济制裁。

第四，经济全球化使亚非拉国家经济安全面临严峻挑战。冷战后，经济全球化的加速发展改变了世界经济的运行环境，世界市场变得更加开放，竞争更加激烈，资本、技术、信息以及人才等经济要素跨国界流动更为便利。亚非拉国家在分享经济全球化带来的机遇的同时，也面临着经济全球化给国家经济安全带来的严峻挑战，这主要体现在亚非拉国家控制经济要素跨国界流动能力的减弱和保护本国市场能力的降低两个方面。

应当承认，市场开放和经济要素跨国界流动有利于亚非拉国家吸收外部稀缺经济要素以加快自身经济发展，东亚国家经济奇迹的出现和中国经济发展所取得的巨大成就都是有力的证明。但是，如果市场经济和经济要素跨国界流动超过一定限度，就会给亚非拉国家经济带来巨大冲击。比如，短期外资的大量流入极易产生泡沫经济，而短期外资的大量撤走则会导致泡沫经济的破灭。东南亚金融危机和墨西哥金融危机就是由于短期外资大量撤走而引起泡沫经济破灭发生的。伴随经济要素大量流入与流出的是亚非拉国家经济繁荣与萧条的更替，而萧条对亚非拉国家而言就是最大的经济不安全。又如，由市场开放而带来的外国长期资本、技术和商品的大量流入也会对亚非拉国家的民族企业产生巨大冲击。在外资企业、外国产品的冲击下，一些亚非拉国家的民族企业市场份额下降、人才流失、失业增加以及贫富两极分化等问题会日益严峻。解决这些问题无疑会加重社会负担，但不解决这些问题又势必会影响到社会稳定和经济的可持续发展。可见，在经济全球化条件下，亚非拉国家控制经济要素跨国界流动能力的减弱和保护本国市场能力的下降对其经济安全的维护构成了严峻挑战。

第五,建立国际政治经济新秩序的进程更加艰难曲折。国际政治经济旧秩序是亚非拉国家经济发展的最大障碍。尽快改变国际政治经济旧秩序,建立公正合理的国际政治经济新秩序是亚非拉国家的共同愿望。20 世纪 70 年代初,西方发达国家对石油的过分依赖使石油输出国组织(OPEC)得以成功地利用石油武器与西方发达国家周旋,其力量震撼了整个西方,使它们不得不在政治上做出较大让步。在这一胜利的鼓舞下,亚非拉国家纷纷成立各种原料输出国组织,并推动联合国在 1974 年通过了《建立国际经济新秩序宣言》。然而,OPEC 的石油冲击,对西方刚刚兴起的新的技术革命起了推动作用。西方国家利用其雄厚的科技潜力,加速推进包括能源技术在内的新的技术革命。经过调整,发达国家减少了对能源等原材料的依赖,亚非拉国家因此也就在一定程度上失去了一个促进国际新秩序建立的重要物质手段。冷战结束后,发达国家特别是美国更是凭借其在世界政治经济中的优势地位,明确主张要建立由美国独霸或以美、日、欧共同主宰世界的新秩序。20 世纪 90 年代,作为唯一超级大国的美国,依靠信息产业的带动,经历将近 10 年的经济高速增长,更是不可一世,单边主义大行其道。在此背景下,它很难在根本改革国际政治经济旧秩序上做些什么。因为,这种旧秩序不仅是它今天维持“一超”地位的基础,而且是它今后保持霸主地位的前提。可见,冷战后,亚非拉国家不得不在国际力量对比更为不利的情况下谋求国际政治经济新秩序的建立,其道路必然更加艰难曲折。

二、亚非拉国家的经济体制

亚非拉国家的经济体制有一个演变的过程,在 20 世纪 80 年代以前的相当长时期内,基本有两种模式:一是“计划经济”模式,宣布实行“社会主义”的国家中,大多数采纳这一种模式。其要点是,实行广泛的国有化,实施统一的经济发展计划,对国民经济进行计划调节,国家对经济生活实行各种方式的干预。实行这种模式的国家普遍对市场的作用加以限制,以至采取排斥的态度。在苏联解体、东欧剧变的冲击下,它们都放弃了这种经济模式,而采用西方的完全市场经济体制。二是“市场经济”模式。强调以市场为导向发展经济的体制。其要点是私人经济成为民族国家的经济基础,市场是经济活动的主要调节者,国家对经济的干预主要是利用经济杠杆来实现。目前,这种模式在逐渐向西方完全市场经济靠拢。

三、亚非拉国家的经济发展

大多数亚非拉国家工业基础薄弱，农业在国民经济中占主要地位，经济结构单一，生产力水平低下，人民生活贫困。在取得政治独立后，亚非拉国家为了维护民族独立，改变国家的落后面貌，在发展民族经济问题上，通过不同形式，采取了一些积极措施，如大力兴办民族工业、鼓励和支持私人民族资本、对封建土地制度进行一些改革等，促进了本国民族经济的发展，取得了明显的成效。整体上说，这些国家保持了比较高的经济增长率。据统计，1960～1980年间，国民生产总值的年均增长率为5%以上，高于同期西方发达国家的增长率。1960年至1976年，这些国家的国民生产总值增长1.28倍，超过了西方发达国家的增长水平。但是，由于亚非拉国家分布地区广，为数众多，其经济发展速度和水平是极不平衡的，甚至出现了两极分化的趋势。按人均国民生产总值高低计算，亚非拉国家大体上可分为五种类型：

1.高收入的中东海湾和其他地区的石油输出国。中东海湾地区是“世界石油宝库”。据统计，至1985年底，该地区已探明的石油储量共达550.93亿吨，占世界石油探明总储量的57.44%。其中，沙特阿拉伯石油探明储量达231.51亿吨，占世界总储量的24.55%，居世界第一位，被称为“石油王国”。其次是科威特，占世界总储量的12%以上，居世界第二位。伊朗、伊拉克和阿拉伯联合酋长国的石油储量分别居世界的第五、第六和第七位。这些石油90%以上用于出口。此外，中东海湾地区还拥有占世界总储量25.77%的天然气资源。石油资源的开发和利用，使这些国家获得了巨额收入，推动了经济的高速发展，增强了经济实力。据报道，沙特1989年石油出口收入高达950亿美元。这一年，仅有1300万人口的沙特，人均国民生产总值达到11260美元。科威特政府在1990年8月1日伊拉克入侵前，在国外的投资和存款总额达1000亿美元，加上私人在国外的投资和存款，总数不下2000亿美元。在20世纪70年代石油价格大幅度提高后，这些石油大国的石油出口收入猛增，加之人口相对数量少，从而成为高收入国家，人均GNP大多在10000美元以上。但是，这些国家的发展由于过分依赖石油，经济和社会并没有得到全面发展，国家经济和人民生活受国际油价波动影响较大。

2.中上等收入的新兴工业化国家和地区。这一类型的国家和地区主要有亚洲的“四小龙”（即新加坡、韩国、中国台湾地区和香港地区）、拉美的巴西和墨西哥等。“四小龙”面积小（总土地面积约为13万平方公里），人口少（总人口为

7000 万左右，占世界总人口的 1.5%），资源缺乏，在 20 世纪 50 年代前后还是世界上经济十分落后的地区之一。但从 20 世纪 60 年代中期起，“四小龙”先后进入经济发展的高速增长期。1966 年至 1986 年的 20 年间，年均经济增长率都在 8%以上。进入 20 世纪 80 年代以来，在整个世界经济增长速度放慢和自身经济增长基数变大的情况下，“四小龙”的经济增长率均在 6%以上，1990 年为6.6%，1991 年为 6.3%。这些国家的经济已经有了较大发展，经济结构与发达资本主义国家相近，工业取代农业成为国民经济中占主导地位的产业部门，而且工业结构从劳动密集型为主转向资本和技术密集型为主，现代农业取代了传统农业，基本实现了城市化，人均 GNP 大致在 4000～10000 美元，成为经济比较发达的新兴工业化国家和地区。

3. 中下等收入的国家和地区。大多数亚非拉国家属于这一类型的国家和地区。这类国家的工业化已有不同程度进展，经济结构也发生了较大变化，但整体经济和社会发展水平赶不上新兴工业化国家和地区。它们大多数依靠生产和出口农副产品、初级矿产品，维护和发展本国经济。农业生产比较落后，尚未完全摆脱以自然经济为主的方式。由于这些国家的经济发展缓慢，人均 GNP 大致在 600～2400 美元，发达国家人均 GNP 是这些国家的 19.36 倍。

4. 最不发达或低收入国家。最不发达或低收入国家，是指经济上最贫困落后的发展中国家。1971 年，第二十六届联合国大会确定了衡量最不发达国家的三条标准是：其一，人均国民生产总值低于 100 美元；其二，在国民生产总值中制造业产值所占比重低于 10%；其三，成人识字率低于 20%。1981 年，联合国发展规划委员会把人均国民生产总值低于 500 美元的国家列为最不发达国家，当时最不发达国家有 39 个，1990 年增加到 42 个。1991 年 3 月，联合国发展规划委员会把最不发达国家定义为长期遭受发展障碍的低收入国家，特别是人力资源开发水平低和有一年结构性缺陷的国家，并将人均国内生产总值调整为 600 美元以下。根据新的标准，截至 2002 年，全世界经联合国批准的最不发达国家有 50 个。

5. 中国、巴西、印度等发展中大国。这些国家经济增长速度较快，经过几十年的发展，具有较为雄厚的工业基础，初步掌握了电子技术、原子技术、航天技术、生物技术等现代科技，出口产品 90%以上为制成品，甚至能出口一些成套设备和高新技术产品，虽然目前人均 GNP 还较低，也远不是经济强国，但已跨入世界经济总量大国行列，且市场潜力巨大，发展前景看好。

出现这五种类型国家的原因是多方面的，如原有的经济发展水平不同，国内政局稳定程度不同，发展战略和改革调整步伐不同，科技、教育、文化的发展程度不同,还有历史、地理条件等因素的影响。

四、亚非拉国家的经济发展战略

经济发展战略是一个国家对其经济发展所作的带有全局性和方向性的长期规划和行动纲领。二战后初期,亚非拉国家由于经验不足,大多沿袭发达资本主义国家的老路,强调以工业化为核心的经济增长,推行以追求国民生产总值快速增长为目标和以实现工业化为主要内容的发展战略。国际上最常见的,是以这些国家所实施的贸易政策为标准来划分的几种发展战略,大约有以下四种:

1. 原料和初级产品出口战略。这是一种外向型发展战略。它是指利用本国自然资源的优势,以出口原料或初级加工产品来积累资金,实行工业化的发展战略。民族独立国家由于独立后经济的畸形结构未能得到根本改变,国民收入和人民生活在很大程度上依赖少数原料和初级产品。鉴于这种情况,这些国家从本国实际情况出发,大力发展本国所特有的初级产品,以积累资金,为工业化创造条件。有的国家还把初级产品加工后再出口,即发展农矿产品加工工业,以增加外汇收入,推动整个经济的发展。如东南亚有些国家以天然橡胶、锡、椰子、棕榈油等产品的出口为原动力,带动了整个经济的腾飞。这种战略的根本弱点是,如果长期执行下去,就无法摆脱对发达国家的依赖,经济发展很容易受国际市场供求和价格波动的影响。在国际经济旧秩序没有根本改变的情况下,如果农矿产品的价格呈下跌趋势,这些国家因而会遭受巨大损失,在国际分工体系中将很难摆脱不利地位。

2. 进口替代工业战略。这是一种内向型的发展战略。它是指通过建立和发展本国的制造业和其他工业来满足国内需求,替代过去的制成品进口,以此带动经济增长,逐步实现国家的工业化。这种战略始于巴西、阿根廷、墨西哥等一些拉美国家,随后在亚非一些国家推行。事实证明,实践侧重于资本货物和中间产品进口替代战略难度较大,进展缓慢,但有助于较快地提高独立自主发展国民经济的能力。存在的主要问题是,由于实行贸易保护政策,妨碍生产成本的降低和产品质量的提高,不利于产品打入国际市场,从而导致国际收支逆差加大,经济增长率下降。巴西自1948年实行进口替代战略以来,20世纪70年代实现了经济腾飞,工业年增长率达8%,名列世界第8位,但由于未能克服进口替代战略消极方面的影响,1981年至1990年工业年增长率降为0.4%。①

---

① 《巴西奇迹的考验》,《世界知识》,1990年第10期。

3.出口加工工业战略。亦称“出口替代战略”,是典型的外向型工业化战略。它是指使本国的工业生产面向世界市场,用新型的工业制成品替代过去的初级产品出口,同时,引进先进技术和资金,促进经济腾飞。20世纪60年代中期以后,东亚和东南亚一些国家和地区实行这种战略,以克服进口替代型战略的消极方面。它们之所以能实行战略的转变,是因为进口替代工业的建立和发展使国内有了一定的工业基础、熟练工人和管理人员,同时,60年代正值西方发达资本主义国家处于经济发展的“黄金时代”,国际贸易条件有利。一定程度上克服了国内市场不足给经济发展造成的困难,并增加了出口和外汇收入,扩大了就业,更有利于促进经济的发展。但这种战略依赖出口和市场,国内缺少坚实的工业基础,难以摆脱世界经济危机的冲击,造成经济的不稳定。20世纪70年代中期以来,发达资本主义国家的经济发展普遍不景气,致使其贸易保护主义盛行,结果影响了实行出口替代战略的亚非拉国家的经济发展。

4.进口替代与出口替代相结合的发展战略。这是民族独立国家经济发展战略合乎逻辑的结果。前面,我们已经讲述了进口替代与出口替代战略的优缺点,把两个战略相结合,各取其长,无疑是发展战略的最佳选择。但进口替代和出口替代都要以国际市场为依托,在国际经济旧程序占统治地位和民族独立国家经济力量薄弱的情况下,就会产生对发达资本主义国家的依附,“依附是发展中国家取得经济发展所必须付出的代价”。这是值得亚非拉国家警惕的问题。

总之,上述各种经济发展战略不是凝固不变的,各个国家都根据自己的情况及国际经济形势的变化,在不断调整自己的经济发展战略,以谋求经济的高速增长。

农业在亚非拉国家具有重要的战略地位。在多数国家,农业状况直接关系这些国家的经济增长和工业化进程。从20世纪60年代中期特别是70年代以来,许多国家逐步把农业放在经济发展的首位,并制定了相应的农业战略。主要内容有:对农村土地和租佃关系进行调整和改革,增加国家对农业的投资和扶持,引进高产粮种和农业新技术,扩大耕地面积,实行“绿色革命”,改善农民的物质生活条件等。经过几十年的发展,农业取得了一定成就,有的国家粮食自给程度有了提高。

五、亚非拉国家经济发展存在的困难与经济政策的调整

亚非拉国家经济虽然获得较为快速的增长,但自20世纪70年代后期开始,

随着世界经济的不景气，这些国家的经济面临严重困难，主要表现在以下五个方面：

第一，农业生产发展缓慢，粮食短缺严重。20世纪50年代，亚非拉国家还出口粮食，而从20世纪60年代开始，粮食进口数字逐年剧增。20世纪60年代，平均每年进口粮食2000万吨，20世纪70年代初增至6000万吨，20世纪80年代初增至9500万吨，20世纪90年代以后已超过1亿吨。粮食问题在非洲地区尤为突出，有些国家靠国际援助来维持生存。

亚非拉国家大多为农业国，但长期以来农业发展缓慢，粮食生产增长不快，跟不上人口增长速度，除中国等少数国家外，许多国家粮食严重短缺，不得不依赖进口。现在，全球共有80多个亚非拉国家缺粮(其中最严重的是50个最不发达国家)，有近10亿人吃不饱饭，有2亿多儿童长期营养不良。缺粮的正是买不起粮食的穷国，为了吃饭，他们不得不花费大量外汇从发达国家购进粮食。没有饭吃，生存就没有保障，经济发展更无从谈起。为了引起全世界对粮食短缺问题的高度重视，联合国粮农组织把每年10月16日定为“世界粮食日”。1996年11月在罗马举行的世界粮食会议，提出到2015年要把处于半饥饿状态的人口减少一半。然而，亚非拉国家解决粮食短缺问题的前景不容乐观，农业技术落后、耕地面积减少、土地肥力下降以及人口的高速增长等问题都难以在短期内解决。

第二，贸易环境恶化，外债负担极其严重。继20世纪70年代经济“滞胀”之后，20世纪80年代西方发达国家又陷入较为严重的经济危机。因此，他们主要采取压低初级产品价格、加强贸易保护主义和提高利率的办法，使亚非拉国家的贸易环境恶化，国际收入逆差增大，外债负担沉重。1980年，亚非拉国家外债为6300多亿美元，1991年为1.32万亿美元，2000年为2.53万亿美元。偿还外债对许多亚非拉国家来说早已是一个沉重的负担，债务危机也成为长期困扰亚非拉国家经济发展的一个普遍性问题，特别是撒哈拉以南的非洲国家和拉丁美洲的重债务国。在世界银行划分的17个重债务国中，有12个是拉美国家。撒哈拉以南非洲国家的负债早就超过其国内生产总值。为了还本付息，亚非拉国家需要支付大量资金，一些国家的还债额甚至高达其当年出口收入的一半。巨大的债务压力，迫使本来就缺少资金的亚非拉国家不得不减少投资、压缩进口，从而导致生产停滞，甚至倒退。这样，许多亚非拉国家就陷入债务危机和经济衰退的恶性循环中。多年来，尽管国际社会做出了许多努力，但沉重的债务负担仍然是亚非拉国家经济发展道路上的重大障碍。

第三，经济增长起伏不定，甚至大幅下降。由于国际经济形势的恶化，再加上亚非拉国家在经济建设中的失误，新世纪以来亚非拉国家的经济增长率呈下降趋势。2004 年为 6.1%,2005 年为 5.4%,2006 年为 5.1%,非洲有些国家甚至出现负增长。如果从人均收入来看,20 世纪 80 年代亚非拉的经济形势更加严峻。其中非洲国家的人均收入下降约 1/4,20 世纪 80 年代中期拉美国家人均收入水平低于 20 世纪 70 年代中期。所以 20 世纪 80 年代对于大多数亚非拉国家来说,是“失去的 10 年”、“衰弱的 10 年”。进入 90 年代后,因受制于金融危机和债务危机,亚非拉经济增长仍然很缓慢。1993 年亚非拉国家经济增长率约为 5%,但发展却是极不平衡的,拉美和非洲经济增长率仅为 3%左右。

第四,过快的人口增长。发展中国家独立后,一方面,伴随着经济的发展、生活水平的提高和医疗卫生事业的进步,人口死亡率锐降;另一方面,人口出生率却依旧保持在高水平上,于是,便出现了历史上从未有过的高人口增长率,一些国家的人口自然增长率高达 30‰甚至 40‰。目前,亚非拉国家人口规模约为 50 亿,亚非拉国家人口占世界人口的比重已从第二次世界大战后的 65%升至 80%,还有继续升高的趋势。过快的人口增长,严重阻碍了亚非拉国家的经济发展,如生产性投资和教育投资难以增加,粮食短缺更加严重,人均自然资源量减小,生存环境不断恶化,失业现象更为普遍等。

第五,贫富差距扩大,社会矛盾尖锐。这也是亚非拉国家经济发展面临的困难之一。经济的发展,常常以社会安定、人民生活相对稳定为前提条件。亚非拉的许多国家贫富相差悬殊,两极分化严重。据世界银行对 39 个亚非拉国家进行的调查,最富有的 5%的居民,其收入比占 40%的最穷困的居民的收入要高出 29 倍。这种状况无疑是导致这些国家社会矛盾尖锐、政局动荡不安的原因之一,当然也成为影响他们经济发展的原因之一。

造成以上困难的原因和问题,有的是历史形成的;有的是不合理的国际经济秩序造成的;有的是政策的失误造成的。

20 世纪 80 年代以来,大多数亚非拉国家为了摆脱经济困境,开始调整本国的经济政策,修改经济发展战略。主要内容有以下几个方面:

第一,调整产业结构,提高产品价格,放宽农业信贷,纠正不适当的集体化做法,鼓励小农经济的发展。过去,一些国家片面强调工业化,忽视农业特别是粮食生产。有些非洲国家的农业投资仅占公共投资的 7%~10%,造成粮食问题严重。现在许多国家特别是非洲国家把发展农业放在真正优先的位置。1999 年,非洲乌干达向全国十多家农业研究机构增加大量投资,用于研究和推广农业新技术、培养技术人员和引进国外先进技术等,显示了乌干达政府依靠发展农业实现经济现代化的决心。2008 年,巴西政府决定把向农民发放的生产信贷提高到 650 亿雷亚尔,其中鼓励家庭农业生产的小额信贷为 140 亿雷亚尔,把农业特别是粮食生产列为经济发展的重点。

第二，纠正不切实际的片面追求国民经济高速增长的做法，把提高经济效益放在第一位，经济政策从扩张性改为紧缩性。过去，一些国家不顾国力，大量举借外债，增加通货，实行“高速度、高指标、高投资”的“三高”政策，制定执行庞大的发展计划。如巴西计划在1981～1985年间投资3720亿美元建设43项大工程，结果背上了沉重的债务，陷入了恶性通货膨胀。进入20世纪80年代后，许多国家控制了发展速度，压缩投资规模，缩短基本建设战线。

第三，改革经济体制，调整公私关系，减少国家对经济活动的直接干预。多数亚非拉国家独立后，都积极发展国营企业，强化国家对经济的干预。但这不利于调动各方面的积极性，抑制了私人民族资本和中小企业的发展，在一定程度上阻碍了生产力的发展。由于缺乏管理大型企业的技术和经验，国营企业亏损严重。因此，进入20世纪80年代后，它们纷纷推进经济体制改革。有的发挥市场作用，减少政府干预，积极发展国营经济，提高国营企业的自主权；有的国家还关、卖、并、转严重亏损的国营企业。

第四，调整内外关系，改变闭关锁国状况，改过去的内向政策为温和的开放政策。以本国利益为重，超越意识形态，实行全方位的对外开放政策，减少对少数几个大国的传统性依赖。本来倾向于西方的国家则加强同东方国家的经济往来，同社会主义国家交往较多的国家也积极开拓与西方的经济联系等。

第五，把经济发展与社会发展相结合，重视社会发展问题，把消灭贫困、提高国民教育水平等问题列入发展计划，以求经济发展与社会发展相适应。

总之，亚非拉国家进行的经济调整意义重大，有利于扭转严峻的经济形势，并已取得积极成效，但存在的问题和困难很多，需要进行长期艰苦的努力。

第四节　亚非拉国家的对外关系

一、南北关系与发展变化

南北关系泛指亚非拉发展中国家与发达资本主义国家之间的关系。由于绝大多数亚非拉发展中国家处于南半球，所以称为“南方国家”，而大多数发达国家处于北半球，所以称为“北方国家”。南北关系是从历史上帝国主义国家和殖民主义国家与殖民地、半殖民地国家和附属国之间的关系演变而来的。

冷战结束后，南北关系出现了一系列新变化。

首先，南北关系中的政治问题日益突出。两极格局终结后，国际力量对比严重失衡，以美国为首的发达国家强制亚非拉发展中国家实行西方的所谓“民主”、“人权”、“多党制”等，结果引起南方国家的社会动乱与冲突，非洲几乎有一半国家因此出现严重的社会动荡。

其次，南北双方经济领域原有的矛盾不仅依然存在，而且出现新的特点，南方国家的处境更为艰难。在国际贸易方面，南方国家受到种种限制、歧视和排挤。

再次，南北关系虽存在矛盾和斗争，但对话与合作的一面也在加强。尽管全球谈判困难重重，处于停滞状态，但专项对话和局部合作却有所发展。

最后，区域内、区域间南北关系同样发展较快。世界正日益成为一个紧密联系、相互依赖的世界，相互依存的思想正为更多有远见的国家领导人所接受。

冷战后虽然南北对话与合作有新的发展，但是南北矛盾有所加剧，主要原因是：南北不平等的政治经济关系依然存在，特别是南北经济差距日益扩大；西方发达国家在亚非拉发展中国家比较困难的情况下，加紧推行强权政治和经济霸权。

二、冷战后南南合作的新发展

亚非拉发展中国家之间的合作，简称“南南合作”。南南合作的主要目的是，通过合作，实现经济互补，促进亚非拉发展中国家经济的共同发展；通过合作，增强亚非拉发展中国家的整体自我发展能力，逐步改变在资金、技术和市场等方面对北方国家的严重依赖局面；通过合作，依靠联合的力量，逐步改变亚非拉发展中国家在南北力量对比中的不利处境，为建立公正合理的国际新秩序创造条件。

南南合作经历了几十年的风风雨雨，取得了一定的成就。冷战后，南南合作又有了新的进展。

在亚洲，东南亚国家联盟（简称“东盟”）进一步发展壮大。20 世纪 90 年代以来，东盟已从 6 国扩大到 10 国，并加强了在经济、政治、文化以及安全等领域的合作，计划到 2003 年建成自由贸易区。近年来，东盟又在湄公河流域开发、建设“电子东盟”等方面加强了合作。2002 年 11 月，东盟各国在达成的《中国与东盟全面经济合作框架协议》中，一致同意在 10 年内建成中国—东盟自由贸易区，以便双方开展更密切的合作，促进共同繁荣和发展。同时，东盟还与各大国建立对话和伙伴关系，谋求在国际上的有利地位。目前，东南亚是发展中国家中区域性经济合作进展最快的地区。在中东地区,2001 年 12 月,海湾合作委员会(简称“海合会”)六国首脑会议决定建立海合会关税联盟,并在原则上批准从 2010 年起实行海合会统一货币。在南亚,尽管印巴两国在克什米尔问题上冲突不断,但 2002 年 1 月举行的南亚区域合作联盟首脑会议,仍决定要为建立南亚自由贸易区创造条件。

在拉美,目前已形成南方共同市场(1995 年)、安第斯自由贸易区(1991 年)、加勒比共同体以及中美洲共同市场等区域性集团,并且出现了互相融合的趋势。另外,作为拉美地区常设性政治协调机构的里约集团,也在积极推动拉美国家间的团结合作和地区经济发展。

在非洲,区域性一体化趋势在 20 世纪 90 年代以后也方兴未艾,目前已形成东南非共同市场、东非共同体、南部非洲发展共同体、西非国家经济共同体、中部非洲经济和货币共同体、马格里布联盟等区域经济一体化组织。这些组织在促进经济发展、调解政治冲突方面都取得了一定成效。2002 年 7 月非洲联盟的成立,标志着非洲国家的联合自强进入了新的发展时期。

冷战后南南合作的新发展,还有一个重要表现,就是不结盟运动和七十七国集团重新趋于活跃。

冷战后,不结盟运动和七十七国集团这两大全球性南南合作组织的影响力一度有所下降。当时,作为冷战时代产物的不结盟运动处境被动,其成员一度思想混乱,拉美大国阿根廷甚至退出了不结盟运动。七十七国集团在促进亚非拉国家经济合作方面也显得力不从心。由于亚非拉国家之间经济发展的不平衡,面临的问题各异(例如,亚洲国家更关注贸易问题,拉美国家最关注债务问题,非洲国家最关注粮食问题和难民问题),因而相互间凝聚力减弱,南南合作受阻。但是,不结盟运动和七十七国集团所倡导的基本原则和宗旨并未过时,建立公正合理的国际新秩序仍是广大亚非拉国家的共同目标。特别是经济全球化的加速发展,使亚非拉国家面临严峻挑战,因此加强南南合作成为广大亚非拉国家应对挑战紧迫的、现实的需要。

20 世纪 90 年代中后期以来,经过调整,亚非拉国家加强了在全球范围内的合作,不结盟运动和七十七国集团又重新趋于活跃。不结盟运动根据现实变化,调整了战略重点,确立了今后努力的方向:继续坚持不结盟运动的原则和宗旨,反对霸权主义,反对大国干涉内政,为建立国际新秩序而斗争。不结盟运动将工作中心转移到经济领域,把“帮助发展中世界摆脱贫困、愚昧和落后”作为今后的主要任务。2003 年 2 月,在吉隆坡举行了第十三次不结盟运动首脑会议。这是不结盟运动在新世纪召开的第一次首脑会议,会议以“继续振兴不结盟运动”为主题，对不结盟运动未来的发展具有重要意义。七十七国集团则于 2000 年 4 月在古巴召开了自 1964 年成立以来的第一次首脑会议，会议发表了旨在进一步促进南南合作的《南方首脑会议宣言》和《哈瓦那行动纲领》。2003 年底，该集团在摩洛哥的马拉喀什召开了由政府代表、民间组织及多边金融机构参加的会议，共同讨论南南合作问题。

不结盟运动与七十七国集团还共同确立了后冷战时期的奋斗目标：在经济发展问题上，反对将多数亚非拉国家排斥在世界经济主要决策过程之外，要求实行国际经济关系民主化；在世界和平与安全问题上，通过和平协商的形式解决种族、宗教、政治和社会争端，特别是历史性争端，主张全面无歧视地实现裁军；在人权问题上，反对将人权作为政治施压的工具，强调各国人民生存权和发展权的重要性；在建立国际新秩序问题上，提出以和平、公正、平等、民主和完全尊重国际法准则为基础，建立无缺陷、无担忧、能兼容并蓄的世界新秩序。

三、中国与亚非拉

1. 加强同亚非拉国家的团结合作，是中国发展对外关系的基本立足点。亚非拉的崛起是当今时代的头等大事，二战后几十年来，亚非拉国家之间加强了团结和合作，为争取和维护独立，反对殖民主义、帝国主义、种族主义和霸权主义进行了英勇斗争，并取得了重大胜利。目前，多数亚非拉国家已转入争取民族经济独立、通过发展民族经济来巩固政治独立的阶段。

中国作为一个发展中的社会主义国家，与亚非拉国家的命运相联系。首先，中国同亚非拉国家有许多共同点：有过共同的历史遭遇和苦难历程，都长期受外来的掠夺和奴役；为摆脱殖民统治，争取本国的独立和解放，都进行过长期英勇的斗争；目前都面临着发展民族经济、改善人民生活的共同任务。为此，都需要长期的国际和平环境，反对外来干涉和强权政治，都要为建立新的国际政治、经济新秩序而努力。其次，在过去的斗争中，中国与亚非拉国家互相同情，互相支援。中国的革命和建设一贯得到广大亚非拉国家的声援和支持，我们也一贯尽力支持和援助亚非拉国家，把维护亚非拉国家的权益作为自己应尽的责任。最后，包括中国在内的广大亚非拉国家，都面临两极政治格局终结、南北矛盾突出的国际局势。中国同亚非拉国家不断加强团结与合作，是符合中国人民和亚非拉国家人民利益的，而且也是符合全世界人民共同利益的。

自新中国成立以来，中国一直把加强同亚非拉国家的团结合作作为发展对外关系的基本立足点。第一，中国始终不渝地支持亚非拉国家人民争取和维护独立的正义斗争。从亚洲的朝鲜、越南人民的抗美救国战争到非洲人民争取独立的武装斗争及拉美人民的反美斗争,无不得到中国人民政治上、道义上和物质上的支持和援助。第二,中国坚决支持亚非拉国家维护民族独立、振兴本国经济、反对国际经济旧秩序的努力。广大亚非拉国家在取得民族独立之后,面临的紧迫任务就是怎样通过发展民族经济来巩固政治独立。为此,亚非拉国家提出了发展民族经济、谋求改善南北关系、发展南南合作和改革国际经济旧秩序的要求,并做出了巨大努力。这些要求和努力得到了中国的大力支持和响应。中国在国际社会,包括在联合国等国际机构和组织中,提出了许多捍卫亚非拉利益的重要原则和具体建议,积极为维护亚非拉的正当权益和争取建立国际新秩序而斗争。第三,中国遵循"平等互利、讲求实效、形式多样、共同发展"的原则,同亚非拉国家发展经济技术合作关系,在不附加条件、不谋求特权的基础上,有力地支持和促进了亚非拉国家的经济建设。第四,中国殷切希望亚非拉国家加强团结,通过友好协商和平解决彼此间的争端,反对外部势力插手和干涉。中国在同亚非拉国家交往中,历来认为国家不分大小,都应平等相待,从不干涉它们的内政,尊重它们对社会制度和发展战略的选择,尊重它们独立自主地决定对内对外政策。对于亚非拉一些国家之间存在的某些争端和分歧,中国一贯主张要以亚非拉国家的团结大局为重,采取克制态度,本着互谅互让精神,通过友好协商和平解决,并为此做了大量工作,促进了亚非拉国家之间的团结合作。

2.中国不断加强与亚非拉国家的关系。新中国成立后,十分重视发展同广大亚非拉国家的关系。新中国建立初期,我国积极争取同亚非民族独立国家,特别是周边的民族独立国家建立和发展友好合作关系。先后同印度、缅甸、印度尼西亚、巴基斯坦、阿富汗、埃及、叙利亚、也门等亚非民族独立国家建交。特别值得一提的是,1955年4月,以周恩来总理为首的中国政府代表团出席了在万隆召开的具有重大历史意义的亚非会议。中国代表团在亚非会议期间开展了大量卓有成效的活动,不仅对亚非会议的胜利召开做出了巨大贡献,而且对我国进一步发展同亚非民族独立国家的关系起了良好作用。

20世纪50年代末和60年代初,周恩来三次率团对亚非拉国家进行访问,在国际上产生了极大影响。在访问中,中国提出政治方面的五项原则和经济援助的八项原则,深受这些国家的欢迎。同时,中国对这些国家实施经济援助和人道主义援助,受援国达数十个之多,合作项目达数百个。在这一时期除了全力支持印度支那三国人民的抗美救国斗争之外,还坚决支持古巴人民抗击美国雇佣军的斗争,积极支持1961年兴起的不结盟运动。中国还同蒙古、阿富汗、巴基斯坦、尼泊尔、缅甸签订了边界条约,解决了一些历史遗留问题。中国与亚非民族独立国家普遍建立了外交关系。

20 世纪 70 年代，中国对非洲争取民族独立和国家发展的人民予以了政治上的支持和各种形式的物质援助，支持了巴勒斯坦人民和中东其他国家的正义斗争。在这一时期，中国与拉美国家的关系进入转折时期。自 1970 年 12 月中国与智利建交起，到 20 世纪 70 年代末，中国与拉美 12 个国家建交。中国支持了拉美国家捍卫 200 海里海洋权的斗争。对亚非拉建立新的国际经济秩序的斗争，中国予以支持并与之合作。通过自己的行动，中国进一步赢得了亚非拉国家的信任。

20 世纪 80 年代，国际热点地区大多数集中在亚非拉地区。对此，中国的立场是，反对霸权主义和强权政治，反对大国干涉国际事务，主张此类问题和平解决，反对诉诸武力。在这一时期，和过去支持非洲国家争取政治独立一样，中国支持非洲国家巩固政治独立、维护国家主权和经济权益的正义斗争，进一步加强同非洲国家的友好关系，继续发展同非洲国家的经济合作关系，继续支持南部非洲人民反对种族主义的斗争。中国领导人进行了历史上第一次对拉美的政府首脑友好访问。又有 8 个拉美国家与中国建交。中国与拉美关系进入一个崭新时期。中国同一些拉美国家确立了部长级政治磋商制度，中国与拉美在贸易、经济、科技、文化、军事等方面的交流与合作得到空前发展。

进入 20 世纪 90 年代，中国继续加强同亚非拉国家的团结与合作，加强同第三世界国际性、区域性组织的政治经济合作，支持它们的正义要求和合理主张。中国自 1993 年起正式成为不结盟运动观察员，同七十七国集团也保持着密切联系。中国与亚非拉一系列国家的交往十分频繁，高层互访和磋商更加深入，相互的政治支持有目共睹，经济交流与合作以多种形式展开。1992 年 1 月 24 日，中国同以色列建交，从此中国同中东地区所有国家都建立了外交关系。1997 年 12 月，中国和东盟领导人在首次中国—东盟领导人非正式会议上确定了建立睦邻互信伙伴关系的方针。

新世纪之初，中国积极探索与亚非拉国家合作的新途径，巩固和加强传统友谊。2000 年 10 月，在中国的倡议和推动下，“中非合作论坛——北京 2000 年部长级会议”在北京成功召开。会议通过了《北京宣言》和《中非经济和社会发展纲领》。中方宣布将在今后的两年内减免非洲重债穷国和最不发达国家欠中国的 100 亿人民币债务。到 2002 年底，中国已与 31 个非洲国家签署了减债协议。同时，中国继续在力所能及的范围内不断扩大对非洲的援助，并增加无偿援助的比例。2002 年 11 月，第六次中国—东盟领导人会议上，中国和东盟签署了《中国与东盟全面经济合作框架协议》，决定到 2010 年建成中国—东盟自由贸易区。这标志着建立中国一东盟自由贸易区的正式启动。2006年11月,"中非合作论坛"北京峰会在北京召开,中国国家主席胡锦涛、埃塞俄比亚总理梅莱斯、埃及总统穆巴拉克共同宣读了峰会通过的《中非合作论坛北京峰会宣言》(以下简称《宣言》)。峰会同时还通过了《中非合作论坛——北京行动计划(2007~2009年)》。《宣言》重点反映了中非对重大国际问题的看法和主张,宣示建立和发展中非新型战略伙伴关系,《宣言》特别呼吁发达国家切实兑现开放市场和减免债务等承诺。《北京行动计划》主要阐述了未来3年中非经济社会领域合作的规划和内容,体现了双方互利互惠、共同发展的合作精神。总之,中国"将继续增强同第三世界的团结和合作,增进相互理解和信任,加强相互帮助和支持,拓宽合作领域,提高合作效果"。①

思考题

1. 亚非拉崛起的标志和基本特征是什么?
2. 怎样认识亚非拉发展中国家在国际舞台上的地位与作用?
3. 如何看待亚非拉国家的政治制度和政治体制?
4. 试分析亚非拉国家的经济发展战略。
5. 南南合作的意义和问题是什么?

参考文献

1. 李琮. 当代资本主义世界经济发展史略[M]. 北京:社会科学文献出版社,1989.

2. 罗恩立,李景瑜,梁凯音,张纪阳. 世界政治经济与国际关系[M]. 北京:对外贸易教育出版社,1994.

3. 畅征,刘青建. 发展中国家政治经济概论[M]. 北京:中国人民大学出版社,2001.

4. 卫灵,管文虎. 当代世界经济与政治[M]. 北京:中国人民大学出版社,2003.

5. 胡锦涛. 推动全面合作促进共同发展[M]. 人民日报,2003-06-02.

① 江泽民:《全面建设小康社会开创中国特色社会主义事业新局面》,北京:人民出版社,2002年,第49页。

第九章
当代国际舞台上的中国

中华人民共和国的成立结束了旧中国一百多年来的屈辱外交，开创了中国外交的新纪元。中国坚决奉行独立自主的外交政策，适时地调整对外政策和对外关系，有效地捍卫了国家的主权独立和领土完整。在世界走向多极化的今天，中国是维护世界和平和地区稳定的坚定力量，长期致力于推动建立公正合理的国际政治经济新秩序，中国将高举和平、发展、合作的旗帜，奉行独立自主的和平外交政策，维护国家主权、安全、发展利益，在当今国际舞台上必将发挥越来越大的影响和作用。

第一节　中国对外关系的发展及其外交政策

中华人民共和国成立60多年来，中国的外交政策适应世界的变化不断做出调整，从小外交走向大外交，从政治外交发展到科技、文化、教育、军事等多方面外交，从封闭半封闭状态到全方位对外开放，从国际体系被动参与者变为参与者和建设者。中国的对外关系有了很大发展，综合国力不断增强，国际地位日益提高。新中国成立以后，在毛泽东外交政策的指导下，中国始终奉行独立自主的和平外交政策，积极开展外交活动，1971年中国恢复了在联合国的合法席位，使中国在国际舞台上的影响不断扩大，地位不断提高。改革开放以来，在邓小平外交思想和国际战略思想的指导下,进一步调整了外交政策,以更积极、更主动的姿态出现在世人面前,我国经济社会发展取得了举世瞩目的成就,国际地位和对世界经济的影响力进一步提高。冷战结束后,在以江泽民同志为核心的党的第三代中央领导集体的领导下,贯彻邓小平国际战略思想,同全世界一切爱好和平、渴望发展、向往进步的国家的人民一道,争取实现一个长时期的国际和平环境,实现发展和繁荣,不断开创新局面,取得新胜利。党的十六大以来,在以胡锦涛同志为总书记的党中央的领导下,始终坚持和平发展、交流沟通、互利共赢、合作和谐的外交观念,中国的国际地位也在迅速提升,提出了“努力建设持久和平、共同繁荣的和谐世界”的主张,昭示了未来中国外交的基本走向,反映了人类求和平、求发展的普遍愿望。

一、改革开放前中国对外政策的制定与对外关系的初步发展

(一)建国初期实行“一边倒”的外交政策

新中国的成立结束了旧中国的屈辱外交。新中国对于国民党政府与外国政府所订立的各项条约、协定,经过审查,分别予以承认、废除、修改、重订,充分体现了维护国家主权和民族尊严的精神。建国初期到20世纪50年代后期,中国实行“一边倒”的政策,坚持“另起炉灶”、“打扫干净屋子再请客”、“站在社会主义一边”的方针。“另起炉灶”就是新中国的人民政府不承认国民党政府同各国建立的一切旧的外交关系,而要在新的基础上同各国另行建立新的外交关系。“打扫干净屋子再请客”就是指新中国必须清理旧中国残留的对外关系遗迹,建立良好的国内环境,以全新的面貌建立、发展同其他友好国家的关系。“一边倒”就是在帝国主义对新生的人民政权实行敌视政策的情况下,中国只能倒向社会主义阵营一边。这三大方针,符合中国人民实现国家安全、独立和维护世界和平的根本利益。在维护国家主权和民族尊严的同时,也维护了世界和地区的和平,推进了民主和进步事业的发展。中国以崭新的形象屹立在世界东方。

从新中国成立到20世纪50年代中期,中国争取到了国际社会的承认,在国际舞台上站稳了脚跟,积极参与国际事务,并取得了一系列重大的外交成就。第一,积极争取得到国际社会的承认。首先是“一边倒”,倒向苏联,争取得到社会主义国家的承认,并与之建立正式的外交关系。在短短3个多月的时间里,除南斯拉夫外,所有的社会主义国家都同中国建立了正式的外交关系,形成了第一次

建交高潮，为中国争取国际社会的承认奠定了基础。其次是中国同一些民族独立国家建立了正式的外交关系。最后是同西欧、北欧的一些资本主义国家建立了外交关系。第二，积极发展同社会主义国家的关系。毛泽东访问了苏联，签订了《中华人民共和国与苏维埃社会主义联盟友好同盟互助条约》等文件。中苏两国在政治、经济、军事等方面进行了全面合作，而且在国际问题上也相互支持，密切合作。新中国从维护社会主义阵营的团结出发，也不断加强和发展同其他社会主义国家的友好合作关系。这对争取国际社会的承认、巩固新中国、恢复和发展经济具有重大意义。

这个时期中国的对外关系重点是发展同社会主义国家的外交关系。中国同社会主义国家在政治、经济和国际问题方面互相支持，友好合作，不仅促进了双边关系的发展，而且壮大了社会主义阵营的力量。新中国成立不久，特别是朝鲜战争的爆发，使新中国同以美国为首的西方国家处于完全敌对状态。朝鲜战争中朝人民的胜利、日内瓦会议和亚非会议的成功召开，充分显示了新中国在国际社会中的地位和作用。这个时期，周恩来总理提出了著名的和平共处五项原则，受到国际社会的普遍赞誉。

（二）20世纪60年代联合广大亚非拉国家反帝反修

20世纪50年代中期以后，统一的社会主义阵营解体。同时，广大亚非拉国家的民族解放运动空前高涨。面对世界的动荡、分化、改组和中国国内开始全面建设社会主义，中国外交也进行了调整。20世纪50年代末到60年代末中国对外政策由原来的“一边倒”调整为“两个拳头打人”，即实行依靠广大亚、非、拉国家，反对帝国主义、修正主义和各国反动派的政策。为了顶住美苏两个超级大国的压力，这个时期我们既反对美国的侵略政策和战争政策，又反对苏联的大国主义和霸权主义。同时，积极发展同亚非拉国家的团结合作，大力支持它们维护民族独立、发展民族经济和文化的斗争。

第一，支持民族解放运动。20世纪60年代初，同中国建立外交关系的亚非拉国家已有20多个，形成了新中国外交史上的第二次建交高潮。为加强同亚非拉国家的关系，从1956年至1964年，中国的高级代表团进行了三次大范围的出访，有力地促进了中国与广大亚非拉国家的友好关系。

第二，反对苏联霸权主义。自从赫鲁晓夫上台后，苏联大国主义和民族利己主义日益膨胀，试图迫使中国将外交政策纳入苏联全球战略的轨道。苏联在20世纪50年代末开始与美国改善关系，在1959年美苏两国首脑举行了戴维营会晤；而从1958起苏联对中国的国内事务进行干涉，发生了长波电台和联合舰队事件。中苏两国在许多问题上的矛盾和冲突开始暴露出来,并进行了公开的大论战,两国关系迅速从结盟转为敌对。苏联单方面撕毁了中苏经济技术合同和协议,并在中苏边境地区挑起边界事端,制造流血事件,这使得中苏边境形势十分紧张,两国关系几近破裂。面对苏联对中国安全的严重威胁,中国展开了反对苏联霸权主义的斗争。

第三,反对美国帝国主义和各国反动派。这一时期,美国仍然执行反华政策,继续包围和封锁中国。1965 年美军出兵越南和 1970 年美国入侵柬埔寨时,中国进行了针锋相对的斗争。

这一时期中国顶住了来自苏美两个大国的压力,联合广大亚非拉国家在维护自己的主权和利益、推动世界和平方面做出了重大贡献。但中国外交也进入了一个较为封闭的时期,这样的外交政策夸大了中国和亚非拉国家的力量,对世界形势的估计过于乐观,并带有较强的意识形态色彩。此间,中国奉行睦邻友好政策,用大约 10 年的时间,解决了同大多数接壤国家的陆上边界问题和华侨双重国籍问题。但是中印之间由于边界问题,发生了边界武装冲突。在中国同亚非国家关系日益发展的同时,20 世纪 60 年代末中苏爆发了严重的边界武装冲突,并把两国推到了战争的边缘。值得一提的是,中国与西欧国家的关系有一定程度的发展。1964 年 1 月中法建立正式外交关系,法国是西方大国中第一个同中国建立大使级外交关系的国家,中法外交关系的建立是中国外交的一大突破。同时,中国与日本的民间交往比较频繁。

(三)70 年代基本实现与西方国家关系正常化

20 世纪 60 年代中期到 70 年代末,同其他领域一样,中国外交不可避免地受到极“左”思潮的干扰和影响。但在毛泽东和周恩来的领导下,到 20 世纪 60 年代末,中国外交就转入了正轨。在国际政策方面,中国提出了“联美反苏”的外交政策,改善了与西方国家的关系,中国外交取得了重大成就。

1969 年 3 月中苏两国在珍宝岛发生边境武装冲突,苏联随即在中苏、中蒙边境陈兵百万,对中国的国家安全构成直接威胁。而在越南战争中被拖得焦头烂额的美国也急于从这一泥潭中脱身,以集中精力对付苏联这一主要威胁。美苏争霸中出现了苏攻美守的局面,迫使美国不得不谋求对华关系的改善,联合中国对付苏联。针对这种局势,中国政府及时调整了自己的对外政策,指导思想是,针对苏联对中国造成的严重威胁,联合国际上一切可以联合的力量,在世界范围内建立反霸权主义的国际统一战线。为此,重点改善了与美国、日本、西欧等西方国家的关系。在这样的国际形势变化下,新中国的外交战略进行了第二次大的调整。这一战略把苏联作为最主要的敌人,虽然中国也仍然反对美国,但实际上两国关系在向着改善的方向发展,这被概括为"一条线、一大片"的政策。这也是新中国外交战略调整中最重要、最关键、并对整个二战后的格局产生重大影响的一次,对中国外交的影响也是极为重大和深远的。它取得的巨大成功也表明中国外交具有的灵活性和对国际环境的适应性。

第一,调整中美关系,实现了中美建交。1972 年 2 月,尼克松总统访问中国,中美在上海发表了《中美联合公报》,标志着两国关系正常化的开始。1978 年 12 月,中美两国发表了关于建立外交关系的《联合公报》,美国承认中华人民共和国政府是中国唯一的合法政府,接受了中国提出的建交三原则:废约、撤军、断交,即废除美蒋签订的《共同防御条约》、美从台湾和台湾海峡撤走一切武装力量和军事设施、美台断交。1979 年 1 月,中美正式建交,并发表《建交公报》。

第二,实现中日邦交正常化。日本政府曾长期追随美国采取敌视中国的政策,美国率先同中国缓和外交关系对日本冲击极大。1972 年 9 月田中角荣访华,中日两国政府签订《中日联合声明》,宣布:中日两国不正常状态结束;日本政府承认中华人民共和国政府是中国唯一的合法政府;日本政府充分理解和尊重中国政府关于"台湾是中华人民共和国领土不可分割的一部分"的立场;宣布两国建立正式外交关系。

第三,中国恢复了联合国合法席位。新中国成立后,中国在联合国的合法席位一直被台湾非法占据。1971 年 10 月 25 日举行的联合国大会第二十六届会议,以压倒性的票数通过了由阿尔及利亚、阿尔巴尼亚等 23 个国家提出的要求恢复中国在联合国的一切合法权利,并立即把蒋介石集团的代表从联合国及其所属一切机构中驱逐出去的提案,这是中国外交上的重大胜利,也是这一时期我国外交的突出成就。

第四,改善中国与西方国家的关系。随着中美关系的改善和中国在联合国合法席位的恢复,20 世纪 70 年代出现了西欧国家同中国建交的高潮,基本完成了同西方国家的建交过程。到 1979 年,中国已同西欧 20 个国家如意大利、联邦德国等建立了外交关系。另外,中国还同加拿大、澳大利亚、新西兰先后建立了外交关系。

总之,20 世纪 70 年代经过重大调整,我国的对外关系克服了国内极"左"思想的影响,取得了很大发展。毛泽东以战略家的雄才伟略,为中国开辟了广阔的国际外交空间。中国在当时意识形态上的感召力和敢于抗击并战胜强权的勇气和智慧,不仅使中国享有崇高的国际威望,还吸引了大批的追随者,积累了丰厚的外交资源,在国际斗争中处于十分有利的地位。在 1970 年至 1980 年 10 年间,同中国建交的国家达 75 个。在此基础上,中国同这些国家的双边经济文化合作关系得到了迅速发展。从此,中国开始全面参与国际事务,在国际舞台上发挥着日益重要的作用。

二、改革开放以来中国外交政策的重大调整和对外关系大发展

十一届三中全会,开启了改革开放的历史新时期。这场历史上前所未有的大改革、大开放,使当代中国同世界的关系发生了历史性变化,也使中国外交进入了崭新的历史时期。20 世纪 80 年代以来,中国适时调整了对外政策,使独立自主的和平外交政策更加完善,中国外交开创了崭新的局面,对外关系取得巨大发展。新世纪之初,中国外交呈现了一些新动向、新风貌,开拓了冷战后中国外交的新局面,中国国际地位显著提高,国际影响日益扩大,与世界各国的友好合作关系全面发展。

(一)20 世纪 80 年代中国外交政策的重大调整和对外关系的新局面

20 世纪 70 年代末到 80 年代末,世界多极化趋势日益发展,国际形势发生了巨大变化。美苏两个超级大国继续争霸世界并且互有攻守,但国际舞台上的其他力量,如日本、西欧和第三世界也迅速崛起。同时,以党的十一届三中全会为标志,中国进入了一个集中力量进行经济建设的崭新时期。在此背景下,中国的对外政策在 20 世纪 80 年代初进行了重大调整。

第一,科学判断形势,从根本上调整外交战略。邓小平同志对国际形势和时代主题做出新的科学判断,指出和平与发展是当今世界的两大主题,世界大战并非不可避免和迫在眉睫。这为我们集中精力搞经济建设提供了重要依据,也为对外政策的一系列重大调整提供了条件。

第二,提出独立自主和不结盟,改善和发展同各主要大国的关系。调整联合一切力量制衡苏联的"一条线"战略,不与任何大国或国家集团结盟,不以意识形态定亲疏。1979 年 1 月,中美正式建交,两国各领域的交流与合作稳步发展。逐步缓和同苏联的关系,于 1989 年 5 月实现了中苏关系正常化。同日本、西欧及东欧国家的务实合作有了长足发展。

第三,妥善处理同邻国的历史遗留问题,促进与周边国家关系的改善和发展。调整对东南亚国家的政策,注意严格区分党际关系与国家关系,使中国同东南亚国家的双边关系有了很大改善。提出解决中印边界问题的五点方针,同印

度恢复高级互访和边界谈判。

第四,推动同广大发展中国家的务实合作。提出"平等互利、讲求实效、形式多样、共同发展"的经济合作四原则,开展形式多样的经济合作,使中国与发展中国家的关系有了更深厚的经济基础。

第五,在国际和地区事务中发挥作用,扩大国际影响。积极参与柬埔寨问题的政治解决进程,为缓和东南亚地区紧张局势发挥了重要作用。为阿富汗问题的解决做出了自己的贡献。

第六,创造性地提出"一国两制"构想,推进祖国统一大业的实现。1982 年,邓小平同志提出按"一国两制"原则收回香港。经过艰苦谈判,中国政府于 1984 年 12 月和 1987 年 4 月,分别与英国和葡萄牙政府就对香港、澳门恢复行使主权签署联合声明。

中国改革开放以来的外交政策从维护世界和平和促进全球发展出发,以国家利益为依据,以促进社会主义现代化建设为目标,进一步发展和充实了独立自主的和平外交的内容。在新的外交政策指导下,中国外交出现了新中国成立以来最为活跃的局面。中国外交为中国的社会主义现代化建设赢得了有利的国际环境和条件。

(二)20 世纪 90 年代中国外交进入承前启后的新的历史时期

20 世纪 90 年代初冷战结束后,世界进入新旧格局交替时期。中国在国际上日益摆脱冷战的影响,中国外交出现了新的气象和风貌,步入一个承前启后的新的历史时期。以江泽民同志为核心的第三代中央领导集体,面对复杂多变的国际形势,创造性地继承和发展了邓小平外交思想,中国外交取得新的成就。

第一,坚持原则性和灵活性相结合,顶住国际压力,打破西方"制裁"。1989 年春夏之交北京发生政治风波后,西方国家对中国采取"制裁"措施,中国坚持原则、顶住压力、多做工作。1989 年底,日本率先恢复对华政府援助。从 1990 年底起,中国同西欧国家逐步恢复高层互访。1993 年,江泽民主席与美国总统克林顿会晤,结束了 1989 年 6 月以来中美没有元首会晤的不正常局面。

第二,推动同各大国建立面向 21 世纪的新型合作关系,构筑有利的大国关系框架。1996 年,中俄建立战略协作伙伴关系。2001 年,中俄签署《睦邻友好合作条约》,将"世代友好"的和平思想用法律形式固定下来。1997 年,中美决定共同致力于建立建设性战略伙伴关系,表明两国愿共同积极寻求发展一种长期稳定的、合作性而非对抗性的关系。1998 年,中国与欧盟建立建设性伙伴关系,与日本建立友好合作伙伴关系。

第三，发展睦邻友好，营造有利的周边环境。继与印尼复交、与新加坡和文莱建交、与越南和老挝关系正常化后，1997 年中国与东盟确定建立睦邻互信伙伴关系。在与朝鲜保持传统友好关系的同时，实现同韩国关系正常化。在中亚，继与中亚五国建交后，又与俄罗斯共同推动成立上海合作组织。中国还与绝大多数陆上邻国解决了边界问题。

第四，加强同发展中国家的团结与合作。2000 年，中国和非洲国家共同倡议成立"中非合作论坛"。中国同不结盟运动、七十七国集团等发展中国家组织加强了联系和协调。

第五，广泛参与国际事务，维护世界和平，促进共同发展。全面参与多边外交各领域的活动，并开始积极参加联合国维和行动。2000 年 9 月，江泽民主席参加联合国千年首脑会议，倡议举行安理会五个常任理事国领导人首次会晤。中国成功承办 2001 年亚太经合组织领导人非正式会议。

第六，捍卫国家主权、领土完整和民族尊严，推进祖国统一大业。恢复对香港、澳门行使主权。多次挫败"台湾当局""重返联合国"的图谋，挫败世界卫生大会涉台提案。在联合国人权委员会上多次挫败西方国家的反华提案。妥善处理了中国驻南斯拉夫使馆遭袭和中国军机被撞事件。

(三)21 世纪以来中国对外工作新的重大进展

进入 21 世纪以来，国际形势处于急剧演变之中。以胡锦涛同志为总书记的党中央冷静分析国内外形势，紧紧抓住战略机遇期，高举和平、发展、合作的旗帜，中国对外工作取得新的重大进展。

第一，与主要大国关系稳定发展。中俄两国战略协作伙伴关系全面深入快速发展，进入历史最好时期。中美同意全面推进 21 世纪建设性合作关系。中国同欧盟及其主要成员国建立了全面战略伙伴关系。2008 年 5 月，胡锦涛主席对日本成功进行"暖春"之旅，开创中日战略互惠关系新局面。中国同各主要大国启动战略对话磋商机制。

第二，同周边国家睦邻友好合作关系进一步扩大和深化。我国同印度、印尼等国建立不同形式的战略伙伴关系，同哈萨克斯坦等国签订友好合作条约。推动上海合作组织成员国缔结长期睦邻友好合作条约，上海合作组织进入全面务实合作阶段。中国作为首个非东盟国家加入《东南亚友好合作条约》，东盟—中国(10＋1)、东盟—中日韩(10＋3)合作成果显著。推动南海、东海共同开发迈出新步伐。

第三，同发展中国家的团结合作取得重要进展。2006 年，中国成功主办"中非合作论坛"北京峰会，这是新中国外交史上主办的规模最大、领导人出席最多的国际会议，对巩固和发展中国与非洲国家的友好关系具有重大意义。2004 年成立"中阿合作论坛"。同拉美、加勒比和南太平洋地区国家互利合作不断深化。加强了同巴西、南非、墨西哥等发展中大国的协调与合作，中俄印、中俄印巴（西）"金砖国家"等合作机制日益充实、完善。

第四，多边外交丰富多彩，更加活跃。在联合国、G20 峰会等多边舞台上，胡锦涛主席等党和国家领导人积极开展高层外交，宣示中国重大理念及主张，拓展与各方关系，维护中国利益与形象。中国推动形成朝鲜半岛核问题六方会谈机制，为推动朝核问题和平解决发挥了重要的独特作用。积极参与解决全球性和地区性热点问题，发挥负责任大国作用，迄今已向 22 项联合国维和行动派出 2 万名维和人员。

第五，积极开展安全外交，全力维护国家主权安全。在国际上与"台独"、"藏独"、"东突"等分裂活动进行坚决有效的斗争。严防和遏制"法轮功"等境外敌对势力的分裂干扰活动。大力倡导互信、互利、平等、协作的新安全观，积极开展和深化反恐等非传统安全领域的国际合作。

第六，全面开展经济外交。利用高层互访和国际多边峰会等重大外交活动，促成一批重大合作项目。大力推动区域和双边自由贸易区合作，中国与有关国家和地区正在建设的自由贸易区有 12 个，其中已签署协议并开始实施的有 6 个。承认中国完全市场经济地位的国家达 77 个。提出新能源安全观，积极开展能源资源外交，为中国企业"走出去"提供服务。

第七，努力开展公共外交和文化外交。党和国家领导人深入阐述中国和平发展道路、科学发展观等治国理念和内外方针，努力增进各国民众对中国内外政策的了解和支持。主办"文化年"、"文化节"等对外文化活动，建立"孔子学院"和海外文化中心。以筹办北京奥运会、上海世博会等重大活动为契机，大力开展多层次、多领域的公共外交活动，增进了国外公众对中国的了解，中国和平、民主、文明、进步的国家形象进一步树立。

中国坚定不移地走和平发展道路，奉行独立自主的和平外交政策，坚持推进互利共赢的开放战略，加强与世界各国的友好交往，为国内经济平稳较快发展创造了有利的外部环境。

三、中国外交政策的基本原则

在长期的外交实践中，中国不断分析国际形势、确定对外战略、制定外交政策，以中国人民和世界人民的根本利益为出发点，捍卫国家独立、自由和领土主权完整，争取世界和平和人类进步。中华人民共和国成立60多年来，中国始终不渝地奉行独立自主的和平外交政策，以和平共处五项原则为基础，发展同世界各国间的相互关系；坚持在平等互利的基础上，同世界各国开展友好合作，求得共同发展和繁荣，反对霸权主义、强权政治，站在国际正义和人类进步一边；加强同广大发展中国家的团结与合作；维护世界和平，促进全球发展。

1. 独立自主原则是中国外交政策的根本原则。独立自主，就是坚持从中国的实际情况出发，依靠自己的力量，同任何国家友好相处，但不容许任何国家损害我国的尊严和主权。每个国家有权根据自己的实际情况独立自主地处理本国对内、对外的一切事务。

新中国成立以来，不管国际风云如何变幻，我们始终不渝地奉行独立自主的和平外交政策。对于一切国际事务，我们都从中国人民和世界人民的根本利益出发，根据事情本身的是非曲直，决定自己的立场和政策，不屈从于任何外来压力。我们党在新中国成立时就制定了独立自主的和平外交政策。根据这一基本方针，在不同的历史时期还根据国际形势发展的趋势和特点，确定并实施了不同的具体外交战略和外交政策。早在全国解放前夕，毛泽东就指出：中国必须独立，中国必须解放，中国的事情必须由中国人民自己做主，自己来处理，不容许帝国主义国家再有一丝一毫的干涉。半个世纪以来，无论国际风云怎样变幻，无论中国面临的国际环境多么险恶，我们始终高举独立自主的旗帜，顶住了来自各方面的压力，维护了我国的主权和民族尊严，提高了我国的国际威望，赢得了各国人民的尊敬。在新的历史时期，邓小平根据对时代特征的新判断和对国际形势的科学分析，提出了中国新时期的外交战略思想，在总结历史经验的基础上进一步扩大了和平共处五项原则涵盖的领域。在新世纪新阶段，围绕实现促进和平与发展的宗旨和目标，独立自主的和平外交政策又被赋予新的内涵。

独立自主外交政策的基本要求是：第一，不同任何大国结盟。不同任何大国结盟是独立自主原则的核心内容。第二，在对待重大国际事务方面，独立自主地决定中国的政策。第三，不容许任何外国干涉中国的内政，中国也不会屈服于任何外国的压力，坚持独立自主就是为了保障国家的政治、经济独立，捍卫国家主权，所以中国人民坚持自己选择社会制度和经济发展道路、经济发展模式，坚持根据自身利益和国情确定内外政策，按自己认为合适的方式处理内部事务，不允许任何外国实行任何形式的干涉和控制。第四，中国珍惜自己的主权，同样也尊重别国的独立主权。第五，中国坚持独立自主的同时，也坚持对外开放。党的十一届三中全会以来，我们在把对外开放确定为基本国策的同时，又更高地举起了独立自主的大旗。改革的成功经验证明，独立自主与对外开放互相促进是我国外交原则的鲜明特点。

在新世纪新阶段，独立自主的和平外交政策又被赋予新的内涵。围绕促进和平与发展的宗旨和目标，强调在改善和发展同发达国家关系方面，着眼于创造有利于国内发展大局的外部条件和宽松环境，强调在和平共处五项原则基础上求同存异，扩大双方共同利益的汇合点，妥善处理各种摩擦和矛盾；在加强与周边国家关系方面，突出睦邻友好的地缘战略重要性，表示要与邻为善、以邻为伴，以扩大区域合作为途径，将与周边地区的交流与合作推向新阶段；在增强同发展中国家的团结与合作方面，表达了增进彼此理解和信任、加强相互帮助和支持的良好愿望，关注合作领域的拓展和合作效果的提高，申明将继续积极参与多边外交活动；在联合国和其他国际及区域性组织中，支持发展中国家维护自身的正当权益。中国坚定不移地奉行独立自主的和平外交政策。这一政策的基本目标是维护中国的独立、主权和领土完整，为中国的改革开放和现代化建设创造一个良好的国际环境，维护世界和平，促进共同发展。

2. 和平共处五项原则是新中国用以指导与各国发展关系的基本准则。和平共处五项原则就是互相尊重主权和领土完整，互不侵犯，互不干涉内政，平等互利，和平共处。1954 年 6 月，以和平共处五项原则作为处理中国与印度和缅甸相互关系的准则，分别写入中印、中缅发表的联合声明。此后，由中、印、缅三国共同倡导的和平共处五项原则，相继被翌年召开的万隆会议和其他发展中国家的多边国际会议以及不结盟运动所接受。它的基本内容已涵盖于联合国通过的一些宣言之中，成为国与国之间建立和发展友好合作关系的公认准则。

和平共处五项原则是互相联系、不可分割的整体。“互相尊重主权和领土完整”是五项原则的核心和主要内容；“互不侵犯”、“互不干涉内政”是实现互相尊重主权和领土完整的一项根本保证；“平等互利”是各国发展政治、经济和文化关系必须遵循的原则；“和平共处”则是上述四项原则的目标和结果。和平共处五项原则高度概括了当今国际关系的基本原则，其本质是反对侵略和扩张，维护国家的独立自主权利。它是对几个世纪以来旧的国际关系准则和强权政治的否定和批判，是一种崭新的、公正的国际关系准则。和平共处五项原则具有包容性和开放性的特点。包容性是指：五项原则既适用于社会制度相同的国家，也适用于社会制度不同的国家；既适用于发展中国家，也适用于发达国家；既适用于国家间的政治关系，也适用于国家间的经济关系。开放性是指：和平共处五项原则是和平的原则，也是发展的原则，在不同历史时期它能容纳不同的时代内容，其内涵随着时代的发展而不断得到充实和丰富。

和平共处五项原则的提出，标志着新中国外交政策的成熟。它超越了意识形态和社会制度的差异，以其包容性和开放性逐渐得到国际社会的广泛认可，成为解决国与国之间问题的基本准则，为国际关系的发展做出了巨大贡献。其一，它提供了相同或不同社会制度的国家建立和发展关系的正确指导原则，是处理国家间关系的最好方式，其核心是正确对待各国之间的差异；其二，它指明了和平解决国家间历史遗留问题及国际争端的有效途径，是实现世界和平与发展的前提保证；其三，它有力地维护了广大发展中国家的利益，促进了南北关系的改善和发展；其四，它为推动建立公正合理的国际政治经济新秩序奠定了重要的思想基础。

中国不仅是和平共处五项原则的倡导者，也是和平共处五项原则忠实的维护者和执行者。正是在和平共处五项原则的指导下，中国同一些邻国妥善地解决了历史上遗留下来的各种复杂问题，提出“一国两制”的构想圆满地解决了香港、澳门问题，发展了同世界各国的友好合作关系，从而确立了中国在国际社会中的地位，发挥了自己的作用。

进入新世纪，中国坚持在和平共处五项原则的基础上同所有国家发展友好合作。我们将继续同发达国家加强战略对话，增进互信，深化合作，妥善处理分歧，推动相互关系长期稳定健康发展。我们将继续贯彻与邻为善、以邻为伴的周边外交方针，加强同周边国家的睦邻友好和务实合作，积极开展区域合作，共同营造和平稳定、平等互信、合作共赢的地区环境。我们将继续加强同广大发展中国家的团结合作，深化传统友谊，扩大务实合作，提供力所能及的援助，维护发展中国家的正当要求和共同利益。我们将继续积极参与多边事务，承担相应的国际义务，发挥建设性作用，推动国际秩序朝着更加公正合理的方向发展。

3.维护世界和平，促进共同发展是中国外交政策的基本目标。当今世界正处在大变革大调整之中。和平与发展仍然是时代主题，求和平、谋发展、促合作已经成为不可阻挡的时代潮流。世界多极化趋势不可逆转，经济全球化深入发展，科技革命加速推进，全球和区域合作方兴未艾，国与国的相互依存日益紧密，国际力量对比朝着有利于维护世界和平的方向发展，国际形势总体稳定。同时，世界仍然很不安定。霸权主义和强权政治依然存在，局部冲突和热点问题此起彼伏，全球经济失衡加剧，南北差距拉大，传统安全威胁和非传统安全威胁相互交织，世界和平与发展面临诸多难题和挑战。

把维护世界和平、促进共同发展作为外交政策的基本目标，是中国社会主义社会的本质要求，也是中国发展的现实要求，也符合世界人民的愿望和根本利益。共同分享发展机遇，共同应对各种挑战，推进人类和平与发展的崇高事业，事关各国人民的根本利益，也是各国人民的共同心愿。中国的前途与世界的前途紧密相连。中国作为一个发展中的社会主义国家，以和平发展作为外交政策的宗旨，这不仅有利于中国的经济建设，也有利于世界人民根本利益的实现。在处理外交关系方面，我们坚持“大国是关键、周边是首要、发展中国家是基础、多边是舞台”的外交工作布局。

中国特色社会主义的发展需要争取和平的国际环境。中国外交工作的根本目标是，进一步巩固和发展有利于我国的和平国际环境，特别是和平的周边环境，为我国的改革开放和经济建设服务，为祖国的统一大业服务。其实归根结底就是一句话，外交工作要坚定不移地维护我们国家和民族的最高利益。我们主张反对霸权主义和强权政治，维护世界和平与发展；防范和打击恐怖活动，努力消除产生恐怖主义的根源；维护世界多样性，促进国际关系民主化和发展模式多样化；树立新的安全观念，努力营造长期稳定的国际和平环境；谋求建立和平、稳定、公正、合理的国际政治经济新秩序；推动建设持久和平与共同繁荣的和谐世界；创造和平稳定的周边环境。用和平谈判的方式先后与周边绝大多数国家解决历史遗留的边界划分问题。

2012年11月，中共十八大重申“中国将继续高举和平、发展、合作、共赢的旗帜，坚定不移致力于维护世界和平、促进共同发展”。① 人类只有一个地球，各国共处一个世界，世界历史昭示我们，弱肉强食不是人类共存之道，穷兵黩武无法带来美好世界，要和平不要战争，要发展不要贫穷，要合作不要对抗，推动建设持久和平、共同繁荣的和谐世界，是世界各国人民的共同愿望。中国坚持在和平共处五项原则基础上全面发展同各国的友好合作。我们将改善和发展同发达国家关系，拓展合作领域，妥善处理分歧，推动建立长期稳定、健康发展的新型大国关系。坚持与邻为善，以邻为伴，巩固睦邻友好，深化互利合作，共同维护发展中国家的正当权益，支持扩大发展中国家在国际事务中的代表性和发言权，永远做发展中国家的可靠朋友和真诚伙伴。我们将积极参与多边事务，配合联合国、二十国集团、上海合作组织、金砖国家等发挥积极作用，推动国际秩序和国际体系朝着公正、合理的方向发展。扎实推进公共外交和人文交流，维护我国海外合作权益。开展同各国政党和政治组织的友好往来，夯实国家关系发展的社会基础。中国人民热爱和平、渴望发展，愿同各国人民一道为人类和平与发展的崇高事业而不懈努力。

---

① 胡锦涛：《坚定不移沿着中国特色社会主义道路前进，为全面建成小康社会而奋斗——在中国共产党第十八次全国代表大会上的报告》，北京：人民出版社，2012年，第47页。

中国的发展是和平的发展、开放的发展、合作的发展。坚持走和平发展道路，就是既通过争取和平的国际环境来发展自己，又通过自己的发展来促进世界和平，永远做维护世界和平、促进共同发展的坚定力量。当代中国同世界的关系发生了历史性变化，中国的前途命运日益紧密地同世界的前途命运联系在一起。不管国际风云如何变幻，中国政府和人民将高举和平、发展、合作旗帜，奉行独立自主的和平外交政策，维护国家主权、安全、发展利益，恪守维护世界和平、促进共同发展的外交政策宗旨。

4. 加强同发展中国家的团结与合作是中国外交的一贯政策。中国是发展中的社会主义国家，与发展中国家有着共同的历史遭遇和苦难历程，今天又都面临着发展本国经济、改善本国人民生活的重任。为此，发展中国家都需要长期的国际和平环境，都需要反对外来干涉和强权政治，都需要为建立新的国际政治经济新秩序而努力。因此，中国的命运是同广大发展中国家的命运紧密联系在一起的。中国始终重视同发展中国家的团结和合作，甚至将这一政策提升到基本立足点的高度。

中国一贯重视同第三世界国家的合作，支持这些国家的民族解放运动和发展民族经济的正义事业，并提供了大量援助。20 世纪 70 年代，毛泽东同志提出了关于三个世界划分的战略思想，高度评价了第三世界的战略地位和作用，明确指出中国属于第三世界。改革开放后，邓小平同志根据形势变化，对中国外交政策作了相应调整，强调要全面加强同第三世界国家的合作，高度重视南南合作。第三世界占联合国成员国的绝大多数，是霸权主义和强权政治、不公正不合理的国际政治经济旧秩序的最大受害者，是反对霸权主义、维护世界和平、推动建立公正合理的国际政治经济新秩序的主力军。发展中国家历来是中国在国际事务中可以依靠的力量。在中国和平发展、推动建设和谐世界的进程中，加强同发展中国家的团结和合作仍然是中国外交的基本立足点。我们要充分发挥中国同发展中国家在国际重大问题上互相支持的政治优势，在国际斗争中争取增加中国的回旋余地。冷战结束后，尽管国际局势发生了巨大变化，但发展中国家始终是国际社会不容忽视的力量，它们的总体实力在增强，国际影响在扩大，成为维护世界和平和促进共同发展的积极因素。

中国将进一步加强同亚、非、拉等发展中国家的团结与全面合作，这包括在国际事务中注重与发展中国家磋商协调，维护它们的正当权益；在解决地区性冲突与矛盾中，采取积极、稳妥、和平解决的方针；在经济贸易方面，将继续向一些发展中国家提供力所能及的援助，并按照互利互惠、共同发展、形式多样、讲求实效的原则探索新的合作途径。中国在重大场合要为发展中国家说话，要使发展中国家从中国的和平发展中、从与中国的合作和相互支持中得到好处。

第二节 中国在南海和钓鱼岛问题上的基本立场

中国有960万平方公里的陆地国土，还有300万平方公里的海洋国土。有人说中国的国土像一只雄鸡，但如果把海洋算进去，中国的国土更像一把火炬。近年来，在提及蓝色国土的时候，人们对南海和钓鱼岛问题给予了高度关注。所谓南海问题和钓鱼岛问题，即指中国与东南亚部分国家及日本围绕海洋和海岛主权归属及海洋资源开发等问题所产生的争议。了解和把握南海和钓鱼岛问题的历史和现状，把握中国在南海和钓鱼岛问题上的基本立场，对于维护我国主权和领土完整具有重要意义。

一、中国在南海问题上的基本立场

"南海"全称"南中国海"，位于中国东南方向、太平洋和印度洋之间，是一个由东北朝西南走向的典型的半封闭海，是亚洲三大边缘海之一。整个海区南北绵延1800多公里，东西分布900多公里，水域面积约360万平方公里。北靠中国华南大陆(广东、广西、海南)，东临菲律宾诸岛，西邻越南、马来半岛，南接印尼、文莱等国，战略地位十分重要。

"南海问题"是指中国与部分东南亚国家，以及东南亚一些国家之间在南海海域存在领土主权和海洋划界、资源分配等争端问题。由于大多数问题涉及南沙群岛主权及其海域争端，因此也称"南沙争端"。近年来，越南、菲律宾在南海问题上频频向中国发难，南海问题再次成为国际社会关注的焦点。

(一)南海问题的由来

中国是最早发现并命名南沙群岛的国家，①最早开发和经营南沙群岛，②最

① 早在公元前2世纪，中国人就在长期航行和生产实践中发现了南沙群岛，并对南海的岛屿、沙洲、暗礁等有一定认识。自唐宋时期开始便出现专指南沙群岛的古地名，如万里长沙等。

② 公元前1世纪的《异物志》和晋朝裴渊所著的《广州记》已有关于中国渔民在南海捕鱼的记载。

早并持续对南沙群岛行使主权。[①] 对此我们有充分的历史和法理依据，国际社会也长期予以承认。第二次世界大战期间，日本发动侵华战争，占领了中国大部分地区，包括南沙群岛。《开罗宣言》和《波茨坦公告》及其他国际文件明确规定把被日本窃取的中国领土归还中国，这自然包括南沙群岛。1946 年 12 月，当时的中国政府指派高级官员赴南沙群岛接收，在岛上举行接收仪式，并立碑纪念，派兵驻守。日本政府于 1952 年正式表示“放弃对台湾、澎湖列岛以及南沙群岛、西沙群岛之一切权利、权利名义与要求”，从而将南沙群岛正式交还给中国。对于这一段历史，各国都是十分清楚的。事实上，在此后的一系列国际会议和国际实践中，美国一直承认中国对南沙群岛的主权。

二战后直到 20 世纪 70 年代，并不存在所谓的南海问题。南海周边地区也没有任何国家对中国在南沙群岛及其附近海域行使主权提出过异议。越南在 1975 年以前明确承认中国对南沙群岛的领土主权。菲律宾和马来西亚等国在 70 年代以前没有任何法律文件或领导人讲话提及本国领土范围包括南沙群岛。美国与西班牙 1898 年签订的《巴黎条约》和 1900 年签订的《华盛顿条约》曾明确规定菲律宾的领土范围，但并未包括南沙群岛，1953 年菲律宾宪法、1951 年菲美军事同盟条约等也对此作了进一步确认。马来西亚只是到 1978 年 12 月，才在其公布的大陆架地图上将南沙群岛的部分岛礁和海域标在马来西亚境内。

不少国家政府和国际会议的决议也承认南沙群岛是中国的领土。例如，1955 年在马尼拉召开的国际民航组织太平洋地区航空会议通过的第 24 号决议，要求中国“台湾当局”在南沙群岛加强气象观测，会上没有任何一个代表对此提出异议或保留。许多国家出版的地图也都标注南沙群岛属于中国。例如，日本 1952 年由外务大臣冈崎胜男亲笔推荐的《标准世界地图集》以及 1962 年由外务大臣大平正芳推荐出版的《世界新地图集》、1954 年德意志联邦共和国出版的《世界大地图集》、1956 年英国出版的《企鹅世界地图集》、1956 年法国出版的《拉鲁斯世界与政治经济地图集》等都明确标注南沙群岛属于中国。越南 1960 年、1972 年出版的世界地图及 1974 年出版的教科书都承认南沙群岛是中国领土。20 世纪以来，许多国家权威性百科全书，如 1963 年美国出版的《威尔德麦克各国百科全书》、1973 年的《苏联大百科全书》和 1979 年日本共同社出版的《世界年鉴》都承认南沙群岛是中国领土。

然而自 20 世纪 70 年代开始，越、菲、马等国以军事手段占领南沙群岛部分

---

① 明代《郑和航海图》中标绘的“万生石塘屿”即今天的南沙群岛。1716 年《大清中外天下全图》、1817 年《大清一统天下全图》等都将南沙群岛列入版图之内，标为“万里石塘”。

岛礁,在南沙群岛附近海域进行大规模资源开发活动并提出主权要求。在本无争议的南海主权问题上,之所以会出现这么大的变化,主要有两个因素在起作用:

一是20世纪60年代以来,在南海发现丰富的油气资源。石油、天然气对于当代经济发展的重要性是不言而喻的,在目前尚无可替代能源的情况下,油气资源无疑起着维系国民经济命脉的作用。1973年第四次中东战争时,阿拉伯国家的石油禁运举措对西方经济的打击更从反面证明了油气资源的重要。南海发现油气田,对于周边国家而言,不啻是一声春雷。本已有主的南海岛礁、暗沙就成为越南、菲律宾、马来西亚等周边邻国抢占和争夺的目标。占据一个岛礁,就可控制一大片海域,从而意味着桶桶石油将归为已有。

二是1982年《联合国海洋法公约》签署并于1994年11月生效。该公约确立了一个新的海洋制度:12海里领海,200海里专属经济区,350海里大陆架。这个方案提出来以后,所有的沿海国,尤其是第三世界国家感觉是一大喜讯。因为在此之前旧的海洋法是帝国主义国家强加给全世界的,是3海里领海,3海里之外全都是公海,这对于美国、英国、葡萄牙、西班牙、法国、荷兰这些海洋国家来讲,沿海国家的领海越小,公海就越大,他们的行为就越不受约束。而根据《联合国海洋法公约》,海洋国家的领海范围和权益将大大扩大。《联合国海洋法公约》存在明显的漏洞,即所谓12海里领海,200海里专属经济区,350海里大陆架的规定,并没有说明原来就有归属的海域是否适用该公约。《联合国海洋法公约》无疑刺激了周边邻国对南海的野心。由于该公约经过了长时间的谈判,所以在公约签署前,有关国家就开始行动了。

(二)南海问题的现状

南中国海有西沙群岛、中沙群岛和南沙群岛。其中,西沙群岛、中沙群岛由中国控制,周边国家非法提出主权要求的主要集中在南沙群岛。

在南沙群岛,越南基本上控制了南沙西部海域,菲律宾基本上控制了南沙东北部海域,马来西亚基本上控制南沙西南部海域。

各国实际控制的岛礁情况:中国实际控制9个岛礁,其中中国大陆控制永暑礁、赤瓜礁、东门礁、南薰礁、渚碧礁、华阳礁、美济礁,中国台湾控制太平岛、中洲岛。越南占领29个岛屿和珊瑚礁,它们是鸿庥岛、南威岛、景宏岛、南子岛、敦谦沙洲、安波沙洲、染青沙洲、中礁(沙洲)、毕生礁(沙洲)、柏礁、西礁(沙洲)、无乜礁、日积礁、大现礁、六门礁、东礁、南华礁、舶兰礁、奈罗礁、鬼喊礁、琼礁、广雅滩、蓬勃堡、万安滩、西卫滩、人骏滩、朱应滩、奥南暗沙、金盾暗沙等。菲律宾占领8个岛屿，它们是马欢岛、南钥岛、中业岛、西月岛、北子岛、费信岛、双黄沙洲、司令礁(沙洲)。马来西亚占领3个岛屿，印度尼西亚占领2个岛屿，文莱占领1个岛屿。

相关国家侵占中国海域面积为：越南，100多万平方公里；菲律宾，41万多平方公里；马来西亚，27万多平方公里；印度尼西亚，5万多平方公里；文莱，0.3万平方公里。

长期以来，特别是近些年来，有关国家尤其是越南和菲律宾两国，在非法占领中国岛礁及海域方面，强硬出招，肆意侵犯中国的主权和利益，不断恶化南海局势。主要行径有：第一，通过制定或修改法律，将本属中国的岛礁及海域，划入其版图。如2009年初，菲国会通过"领海基线法"，将我黄岩岛和南沙部分岛屿划入其版图；2012年6月21日，越南国会通过《越南海洋法》，将中国的西沙群岛和南沙群岛包含在所谓越南"主权"和"管辖"范围内。第二，与大国合作勘探开发争议海区的油气资源，意图是使问题复杂化。如越南已与20多个国家签署了50多份联合勘探开采油气合同，2010年2月，菲律宾与英国论坛公司(Forum)签署协议，联合开发南沙礼乐滩周围油气资源等。第三，加快对南海岛礁的管控，通过测量岛礁海区、安排军队高层赴海岛视察、在争议岛屿设县并任命"行政长官"等方式，加强对所占岛屿"主权宣示"的力度。同时，加大对占领岛礁的开发和经营力度。如2012年6月15日，菲律宾在其占领的南沙群岛第二大岛——中业岛上建起了一所小型幼儿园，并派部队保卫这所幼儿园。第四，阻止、干扰中国渔民在中国领海内的正常作业，甚至非法抓扣中国渔民。4月10日，菲律宾最大的军舰"德尔皮拉尔"号进入黄岩岛海域，以涉嫌非法捕捞为由对中国渔船进行"执法"，菲律宾海军士兵登上中国渔船检查，并声称在一艘船上查获了"非法"捕捞的水产品。正在附近执行南海定期维权巡航执法任务的中国海监84、75号船编队随后赶往该海域，对渔船和渔民实施现场保护。随后，中国渔政310船赶往事发地黄岩岛海域维权，菲方亦派多艘舰船增援。这一事件引发了中菲之间长时间的激烈对峙。第五，不断推动南海问题国际化。在"黄岩岛事件"中，菲律宾要求东南亚国家联盟的友邦和美国"选边站"；以把黄岩岛问题提交国际海洋法法庭相要挟；要求美国关注南海问题，试图凭借美国的力量对中国进行牵制，企图使问题复杂化、国际化，并趁机浑水摸鱼。

近年来，越南、菲律宾在南海问题上立场强硬，不断地蓄意向中国挑衅，使南

海问题不断升级、局势逐渐恶化，主要有三个方面原因：[1]

一是全球金融危机。由于金融危机对东南亚国家经济增长影响较大，民众的生活成本不断上升、生活水平下降，导致民众心存不满，为了避免经济危机引发社会危机，进而威胁执政基础，部分争端国选择将“祸水东引”的政策，蓄意炒热中国“威胁”和南海问题，以转移国内民众注意力，达到维护执政地位、增强执政合法性的目的。

二是中国快速崛起。随着中国实力的增强和影响力的扩大，部分东南亚国家对华政策表现出越来越强的两面性：一方面，它们希望借中国崛起的“东风”发展本国经济，提升综合国力；另一方面，它们又担心中国国力和影响力的上升会造成对中国的过度依赖，最终损害本国的安全利益。因此，在它们的对华政策中，对华合作虽是主流，但也包含着制衡、竞争、防范、斗争等因素。少数东南亚国家对中国的制衡和防范心理进一步增强。

三是美国战略重心东移。2009 年美国国务卿希拉里宣布“重返东南亚”以来，其对亚太，尤其是西太平洋的关注度和资源投入力度不断加大。对美国来说，平衡中国崛起是其国家战略的重要组成部分。在越、菲等主动“招揽”大国的背景下，插手南海问题不仅有助于实现其平衡中国崛起的战略初衷，甚至可能带来将中国挤出东南亚的“副产品”。因此，出于与中国争夺海权、东南亚地区主导权的考虑，美国海洋战略重心逐渐转向东亚。美国战略重心东移似乎给了有关国家抗衡中国的“底气”，被视为侵占中国南海权益的“机会”。

(三)中国在南海问题上的基本立场

1. 坚决维护中国在南海的主权，主张以和平谈判方式解决南海争端。南海主权归我，这是中国政府的一贯立场，也是中国和南海周边国家协商解决南海问题的基本前提。在不同场合和条件下，中国政府反复重申：南海诸岛自古以来就是中国领土，中国对南海诸岛及其附近海域拥有无可争辩的主权，绝不允许任何国家以任何借口和采取任何方式加以侵犯。中国的这一原则立场，在任何时候都不会有任何改变。

中国政府在坚持这一原则立场的前提下，主张通过和平谈判方式解决南海争端。中国愿同有关国家根据公认的国际法和现代海洋法，包括 1982 年《联合国海洋法公约》以及 2002 年中国和东南亚国家联盟各国签署的《南海各方行为

---

① 褚浩：“近年来南海问题趋热有三大背景”，http://www.china.com.cn/international/txt/2012—05/11/content_25359502_2.htm.

宣言》所确立的基本原则和法律制度,通过和平谈判方式妥善解决有关南海争议;中国主张有关各方在南沙问题上采取克制、冷静和建设性的态度;中国高度重视南海国际航道的安全畅通,中国维护南沙群岛的主权和海洋权益并不影响外国船舶和飞机根据国际法所享有的通行自由;中国政府一贯主张通过双边友好协商解决与有关国家之间的分歧。任何外部势力的介入都是不可取的,只能使局势进一步复杂化。

2."搁置争议,共同开发"。在20世纪70年代和80年代,中国与东南亚国家建交时,邓小平同志在同对方领导人会谈中就提出了处理南沙群岛争议的合理主张:南沙群岛是历史上中国固有的领土,70年代以来发生了争议,从双方友好关系出发,我们趋向于把这个问题先搁置一下,以后再提出双方都能接受的解决办法,不要因此而发生军事冲突,而应采取共同开发的办法。1986年6月,菲律宾副总统劳雷尔访华时,邓小平同志向他提出,"南沙问题可以先搁置一下,先放一放,我们不会让这个问题妨碍与菲律宾和其他国家的友好关系"。1988年4月,阿基诺总统访华,邓小平同志会见她时再次阐述了这一主张。他说,"从两国友好关系出发,这个问题可先搁置一下,采取共同开发的办法"。

"搁置争议,共同开发"的基本含义是:第一,主权属我。第二,对领土争议,在不具备彻底解决的条件下,可以先不谈主权归属,而把争议搁置起来。搁置争议,并不是要放弃主权,而是将争议先放一放。第三,对有些有争议的领土,进行共同开发。第四,共同开发的目的是,通过合作增进相互了解,为最终合理解决主权归属创造条件。[①]

3.设立三沙市,行使对南海的行政管辖权。2012年6月,中国政府批准撤销西沙、中沙、南沙群岛办事处,设立地级三沙市,下辖西沙、中沙、南沙诸群岛及海域。涉及岛屿面积13平方千米,海域面积200多万平方千米。是中国陆地面积最小、总面积最大、人口最少的城市。海南省三沙市人民政府驻地位于永兴岛,是西沙群岛同时也是整个南海诸岛中最大的岛屿。

设立三沙市有利于进一步加强中国对西沙群岛、中沙群岛、南沙群岛的岛礁及其海域的行政管理和开发建设,保护南海海洋环境。

在中国南海设立三沙市,是中国主权范围内的事。三沙市的设立,使中国进一步强化了对南海主权的实际管辖,也使"主权归我"有了一个更合理的行政载体。

三沙市的设立,是我们捍卫南海领土主权、维护海洋权益的一个重要步骤。

---

① 褚浩:"中国南海政策:正确处理立德、立信与立威",http://www.china.com.cn/international/txt/2012-05/11/content_25359541.htm.

二、钓鱼岛是中国的固有领土

钓鱼岛及其附属岛屿是中国领土不可分割的一部分。无论从历史、地理还是从法理的角度来看，钓鱼岛都是中国的固有领土，中国对其拥有无可争辩的主权。

日本在1895年利用甲午战争窃取钓鱼岛是非法无效的。第二次世界大战后，根据《开罗宣言》和《波茨坦公告》等国际法律文件，钓鱼岛回归中国。无论日本对钓鱼岛采取任何单方面举措，都不能改变钓鱼岛属于中国的事实。长期以来，日本在钓鱼岛问题上不时制造事端。2012年9月10日，日本政府宣布“购买”钓鱼岛及附属的南小岛、北小岛，实施所谓“国有化”。这是对中国领土主权的严重侵犯，是对历史事实和国际法理的严重践踏。

中国坚决反对和遏制日本采取任何方式侵犯中国对钓鱼岛的主权。中国在钓鱼岛问题上的立场是明确的、一贯的，维护国家主权和领土完整的意志坚定不移，捍卫世界反法西斯战争胜利成果的决心毫不动摇。

(一)钓鱼岛是中国的固有领土

钓鱼岛及其附属岛屿位于中国台湾岛的东北部，是台湾的附属岛屿，分布在东经123°20′～124°40′，北纬25°40′～26°00′之间的海域，由钓鱼岛、黄尾屿、赤尾屿、南小岛、北小岛、南屿、北屿、飞屿等岛礁组成，总面积约5.69平方千米。钓鱼岛位于该海域的最西端，面积约3.91平方千米，是该海域面积最大的岛屿，主峰海拔362米。黄尾屿位于钓鱼岛东北约27千米，面积约0.91平方千米，是该海域的第二大岛，最高海拔117米。赤尾屿位于钓鱼岛东北约110千米，是该海域最东端的岛屿，面积约0.065平方千米，最高海拔75米。

1.中国最先发现、命名和利用钓鱼岛。中国古代先民在经营海洋和从事海上渔业的实践中，最早发现钓鱼岛并予以命名。在中国古代文献中，钓鱼岛又称钓鱼屿、钓鱼台。目前所见最早记载钓鱼岛、赤尾屿等地名的史籍，是成书于1403年(明永乐元年)的《顺风相送》。这表明，早在14、15世纪中国就已经发现并命名了钓鱼岛。

1372年(明洪武五年)，琉球国王向明朝朝贡，明太祖遣使前往琉球。至1866年(清同治五年)近500年间，明清两代朝廷先后24次派遣使臣前往琉球王国册封，钓鱼岛是册封使前往琉球的途经之地，有关钓鱼岛的记载大量出现在中国使臣撰写的报告中。如，明朝册封使陈侃所著《使琉球录》(1534年)明确记载，“过钓鱼屿，过黄毛屿，过赤屿……见古米山，乃属琉球者”。明朝册封使郭汝霖所著《使琉球录》(1562年)记载，“赤屿者，界琉球地方山也”。清朝册封副使徐葆光所著《中山传信录》(1719年)明确记载，从福建到琉球，经花瓶屿、彭佳屿、钓鱼岛、黄尾屿、赤尾屿，“取姑米山(琉球西南方界上镇山)、马齿岛，入琉球那霸港”。

1650年，琉球国相向象贤监修的琉球国第一部正史《中山世鉴》记载，古米山(亦称姑米山，今久米岛)是琉球的领土，而赤屿(今赤尾屿)及其以西则非琉球领土。1708年，琉球学者、紫金大夫程顺则所著《指南广义》记载，姑米山为“琉球西南界上之镇山”。

以上史料清楚地记载着钓鱼岛、赤尾屿属于中国，久米岛属于琉球，分界线在赤尾屿和久米岛之间的黑水沟(今冲绳海槽)。此外，明朝册封副使谢杰所著《琉球录撮要补遗》(1579年)记载，“去由沧水入黑水，归由黑水入沧水”。明朝册封使夏子阳所著《使琉球录》(1606年)记载，“水离黑入沧，必是中国之界”。清朝册封使汪辑所著《使琉球杂录》(1683年)记载，赤屿之外的“黑水沟”即是“中外之界”。清朝册封副使周煌所著《琉球国志略》(1756年)记载，琉球“海面西距黑水沟，与闽海界”。

钓鱼岛海域是中国的传统渔场，中国渔民世世代代在该海域从事渔业生产。钓鱼岛作为航海标志，在历史上被中国东南沿海民众广泛利用。

2.中国对钓鱼岛实行了长期管辖。早在明朝初期，为防御东南沿海的倭寇，中国就将钓鱼岛列入防区。1561年(明嘉靖四十年)，明朝驻防东南沿海的最高将领胡宗宪主持、郑若曾编纂的《筹海图编》一书，明确将钓鱼岛等岛屿编入“沿海山沙图”，纳入明朝的海防范围。1605年(明万历三十三年)徐必达等人绘制的《乾坤一统海防全图》及1621年(明天启元年)茅元仪绘制的中国海防图《武备志·海防二·福建沿海山沙图》，也将钓鱼岛等岛屿划入中国海疆。

清朝不仅沿袭了明朝的做法，继续将钓鱼岛等岛屿列入中国海防范围，而且明确将其置于台湾地方政府的行政管辖之下。清代《台海使槎录》、《台湾府志》等官方文献详细记载了对钓鱼岛的管辖情况。1871年(清同治十年)刊印的陈寿祺等编纂的《重纂福建通志》卷八十六记载，将钓鱼岛列入海防冲要，隶属台湾府噶玛兰厅(今台湾省宜兰县)管辖。

3.中外地图标绘钓鱼岛属于中国。1579年(明万历七年)明朝册封使萧崇业所著《使琉球录》中的“琉球过海图”、1629年(明崇祯二年)茅瑞徵撰写的《皇明象胥录》、1767年(清乾隆三十二年)绘制的《坤舆全图》、1863年(清同治二年)刊行的《皇朝中外一统舆图》等，都将钓鱼岛列入中国版图。

日本最早记载钓鱼岛的文献为 1785 年林子平所著《三国通览图说》的附图“琉球三省并三十六岛之图”，该图将钓鱼岛列在琉球三十六岛之外，并与中国大陆绘成同色，意指钓鱼岛为中国领土的一部分。

1809 年法国地理学家皮耶・拉比等绘《东中国海沿岸各国图》，将钓鱼岛、黄尾屿、赤尾屿绘成与台湾岛相同的颜色。1811 年英国出版的《最新中国地图》、1859 年美国出版的《柯顿的中国》、1877 年英国海军编制的《中国东海沿海自香港至辽东湾海图》等地图，也都将钓鱼岛列入中国版图。

(二)日本窃取钓鱼岛

日本在明治维新以后加快对外侵略扩张。1879 年，日本吞并琉球并改称冲绳县。此后不久，日本便密谋侵占钓鱼岛，并于甲午战争末期将钓鱼岛秘密“编入”版图。随后，日本又迫使中国签订不平等的《马关条约》，割让台湾全岛及包括钓鱼岛在内的所有附属各岛屿。

1. 日本密谋窃取钓鱼岛。1884 年，有日本人声称首次登上钓鱼岛，发现该岛为“无人岛”。日本政府随即对钓鱼岛展开秘密调查，并试图侵占。日本上述图谋引起中国的警觉。1885 年 9 月 6 日(清光绪十一年七月二十八日)《申报》登载消息：“台湾东北边之海岛，近有日本人悬日旗于其上，大有占据之势”。由于顾忌中国的反应，日本政府未敢轻举妄动。

1885 年 9 月 22 日冲绳县令在对钓鱼岛进行秘密调查后向内务卿山县有朋密报称，这些无人岛“与《中山传信录》记载的钓鱼台、黄尾屿和赤尾屿应属同一岛屿”，已为清朝册封使船所详悉，并赋以名称，作为赴琉球的航海标识，因此对是否应建立国家标桩心存疑虑，请求给予指示。同年 10 月 9 日，内务卿山县有朋致函外务卿井上馨征求意见。10 月 21 日，井上馨复函山县有朋认为，“此刻若有公然建立国标等举措，必遭清国疑忌，故当前宜仅限于实地调查及详细报告其港湾形状、有无可待日后开发之土地物产等，而建国标及着手开发等，可待他日见机而作”。井上馨还特意强调，“此次调查之事恐均不刊载官报及报纸为宜”。因此，日本政府没有同意冲绳县建立国家标桩的请求。

1890 年 1 月 13 日，冲绳县知事又请示内务大臣，称钓鱼岛等岛屿“为无人岛，迄今尚未确定其管辖”，“请求将其划归本县管辖之八重山官署所辖”。1893 年 11 月 2 日，冲绳县知事再次申请建立国标以划入版图。日本政府仍未答复。甲午战争前两个月，即 1894 年 5 月 12 日，冲绳县秘密调查钓鱼岛的最终结论是：“自明治十八年(1885 年)派县警察对该岛进行勘察以来，未再开展进一步调查，故难提供更确切报告。……此外，没有关于该岛之旧时记录文书以及显示属我国领有的文字或口头传说的证据。”

日本外务省编纂的《日本外交文书》明确记载了日本企图窃取钓鱼岛的经过，相关文件清楚地显示，当时日本政府虽然觊觎钓鱼岛，但完全清楚这些岛屿属于中国，并不敢轻举妄动。

1894年7月，日本发动甲午战争。同年11月底，日本军队占领中国旅顺口，清朝败局已定。在此背景下，12月27日，日本内务大臣野村靖致函外务大臣陆奥宗光，认为“今昔形势已殊”，要求将在钓鱼岛建立国标、纳入版图事提交内阁会议决定。1895年1月11日，陆奥宗光回函表示支持。同年1月14日，日本内阁秘密通过决议，将钓鱼岛“编入”冲绳县管辖。

日本官方文件显示，日本从1885年开始调查钓鱼岛到1895年正式窃占，始终是秘密进行的，从未公开宣示，因此进一步证明其对钓鱼岛的主权主张不具有国际法规定的效力。

2. 钓鱼岛随台湾岛被迫割让给日本。1895年4月17日，清朝在甲午战争中战败，被迫与日本签署不平等的《马关条约》，割让“台湾全岛及所有附属各岛屿”。钓鱼岛等作为台湾“附属岛屿”一并被割让给日本。1900年，日本将钓鱼岛改名为“尖阁列岛”。

（三）美日对钓鱼岛私相授受非法无效

第二次世界大战后，钓鱼岛回归中国。但20世纪50年代，美国擅自将钓鱼岛纳入其托管范围，70年代美国将钓鱼岛“施政权”“归还”日本。美日对钓鱼岛进行私相授受，严重侵犯了中国的领土主权，是非法的、无效的，没有也不能改变钓鱼岛属于中国的事实。

1. 二战后钓鱼岛归还中国。1941年12月，中国政府正式对日宣战，宣布废除中日之间的一切条约。1943年12月《开罗宣言》明文规定，“日本所窃取中国之领土，例如东北四省、台湾、澎湖群岛等，归还中华民国。其他日本以武力或贪欲所攫取之土地，亦务将日本驱逐出境”。1945年7月《波茨坦公告》第八条规定：“《开罗宣言》之条件必将实施，而日本之主权必将限于本州、北海道、九州、四国及吾人所决定之其他小岛。”1945年9月2日，日本政府在《日本投降书》中明确接受《波茨坦公告》，并承诺忠诚履行《波茨坦公告》各项规定。1946年1月29日，《盟军最高司令部训令第677号》明确规定日本施政权所包括的范围是“日本的四个主要岛屿（北海道、本州、九州、四国）及包括对马诸岛、北纬30度以北的琉球诸岛的约1000个邻近小岛”。1945年10月25日，中国战区台湾省对日受降典礼在台北举行，中国政府正式收复台湾。1972年9月29日，日本政府在

《中日联合声明》中郑重承诺，充分理解和尊重中方关于台湾是中国领土不可分割一部分的立场，并坚持《波茨坦公告》第八条的立场。

上述事实表明，依据《开罗宣言》、《波茨坦公告》和《日本投降书》，钓鱼岛作为台湾的附属岛屿应与台湾一并归还中国。

2. 美国非法将钓鱼岛纳入托管范围。1951 年 9 月 8 日，美国等一些国家在排除中国的情况下，与日本缔结了《旧金山对日和平条约》(简称《旧金山和约》)，规定北纬 29 度以南的西南诸岛等交由联合国托管，而美国为唯一施政当局。需要指出的是，该条约所确定的交由美国托管的西南诸岛并不包括钓鱼岛。

1952 年 2 月 29 日及 1953 年 12 月 25 日，琉球列岛美国民政府先后发布第 68 号令(即《琉球政府章典》)和第 27 号令(即关于"琉球列岛的地理界限"布告)，擅自扩大托管范围，将中国领土钓鱼岛划入其中。此举没有任何法律依据，中国坚决反对。

3. 美日私相授受钓鱼岛"施政权"。1971 年 6 月 17 日，美日签署《关于琉球诸岛及大东诸岛的协定》(简称《归还冲绳协定》)，将琉球群岛和钓鱼岛的"施政权""归还"给日本。海内外中国人对此同声谴责。同年 12 月 30 日，中国外交部发表严正声明指出："美、日两国政府在'归还'冲绳协定中，把我国钓鱼岛等岛屿列入'归还区域'，完全是非法的，这丝毫不能改变中华人民共和国对钓鱼岛等岛屿的领土主权。""台湾当局"对此也表示坚决反对。

面对中国政府和人民的强烈反对，美国不得不公开澄清其在钓鱼岛主权归属问题上的立场。1971 年 10 月，美国政府表示，"把原从日本取得的对这些岛屿的施政权归还给日本，毫不损害有关主权的主张。美国既不能给日本增加在他们将这些岛屿施政权移交给我们之前所拥有的法律权利，也不能因为归还给日本施政权而削弱其他要求者的权利。……对此等岛屿的任何争议的要求均为当事者所应彼此解决的事项"。同年 11 月，美国参议院批准《归还冲绳协定》时，美国国务院发表声明称，尽管美国将该群岛的施政权交还日本，但是在中日双方对群岛对抗性领土主张中，美国将采取中立立场，不偏向争端中的任何一方。

(四)日本主张钓鱼岛主权毫无依据

1972 年 3 月 8 日，日本外务省发表《关于尖阁列岛所有权问题的基本见解》，阐述日本政府对于钓鱼岛主权归属问题的主张：一是钓鱼岛为"无主地"，不包含在《马关条约》规定的由清政府割让给日本的澎湖列岛和台湾及其附属岛屿的范围之内；二是钓鱼岛不包含在《旧金山和约》第二条规定的日本所放弃的领土之内，而是包含在该条约第三条规定的作为西南诸岛的一部分被置于美国施政之下，并根据《归还冲绳协定》将“施政权”“归还”日本的区域内；三是中国没有将钓鱼岛视为台湾的一部分，对《旧金山和约》第三条规定将钓鱼岛置于美国施政区域从未提出过任何异议。

日本的上述主张严重违背事实，是完全站不住脚的。

钓鱼岛属于中国，根本不是“无主地”。在日本人“发现”钓鱼岛之前，中国已经对钓鱼岛实施了长达数百年的有效管辖，是钓鱼岛无可争辩的主人。如前所述，日本大量官方文件证明，日本完全清楚钓鱼岛早已归属中国，绝非国际法上的无主地。日本所谓依据“先占”原则将钓鱼岛作为“无主地”“编入”其版图，是侵占中国领土主权的非法行为，不具有国际法效力。

无论从地理上还是从中国历史管辖实践看，钓鱼岛一直是中国台湾岛的附属岛屿。日本通过不平等的《马关条约》迫使清政府割让包括钓鱼岛在内的“台湾全岛及所有附属各岛屿”。《开罗宣言》、《波茨坦公告》等国际法律文件规定，日本必须无条件归还其窃取的中国领土。上述文件还对日本领土范围作了明确界定，其中根本不包括钓鱼岛。日本试图侵占钓鱼岛，实质是对《开罗宣言》和《波茨坦公告》等法律文件所确立的战后国际秩序的挑战，严重违背了日本应承担的国际法义务。

美国等国家与日本签订的片面媾和条约《旧金山和约》所规定的托管范围不涵盖钓鱼岛。美国擅自扩大托管范围，非法将中国领土钓鱼岛纳入其中，后将钓鱼岛“施政权”“归还”日本，都没有任何法律依据，在国际法上没有任何效力。对于美、日上述非法行径，中国政府和人民历来是明确反对的。

（五）中国为维护钓鱼岛主权进行坚决斗争

长期以来，中国为维护钓鱼岛主权进行了坚决斗争。

中国通过外交途径强烈抗议和谴责美、日私相授受钓鱼岛。1951 年 8 月 15 日，旧金山会议召开前，中国政府声明：“对日和约的准备、拟制和签订，如果没有中华人民共和国的参加，无论其内容和结果如何，中央人民政府一概认为是非法的，因而也是无效的。”1951 年 9 月 18 日，中国政府再次声明，强调《旧金山和约》是非法无效的，绝对不能承认。1971 年，针对美、日两国国会先后批准《归还冲绳协定》的行为，中国外交部严正声明，钓鱼岛等岛屿自古以来就是中国领土不可分割的一部分。

针对日本侵犯中国钓鱼岛主权的非法行径，中国政府采取积极有力的措施，通过发表外交声明、对日严正交涉和向联合国提交反对照会等举措表示抗议，郑重宣示中国的一贯主张和原则立场，坚决捍卫中国的领土主权和海洋权益，切实维护中国公民的人身和财产安全。

中国通过国内立法明确规定钓鱼岛属于中国。1958年,中国政府发表领海声明,宣布台湾及其周围各岛属于中国。针对日本自20世纪70年代以来对钓鱼岛所采取的种种侵权行为,中国于1992年颁布《中华人民共和国领海及毗连区法》时,明确规定“台湾及其包括钓鱼岛在内的附属各岛”属于中国领土。2009年颁布的《中华人民共和国海岛保护法》确立了海岛保护开发和管理制度,对海岛名称的确定和发布作了规定,据此,中国于2012年3月公布了钓鱼岛及其部分附属岛屿的标准名称。2012年9月10日,中国政府发表声明,公布了钓鱼岛及其附属岛屿的领海基线。9月13日,中国政府向联合国秘书长交存钓鱼岛及其附属岛屿领海基点基线的坐标表和海图。

中国始终在钓鱼岛海域保持经常性的存在,并进行管辖。中国海监执法船在钓鱼岛海域坚持巡航执法,渔政执法船在钓鱼岛海域进行常态化执法巡航和护渔,维护该海域正常的渔业生产秩序。中国还通过发布天气和海洋观测预报等,对钓鱼岛及其附近海域实施管理。

一直以来,钓鱼岛问题受到港澳同胞、台湾同胞和海外侨胞的共同关注。钓鱼岛自古以来就是中国的固有领土,这是全体中华儿女的共同立场。中华民族在维护国家主权和领土完整问题上有着坚定的决心。两岸同胞在民族大义面前,在共同维护民族利益和尊严方面,是一致的。港澳台同胞和海内外广大华侨华人纷纷开展各种形式的活动,维护钓鱼岛领土主权,强烈表达了中华儿女的正义立场,向世界展示了中华民族爱好和平、维护国家主权、捍卫领土完整的决心和意志。

钓鱼岛自古以来就是中国的固有领土,中国对其拥有无可争辩的主权。20世纪70年代,中日在实现邦交正常化和缔结《中日和平友好条约》时,两国老一辈领导人着眼两国关系大局,就对“钓鱼岛问题放一放,留待以后解决”达成谅解和共识。但近年来,日本不断对钓鱼岛采取单方面举措,特别是对钓鱼岛实施所谓“国有化”,严重侵犯中国主权,背离中日两国老一辈领导人达成的谅解和共识。这不但严重损害了中日关系,也是对世界反法西斯战争胜利成果的否定和挑战。

中国强烈敦促日本尊重历史和国际法,立即停止一切损害中国领土主权的行为。中国政府捍卫国家领土主权的决心和意志是坚定不移的,并有信心、有能力捍卫国家主权,维护领土完整。

第三节　中国在当代国际舞台上的地位和作用

中华人民共和国的成立，开辟了中华民族历史的新纪元。新中国的成立，突破了雅尔塔体制在亚洲的安排，是对两极格局的一次重大冲击。中国人民经过三年解放战争，解放了除台湾外的中国领土，雅尔塔体制首先在亚洲被打开缺口。新中国的成立，激励了殖民地半殖民地人民的民族解放斗争。中国革命的胜利不仅沉重地打击了帝国主义，促使殖民主义体系瓦解，而且为二战后亚非拉的民族独立斗争树立了榜样，开辟了道路。新中国的成立，改变了世界政治力量的对比，使形势朝着有利于和平、民主和社会主义的方向发展。

改革开放以来，中国经济实力显著增长，对外经济交往和国际贸易发展迅猛，随着科技进步和经济发展，战略军事实力也不断增强，现代条件下的防卫作战能力大大增强。中国是联合国安理会常任理事国之一，也是核心大国之一。尤其是中国的社会主义制度和中国现行的内外政策得到了全国人民的衷心拥护，在中国共产党的领导下，全国各族人民紧密团结。这一切使得中国在国际舞台上的地位不断提高。中国是世界上最大、综合实力最强的发展中国家，在国际上的地位不断提高，在国际事务中的影响力不断增大，成为国际舞台上的一支重要力量。当今中国国内政治稳定，经济增长迅速，民族团结，在现代化进程中取得了举世公认的伟大成就，国际声望不断提高，民族凝聚力显著增强。

一、中国综合国力迅速增强，奠定了国际地位的物质基础

新中国成立以来，经过60多年的社会主义建设，中国的综合国力迅速增强，这不仅为中国的进一步发展提供了良好前提，也为提高中国的国际地位、在区域和世界范围内的活动能力奠定了坚实的物质基础。改革开放以来，中国经济社会发展取得了举世瞩目的成就，国民经济平稳快速发展，经济总量跃上新的台阶，综合国力进一步增强，国际地位和对世界经济的影响力进一步增大。

2011年，中国GDP总量达到45.82万亿人民币，成为仅次于美国的全球第二大经济体。中国的对外贸易总额每年则以两位数的速度快速增长，2011年，中国外汇储蓄超过3万亿美元，是世界第一大包汇储备国。随着中国投资环境的不断改善，中国开始吸引外国直接投资。中国的主要工农业产品产量稳居世

界前列。2003～2006年,中国主要工业产品产量均大幅增加,居世界的位次也基本保持在前列。其中,煤、水泥和化肥产量连续四年居世界第一位,钢、发电量和布的产量也基本保持在世界前两位,原油产量居世界第五位。中国主要农产品产量大幅增长,在世界各国居领先地位。谷物、肉类、棉花、花生、油菜籽、水果的产量连续四年居世界第一位,茶叶的产量在2005年上升到世界第一位。

中国经济快速稳定的增长也促进了世界经济的繁荣,突出表现在中国经济的发展为世界经济的发展带来机会,成为世界经济增长和世界贸易繁荣的重要组成部分。

首先,中国经济已成为世界经济增长的重要驱动力之一。世界银行公布的数据显示,2003年至2005年,中国经济增长对世界GDP增长的平均贡献率高达13.8%,仅次于美国的29.8%,排名世界第二。中国对外贸易扩大给世界各国带来了诸多益处。中国物美价廉的商品输往世界各地,提高了进口国居民的实际收入水平,促进了消费的增长。中国在扩大出口的同时积极开放市场,努力扩大进口。进口规模的快速扩大,为其他国家提供了广阔的市场,创造了就业机会。

中国经济的发展带动了全球经济的发展,中国经济的发展也成为全世界的关注焦点。从“中国制造”到“中国因素”、“中国效应”再到“北京共识”,十年来中国在快速变化,世界对中国的认识也在快速变化着。如果说“中国制造”只是关于中国参与世界经济方式的话,那么“中国因素”、“中国效应”则是关于中国对世界经济日益增长的影响力,而“北京共识”则说明中国的经济发展模式已经得到世界大多数国家的承认,并受到越来越多国家,特别是那些发展中国家的效仿。中国在全球经济舞台上的影响越来越大,拥有了越来越大的话语权。活跃的“财经外交”成为中国积极融入经济全球化、谋求建立国际经济新秩序的有机组成部分。

中国经济和社会发展取得了显著的成绩,国家综合国力和国际竞争力进一步提高,已经跻身世界经济大国行列。但必须清醒地看到,中国经济和社会发展水平与发达国家还有很大差距,特别是人均水平在世界上还比较落后,经济增长的成本还比较高,城乡之间的发展也很不平衡,步入经济强国之列尚有较大差距,中国从经济欠发达国家迈向发达国家仍任重而道远。

二、中国在国际社会的政治地位显著提高

中国作为发展中的社会主义大国,同时又是联合国安理会的常任理事国,是全球和地区稳定的重要力量,对许多地区热点问题有着独特的影响,世界的稳定

需要中国的合作与参与。

第一,中国是独立自主的政治大国,是经济快速增长的发展中国家,也是拥有较强军事防御力量的国家。中国的发展促进了历史的进步和世界格局的转换,成为反对霸权主义、强权政治和维护世界和平的重要力量。中国坚持独立自主的和平外交政策,坚定不移地走和平发展道路,实施互利共赢的开放战略,维护国家主权、安全、发展利益,积极争取和平稳定的国际环境、睦邻友好的周边环境、平等互利的合作环境、互信协作的安全环境、客观友善的舆论环境。中国积极参与世界重大危机和热点问题的外交斡旋,为维护世界和平、促进发展做出贡献。中国在对外交往中守信践诺,言必信行必果,在国际社会中继续发挥负责任大国的作用,为世界的和平、稳定、繁荣、发展做出应有的贡献。

第二,中国是联合国常任理事国,并且是发展中国家中唯一的常任理事国,积极利用联合国讲坛伸张正义,主持公道,发挥着越来越重要的作用。中国作为发展中国家唯一的联合国安理会常任理事国,正确地利用自己在联合国的影响和否决权,力争使联合国摆脱霸权主义和强权政治的控制,为世界和平发展做出重要贡献。在联合国框架内,中国更加显示了自己作为一个负责任大国所应当承担的责任与所应尽的义务,表现出一个大国应有的风范。在联合国和其他国际事务中,中国以一个主持正义和负责任的大国形象,同世界各国人民一道,致力于建设和平、发展与进步的崇高事业。近年来,中国与各国携手致力干解决恐怖主义等全球性问题,反对霸权主义和强权政治,推动建立公正合理的国际政治经济新秩序,为维护世界和平、促进共同发展做出了积极贡献。

第三,中国作为世界上最大的社会主义国家,始终奉行独立自主的和平外交政策,坚定地走有中国特色的社会主义道路,走改革开放的道路,成为世界上极具特色和影响力的国家。建设中国特色社会主义的理论和实践,特别是改革开放以来取得的辉煌成就,对世界经济、政治生活,特别是对发展中国家产生了多方面的深远影响。

第四,中国作为最大的发展中国家,在经济上,为发展中国家摆脱贫困提供了可资借鉴的成功经验;在政治上,加强同发展中国家的团结与合作,对反对霸权主义、维护和平的事业做出了重要贡献。中国2006年宣布免除40多个世界最为贫穷国家的20亿美元的贷款,同时承诺将向这些国家提供数十亿美元的无息或低息贷款,表明中国不仅要自己发展,还要带动世界贫穷国家共同发展。这使中国赢得了很好的国际形象。

目前,中国是世界上最大、综合实力最强的发展中国家,在国际上的地位不断提高,在国际事务中的影响力不断增大,成为国际舞台上的一支重要力量。随着中国综合国力的快速增强,中国日益全方位、多领域、深层次地参与到全球化事务当中,并且对全球事务逐渐产生影响。在各种国际机制与国际规范的建立与维护上传统大国越来越依靠中国,在处理重大国际事务时,中国也越来越具有发言权。

三、中国的和平发展对世界的意义重大

实现和平发展,是中国人民的真诚愿望和不懈追求。自20世纪70年代末实行改革开放以来,中国成功地走上了一条与本国国情和时代特征相适应的和平发展道路。通过这条道路,中国人民正努力把自己的国家建设成为富强、民主、文明、和谐的现代化国家,并以自身的发展不断对人类进步事业做出新的更大贡献。

和平、发展、开放、合作、和谐、共赢是我们的主张、我们的理念、我们的原则、我们的追求。走和平发展道路,就是要把中国的国内发展与对外开放统一起来,把中国的发展与世界的发展联系起来,把中国人民的根本利益与世界人民的共同利益结合起来。中国对内坚持和谐发展,对外坚持和平发展,这两个方面是密切联系、有机统一的整体,都有利于建设一个持久和平、共同繁荣的和谐世界。

中国的和平发展将为国际社会提供一个全新的发展模式,即不是通过传统的军事扩张、争霸或称霸,而是通过和平的方式、渐进的方式,在与经济全球化紧密相连的进程中因势利导、趋利避害,既向整个国际社会实行全方位开放,又坚持独立自主,主要依靠自己的力量,扩大内需,挖掘潜力,走有中国特色的富民强国的现代化之路。这对国际社会具有巨大的启迪意义。

中国和平发展的道路,是一条统筹国内发展和对外开放的发展道路。中国是一个拥有13亿多人口、面临众多难题的最大的发展中国家。中国要发展起来、振兴起来、实现现代化、实现全体人民的共同富裕,需要很多代人的努力奋斗。在这一历史进程中,我们需要稳定的国内环境,也需要和平的国际环境。

中国和平发展的道路,是一条勇于参与经济全球化而又坚持广泛合作、互利共赢的发展道路。中国实行对内改革从一开始就是同对外开放联系在一起的。中国勇敢地参与国际经济技术合作和竞争,获得了在闭关锁国条件下不可能获得的资金、先进技术、管理经验和各种人才,从而极大地增强了发展的优势。在实行对外开放的同时,坚持独立自主、自力更生。推进中国的发展,必须依靠自己的观念创新和体制创新,依靠自己的经济结构和产业结构调整,依靠开拓国内市场和增加国内需求,依靠更加广泛和深入地开发人力资源,依靠加快科技进步和创新。

中国坚持走和平发展道路，是中国政府和人民做出的战略选择。这是由中华民族的传统文化决定的，是由中国社会主义的国家性质决定的，是由当今时代的发展潮流决定的，也是由中国发展的基本国情决定的。

中国坚持走和平发展道路，是基于中国特色社会主义的必然选择。改革开放以来，中国坚持以经济建设为中心，坚持深化改革，不断扩大对外开放，经济、政治、文化全面发展，人民生活在经济发展的基础上不断得到改善，中国取得了举世瞩目的发展成就，但仍然是世界上最大的发展中国家。中国人民最需要、最珍爱和平的国际环境。走和平发展道路，是中国实现国家富强、人民幸福的必经之路，符合中国人民和世界人民的根本利益。社会主义中国走和平发展道路，无疑为人类和平与发展的崇高事业增添了极其重要的积极因素。

中国坚持走和平发展道路，是基于中国历史文化传统的必然选择。中华文化是一种和平的文化，渴望和平始终是中国人民的精神特征。中国人民在对外交往中始终强调亲邻善邻、和而不同。在近代历史上，中国屡遭外来势力入侵和奴役，中国人民深知和平弥足珍贵。新中国坚持在和平共处五项原则的基础上发展同世界各国的友好合作，始终同世界各国和睦相处，从来都是维护世界和平、促进共同发展的坚定力量。中国的发展有利于世界和平力量的增长。

中国坚持走和平发展道路，是中国政府和人民根据时代发展潮流和自身根本利益做出的战略抉择。中华民族是热爱和平的民族，中国始终是维护世界和平的坚定力量。求和平、促发展、谋合作，是世界各国人民的共同心愿，也是不可阻挡的历史潮流。任何国家要实现自己的发展目标，都必须顺应世界发展大势。中国外交政策的宗旨是维护世界和平、促进共同发展。中国主张国际关系民主化和发展模式多样化，积极推动经济全球化朝着有利于实现共同繁荣的方向发展，推动建立更加公正合理的国际政治经济新秩序。

努力实现和平的发展、开放的发展、合作的发展、和谐的发展，始终是中国谋求发展的宗旨和原则。中国和平发展对国际社会意义重大：

1. 中国是维护世界和平与稳定的坚定力量。中国保持政治稳定、经济繁荣、民族团结、社会进步、人民安居乐业，对维护世界的和平与发展有着十分重要的意义。中国的和平发展会使世界局势更加稳定，使世界和平更有保障。中国始终坚持把中国人民的利益同各国人民的共同利益结合起来，秉持公道，伸张正义。我们坚持国家不分大小、强弱、贫富一律平等，尊重各国人民自主选择发展道路的权利，不干涉别国内部事务，不把自己的意志强加于人。中国致力于和平解决国际争端和热点问题，推动国际和地区安全合作，反对一切形式的恐怖主义。中国奉行防御性的国防政策，不搞军备竞赛，不对任何国家构成军事威胁。

中国反对各种形式的霸权主义和强权政治，承诺永远不称霸，永远不搞扩张。

2. 中国的和平发展将给各国带来更多的机会和更广阔的市场。中国的发展是世界发展的一个重要组成部分，中国以自己的发展促进了世界的和平，为人类社会的发展进步做出了贡献。中国经济的高速发展已经而且必将继续给国际社会带来更多的机遇，从而有利于世界经济的繁荣，有利于促进各国的共同发展。中国的发展和强大，不是世界的威胁，而是世界的机遇。中国经济的发展会给世界各国带来好处，中国经济的快速发展可以向世界提供巨大的市场。如果中国经济不发展，反倒会给世界的和平与发展带来威胁。从本质上讲，中国的稳定与发展，本身就是对世界和平与发展的重大贡献。

3. 中国的和平发展为世界提供了有别于某些大国依靠武力扩张实现国家发展的实例与经验。中国积极主张遵循《联合国宪章》的宗旨和原则，恪守国际法和公认的国际关系准则，在国际关系中弘扬民主、和睦、协作、共赢精神。政治上相互尊重、平等协商，共同推进国际关系民主化；经济上相互合作、优势互补，共同推动经济全球化朝着均衡、普惠、共赢方向发展；文化上相互借鉴、求同存异，尊重世界多样性，共同促进人类文明的繁荣进步。建设和谐世界的理念，就是努力推动对话，避免对抗，推动融合，避免冲突，把共存、共生、共同繁荣作为世界文明的发展趋势。这种全新的发展模式，对国际社会将有巨大的启迪意义。

4. 中国以实际行动与世界各国共同推动国际政治经济秩序朝着更加公正合理的方向发展。中国在预防和应对全球及地区挑战、危机和冲突中发挥了重大作用。中国积极参与国际体系的各种合作，坚决反对恐怖主义和大规模杀伤性武器扩散，积极参与反恐合作，主张按照公认的国际规则办事，对于不合理的国际经济政治旧秩序，中国愿同世界各国人民一道，通过集体磋商和谈判，以和平的手段和方式，谋求对现存的不合理的规则和秩序进行改革和调整。建设一个持久和平、共同繁荣的和谐世界，是世界各国人民的共同心愿，是中国走和平发展道路的崇高目标。

中国的和平发展不对任何国家、地区或国家集团构成威胁，相反，它大大有利于维护世界和平、促进共同发展，有利于争取建立国际新秩序。“中国威胁论”思想的实质是冷战思维的延续，某些别有用心的人借口中国威胁，为自己扩军备战，出售军火谋取巨额利润。应该看到，真正对世界和平与发展造成威胁的，不是发展中的、爱好和平的中国，恰恰是那些“中国威胁论”的鼓吹者，对此，人们必须保持清醒认识。“中国威胁论”是没有任何道理和依据的。从经济上看，中国的经济实力并没有像有些人估计的那样强大，中国仍然是世界上最大的发展中国家，在国际经济关系中很难说会对其他国家构成威胁。中国经济的发展不是对世界的威胁，反而对世界经济发展有着重大贡献。从军事角度看，中国的军事预算是有限的、低水平的。中国奉行的是防御性的国防政策，中国现在不称霸，将来也永远不会称霸。在文化和意识形态上，判断一个国家是否构成威胁，不在于它发展快慢、是否强大，而根本上在于它实行怎样的对外政策。中国一贯奉行独立自主的和平外交政策。中国将始终不渝地高举和平、发展、合作的旗帜，坚定不移地走和平发展道路，同世界各国人民一道，共同推进人类和平与发展的崇高事业。

中国的发展离不开世界，世界的繁荣稳定也离不开中国。一个充满生机和活力的社会主义中国以崭新的面貌活跃在国际舞台上，在国际事务中发挥着越来越重要的作用。在世纪之交的今天，中国人民将继续同世界人民一道，为创造一个持久和平、共同繁荣的和谐世界不懈努力。

思考题

1. 简述和平共处五项原则的基本内容及现实意义。
2. 试述中国的对外政策宗旨、原则与国际战略思想。
3. 论述中国在当今国际舞台上的地位和作用。
4. 中国坚持走和平发展道路的必然性和重要意义何在？
5. 如何维护世界和平、促进共同发展？

参考文献

1. 冯特君主编. 当代世界经济与政治[M]. 第四版，北京：中国人民大学出版社，2008.
2. 颜声毅. 当代中国外交[M]. 上海：复旦大学出版社，2004.
3. 王逸舟. 当代国际政治析论[M]. 上海：上海人民出版社，1995.
4. 杨洁篪. 改革开放30年来的中国外交[J]. 求是，2008，(18).

第十章
当代世界热点问题

第一节　阿以冲突问题

自1948年以色列宣告成立以来，中东地区的阿拉伯国家和以色列的矛盾和冲突就没有停止过，甚至还发生过几次中东战争。长期以来，阿以冲突一直是国际关系中的热点问题，阿拉伯世界和以色列都曾做过努力，国际社会也长期进行调解、斡旋，但是，目前，阿以冲突问题还没有找到合适的解决方案，对于阿拉伯世界、以色列和国际社会来说，中东和平进程仍任重而道远。

一、阿以冲突的由来

“中东”是一个政治地理概念，是欧洲殖民时代出现的“近东”、“中东”、“远东”一系列概念中的一个。“中东”一般指西亚、北非国家，包括22个国家，其中18个是阿拉伯国家，阿拉伯人约占中东总人口的70％。

中东位于亚、非、欧三洲汇合处和地中海、黑海、里海、阿拉伯海、红海五海之间，占据这个位置，对于插足和控制这三个洲极为重要，古代兴起于非、亚、欧的几乎所有强国都想占据这个交通枢纽。近现代以来，由于石油的广泛使用，而中东石油储量丰富，使中东地区的重要性进一步增强。目前，中东地区已探明的石油储量占全世界的70％以上，仅沙特阿拉伯的石油储量就占世界总储量的24.55％。中东石油年产量占世界总产量的34％左右，销售量占世界总销售量的65％左右。优越的地理位置和丰富的战略资源令任何强国都不敢轻视中东地区，近现代欧美国家都竭力向中东扩张势力。冷战时期，中东成了美、苏争夺的重要地区。

中东历史、地理、政治、宗教、民族关系复杂，冲突不断，而阿拉伯人与以色列犹太人的冲突（简称“阿以冲突”），是中东冲突的核心。其冲突的主要根源是民族矛盾和领土之争。

中东阿以冲突由来已久，如果从1897年犹太复国主义者集会算起，已超过百年了。阿以冲突包括巴勒斯坦领土之争、耶路撒冷城归属问题、约旦河水资源分配问题、叙利亚戈兰高地问题等，因此，阿以冲突包括巴以冲突、埃以冲突、约以冲突、黎以冲突等问题，其中巴勒斯坦建国问题是阿以冲突的焦点和核心，即巴以冲突是阿以冲突的核心问题，而巴以冲突的焦点在于以色列不允许在其控制范围内建立一个巴勒斯坦国。

巴勒斯坦位于地中海东岸，最早的居民是属于闪族的迦南人（属于阿拉伯人），他们在公元前2000年左右即建国。公元前14世纪，来自两河流域南部的希伯来人（犹太人的前身）侵入并征服了迦南人，在那里形成了以希伯来人为主的两大部落联盟。希伯来人到巴勒斯坦不久，一度因旱灾迁往埃及，由于不堪法老的压迫，他们又在其首领摩西率领下逃回巴勒斯坦，据说巴勒斯坦是上帝为他们选中的宝地。公元前12世纪，希伯来人受到来自克里特岛等地的腓力斯丁人的攻击和驱赶；公元前11世纪，希伯来人打败腓力斯丁人，建立了统一的希伯来王国。公元前10世纪末，希伯来人国家分裂为两个国家，即南部的犹太国和北部的以色列。公元前722年，以色列国被亚述帝国征服。公元前586年，犹太国也被新巴比伦王国征服，数万犹太人被掳至巴比伦，史称“巴比伦之囚”，犹太人开始了历史上第一次大离散。公元前332年，马其顿王国的亚历山大征服波斯，占领巴勒斯坦，犹太人第二次大规模向外流散。公元前63年，罗马帝国占领巴勒斯坦，犹太人开始受到迫害。此后直至2世纪，罗马统治者前后屠杀了150万犹太人，幸存的犹太人几乎全部逃离或被驱赶出巴勒斯坦。7世纪，阿拉伯帝国赶走罗马人，占领巴勒斯坦，来自半岛的阿拉伯人与当地居民（迦南人、腓力斯丁人、希腊人、罗马人等）逐渐融合成巴勒斯坦阿拉伯人。在此后一个相当长时期内，阿拉伯民族成为该地区的主要民族。16世纪初，巴勒斯坦被奥斯曼土耳其统治，直到20世纪初。

在长期的冲突和犹太教、伊斯兰教影响下，两个民族都形成了“有你无我”的排他意识。近现代以来，由于欧美列强的插手，阿以冲突问题变得更加复杂难解。

19世纪60年代，一些犹太人开始移居巴勒斯坦。19世纪后期，在一些欧洲犹太人的发起下，犹太复国主义运动兴起。1897年，以赫茨尔为首的犹太复国主义者在瑞士集会，通过了《世界犹太人复国主义运动纲领》，号召犹太民族在巴勒斯坦建立家园，犹太复国运动由此逐渐高涨。第一次世界大战期间，英国借口对土耳其作战，侵占了土属巴勒斯坦。为了利用犹太人力量巩固自己在中东的地位，英国采取“扶犹压阿”的方针，积极支持犹太复国主义运动。1917年11月，英国政府发表《贝尔福宣言》，表示“英国政府赞成在巴勒斯坦为犹太人建立一个民族之家，并将尽最大努力促其实现”。该宣言得到美国等西方大国的支持。

一战后，土耳其战败，国家被肢解。1922年，在国联的安排下，巴勒斯坦成为英国的委任统治地。英国一方面继续支持犹太人向巴勒斯坦移民，一方面将巴勒斯坦分为两块：巴勒斯坦和外约旦酋长国(1949年定名“约旦哈希姆王国”)。在英国的支持下，犹太人纷纷涌入巴勒斯坦。到1939年，居住在巴勒斯坦的犹太人从19世纪末的不足2万人猛增至44.5万人，与此相反的是，一些阿拉伯人却被驱逐出自己的家园，这导致犹太人和阿拉伯人的冲突与日俱增。在这种形势下，英国于1939年5月发表白皮书，决定对犹太移民加以限制，并许诺给予巴勒斯坦阿拉伯人自治权。由此，英国先是得罪了阿拉伯人，继而得罪了犹太人，英国在巴勒斯坦地区越来越不受欢迎。在第二次世界大战后期，美国逐步取代英国，成为犹太复国运动的主要支持者。1944年3月，美国政府发表声明，表示反对英国发表的限制犹太移民的白皮书，此举主要是为了争取犹太人，为今后插足中东事务打入一个楔子，从而进一步向西亚、北非的全面渗透扫除障碍。

英国自知实力不济，只得同意美国的参与。1945年1月，英美组成联合调查委员会。同年4月，该委员会提出建议，主张由联合国托管巴勒斯坦。1947年2月14日，英国政府正式宣布将巴勒斯坦问题交给联合国处理。1947年11月29日，联合国大会以33票赞成，13票反对，10票弃权的多数票通过了《关于巴勒斯坦将来治理(分治计划)问题的决议》，决议规定，英国对巴勒斯坦的委任统治将在1948年8月1日前结束，撤出军队；在此后两个月内，巴勒斯坦成立阿拉伯独立国、犹太人独立国和耶路撒冷市国际特别政权；阿拉伯独立国面积约为1.1万平方公里，犹太独立国面积为1.4万平方公里，耶路撒冷市连同近郊区176平方公里由联合国管理。

联大分治决议,使占巴勒斯坦居民不足1/3的犹太人占有巴勒斯坦地区总面积的57%,而占总人口2/3的阿拉伯人仅占总面积的不到43%,而且划给犹太国的地域是肥沃的沿海地带,划给巴勒斯坦国的多为贫瘠荒芜的高原丘陵地带。因此,该分治决议遭到阿拉伯世界广泛的谴责。阿拉伯联盟国家表示"决心为反对联合国分裂巴勒斯坦的决议而战",而巴勒斯坦地区的阿拉伯人民则以各种武装暴动的方式抵制该决议。英国对阿拉伯人民的行动和感情表示理解与支持,而美国则支持犹太人在耶路撒冷和阿拉伯人居住区实行武装袭击。因此,分治方案最终触发了阿拉伯人和犹太人的全面对抗,巴勒斯坦地区开始出现长期动荡的局势。

二、五次中东战争和阿以冲突

1948年5月14日,犹太复国主义者本·古里安在特拉维夫宣告以色列国成立,美国立即宣布承认,不久苏联政府也承认以色列。同年5月15日,埃及、约旦、叙利亚、黎巴嫩、伊拉克等阿拉伯国家联合进攻以色列,阿以第一次中东战争爆发。由于美国大力支持以色列,英国一直对美国将其排挤出巴勒斯坦不满,想借助阿拉伯国家的力量对抗美国和打击以色列,因此,英国转而支持阿拉伯国家。战争头一个月,阿拉伯国家军队进展顺利,给以色列以重创。对此,美国一方面加强了对以色列的紧急援助,一方面在联合国安理会提出停火提案。由于英国急于得到美国的财政援助,因此也不能在该问题上与美国闹翻。1948年5月29日,联合国安理会顺利通过了为期四周的停火提案,规定双方于6月1日实行全线停火。在停火期间,美国进一步加大了对以色列的军事援助,并支持以色列从美、法、捷等国购买先进飞机、大炮、重型装甲车等,并促使以色列大力扩充兵员。1948年7月8日,阿以重新开战,由于以色列军队战斗力大大加强,而阿拉伯国家失去了英国的支持,内部纷争加剧,形势朝着有利于以色列的方面转变。1948年底,以色列夺取了部分阿拉伯国家领土,在巴勒斯坦地区,以色列占领了4/5领土,大大超过联合国分治决议的规定。巴勒斯坦地区剩下的1/5领土,则分别由阿拉伯世界的约旦、埃及等国事实控制。1949年2月,在美国人本奇的调停下参战的阿拉伯国家,相继与以色列签订停战协定,同年7月20日,叙以签订停战协定,历时15个月的第一次中东战争结束。

第一次中东战争以阿拉伯国家遭受重大挫折而告终,战争使巴勒斯坦的将近100万阿拉伯人无家可归,沦为难民。战争的结果使阿以力量对比发生了明显变化,以色列国家站稳了脚跟,事实上控制了巴勒斯坦的大部分地区。此后,以色列与阿拉伯国家关于巴勒斯坦问题的纷争愈演愈烈。

第二次中东战争也称“苏伊士运河战争”。1956 年 7 月 26 日，埃及总统纳赛尔宣布收回苏伊士运河公司及其管理下的苏伊士运河。由于运河长期以来为英法所控制，因此此举遭到了英国和法国的强烈反对。英法开始借助以色列打击埃及，希望继续维持自己在中东地区的传统利益。1956 年 10 月 29 日，在英法的支持下，以色列派重兵入侵埃及的西奈半岛，第二次中东战争爆发。埃及人民进行了顽强的抵抗，并得到了阿拉伯国家和世界各国人民的广泛同情和支持。美国和苏联从各自的利益出发，也谴责英法的不义战争。在世界进步舆论的压力下，联合国出面解决这场危机。1956 年 11 月 1 日，联合国大会通过了立即停火和撤军的提案。3 日，联大又通过了关于建立“联合国紧急部队”监督停火的提案。11 月 6 日，英法被迫接受停火。12 月 3 日，英法被迫接受撤军决议，宣布从埃及撤军。12 月 15 日，联合国紧急部队进入埃及。1957 年 3 月 8 日，最后一批侵略军离开埃及，第二次中东战争结束，埃及人民的反侵略战争取得了最后胜利。1957 年 4 月 17 日，埃及政府宣布苏伊士运河全部恢复通航。

随着以色列国力大增，为雪 1956 年失败之辱，1967 年 6 月 5 日，以色列对阿拉伯国家发动了第三次中东战争，即“六・五战争”，亦称“六天战争”。以军首先集中兵力攻打埃及，摧毁埃及空军，再出动地面部队大举进攻，最后将战线扩展到约旦和叙利亚等国。在开战不到 3 小时内，以色列就对埃及的开罗、亚历山大、塞得港等十多处重要机场和导弹基地、雷达站等军事要地进行轮番轰炸，炸毁埃及 300 多架苏制飞机，使大部分军事机场变为一片废墟。当天，叙利亚、约旦的飞机也损失不少。几天时间里，以色列就占领了埃及的整个西奈半岛、约旦的约旦河西岸、叙利亚戈兰高地的大片土地。在突然袭击下阿拉伯各国几乎没有还手之力，只得被迫接受停火。同年 6 月 10 日，第三次中东战争结束。第三次中东战争使阿拉伯国家遭受了重大损失，不仅军事上受到沉重打击，而且阿拉伯国家和巴勒斯坦共损失 6.57 万平方公里的土地。而以色列则用很小的损失赢得了胜利。阿拉伯世界在第三次中东战争中的失利，是长期以来对以色列的立场和态度缺乏认识，对苏联抱有不切实际的幻想，丧失警惕的结果。第三次中东战争也使阿拉伯世界进一步对长期支持以色列的美国产生了怨恨，战争造成的领土纷争成为此后几十年阿以冲突的重要原因，至今仍未完全解决。

第四次中东战争也称“十月战争”。1973 年 10 月 6 日，埃及、叙利亚和巴勒斯坦游击队突然袭击以色列，约旦、伊拉克、沙特等国也出兵助战。阿拉伯国家首次使用石油武器，对美国和支持以色列的西方国家实施石油禁运。石油禁运使西方发生了分化，日本和大多数西欧国家不得不停止对以色列的援助，有些国家甚至转而支持阿拉伯国家。战争初期,阿拉伯国家军队进攻顺利,收复了大片领土。但是,美国从 10 月 13 日起出动大批运输机向以色列运送军火,使以军得到补充,并获得了喘息之机。此后,以色列采取各个击破的方针,首先全力对付叙利亚,并很快取得效果,稳定了北线战局。接着以色列将攻击矛头转向埃及军队,在南线夺回部分西奈半岛并攻过运河。联合国安理会于 10 月 22 日、23 日相继发出第 338 号、第 339 号停火决议。但是,苏美在执行停火决议方面发生冲突,安理会最后通过妥协方案,决定组成不包括常任理事国军队在内的"联合国紧急部队",负责监督停火,

第五次中东战争也称"黎巴嫩战争"。1982 年,以色列为彻底摧毁巴解组织在黎巴嫩的武装力量,出兵侵略黎巴嫩。最后,叙利亚支持下的黎巴嫩失败,被迫赶走境内的巴解组织(巴解总部迁往突尼斯)。1985 年以军撤出黎巴嫩,并强行把黎巴嫩南部边境线以北 10 公里范围划为"安全区"。

除五次中东战争以外,阿以之间中小规模的冲突数不胜数。阿拉伯人的宗教文化和政治意识与西方迥异,如果阿拉伯人团结一致,西方列强就无机可乘,故西方列强为了自身利益,利用支持以色列、制造阿拉伯人之间的矛盾两种手段,设法保持在中东的存在,控制中东战略要地和资源。这是阿以冲突久久不能解决的重要原因。

三、中东和平进程及其发展

由于在第四次中东战争中美国在促进双方停火方面发挥了巨大作用,美国作为阿以争端仲裁人的地位得到加强。战争结束后,为了排斥苏联的影响,美国单方面加紧了在中东的和平努力。1973 年 9 月,时任美国国务卿的基辛格开始了他在中东阿拉伯国家首都和以色列首都之间的"穿梭外交"。1973 年 10 月 22 日至 23 日,在美国等大国的努力下,讨论全面解决中东问题的会议在日内瓦举行。日内瓦会议是第四次中东战争结束后朝美国推行的中东战略方向迈出的重要一步。尽管会议未获得任何实质性成果,但是为此后不久的埃以和谈打开了大门。

1975 年 9 月 2 日,埃及和以色列在经过一段时期的谈判后,终于达成《西奈协议》,这是自 1974 年 1 月埃以达成双方军队脱离接触以来,关于西奈问题的第二项协议。在协议中,双方都做了让步。以色列军队将从西奈半岛部分领土上撤走并放弃了结束战争状态的要求;埃及则同意对以色列的非军事物资开放苏伊士运河。此后,主要是在美国的调解下,经多年谈判,1979 年 3 月 26 日埃及

总统萨达特和以色列总理贝京在白宫签署《埃及以色列和平条约》,指出应归还西奈半岛,卡特总统也在和约上签了字。根据和约,以色列逐步将军队撤出西奈半岛。1980 年 2 月 26 日,两国正式建交,实现了国家关系的正常化。从此,埃及不再作为中东的主角出现在阿以冲突中。埃及的行动,使广大阿拉伯国家本来就已存在的分歧进一步外显和激化,埃及一度被阿拉伯世界彻底孤立,甚至被阿开除。但不久,在阿拉伯国家内部出现了激进派和温和派之间的矛盾。以叙利亚、利比亚、阿尔及利亚和民主也门为代表的"激进派",坚决反对"和平解决",誓与以色列血战到底;而以沙特、约旦、摩洛哥、突尼斯等为代表的大多数阿拉伯国家代表"温和派",尽管反对埃、以单独媾和,但却极力主张与以色列进行谈判,力主通过和谈,公正合理地解决巴勒斯坦问题。因此,埃以建交之后,阿以冲突的重点转变为叙以矛盾、黎以矛盾和巴勒斯坦建国问题,而后者越来越成为阿以冲突中的核心问题。因此,下面主要谈谈巴勒斯坦建国问题,或称"巴以冲突问题"。

为解决巴勒斯坦问题,缓和巴以矛盾,自 1947 年以来,联合国通过了 500 多项决议,世界各大国也都纷纷提出了自己的解决方案,但均无成效。长期以来,巴以双方谈谈打打、打打谈谈,和平进程时常受阻,至今仍未出现走出僵局的势头。

为了恢复民族权利,重返家园,巴勒斯坦人很早就开始了武装斗争。1964 年 5 月,巴勒斯坦解放组织(简称"巴解组织")宣告成立,开始了反对以色列入侵的武装斗争。后来,巴解组织改变谋求建国的斗争方式,开始以和平谈判来实现建国的漫长历程。1988 年 11 月 15 日,巴解组织全国委员会第十九次特别会议通过《独立宣言》,宣布建立以耶路撒冷为首都的巴勒斯坦国。此后有 130 多个国家先后承认巴勒斯坦国。由于没有自己的领土,巴勒斯坦国不是一个真正意义上的国家。

1991 年 10 月,在美苏等国的努力下,彻底解决阿以冲突的中东和平会议在西班牙首都马德里召开,此即"马德里和平进程"。这是阿拉伯国家与以色列第一次坐到一起试图解决长达 40 多年的冲突。这次会议构筑了中东和谈的基本框架——和谈分成双边会谈和多边会谈两个层次,确立了以"土地换和平"的基本原则。1993 年 9 月 13 日,巴以双方第一个和平协议——《巴勒斯坦人首先在加沙和杰里科实行自治的原则宣言》签订,宣言确定分三个阶段实现巴以和平的设想。

根据 1994 年 5 月巴以双方签署的实施自治原则宣言的最后协议,5 月 4 日巴勒斯坦开始自治。1995 年 9 月巴以双方签署了《塔巴协议》,以色列军队先后撤出约旦河西岸的7座主要城市,由巴方自治。1996年5月4日,巴以开始就巴勒斯坦最后阶段谈判进行了首轮会谈。

但以色列在1996年6月内塔尼亚胡执政后,背弃以“土地换和平”的原则,强调以“安全换和平”、“以和平换和平”的原则,使中东和平进程停滞不前。尽管巴以先后签署了《希伯伦协议》和《怀伊协议》,但终因政府的拖延而未能彻底执行。1999年5月,巴拉克当选以色列总理。为落实《怀伊协议》,巴以签署了《沙姆沙伊赫备忘录》,双方同意1999年9月13日开始最终地位谈判,并于2000年2月15日前就耶路撒冷地位等问题达成框架协议,9月13日前达成最终协议。由于以方蓄意拖延,协议条款没有得到很好执行。2000年7月,巴、以、美三方首脑会晤在美国马里兰州的戴维营举行,因涉及耶路撒冷地位、边界划分、犹太人定居点前途、巴难民回归以及水资源分配等棘手问题,会谈未能达成协议。同年9月28日,以色列强硬派领导人沙龙强行进入伊斯兰圣地阿克萨清真寺,引发了巴以间一场旷日持久的流血冲突。2001年3月沙龙政府上台以后,巴以关系进一步恶化。

21世纪以来,国际社会在解决巴以冲突和中东和平问题上,主要设计和出台过以下计划:

1. 2001年5月4日“米切尔报告”。2000年9月底,巴以爆发大规模流血冲突,巴以和谈陷入困境。为了促使巴以双方早日结束冲突,重归和谈轨道,在国际社会的斡旋下,2000年10月,中东问题多边首脑会议在埃及沙姆沙伊赫举行,会议决定成立国际调查委员会,调查巴以暴力冲突的起因。2000年11月7日,由美前参议员米切尔和土耳其前总统德米雷尔等5人组成的巴以冲突国际调查委员会宣布成立。同年12月,米切尔率领委员会全体成员抵达中东地区,开始对巴以流血冲突的起因进行调查。2001年5月4日,国际调查委员会向以色列和巴勒斯坦民族权力机构分别提交了调查报告草案,并于同年5月21日在纽约正式公布了这一报告。因国际调查委员会由米切尔负责,故称“米切尔报告”。该报告的主要内容是:巴以双方应立即无条件停止暴力冲突;共同创造一个缓和期;采取步骤重建相互信任;巴民族权力机构努力打击恐怖主义;以政府必须全部冻结在巴控区内犹太人定居点的建设;以方取消对巴城镇的轰炸和封锁;双方重新恢复安全方面的合作。但由于以色列沙龙政府的强硬政策,以及巴以愈演愈烈的暴力冲突,“米切尔报告”一直未能得到落实。

2. 2001年6月5日“特尼特停火计划”。2001年四五月间,巴以流血冲突加剧。为了寻求恢复中东和平进程的良策,阻止巴以冲突升级,国际社会在中东地区展开了密集的外交斡旋。2001年6月5日,美国政府派遣中央情报局局长特尼特重返中东，就巴以停火和恢复安全合作等问题同巴、以进行磋商。特尼特先后同以色列总理沙龙和巴勒斯坦民族权力机构主席阿拉法特进行会谈，讨论了如何结束巴以冲突、实施停火和恢复巴以和谈等问题。在特尼特的主持下，巴以双方高级安全官员进行了多次会谈。同年 6 月中旬，特尼特向巴、以提出了双方停火方案，并根据双方的保留意见对方案进行了修改，形成特尼特停火协议框架。“特尼特停火计划”的主要内容包括：巴勒斯坦应立即逮捕巴激进的伊斯兰抵抗运动（哈马斯）和伊斯兰圣战者组织的成员，停止反以宣传，收缴在巴自治区的所有非法武器，并停止为那些袭击约旦河西岸和加沙地带犹太定居点的“恐怖活动”提供帮助；以色列则应保证不对巴方目标进行袭击，并将军队撤回到 2000 年 9 月 28 日巴以冲突爆发前的位置，结束对巴自治地区的封锁。对于“特尼特停火计划”，巴勒斯坦民族权力机构发表声明表示全面接受。以色列虽然也宣布原则接受此计划，但终因沙龙坚持必须有一周“绝对平静期”等先决条件而未能予以实施。

3. 2002 年 3 月 28 日“阿拉伯和平倡议”。“阿拉伯和平倡议”是 2002 年 3 月 28 日在第十四次阿拉伯国家联盟首脑会议上以沙特王储阿卜杜拉的中东和平建议为基础通过的。该倡议要求以色列撤出 1967 年以来占领的所有阿拉伯领土，接受建立享有独立主权、以东耶路撒冷为首都的巴勒斯坦国，公正解决巴难民问题。在此前提下，阿拉伯国家将承认以色列的存在，保证其安全并实现关系正常化。阿盟首脑会议将“阿拉伯和平倡议”确定为与以色列谈判解决阿以争端的基本原则。奥尔默特政府成立后，曾表示会认真对待“阿拉伯和平倡议”，但对倡议中的难民和边界问题提出修改意见。对此，巴勒斯坦方面和包括埃及、叙利亚、约旦在内的许多阿拉伯国家则明确表示，以色列这一要求是“不可接受的”。

4. 2003 年 5 月美国提出中东和平“路线图”计划。为永久解决巴以冲突问题，这项计划提出了建立独立的巴勒斯坦国、巴以两国和平共处的构想。其主要内容是：分三个阶段结束巴以冲突。第一阶段（2003 年 5 月底），巴以双方将实现停火；巴方将打击恐怖活动，进行全面的政治改革；以方则应撤离 2000 年 9 月 28 日以后占领的巴方领土，冻结定居点的建设，拆除 2001 年 3 月以后建立的定居点，并采取一切必要措施使巴勒斯坦人的生活恢复正常。第二阶段（2003 年 6 月至 12 月）为过渡期，重点是建立一个有临时边界和主权象征的巴勒斯坦国，中东问题斡旋四方（联合国、美国、欧盟和俄罗斯）将为此召开国际会议。第三阶段（2004～2005 年），巴以双方将就最终地位进行谈判，并在 2005 年达成最终协议，最终结束双方的冲突。但是该计划由于主要是反映美国的利益，最后在多方反对下，并没有真正实现。至今巴勒斯坦建国仍未实现，其他方面也无进展。

2007年11月27日在美国马里兰州安纳波利斯召开的中东问题国际会议是继1991年10月“马德里中东和会”后，国际社会试图解决巴以冲突的又一次重要尝试。与会国超过40个，表明国际社会对这一问题的关注，并希望这一动荡不安的地区早日实现和平，当地人民能够过上安定的生活。但是此次会议也未能使巴以冲突有实质性进展。

对于双方政府来说，几十年来的战争与对抗解决不了问题，只有和平才是唯一的出路。在国际社会的调解下，巴以政府曾签署过不少和平协议，但总是在谈判的最后阶段因为在耶路撒冷的归属、犹太人定居点、巴勒斯坦难民回归、巴以边界划定等棘手问题上分歧太大，双方至今没有达成永久性和平协议。而且各个调解方案和协议都因为历届政府的有意拖延，或者突然发生的一些恐怖事件和冲突而不了了之。这一方面归结于民族之间根深蒂固的仇恨和相互的不信任，另一方面由于该地区问题的背后仍然存在大国利益争夺的影子，因此，要提出和实现一个各方面都满意的方案，仍然需要阿以双方和国际社会的不懈努力和探索。

第二节　核危机问题

1945年8月6日和8月8日，日本的广岛和长崎在两枚原子弹燃起的巨大火球中被夷为平地。日本投降了，但这场核浩劫成了热爱和平的人们心头挥之不去的阴影。60多年后的今天，人们呼唤的“无核化”没有降临，相反，核扩散的危机却步步紧逼。一些没有核武器的国家千方百计谋求核武器，力图跨入“核门槛”。印度、巴基斯坦进行了核爆炸试验。以色列和日本虽未公开进行核爆炸试验，但以色列早已是公认的具有核武器的国家，而日本则完全具备生产核武器的技术条件。伊朗、朝鲜核问题也是反反复复、波澜不断……据国际原子能机构的估计，目前拥有核武器制造能力的国家至少有40多个。

自核武器发明以来，国际社会已经发生了多次核危机，比较著名的包括古巴导弹危机、印度和巴基斯坦核试验危机。目前，国际社会中的朝鲜核危机和伊朗核危机正在发展和演变之中。这些核危机严重影响了国际社会的稳定，威胁着人类社会的安全。在国际核军控机制未得到完善和有效遵守的情况下，不能排除今后还会出现类似的核危机。由于国际核危机失控将产生灾难性后果，认识和处理国际核危机，尤其是预防、控制国际核危机越来越成为各个国家、国际组织，特别是大国领导人需要慎重思考的问题。

一、国际社会的核现状

核武器的出现如同被打开的“潘多拉盒子”，1945 年美国在日本的广岛和长崎投下两枚原子弹，1949 年苏联成功试爆原子弹，20 世纪 50、60 年代，英、法、中相继成为核武器国家。随着 1964 年中国原子弹试验成功，美国、苏联、英国、法国、中国这 5 个联合国安理会常任理事国都拥有了核武器，成为世界上第一批拥有核武器的国家。苏联和美国更是在追求“相互确保摧毁”的目标下，发展了远远超过其他国家的核力量，仅这两国的核武器就能毁灭地球多次。而且，随着氢弹及中子弹的相继产生，核武器的威慑力比美国 1945 年投在日本的原子弹更是高了千万倍。据不完全统计，从 1945 年开始，全世界共进行了两千多次核试验，核武器巨大的杀伤力和破坏力让世界各国人民感到深深的恐惧和不安。核武器的产生改变了世界的军事战略格局，甚至改变了国际力量格局，使国家间关系变得更加复杂和微妙。因此，自 20 世纪 50 年代以来，很多国家开始研制核武器。随着科学技术的进步，掌握核技术的国家和地区越来越多。除国际公认的 5 个核国家外，以色列在 20 世纪 80 年代研制核武器成功；南非也在大约同时研制出核武器，但由于各种原因自动放弃了；印度、巴基斯坦于 1998 年相继爆炸核装置，所以实际上公开拥有核武器的国家已经有 8 个。另外，包括日本在内的近 40 个国家都已拥有自己的核能力，其他许多国家也正在设法获得核能力，或表现出强烈的获得核能力的愿望，其中朝鲜和伊朗表现最为明显，最终导致至今仍未得到解决的朝鲜核危机和伊朗核危机。

目前，人们从是否拥有核武器及拥有核武器的意愿和能力的角度，把世界各国分为以下四类：

1. 法律上的核武器国家。即美、俄、英、法、中。由于五国是在国际社会上享有特殊地位的国家，因此，1968 年的《不扩散核武器条约》从法律上明确确定这些国家为核国家，同时也是事实上为世界各国所承认、无可争议的核武器国家。

2. 事实上的核武器国家。即以色列、印度和巴基斯坦。这 3 个国家在事实上拥有核武器，但并不为世界所认可。以色列在 20 世纪 80 年代就已经研制出核武器。据悉，以色列的核武器至少包括 100 枚弹头，其中有热核武器，很有可能还有加射(中子)武器。在南亚，1998 年印度和巴基斯坦相继进行了核试验，打破了核门槛，成为事实上的核武器国家，印度至少拥有 50 枚核弹，而巴基斯坦也拥有 12 枚左右的核武器。

3. 核门槛国家。包括日本、乌克兰、白俄罗斯、巴西、阿根廷、南非、伊朗、阿尔及利亚、埃及等国。这类国家是指其国内的军事基础和科技实力足够制造核武器,在必要的时候可以成为核武器国家。以日本为例,它具有可以开发核武器的能力,而所储存的核燃料足够制造出 7000 枚核弹头。还有苏联地区的乌克兰、白俄罗斯、哈萨克斯坦等国虽自愿放弃核武器,但其本身的军事基础和技术可确保生产核武器。

4. 无核武器国家。上述国家之外的世界上绝大多数国家都是无核武器国家。此类国家是指没有发展或获得核武器的愿望,或者虽有此愿望,但由于本身的科技能力和军事基础还比较薄弱,故在较长一段时期内还无法研制出核武器。

二、国际核危机

一般来说,所有围绕核武器引起的国际危机都可以称为“核危机”。在冷战期间,国际上就发生过很多次核危机。例如 1963 年美国声称要对中国正在建设中的核设施施行“绝育手术”,苏联在 1969 年扬言要“用核武器打击中国”等,引起了中国的警惕及国际社会的恐慌,使中美、中苏关系严重降级,国际形势骤然紧张。

(一)冷战期间的古巴导弹危机

冷战期间最为严重的核危机是 1962 年的古巴导弹危机。1962 年 7 月,古巴领导人卡斯特罗访问苏联,达成秘密协议,苏联帮助古巴在古巴部署核导弹基地,包括装备中程导弹、发射装置和 II28 轰炸机。同年 10 月 14 日,美国的 U2 侦察机发现了古巴的导弹基地。据专家分析,这些导弹基地的导弹射程为 1100 公里,从华盛顿到达拉斯,甚至包括美国所有的战略空军基地都在其射程内。为此,在总统肯尼迪的亲自主持下,美国立即秘密展开了一系列紧张的形势分析和对策研究,同时,在政治上和军事上做了周密部署。三军进入战备状态,同时向美国海外基地发出通知,在任何情况下没有总统的命令不得发射核武器。而苏联对此还蒙在鼓里。

1962 年 10 月 22 日下午,肯尼迪作了震惊世界的电视讲话。主要内容是,苏联在古巴秘密部署导弹,打破了多年来美苏双方小心翼翼保持的脆弱的核均势,是对美国的有意挑衅,坚决不能接受,因此美国正在考虑采取以下措施:对一些运往古巴的进攻性军事装备实行海上“隔离”;加强对古巴本土的监视;从古巴发射的任何导弹都将被认为是苏联对美国的攻击,因而有权进行全面报复性回击。与此同时,美国还出动了 180 艘军舰在加勒比海游弋,大大加强了美国的相关军事基地，并派出一架装有核武器的 B52 轰炸机在空中巡逻。10 月 23 日上午，负责美洲事务的助理国务卿主持召开了美洲国家组织理事会议，在美国的倡议下，20 多个国家达成决议：要求立即撤除在古巴的具有进攻能力的导弹和其他武器；建议各成员国采取必要措施，包括使用武力，以保证古巴不能继续从“中苏集团国家”接受“威胁本大陆和平和安全的武器”；要求联合国尽早派观察组到古巴。10 月 24 日，肯尼迪发表《关于禁止向古巴运送进攻性武器宣言》，宣布美国的武装力量于 1962 年 10 月 24 日格林尼治时间下午 2 时开始，制止向古巴运送进攻性武器及其附属物资；美国三军在离古巴“合理”的距离内指定禁区和航道，任何驶向古巴的飞机和船只都可能受到拦截、检查。

同一天下午，美国代表史蒂文森在联大发言，对苏联进行指控，逼苏联代表表态，苏联代表极力否认，但是美国代表出示了照片，当场戳穿了苏联的谎言。苏联知道无法隐瞒之后，一方面极力声明，运往古巴的导弹是防御性的，一方面加快建设导弹基地，以使美国面临既成事实、无法打击的局面，驶向古巴的船只也没有改变方向。双方剑拔弩张，全世界都紧张地注视着双方，美国人纷纷向防空掩体中运送食品，美国股票大跌。

在这千钧一发之际，美国接受了英国的建议，把拦截地带放在靠古巴更近的地方，这样可以给赫鲁晓夫更多的考虑时间。从“隔离”的第二天开始，苏联就发出愿意和平解决的信号。此时恰逢美国歌唱家杰罗姆 • 海因斯在莫斯科演出，赫鲁晓夫专门看望了他，苏联报纸对此大肆宣扬。同时，苏联的船只陆续停驶或改航，至 10 月 26 日，全部掉头返回苏联，美国飞机则一直“护航”到苏联港口。

不久，苏联开始逐渐停止导弹基地的工作，以换取美国不再入侵古巴。11 月底，古巴导弹危机才告结束。古巴导弹危机是至今为止人类历史上最严重的国际核危机。古巴导弹危机的直接副产品之一，就是在此危机中处于下风的苏联，开始加速发展核武器。

冷战结束后，国际核危机在新形势下继续发展。1998 年印度和巴基斯坦相继进行核试验，引发了南亚核危机，双方的核军备竞赛也不断升级。目前，国际上一些国家也大力研制核武器，希望掌握这个超级武器，以提升自己在国际舞台上讨价还价的能力。其中比较积极的有朝鲜和伊朗，并引发了至今仍未得到解决的朝鲜核危机和伊朗核危机。

(二)朝核危机及六方会谈

自 1945 年以来，朝鲜是受到美国核威胁次数最多、时间最长的国家。从二战结束至今，美国一直在韩国部署核武器，还利用核武器装置、轰炸机以及近海航空母舰在朝鲜半岛进行了不计其数的军事演习，这些刺激了朝鲜发展核武器的愿望。从20世纪50年代朝鲜就开始考虑发展核武器的可能性，20世纪50年代中期朝鲜建立了一个小型的研究用反应堆。1964年，苏联专家和一些在苏联接受过培训的朝鲜专家开始在宁边修建核研究设施，1965年核设施投入使用。苏联还帮助朝鲜开采铀矿石。苏联虽然没有提供朝鲜梦寐以求的核武器制造技术，但也从未采取措施反对或阻止朝鲜研制自己的核武器。1977年，朝鲜开始在宁边修建5兆瓦的核反应堆，并于1986年1月投入使用。从此其核野心开始为世人所知，国际社会对此给予了高度关注。

由于国际社会的强大压力，1985年12月，朝鲜签署了《不扩散核武器条约》。按照条约规定，成员国必须接受国际原子能机构对其核设施的检查。因此朝鲜的核计划一直在国际原子能机构的监督下进行。

20世纪90年代初，美国以其卫星照片为依据，怀疑朝鲜有用于研制核武器的设施，扬言要对朝鲜核设施实行检查。而朝鲜反复声明它没有制造核武器的打算和能力，同时谴责美国在韩国部署核武器威胁它的安全。由于各执己见，双方在核问题上的争端便由此产生，第一次朝核危机爆发。

1991年12月31日，朝鲜同韩国在板门店草签了《关于朝鲜半岛无核化共同宣言》。1992年1月，朝鲜又与国际原子能机构签署了《核安全协定》，并同意该机构对其核设施进行检查。朝鲜半岛的紧张气氛有所缓和。从1992年5月到1993年2月，朝鲜接受了国际原子能机构6次不定期核查。1993年2月，朝鲜接受了国际原子能机构理事会做出的对朝鲜进行强制性“特别检查”的决议，同时，美韩恢复举行曾于1992年暂停的“协作精神”联合军事演习。同年3月，朝鲜以侵害国家主权为由，宣布退出《不扩散核武器条约》，半岛局势再次紧张起来。

在这种情况下，美国同朝鲜举行了两轮副外长级会谈，在援助朝鲜改造核设施等问题上做出了一些许诺，朝鲜则宣布暂不退出《不扩散核武器条约》。1994年2月下旬，朝鲜同国际原子能机构和美国达成妥协:朝同意其7个核设施接受检查、美韩同意停止1994年度联合军事演习、美同意与朝举行第三次高级会谈。1998年初，美国要求无条件视察朝鲜宁边地区的“地下核设施”，以证明朝鲜没有违反1994年的《核框架协议》。5月，美国的专家小组对朝鲜的“可疑地下核设施”进行检查，没有发现朝鲜违反《核框架协议》的证据。5月31日，朝鲜宣布退出1994年与美国签署的《核框架协议》，朝鲜半岛形势又趋紧张。2002年10月美国助理国务卿凯利在访朝期间，拿出朝鲜进口用于铀浓缩的离心机的证据。朝方先是否认，隔日改口承认“确有此事”，并表示“正在研发更具威力的武器”，承认其推进浓缩铀开发计划。朝核问题再次成为国际社会关注的焦点。11月13日,美国总统布什决定停止向朝鲜继续运送作为燃料用的重油。在美国停止向朝鲜提供重油后,朝鲜于12月宣布解除核冻结,拆除国际原子能机构在其核设施上安装的监控设备,重新启动用于电力生产的核设施,并于2003年1月10日发表声明,宣布正式退出《不扩散核武器条约》。这是朝鲜自1985年加入《不扩散核武器条约》以来第二次宣布退出该条约。朝核危机再次爆发。

为了和平解决朝鲜半岛核危机,在中国的倡导下,2003年4月23日至25日,中、朝、美三方在北京举行了三方会谈。朝鲜在会谈中曾提出同时消除美朝安全疑虑的一揽子解决方案,要求美国做出回应。同年8月27日至29日,由中国、朝鲜、美国、韩国、俄罗斯和日本参加的关于朝核问题的六方会谈在北京举行。迄今为止,六方会谈共举行了六轮,从而确定了通过谈判和平解决朝核问题的六方会谈的模式。六方会谈取得了一定的成果。例如2005年9月19日发表了《第四轮六方会谈共同声明》,简称"9·19共同声明"。六方一致重申以和平方式可核查地实现朝鲜半岛无核化,承诺遵守《联合国宪章》,通过双边和多边方式促进能源、贸易及投资领域合作,共同致力于东北亚持久和平稳定。朝鲜在声明中承诺,放弃一切核武器及现有的核计划,早日重返《不扩散核武器条约》,并重新接受国际原子能机构保障监督。美方在声明中确认,美国在朝鲜半岛没有核武器,无意以核武器或常规武器攻击或入侵朝鲜。朝鲜和美国在声明中承诺,将采取步骤实现关系正常化。朝日双方在声明中承诺,根据《朝日平壤宣言》,在清算不幸历史和妥善处理有关悬案基础上,采取步骤,实现关系正常化。

2006年10月9日,朝鲜进行了首次地下核试验,国际社会一片哗然,朝鲜半岛局势更趋紧张。事态的发展似乎正把朝核问题的解决推离和平轨道,六方会谈遭受严重挫折。在中国、俄罗斯及国际社会的努力下,2007年2月13日,第五轮六方会谈在北京通过《共同文件》,即"2·13共同文件"。文件在以下方面取得了一定进展:朝方关闭并封存宁边核设施;朝方与其他各方共同声明其全部核计划清单;美启动不再将朝列为支持恐怖主义国家的行列;朝日开始双边对话,逐步实现邦交正常化。2009年4月5日,朝鲜宣布成功发射"光明2号"卫星,联合国安理会13日就朝鲜发射卫星问题通过主席声明,对此表示"谴责"。朝鲜14日旋即宣布抵制有关其核计划的六方会谈,中断与国际原子能机构的合作。2009年5月25日,朝鲜宣布成功进行了第二次核试验,并在随后连续发射了多枚导弹,27日朝鲜声称退出1953年签署的停战协议,联合国和包括中国、俄罗斯在内的许多国家对此表示"谴责"和"强烈反对"。朝鲜的一意孤行,使朝鲜半岛无核化和朝核问题的解决变得更为复杂。

目前,朝核问题正处于敏感和关键时期,这取决于朝美双方有多少改善关系的政治意愿、能做出多大让步、有何战略考量、达成的协议能否或在多大程度上得到落实。六方会谈能否继续,仍需拭目以待。

(三)伊朗核危机

早在20世纪50年代后期,伊朗就启动了核计划。当时的巴列维国王与美国等西方国家关系密切,核技术大部分是从这些国家引进的。1974年伊朗开始修建核电站。1979年伊朗爆发伊斯兰革命后,其核电站等核能计划陷于停滞状态。两伊战争结束后,伊朗重新启动核能项目。1991年,伊朗开始与俄罗斯商谈恢复修建核电站的有关问题。翌年,伊俄签署《和平利用核能协议》。1995年初,两国签署合同,由俄为伊建造4座商用轻水反应堆。随后,两国又签署俄罗斯从1995年10月开始帮助伊朗在布什尔建设2座核电站,以及俄为伊核电站运转提供核燃料等协议。伊朗核计划的进展和伊朗的意图,引起了美国的极为不安。美国一直认为"伊朗是世界上最支持恐怖主义的国家",伊朗对阿以和平进程的反对、对地区和国际恐怖主义的支持及寻求核武器的努力使伊朗不仅成为邻国的威胁,而且成为整个世界的威胁。早在20世纪80年代,美国就十分关注伊朗的核计划,不断指责伊朗寻求发展核武器。尤其是1995年伊同俄罗斯签署了共建布什尔核电站合作协议后,美国如坐针毡,担心伊朗有朝一日发展核武器,多次敦促俄中止与伊的合作,但无结果。伊拉克战争结束后,美国加大了在伊朗核问题上的施压力度。美国负责武器控制和国际安全事务的副国务卿博尔顿甚至威胁,美国保留使用军事手段防止伊朗发展核武器的权力。2002年底,美国公布了其侦察卫星拍摄的伊朗中部2处核设施的照片,称伊朗有可能利用这些设施研制核武器。自此,伊朗核问题开始引起国际社会关注。2003年2月9日,伊朗总统哈塔米称,伊朗靠本国力量已在中部成功地开采出铀矿,并开始发展核燃料的回收处理技术。此举立即遭到美国的"严重质疑",美国警告伊朗停止与铀浓缩相关的活动,并威胁要将伊朗核问题提交联合国安理会审议,以便对伊朗进行制裁。而伊朗则坚持和平利用核能的权力。自2003年2月以来,在美国的压力下,国际原子能机构已经对伊朗进行了数次核查。2003年8月26日,国际原子能机构在德黑兰的纳坦兹检测到武器级浓缩铀的痕迹。美国对此大做文章,认为纳坦兹铀浓缩设施是伊朗核武器计划的组成部分。在美国的压力下,2003年国际原子能机构对伊朗进行了5次核查。同年9月12日,国际原子能机构理事会通过决议,要求伊朗在10月底前公开其核计划,尽快签署《不扩散核武器条约》附加议定书,并允许国际原子能机构对其进行更为严格的突击检查。在美国的强大压力下，特别是在英、法、德三国的斡旋下，2003 年 10 月 21 日，伊朗宣布同意签署《不扩散核武器条约》附加议定书，实现核计划“完全透明”，自愿暂停铀浓缩活动。同年 12 月 18 日，伊朗政府签署了《不扩散核武器条约》附加议定书。至此，伊朗政府终于履行其在年底前签约的承诺。

虽然伊朗核问题表面上看暂时告一段落，但好景不长。2004 年 6 月，伊朗核问题再起波澜。伊朗在未能说服国际原子能机构结束对其核设施检查的情况下，于 6 月底宣布在暂停提炼浓缩铀活动的同时，恢复浓缩铀离心机的组装。在德、法、英三国的努力下，2004 年 11 月 22 日，伊朗宣布中止与铀浓缩有关的一切活动，避免了国际原子能机构将其核问题提交联合国安理会的不利局面。11 月 29 日，国际原子能机构理事会通过决议，决定不将伊朗核问题提交联合国安理会，同时要求伊朗全面履行与法、德、英三国达成的有关中止一切铀浓缩活动协议。进入 2005 年，一贯主张对伊朗使用强硬手段的美国开始了一轮又一轮的发难，美国总统布什 1 月 17 日表示，不排除对伊朗核设施采取军事打击的可能。同时，美国开始对欧盟施加压力，表示不会与欧盟一道，以经济和技术合作来换取伊朗的妥协。2005 年 8 月，伊朗正式启动业已封存的铀浓缩活动，并不顾国际社会的一致反对，于 2006 年 4 月 11 日成功提炼出浓缩铀。伊朗核危机再次升级。面对此状况，美国一方面宣称不放弃和平解决危机的努力，另一方面加大了武力解决的舆论宣传和战争准备。自新保守派的代表内贾德当选总统以来，伊朗一改先前充分利用欧盟特别是法、英、德三国，审时度势、讨价还价、态度时软时硬、避免与国际社会“摊牌”的灵活战略，面对欧盟和国际原子能机构的强硬表态及美国的战争威胁，坚定本国立场，多次重申任何威胁和干涉都阻止不了其发展核计划的决心。为进一步加大外交努力，六国已经要求欧盟负责外交与安全政策的高级代表索拉纳与伊朗最高国家安全委员会秘书贾利利会面，商讨双方关心的问题，以便逐步创造恢复谈判的条件。

2006 年 7 月 31 日，联合国安理会通过了关于伊朗核问题的第 1696 号决议，要求伊朗在 8 月 31 日之前暂停所有与铀浓缩相关的活动，并呼吁伊朗与国际原子能机构合作。但伊朗表示，伊朗的铀浓缩活动只会继续和扩大，不会中止。2007 年，联合国又通过第 1737 号决议和第 1747 号决议，再次要求伊朗使其核计划透明化，停止铀浓缩活动。但后来，伊朗的铀浓缩活动仍在继续，并在加快，违反了安理会有关决议。对此，美国国务卿赖斯在各种场合声称“不排除动用武力解决伊朗核问题”。2007 年 10 月，布什表示，如果伊朗制造核武器，将导致“第三次世界大战”。一场新的战争似乎难以避免，媒体和专家甚至已开始预测战争爆发的具体时间。然而，2007 年末，伊朗核危机却出现了戏剧性转变：

由于安理会其他常任理事国的反对及美国仍未从伊拉克战争中脱身，美国国内反对动武，使得美国再次尝试与伊朗接触进行谈判。然而，谈判并没有取得实质性进展。在美国的主导下，联合国安理会 2008 年 3 月 3 日以 14 票赞成、1 票弃权的表决结果通过了关于伊朗核问题的第 1803 号决议，决定进一步加大对伊朗核计划及其相关领域的制裁，但同时表示将继续加大旨在解决伊朗核问题的外交努力。这是安理会自 2008 年 12 月以来通过的第三份对伊朗制裁的决议。新决议继续要求伊朗暂停铀浓缩等活动，并在前两份决议基础上增加了对伊朗制裁的措施，包括扩大旅行限制和冻结资产对象名单、禁运敏感双用途物项、呼吁各国对伊朗金融活动保持警惕。但是，有关方面认为，伊朗不大可能满足安理会的要求。因此，第三份安理会制裁决议的通过，并不意味着在伊朗核问题上的突破，相反可能预示着新一轮博弈的开始。

朝鲜核危机与伊朗核危机的相继出现，有种种复杂的背景与原因，但最根本的不外乎美国与朝鲜、伊朗根深蒂固的对彼此“敌人”身份的长期认定。归纳起来，美国的“邪恶轴心”定位及“先发制人”战略是核问题出现乃至升级的直接原因；美国的核不扩散政策特别是在核问题上的“双重”乃至“多重”标准是导致核危机出现的重要原因；国际社会各方利益和矛盾错综复杂，难以取得一致；伊朗、朝鲜在与对手韩国、以色列等有较大军事差距的情况下谋求用核武器来弥补是深层次原因。

三、国际核裁军与核控制的成果与未来的发展

自 20 世纪 50 年代以来，国际社会就开始探索削减、控制核武器，甚至最终销毁核武器，或者将核武器限制在和平用途上。1956 年 10 月 26 日，国际原子能机构成立，总部设在维也纳。这是迄今为止最为重要的控制核武器及和平利用核武器的政府间国际组织。此外，1957 年在经济合作与发展组织的框架内成立的原子能机构，以及同年成立的欧洲原子能共同体属于区域性控制机构。自 1975 年以来，国际原子能机构完成了制定核电站良好操作守则和安全标准计划（NUSS），提出了指导各国立法的规则，逐步形成了一套非常全面的核安全法规体系。1994 年 9 月 20 日在维也纳通过的《核安全公约》，加强了指导各国核活动规则的法律性质，但公约没有为确保世界核安全建立一个国际制度。它要求各国实施保证核设施安全的基本原则，而不是详细的安全标准。公约还规定了一系列关于核设施安全的技术规则，涉及核电站的选址、设计、建设和利用。同时，从 1969 年到 1985 年，国际原子能机构就制定了关于发生核事故时应遵循的

指导原则,例如《关于核事故或辐射紧急情况时相互援助安排的指南》、《关于放射性材料跨界处置时进行通知、统一规划和交换信息的指南》等。

冷战结束后,出现了另一个较为严重的核问题,那就是,一个苏联解体了,十五个国家诞生了。苏联的核武器库也一分为四,由一个核国家变成了四个核国家,苏联原来统一的核力量被俄罗斯、乌克兰、哈萨克斯坦、白俄罗斯分割,世界上突然间增加了三个明确的核国家,而且乌克兰、哈萨克斯坦还成为继美、俄之后世界上排名第三、第四的核大国,它们各自拥有的核武器数量都超过了英、法、中所拥有的核武器。苏联庞大的"核遗产"引起了国际社会的担忧,核扩散威胁大大增加。但是,在美国、俄罗斯等国以及国际社会的努力下,苏联庞大的"核遗产"得到了妥善处理,因苏联解体而一度出现的核国家增多的问题得以解决。白俄罗斯、哈萨克斯坦、乌克兰等国放弃了部署在其领土上的核武器,相继在20世纪90年代初中期以无核国家的身份加入了《不扩散核武器条约》。同时,这些国家的核材料得到了安全管理与贮存,核材料走私现象得到了有效遏制;核科学家基本得到妥善安置,核技术人才外流的现象得到了遏制;敏感材料及技术出口控制与管理体制得以建立和加强。苏联解体后的核扩散危机基本得到消除。

在核控制方面最值得一提的是各国缔结和参与的关于限制和禁止核武器的条约,主要有1963年《禁止在大气层、外层空间和水下进行核武器试验条约》(又称《部分禁止核试验条约》)、1968年《不扩散核武器条约》、1971年《禁止在海床、洋底及其底上安置核武器和其他大规模毁灭性武器条约》和1996年《全面禁止核试验条约》。这些条约在一定程度上对控制核武器的威胁、防止核武器的泛滥起到了积极作用,但是也存在着较大问题,使其难以发挥重大作用。例如《不扩散核武器条约》(简称NPT),就存在着以下严重问题:第一,核不扩散体制本身具有歧视性。在《不扩散核武器条约》中存在"有核国家"与"无核国家"两种标签,五个核国家组成一个"核国家俱乐部",并拒绝任何其他国家加入。这其实就肯定了核特权的存在。而且该条约没有规定"有核国家"不对"无核国家"使用或威胁使用核武器的义务,却对"无核国家"和平发展核能设置重重限制。这使该条约本身的合法性、合理性和权威性受到挑战。第二,国际核不扩散体制始终缺乏强有力的监督机制,仅靠国际原子能机构的核查与决议,难以切实保障各国,尤其是核大国履行其义务。第三,冷战结束后美国的强势有所突出,使其在核控制方面,出现以意识形态和地缘利益画线、执行双重标准的现象。例如对于印度拒绝加入《不扩散核武器条约》,美国并不指责,并在2006年3月与之签署正式的核合作协议,并在核供应国集团内为其特殊的核地位积极奔走呼吁。美国宣扬此举有利于增强国际防扩散机制,而其真实目的在于制衡中国。第四,现行的不扩散机制未涵盖所有国家，机制之外的国家为进行核武器试验所付出的代价甚小。正是由于国际核控制条约存在种种缺陷，国际社会离真正的核控制、核裁军还非常远，今后国际核危机的发生还难以避免。

第三节　国际反恐问题

恐怖主义犯罪已经成为当今国际社会的公害，各种形式的恐怖主义对许多国家的政治、经济、社会安全和稳定造成了或正在造成重大威胁。防范恐怖主义犯罪活动是国际社会的重要任务。弄清什么是恐怖主义，其本质和根源是什么，才能寻找对策，从而有效防范其危害。

一、恐怖主义及其基本特点

（一）什么是恐怖主义

恐怖主义由来已久，可追溯到古希腊和罗马时期。中国古代的荆轲刺秦王、古罗马的恺撒大帝遇刺、美国总统肯尼迪被刺身亡都是历史上典型的恐怖事件。

有关“恐怖主义”的定义，迄今为止，已不下一百多种，但却没一个得到国际社会的普遍认可。中国现代国际关系研究院反恐问题专家李伟指出：“反恐面临的困境就是谁是恐怖主义？谁是我们的敌人，谁是我们的朋友？如果连这个基本问题都弄不清楚的话，那么我们的反恐就面临很大的困境。”

对于什么是恐怖主义，联合国组织过多次讨论，至今仍无一致意见。但是，通过联合国的多次讨论，基本形成了一种倾向性意见，即承认恐怖主义定义有三要素：非法暴力、具有政治动机、滥杀无辜。就其定义，可以参考我国学者胡联合的概括，他的“恐怖主义”定义是：“一种旨在制造恐怖气氛、引起社会注意以威胁有关政府和社会，为达到某种政治或社会目标，无论弱者或强者都可以采用的，针对非战斗目标（特别是无辜平民目标）的暗杀、爆炸、绑架与劫持人质、劫持交通工具、施毒、危害计算机系统以及其他形式的违法或刑事犯罪性质的暴力、暴力威胁或非暴力破坏活动。”①这一定义概括比较系统和全面。

① 胡联合：《准确把握恐怖主义的基本含义》，《国际研究》，2006年第3期。

(二)恐怖主义的基本特点

判定是不是恐怖主义及行为,主要看其是否有以下几个方面的基本特征:

一是其具有明确的政治目的性。这是一个最基本、最关键的要素,也是区分恐怖主义刑事犯罪和普通刑事犯罪的一个重要标尺。恐怖主义是将恐怖行为作为一种说服或宣扬的方式,其真正目的是为了实现自己的政治要求。如日本的邪教地铁投放毒气案、美国的9·11撞击案、中国新疆乌鲁木齐“7·5打砸抢烧案”及伦敦爆炸案,都是以胁迫一定人口、一个政府或国际组织为目的,旨在造成平民或非战斗人员死亡或严重身体伤害的行为,都是不能辩解的恐怖主义行为。而美国校园枪杀案、马加爵报复杀人案以及各国时有发生的品牌食品投毒案,只是一种厌世发泄或是恶意打击竞争对手的普通刑事犯罪。政治性是恐怖主义的本质特征,这种政治性在其成为国际公害时越发凸现。民族分裂主义和宗教极端主义类型的恐怖主义政治色彩就更加明显了,它们为了达到分裂、破坏等政治目的,对国家及政府实施政治压力而频频制造恐怖事件。例如在俄罗斯的车臣地区,一些人为了实现脱离俄罗斯的政治目的就采取恐怖主义,发动武装斗争,形成了局部性内战。又如2004年1月4日,塔利班残余势力在阿富汗制宪大国民会议召开期间制造了五起恐怖袭击,就是为了实现阻挠新宪法通过的政治目的。由此看来,恐怖主义具有的政治色彩在全球化时代有增无减,这也意味着它对国际社会的危害有增无减。

二是其具有强烈的暴力、讹诈和威胁性。恐怖主义之所以恐怖,关键在于恐怖是其基本内涵。恐怖主义者运用爆炸、暗杀、绑架、劫机等杀伤力强、破坏力大的暴力手段,造成人员伤亡和财产损失等严重事实,由此在社会上形成恐怖的心理压力,从而产生普遍的不安全感、不信任感,以达到促使社会不稳定情绪蔓延的目的,从而动摇政治目标的社会根基。

三是其具有强烈地影响受众的恐怖性。有些恐怖行为虽然没有造成人员伤害,但其恐怖性却更加深刻。在当代世界,使用暴力威胁的行为也被越来越多的国家与学者纳入恐怖主义范畴。因为暴力威胁很多时候也是一种严重的破坏性行为,有时其造成的损失不仅不亚于一般的暴力行动,还远远超过一般的暴力行动的危害。例如,打电话声称在将要起飞的民航客机上安装了炸弹,可能使警方投入大量的人力与物力进行检查,延误航班,造成很大的经济损失。此外,随着针对计算机恐怖破坏活动的兴起,人们也越来越多地将这种新型的非暴力破坏活动纳入恐怖主义范畴。虽然针对计算机的恐怖破坏活动没有伤害到人员,但通过威胁破坏与民众基本生活息息相关的大型公共设施来制造恐慌的行为,也应划入恐怖主义的范畴。

四是其具有受害对象的无辜性。恐怖行为之所以为恐怖行为，是因为其受害对象是无辜的。“无辜”是关键点，也就是说，受害者是处于正常生存状态，在没有任何敌对状态下受到伤害。当前恐怖活动袭击的目标，除政界、商界、军界等要人外，更多地指向无辜平民。与早年恐怖分子信奉的“要更多的人看，而不是要更多的人死”的信条不同，当前恐怖分子崇尚的是“不仅要更多的人看，而且要更多的人死”的理念。本·拉登曾声称：“我们对穿制服的人和平民不加区别，他们都是我们袭击的目标。”恐怖活动的主要受害者是普通民众。从2003年8月约旦驻伊拉克大使馆爆炸案，到2004年10月埃及塔巴连环爆炸案，在14个月内共发生死亡15人以上的恐怖袭击20余起，造成近2000人死亡，6000多人受伤。恐怖分子针对平民发动袭击的原因主要有三：一是恐怖分子对重要的军事和政治目标实施恐怖袭击日益困难，因而把袭击目标转向无辜平民。二是恐怖分子由于绝望和仇恨，丧失了理智，不断使用炸弹实施同归于尽的自杀式爆炸袭击。三是恐怖分子为引起更大范围的社会恐慌，认为攻击一定范围的无辜平民，恐慌的将不是特定的人群，而是全社会。

（三）判定恐怖主义及行为的几个误区

一是混淆恐怖主义行为和普通刑事犯罪。若将个人或组织为泄愤或者是打击竞争对手而进行的普通刑事犯罪上升为恐怖主义，这只是一些无能的管理者借大众憎恨恐怖主义，以反恐之名来加大打击普通刑事犯罪的力度，其目的只是有利于将纳税人的钱用之有名。而邪恶的恐怖主义则是为了向社会宣传自己的政治主张，表明自己的政治意图，实现自己的政治目标，从而实施的暗杀、绑架、爆炸、破坏等犯罪行为。这是恐怖主义行为区别于普通刑事犯罪的重要特征。

二是故意模糊受害对象的无辜性。如美国国务院定义的“非战斗目标（包括平民和那些非武装或不执勤上岗的军事人员）”。这也是一种因反恐斗争需要而故意进行的曲解。例如，在伊拉克和平时期，攻击其非军事应用的核设施及其内部毫无武装的非军事人员和平民的行为，实际上就是故意模糊受害对象的无辜性。因此，极有必要区分受害对象的无辜性。

三是恐怖主义不是革命，二者有本质区别。恐怖主义是以暴力恐吓受众来实现其政治目的，从本质上看，是反人类的。而革命则是发动民众、依靠民众直接打击和推翻旧政权为目的，其本质是解放民众、争取自由、维护人权。如“东突”恐怖组织借“革命”的名义，大行恐怖主义之实，其目的就是要刻意混淆二者的区别，以博取国际干预和西方国家的支持。纵观美国政府在对待“东突”问题上的态度就是一最好例证。

四是恐怖主义不同于战争。狭义地讲，战争是武装集团间的对抗，是以武装者打击武装者及其他军事战斗目标，而不是以平民为目标的武装斗争。反观恐怖主义则不局限于此，是以袭击无辜平民和社会公共设施制造恐怖影响和混乱的刑事犯罪为主要形式，来实现其政治目的。这里有必要指出的是，某些国家之所以将恐怖主义定义为战争，目的是为了模糊证据、绕开取证的困难，方便以此为借口，做出快速的军事反应，发动反恐战争。

二、恐怖主义的基本类型和根源

(一)恐怖主义的基本类型

恐怖主义产生的背景各不相同，表现出的危害性在不同历史时期也不相同。从当前来看，对人类危害较大、主体状态表现突出的恐怖主义主要包括以下几种类型：

1. 民族主义型恐怖主义。这种恐怖主义的特点是奉行排外政策，或鼓吹民族分裂，并要求实现自治。在欧洲，“左”翼恐怖主义疯狂地鼓吹法西斯主义、种族主义、军国主义，崇尚暴力文化，主张对内实行独裁恐怖统治，对外奉行侵略扩张政策，煽动民族仇恨。俄罗斯车臣恐怖势力是这一恐怖主义的典型代表。

2. 宗教极端型恐怖主义。主要是指以宗教极端主义为主体的恐怖主义。宗教极端主义是把某一宗教或某一宗教教派的利益推向极端的一种思潮，当代宗教极端主义的典型代表是宗教原教旨主义。宗教原教旨主义强调原教义的纯洁性，竭力把自己的传统与其他传统区分开，这种方式不顾历史发展的必然，形而上学地维护自己的原教义，是逆历史潮流而动。目前，全世界有25%的恐怖主义起源于宗教原教旨主义，宗教极端型恐怖势力已经成为一种具有国际影响的恐怖势力。典型代表是本·拉登的“基地组织”。2003年5月10～16日发生在世界各地的8次恐怖袭击爆炸事件，全是“基地组织”所为，足见其恐怖活动的疯狂性。宗教恐怖主义由于有宗教的虔诚和狂热作支撑，因而更富有攻击性和残忍性。这一类恐怖主义分子不惜舍生“取义”，杀身“成仁”，视死如归，毫无规则地制造恐怖事件，给人类生存与安全带来极大危害。

3. 高技术类型的恐怖主义。这一类型的恐怖主义利用先进的技术手段，通过制造和散布“恐怖”来打击目标，主要包括经济恐怖主义和电脑网络恐怖主义。高科技的发展大大地推动了人类社会的进步，但同时，高科技被恐怖主义所掌握,用来对人类社会的和平与安全进行攻击,则产生了高科技恐怖主义。据美国一家信息公司调查:近10年来,恐怖分子袭击企业的经济恐怖事件年增长率为12%~15%,水上航线、输油管道、雷达站,甚至原子能送电塔,都成了恐怖分子袭击的目标;实业大亨、商界名流不断被恐怖分子绑架,仅在南美洲就有近1000人遭此厄运。网络恐怖主义,即以电脑"黑客"技术实施的恐怖袭击。电脑"黑客"袭击,可以在短时间内使网络系统混乱、瘫痪,进而使基于网络系统运作的社会经济、政治、军事、文化系统混乱、瘫痪,从而引发社会混乱,造成政府危机。

4.其他类型的恐怖主义。主要有:黑社会组织、国际贩毒集团、极"左"和极右翼恐怖组织等国际恐怖主义。黑社会恐怖主义,是指以特定的黑社会意识形态为支撑的恐怖主义。"黑社会不是恐怖主义,黑社会组织不是恐怖主义组织,但这并不排除黑社会组织在一定条件下实施恐怖主义"。[①] 在一定条件下,黑社会组织发动恐怖袭击,黑社会组织有目的的政治、社会恐怖活动则将黑社会组织转变为恐怖主义组织。目前具有国际代表性的黑社会组织有意大利的黑手党、达伍德·伊布拉希姆的黑帮组织,活跃于阿联酋的拜迪,哥伦比亚的"麦德林·卜特尔"等都是大的黑社会组织,这些组织采用汽车爆炸,袭击军人、警察、无辜平民等手段,造成重大的社会影响,以达到自己的目的。还有国际贩毒集团、极"左"革命恐怖组织、邪教恐怖主义组织等。极"左"翼恐怖主义鼓吹无政府主义,以恐怖手段摧毁国家机器。极右翼恐怖主义的代表是新纳粹分子的"第三帝国梦"、美国的"白人优越论",这些恐怖主义组织都带有很强的时代特点。

(二)恐怖主义的根源

恐怖主义盛行,有着深刻的国际历史根源及现实背景。从政治、民族、宗教问题到南北差异、移民、贫富分化问题,从涉及领土、边界、资源方面的争端到经济及意识形态领域的冲突,从帝国主义、霸权主义的横行到国际政治经济秩序的不公正、不合理,都是恐怖主义产生的根源。

1.恐怖主义是民族矛盾上升、种族宗教冲突加剧的必然结果。国际恐怖主义活动明显加剧是在苏联解体、冷战格局宣告终结之后。冷战时期,美国与苏联两个超级大国长期对抗,使东西方国家关系时时处于紧张对峙状态,这种态势极大地限制了两大阵营内部的矛盾。两极格局终结后,美苏所形成的国际制约力与控制力迅速下降,两极对抗形成的凝聚力迅速减弱,世界各种力量重新分化、组合。在此过程中,原在冷战时期两极格局下掩盖着的各种民族矛盾、宗教矛盾

① 李慧智:《反恐学》,北京:人民出版社,2003年,第127页。

和利益集团矛盾等迅速凸现出来，许多国家内部和国家间的民族矛盾迅速上升为主要矛盾，并且泛化为以民族利益为最高目标的狭隘民族主义。一些民族分裂势力将在资产阶级革命中起过积极作用的民族主义某些理论，作了极端化解释，形成了一种民族分裂主义的怪论。其核心是不分时间与空间，不顾历史形成的现状，将本民族的利益凌驾于其他民族的利益之上，企图从现有国家中分离出来。民族分离的要求往往伴随着暴力恐怖活动，这在许多国家已成为惯例。中东地区的阿以民族矛盾、海湾地区的库尔德族问题、巴尔干地区的多民族冲突、南亚地区斯里兰卡的泰米尔反政府武装等遗留下来的历史问题，成了诱发大量恐怖主义事件的导火索。恐怖活动这种弱者的利刃，成了越来越流行的政治工具。为“独立”而战的，还有俄罗斯的车臣、英国的北爱尔兰、格鲁吉亚的南奥塞梯和阿布哈兹、加拿大的魁北克、西班牙和法国的几个巴斯克人居住的省份、印度的旁遮普省等。据统计，世界上有 30%左右的国际恐怖组织是由极端民族分子组成的。

宗教极端主义同样与暴力恐怖活动关系密切。许多极端民族主义分子同时又是狂热的宗教徒。宗教极端主义既是国际恐怖主义的表层根源，在许多情况下又是国际恐怖主义的一种特殊表现形式。宗教极端主义大肆煽动宗教狂热，随意解释“圣战”和鼓吹“圣战”，其实这种“圣战”就是暴力恐怖主义的代名词。如俄罗斯车臣叛匪以“圣战”名义，肆无忌惮地进行暴力恐怖活动。在塔吉克和乌兹别克斯坦，暴力恐怖主义势力在外力的支持下，不断以“圣战”的名义，从事各种暴力恐怖和武装叛乱活动。宗教极端主义与国际恐怖主义相联系最严重的后果是使暴力恐怖主义合法化，企图用神圣的宗教来证明暴力恐怖的正义性。受境外敌对势力的怂恿和支持，中国境内的恐怖主义也在抬头，这主要表现在宗教原教旨主义恐怖活动和“东突”恐怖活动对新疆的威胁。“东突”恐怖势力与国际恐怖势力有密切联系，据中国外交部透露，大约有 1000 多名“东突分子”曾在本·拉登位于阿富汗的营地接受军事训练。这些恐怖势力公开打着“实现新疆独立”的旗号，在境内外猖狂地进行恐怖活动。“东突”同样是利用民族与宗教问题作为其生存发展的旗帜。

2. 不合理的国际经济秩序、日益严重的贫富差距为恐怖主义营造了适宜的土壤。冷战结束后，经济全球化加速发展。经济全球化有利于生产要素在全球的自由流动和优化配置，有利于科技与信息的传播，为落后国家跳跃式发展提供了机会。然而这并不意味着全球化所带来的利益分配是公平的。主要发达国家制定和掌握的全球化游戏规则，使发达国家从经济全球化中的获利大大超过发展中国家，从而使贫富差距越来越大。

当然,贫穷未必直接产生恐怖,但怨恨情绪蔓延开来,国内因素引起的矛盾和国际因素诱发的矛盾相互交织,恐怖主义则乘机滋生并趋于狂热化。众所周知,从事恐怖活动的大多是生活在经济贫困、动乱频繁、政治腐败的中亚、非洲和拉美国家的年轻人,由于没有基本的生活保障,对生活绝望,不少人走上了恐怖活动之路。有些恐怖分子虽出生于经济发达、政治相对稳定的西方国家,但因对贫富悬殊、社会不公现象不满,或因其失业、出身低贱、精神空虚或颓废,或为引起社会注意,或为发泄怨恨,也加入到恐怖主义行列。正如《纽约时报》一篇文章所指出的:"必须懂得,贫困和绝望才使招募恐怖分子成为可能,而拖得太久的冲突,已酿成了深仇大恨。"①

3. 新科技革命正有形无形地推动着恐怖主义的发展。一般而言,恐怖主义的传统作案手法多使用匕首、毒药等工具,手段简单,造成的直接损失不大,特别是人员伤亡有限。现在情况不一样了,现代科技的发展、科技知识的普及、高新科技的推广,在为人类带来福音的同时,也为恐怖分子实施犯罪提供了便利条件。遵照一般的犯罪学原理,社会的科技和文明程度越高,国际犯罪使用的手段就越残忍,危害也就越大。现在动辄就是特大爆炸、化学制剂袭击等大案。自20世纪90年代以来,恐怖分子就开始采用各种高科技手段为其恐怖活动服务。移动通信、电视卫星及其他传媒技术已经被恐怖组织当做搜集情报和传媒信息的高效作案工具。如本·拉登就用卫星电话和国际互联网遥控他多年来经营的巨大恐怖分子训练网络、数家工厂和公司,同分布在全球的追随者保持联系。恐怖分子现已拥有无线遥控地雷及各种先进爆破器材,他们能携带一般机场安全设备检测不出来的塑料炸药、液体炸药和塑料手枪,从容登上飞机,使用从无声手枪、机枪到导弹的现代武器。此外,现代科技的发展可以使恐怖分子获得逼真、乱真的证件;现代化装术和整容术,可以使恐怖分子改头换面以便浑水摸鱼或漏网逃脱;现代交通设施和交通工具,为恐怖分子突袭、转移、联合或脱身提供了方便。例如一直以中东为活动中心的黎巴嫩真主党,已在拉丁美洲的巴西、阿根廷、巴拉圭建立了新基地,而在哥伦比亚东部则出现了西班牙"埃塔"恐怖分子的活动踪迹。

国际互联网的快速发展为人们的通讯与交流提供了极大便利,但同时也为国际恐怖组织及恐怖分子所利用。一些恐怖组织正以网络恐怖主义代替传统的恐怖主义。一方面表现在利用信息技术和国际互联网制定计划、筹集资金、传播恐怖活动信息和作案技术、窃取机密情报、设置病毒程序和人为制造混乱;另一

① 《参考消息》,2001年2月27日。

方面表现在黑客袭击事件。世界上现有20多万个黑客网站，一旦有一种新的袭击手段产生，就能在一周内传遍全世界，使网络遭到各种破坏。受黑客袭击的不仅有商业网络，也有政府网站。以网络瘫痪为目标的袭击比任何传统的恐怖主义和战争方式来得更强烈，破坏性更大。

“9·11”事件及其后的炭疽菌事件已经敲响了核生化恐怖袭击的警钟。某些恐怖组织一直在谋求获得并使用核生化武器。应当说，依照今天的世界科技水平，制造核武器还存在相当多的工艺、原料方面的难题，这需要有相当实力的国家政权才能够解决，起码非政府的恐怖组织现在还不具备这样的条件，可是这不能说恐怖组织就不可能获得核武器。核武器失窃或被售出的危险一直存在。受“9·11”事件刺激，今后恐怖分子想拥有更大的杀伤力，自然会觊觎并以各种方式求购或窃取核武器。最令人不堪设想的是，恐怖分子一旦拥有了哪怕是最小型的核武器，都会造成几倍，甚至几十倍美国世贸中心大楼遭袭带来的灾难。

生物和化学武器已成为现实的恐怖威胁。1995年3月日本东京地铁的沙林毒气事件并非个别情况。自1950年以来，已经发生过近300起使用生化制剂的恐怖事件。恐怖分子使用的物质品种五花八门，从砷、芥子气、氰化物、破伤风杆菌到炭疽菌和结核病菌。制造生物武器的技术、工艺和原材料都是价廉易得的。在恐怖分子可能利用的所有潜在武器中，炭疽菌是最有可能获得的，因这种细菌在人类历史上存在已久，已得到广泛研究，现在只要拥有起码的安全知识就能在汽车库里安全地培育出来。化学武器之所以可怕是因为它们可以用廉价而现成的材料来制造。普通杀虫剂和化学肥料的成分可以用来制造毒气，甚至可以通过电解海水而取得置人死地的毒气。总之，高科技手段使现代恐怖主义的空间范围增大，作案目标扩大到经济领域、政治领域、信息领域等方面，造成的危害越来越严重，影响也越来越大。

4.国际事务中的诸多不公正现象为恐怖主义的发展拓展了空间。恐怖主义狂潮虽然冲击着世界上许多国家，但受害最深的当推美国。全世界平均每年有1/3以上的国际恐怖主义活动是针对美国的，突出事例有：1993年，美国纽约世界贸易中心大厦被炸；1996年，美国驻沙特阿拉伯的军事基地被炸；1998年6月，美国驻黎巴嫩大使馆遭到火箭导弹袭击；同年8月，美国驻肯尼亚大使馆和驻坦桑尼亚大使馆同时被炸，造成200多人死亡，5000多人受伤，这是美驻外官方机构遭受的最严重袭击；2000年，美国海军的一艘导弹驱逐舰在中东国家被炸，这是国际恐怖组织首次袭击美国驻海外的军舰；2001年9月11日，国际恐怖组织发动针对美国的空前严重的袭击，美国纽约的标志性建筑——世界贸易大厦和华盛顿五角大楼等地遭到恐怖分子劫持的飞机的撞击，造成伤亡、失踪数千人,直接损失数百亿美元。美国惊呼,“恐怖主义是美国在冷战后面临的最严重的安全威胁之一”,是对美国“国家利益”的威胁。美国现在面临的挑战中,没有一项挑战比向恐怖主义开战更为迫切。① “9·11”事件后,美国总统布什说,美国成为恐怖分子的袭击目标是因为它们在世界上高举自由与理想的火炬。其实美国屡遭袭击,与它的对外扩张、推行强权政治、极力充当世界警察的外交政策不无关系。冷战后,美国凭借其政治、经济、军事实力的优势主导国际事务,忽视现实社会中各国民族、宗教、文化与传统的多样性,强行推销本民族的价值观,竭力维护和推行有利于美国霸权利益的国际政治与经济秩序,到处干涉别国内政,并且往往对三股势力——恐怖主义、民族分裂主义、宗教极端主义,采取双重标准。

以美国为首的霸权主义,是当代强权政治的表现形式。它凭借实力,蹂躏、干涉别国的主权和独立,以谋取主宰世界事务的权力;倚仗其先行一步的社会变革所创造的财富力量,向后进国家和地区扩张自己的势力、倾销自己过剩的商品、掠夺贫弱国家和地区的资源。霸权主义本身就是殖民主义、帝国主义的产物。“9·11”事件后,美国利用打击恐怖主义的机会,实行两方面的对外战略:扩大打击恐怖主义范围,从打击阿富汗塔利班政权扩大到打击中东、非洲和东南亚的恐怖主义组织,从打击恐怖主义组织和恐怖主义分子扩大到打击所谓的“邪恶轴心”国家;同时,在军事战略上也作了重要调整,从被动防守到“先发制人”、“主动出击”。美国政府在新保守主义理念的支持下大力推行单边主义,强化全球战略攻势,借机提升美国的世界主宰地位。

冷战结束后,以美国为首的国际霸权主义集团,频频以“世界警察”的身份出现在世界东西方的各个角落。它们笼络英、日、意、西、澳等国家,凭借强大的经济和军事实力,无视国际法和人权法,以保护所谓的“人权”的名义,无情地践踏世界各弱小国家人民的主权和人权。早年的朝鲜战争、越南战争,近年的海湾战争、波黑战争、出兵阿富汗、踏平伊拉克、活捉萨达姆,每场战争都沾满了无数被占领国人民的鲜血,使其经济出现几十年的倒退,给被侵略国家和人民带来难以弥合的伤痕。

美国对付敌对国最典型的手段是经济和军事双封锁,它们将伊朗、叙利亚、利比亚、朝鲜等国划入“邪恶轴心国”,对这些国家横加指责,动辄武力封锁、恐吓威胁。

恐怖主义袭击的主要目标是无数次在世界各地发动侵略战争的美英国家,

---

① [美]沃伦·克里斯托弗:《美国新外交:防务,民主——美国前国务卿克里斯托弗回忆录》,北京:新华出版社,1999年,第142页。

他们的出发点无非是发动“圣战”，迫使美英国家停止对他们的国家、民族及文化的践踏和蹂躏，他们用自己的鲜血和无辜的被袭击者的鲜血，酿成了一幕胜过一幕的人间悲剧。

三、恐怖主义的危害及对策

(一)恐怖主义的危害

恐怖主义是在复杂的环境之下产生的，同时它又随着时代的发展不断变化，呈现出前所未有的危害性和破坏性。恐怖主义在当今的发展已经超出人们的想象，已严重威胁到国际社会和整个世界的和平与发展。

1.恐怖主义对国际社会安全的危害。一方面，恐怖主义严重威胁国际社会的政治安全。“9・11”恐怖袭击、莫斯科人质事件、联合国驻伊拉克办事处爆炸案以及西班牙马德里爆炸案等让世界震惊，造成了这些国家国内政局的不稳定，从而危害国际社会的政治安全。同时，带有民族分裂主义色彩的恐怖主义对国家主权造成了极大的危害。如当年的科索沃阿族民族分裂分子为达到脱离南联盟、建立独立的“科索沃共和国”的目的，大肆制造针对塞族军民的恐怖活动，严重危害到南联盟的国家主权；车臣分裂主义势力要建立统一的车臣——塔吉斯坦伊斯兰国家，成立了非法的“塔吉斯坦伊斯兰舒拉”，直接威胁到俄罗斯国家的统一和领土完整等。此外，恐怖主义在一定程度上还会加剧国际政治矛盾，从而引发国际战争，威胁国际政治安全。这在历史上影响最大的当属1914年6月28日在萨拉热窝发生的暗杀奥匈帝国王储的恐怖事件，它成了一个月后奥匈帝国与塞尔维亚之间战争以及第一次世界大战的导火线。

另一方面，随着全球化的日益深入，恐怖主义对国际社会的经济安全构成新的挑战。具体表现在：恐怖组织通过非法渠道敛取钱财，对国家经济造成严重的损害与资金流失。据悉，自20世纪80年代晚期以来，北爱尔兰各恐怖组织每年的收入可达1500万～2500万英镑；西班牙“埃塔”组织在1975～1987年通过非法手段筹措资金超过1.34亿美元等。同时，恐怖主义分子直接攻击经济目标，给遭受袭击的国家造成巨大的经济损失。早在1993年，伊斯兰原教旨主义分子就曾潜入美国，在纽约世界贸易中心的停车场安放并起爆炸弹，造成5人死亡，1042人受伤，直接经济损失高达十几亿美元，由此产生的间接损失更是难以估量。此外，恐怖主义在很大程度上也影响了旅游业的发展。2005年7月将旅游业作为非常重要的经济产业的埃及发生连环爆炸，损失惨重，已严重威胁到其经济安全；同月发生在伦敦的“7·7”爆炸恐怖事件也给英国至关重要的旅游业带来巨大的经济损失；巴厘岛恐怖事件更是严重损害了这个旅游胜地的经济。一切都表明，恐怖主义已经对国际社会的经济安全构成巨大威胁。

2.恐怖主义对国家与国家间关系的危害。近些年来，各国都在不同程度上受到恐怖主义的袭击和威胁，这不但造成国家间关系的紧张，还影响到正常的国际活动。如，巴勒斯坦与以色列由于领土问题一直存在矛盾，再加上双方都运用恐怖主义手段来使对方屈服，这使得巴以之间的关系一直处于紧张状态，连续不断的恐怖事件使双方的误会加深，严重影响了巴以之间关系的正常发展。同时，一些国家在打击恐怖主义问题上发生分歧，使得国家间关系紧张并不断产生摩擦。如，为了减少恐怖主义威胁，乌兹别克斯坦封锁乌哈、乌吉边界，影响了它们之间正常的经济往来，引起了哈、吉两国的极为不满。而俄罗斯为追剿车臣分裂残余分子，欲深入格鲁吉亚境内，引起格鲁吉亚的极为不满，导致两国关系一度紧张。

恐怖主义的威胁不断增大，使国家间的摩擦升级，最终成为国家间战争的导火索。“9·11”恐怖袭击造成了美国前所未有的损失，极大地挑战了美国的权威及其引以为豪的霸主地位。美国为了报复，立即采取行动，先对阿富汗发动战争，推翻了其政府；其后，美国以所谓的伊拉克存在支持恐怖主义的“生化武器”等情报为由，绕开联合国，毅然对伊拉克发动战争，推翻了其合法政府，而这一切的后果就是伊拉克经历了几年的战火。战火延绵不断，进一步恶化了相关国家间的关系。有国际观察家用形象的比喻说，美国在阿富汗、伊拉克战争之前只面临一个本·拉登，而战后它将面临100个本·拉登。

3.恐怖主义对联合国权威的挑战。二战后建立的联合国，作为全球性政治组织，在治理全球事务、实施国际法治方面一直发挥着不可替代的作用，其重要宗旨就在于维护世界的和平与安全。而恐怖主义正是谋求以武力为工具来解决国际矛盾，这无疑对联合国集体安全机制以及联合国权威构成了直接的、正面的挑战。近些年来，恐怖主义发展迅猛，经常制造恐怖事件，且其形式和手段越来越多样化和尖端化，这就使联合国的集体安全机制无法以最快的行动对其进行反击，从而显露出该机制弱化的一面。同时由于恐怖主义挑战所带来的美英等国绕过联合国公然对伊拉克动武，不仅践踏、破坏了《联合国宪章》的宗旨和原则，而且将联合国集体安全制度极度边缘化，使之几近失效。作为当今世界的一大公害，恐怖主义通过各种方式制造恐怖事件，造成了大规模的人员伤亡，使得很多无辜的人被剥夺了生存权利。而联合国作为一个全球性组织，肩负着保障世界人权的重任。所以恐怖主义这种惨无人寰的行为就是对联合国职责的一种亵渎，极大地损害了联合国的权威。

恐怖主义的危害性不仅只有这些，它对国际法治等也造成了巨大威胁。它使得国际社会秩序混乱，无法建立有效的国际法律体系。同时，恐怖主义所造成的巨大人员伤亡，也严重影响到人类生存，使世界常常处于一种恐慌状态。中国作为国际社会中的一员，也不同程度地受到恐怖主义威胁。恐怖主义不仅影响到中国的社会稳定，而且危害了中国西部边疆的安全。面对恐怖主义的这种极大危害性，各国应该携起手来为消除恐怖主义而共同努力。

（二）反恐对策

自恐怖活动出现以来，世界各国根据本国国情，采取了各具特色的防范和打击恐怖主义的相应措施，特别是在法律制度、机构的建立、国际合作以及情报交流等方面积累了许多值得借鉴的经验。随着恐怖活动组织方式的日益国际化、恐怖活动手段的日益高科技化、恐怖活动袭击目标的日益多样化，反恐怖措施也必须进一步加强，以适应当前反恐怖斗争形势和任务的需要。

第一，反恐必须加强国际合作。恐怖主义活动是一种多元社会现象，它包含政治、法律、心理、哲学、历史、技术等诸多方面，世界上的任何一个国家，包括美国这样的超级大国，都无法依靠自己的力量单独解决恐怖主义问题，因此世界各国都在国际范围内寻求与他国的广泛合作，而政治和法律问题则成为合作的核心问题。为加强同国际恐怖主义的斗争，国际社会通过国际性的多边公约和区域性的地区公约来加强国际合作，这些法律文件构成反恐怖主义国际法的基础和重要内容，使各国在打击恐怖主义活动的基本原则方面达成共识。但这些立法举措尚存在一些缺憾：缺乏一套切实可行的反恐怖国际法律体系；各国法律中的有关条款与国际法标准有待进一步衔接；现有反恐怖条约参加国的数量有限；有些条款对涉及反恐怖活动的相关问题没作明确、全面的规定；各项措施有待通过合作得到落实，特别是国际社会未能就恐怖主义的法律定义达成共识，这是对反恐怖活动的最大制约。

因此预防、打击恐怖主义活动，首先必须在立法上体现国际合作的精神，为适应国际合作的发展需要、提高国际合作的效率，在反恐合作方面应着重做好以下几点：一是进一步巩固法律基础，完善现有的法律体系，并努力保证各项措施的落实；二是各国相互合作、协作，要高度信任，要在各方面积极给予法律支持和援助，特别是诸如引渡、切断资金来源等方面，本国法律中有关法律援助、引渡罪犯条款应与国际法标准及其实施程序接轨，从这一点来说，国际间的情报交流是重要条件；三是必须统一国际反恐标准，在全球、地区和双边关系范围内制定新的反恐国际法规以及在具体情况下相互帮助、合作的基本规定，扩大反恐条约参加国的范围,发挥联合国的作用,有必要建立一个新的国际机构,统一部署、协调国际行动,保证措施的落实。

第二,反恐必须充分发挥联合国的主导作用。自20世纪80年代中期以后,联合国在国际反恐斗争中的重要性日益突出,一方面,“9·11”事件后的几个星期之内,联合国一致通过了第1368号和第1373号决议,强烈谴责恐怖主义,并表示将采取持久全面的方式展开反恐斗争。到目前为止,联合国共制定了12项反恐国际公约,为国际社会打击恐怖主义提供了强有力的法律依据。另一方面,“9·11”事件后,联合国在反恐中的权威作用不断削弱,特别是在反恐联盟的领导权问题上,美国和联合国出现了严重分歧。为了自己全球反恐战略的需要,美国曾绕开联合国先后发动了阿富汗战争和伊拉克战争,联合国的权威和现代国际关系准则因此受到严峻挑战。虽然目前美国对联合国的态度有所转变,但其谋求限制联合国作用的思路不会发生根本性改变,仅仅将联合国当做自己反恐的“工具”。既希望借助联合国统筹全球反恐斗争,又不想受联合国约束,美国的这种单边主义做法不得人心,难以持久,且容易失去国际支持。联合国在国际反恐斗争中的主导作用得到了除美国外几乎所有国家的认可,而且国际社会只有团结在联合国的旗帜下,由联合国发挥主导作用,才能形成强大的威力,最大限度地打击恐怖主义。

第三,必须摒弃反恐双重标准。反恐要杜绝采用双重标准来定义恐怖主义,警惕和抵制个别国家以反恐之名,行谋取霸权之实。由于对恐怖主义至今没有完整准确的定义,个别国家利用这一点,在打击恐怖主义方面实行双重标准,最典型的要数美英两国。美英一方面要求其他国家站在自己一边打击基地等恐怖组织,另一方面却出于自身的政治和利益考虑,对其他国家的一些恐怖势力采取放任、甚至怂恿的态度。比如,2004年9月俄罗斯北奥塞梯伊斯兰中学人质悲剧发生以后,美英政府一方面宣布站在俄罗斯一边,谴责恐怖分子的残暴行径,支持俄对恐怖分子的打击,另一方面却扬言将继续与所谓的车臣“异议人士”接触,甚至把车臣分裂分子视做“自由战士”,谴责俄在处理车臣问题上“滥用武力、违反人权”等。再如,尽管中美两国在“东突”和反恐方面签有协议,但美方却拒绝把关押在古巴关塔那摩基地的“东突分子”遣返到中国接受审判,允许“东突”恐怖势力在华盛顿成立流亡政府。美英在反恐问题上实行双重标准,实际上纵容了其他国家的恐怖主义活动,也破坏了美英和其他国家合作反恐的基础,阻碍了全球反恐统一战线的形成,最终结局是恐怖主义活动愈演愈烈,世界变得更加不安全,美英也未能避免恐怖主义扩大化的危害。鉴于此,美英应该主动放弃在反恐问题上的双重标准,国际社会也要督促美英对别国恐怖主义行为采取一致标准，不给恐怖分子以可乘之机。只有同心协力地反对恐怖主义，才能达到最终消灭恐怖主义的目的。

第四，反恐必须从根源上铲除国际恐怖主义产生的土壤。国际恐怖主义之所以如此猖獗，有着深刻的政治、经济和社会根源。政治上，个别大国推行霸权主义、强权政治和单边主义，甚至以反恐名义推翻他国政权，这些举动不仅使受害国的民众产生仇视心理，而且使其他国家境内的民族主义者和宗教极端分子同仇敌忾，这是恐怖活动不减反增的直接原因。经济上，在资本主义国家主导的经济全球化背景下，全球范围的贫富差距继续拉大，出现了 22 个阿拉伯国家的国内生产总值抵不上意大利一国的国内生产总值，与美国更无法相比的极不正常现象，[①]这是恐怖活动日益猖獗的根本原因。社会因素方面，宗教压迫、宗教极端主义、民族压迫和种族歧视，以及由此带来的众多矛盾和冲突，成为恐怖主义滋生蔓延的催化剂。法国前国防部长米谢勒・阿里奥马里 2004 年 1 月在美国发表讲话时更明白地指出，造成恐怖主义这一大威胁的根源在于阿拉伯世界因为美国坚持经济霸权、政治霸权、文化霸权以及"面对不公平和贫困而产生的挫折感"。

消除国际恐怖主义不能忽视其产生的根源。从根本上铲除国际恐怖主义产生的根源，一是要建立公正、合理的国际政治经济新秩序，这是消除国际恐怖主义的关键所在。政治上要坚决反对霸权主义和强权政治，努力实现国际政治的民主化和公正化。经济上要彻底消除贫困，解决南北贫富差距扩大化的问题。正如巴基斯坦前总统穆沙拉夫在第五十九届联大会议上指出的那样，如果因忙于反恐而忽视解决贫穷、饥饿等问题，恐怖主义产生的根源将得不到根治，反恐斗争最终也将无法获得成功。[②] 二是要正确处理民族和宗教问题。将反恐与民族和宗教问题区分开来，以免使反恐斗争变成文明冲突。三是要加强反对侵犯人权的行为。恐怖主义往往滋生于人权受到侵犯的情况，美军在伊拉克的虐囚事件引发更多报复性的恐怖活动就是明显的例证。

历史学家汤因比早在 20 世纪 60 年代就曾提出，第三次世界大战将是恐怖主义战争，现在看来这并非危言耸听。伊战后，以基地组织为首的国际恐怖主义势力以中东及其周边地区为主要目标，掀起了新的恐怖袭击浪潮。如果国际恐怖主义组织联手向文明社会发起挑战，谁会否认新的战争将会爆发？而且这场战争一旦爆发，必然具有全球性、复杂性、长期性和艰巨性。对此，国际社会应该

---

① 丁原洪：《质疑美国的反恐方式》，《环球杂志》，2004 年第 10 期。

② 杨志望：《联大辩论呼吁国际社会关注发展》，《云南日报》，2004 年 9 月 24 日。

未雨绸缪,防患于未然。"9·11"事件以来国际反恐斗争的正反经验表明,要取得反恐斗争的根本性胜利,国际社会必须统一对国际恐怖主义的认识标准,在联合国的主导下,加强国际合作,多管齐下,从根本上铲除国际恐怖主义产生的根源。

第四节　国际金融危机和欧洲债务危机

2009年4月1日,发达国家和新兴经济体国家的20国首脑齐集英国伦敦,举行G20峰会,这是继2008年11月15日华盛顿峰会之后,20国首脑第二次聚在一起。在短短的几个月之内,20国首脑两次聚会的目的是商讨应对金融危机的良策。发端于美国的次贷危机,在2008年9月终于爆发成一场席卷全球的金融危机。这场危机发展速度之快、影响范围之广、恐慌程度之大出乎所有人的预料。仅仅依靠各国或某一国际组织努力,已经难以应对来势凶猛的金融危机,而需要各国加强合作,采取联合行动。正确认识当前国际金融危机的性质、发展态势及其对世界经济的影响,对于中国应对当前挑战以及在塑造未来世界经济新秩序过程中占得先机具有重要意义。

一、国际金融危机

(一)一次史无前例的金融危机

1.金融危机的演化。这次金融危机起步于美国的次贷危机,经历了一个逐步升级和扩散的过程,全球金融体系遭受重创,政府救市的效果并不明显,危机还在继续。

所谓"次级贷款",是贷款机构向信用程度低和收入不高的借款人提供住房按揭贷款。所谓"次贷危机"是指美国金融机构发放次级贷款后,由于贷款利率上升,还贷压力加大,购房者无法偿还贷款本息,从而导致与次级贷款相关的金融创新产品价格暴跌,机构投资者损失惨重,金融市场流动性不足,进而导致金融机构破产兼并。由于次贷危机引发从事房贷业务的金融机构倒闭,摧毁了金融市场信心,并进一步蔓延和扩散到其他金融机构和金融市场,引发金融危机。

次贷危机是怎么发生并扩散的呢?美国房地产金融机构发放抵押贷款的传统对象是信用等级较高、收入稳定可靠的优良客户。但是一些金融机构受盈利动机驱使,向信用评分较低,甚至被称为"三无"(无稳定工作、无收入证明、无足够资产)的购房人发放按揭贷款,并创造了与之相关的金融衍生品。这些降低标准发放的房地产抵押贷款,被称为“次级贷款”。

在房价上涨时期,即使次级贷款借款人无力还贷,银行也可以通过出售抵押的房地产收回贷款,不会有损失。因此,在市场繁荣时期,金融机构大量发放房地产贷款。为了提高资金周转率,金融机构又将大量抵押的贷款债权组成一个资产包,以该资产所产生的收益为基础,发行定期还本付息的债券,把房产抵押贷款转让出去,从而获得新的资金,发放下一轮贷款。为了更好地出售抵押贷款证券,获得更多资金,扩大房贷业务,美国房地产金融机构在投资银行的帮助下,将抵押贷款证券反复拆分、整理和包装,再由知名的信用评级机构对资产包评出不同等级,出售给投资者。购买者一般是商业银行、投资银行、保险公司、共同基金、养老基金和对冲基金等机构,也有一些机构以此为基础设计出理财产品,向个人投资者出售。

2005年以后,由于美国经济持续走高,为防止经济过热和通货膨胀,联邦基金利率多次上调,直到5.25%,利率上升使得购房者还款压力加大。与此同时,房价停止上涨,开始下跌,一部分购房者断供,金融机构收回的房产不能抵消贷款损失,以次级贷款为基础的一系列金融衍生品的兑现就成了问题。在此情况下,次贷资产及相关金融衍生品的价值大幅缩水,导致金融机构大面积亏损甚至倒闭,次级贷款的问题开始暴露,次贷危机爆发。

美国的金融市场高度关联,危机在各个市场间进一步扩散。美国的金融市场分三个层次:第一层次是资本市场,主要进行股票与中长期债务工具及其衍生品交易,其中主要的中介机构是投资银行;第二层次是货币(资金)市场,主要进行货币产品和商业票据的交易,其中商业票据为实体经济提供流动资金,所有的金融机构都参与该市场;第三层次是信贷市场,这个市场为实体经济提供中长期贷款,其主要的中介机构是商业银行。次贷危机爆发以来,严重打击了资本市场,随着雷曼兄弟公司的瞬间倒闭,资本市场的危机向货币市场蔓延,货币市场借贷利率急速攀升到历史高点。银行间的短期拆借由于相互之间缺乏信任而基本停滞,美联储几乎成为唯一的借出人。货币市场影响第三层次市场的资金融通,如果事态不能有效控制,信贷市场有可能被危机穿透。信贷市场作为连接金融体系和实体经济的枢纽,一旦不能正常发挥造血和输血功能,居民和企业难以正常融资,实体经济就不可避免地会陷入衰退。金融危机会引起信贷市场的萎缩,并进一步削弱实体经济。

本次金融危机从形成到恶化,经历了四个阶段:

一是危机初现期(2007年3月到7月)。2007年3月,美国抵押贷款协会公布2006年第四季度抵押贷款的违约率上升到13.3%，当天道·琼斯工业指数和全球股市纷纷下跌。4月4日，美国第二大次级抵押贷款公司新世纪金融公司申请破产，次贷危机爆发。随后，美国数家对冲基金因为投资与次贷相关的抵押债券损失惨重，30多家次级抵押贷款公司停业或倒闭。

二是危机扩散期(2007年7月到年底)。这一时期危机开始向全球蔓延。英国的北岩银行因为投资次级债出现损失，在英国造成恐慌，发生了挤提。同时，欧洲的其他银行，日本、澳大利亚等与美国次贷相关的一些国家的金融机构损失也不断出现。7月，德国产业银行出现融资困难。8月，法国巴黎银行旗下的三只投资基金的申购和赎回宣布停止。市场出现了资金不足，流动性短缺。

三是危机升级期(2008年1月至8月)。2008年开始，次贷危机进一步升级。一是金融机构亏损不断增加。1月份，花旗、美林和瑞银等各大金融机构分别公布巨额预亏，全球股市随之大幅暴跌。二是大型投资银行开始倒闭。3月中旬，美国具有85年历史的第五大投行贝尔斯登公司被摩根大通公司收购。三是次贷危机扩散至美国银行业。7月初，全美最大的储蓄银行加利福尼亚州印地麦加银行被联邦政府接管，成为美国历史上第三大破产银行。四是房利美、房地美两大房贷抵押机构陷入危机。两大机构所持有或担保的住房抵押贷款总额为5.3万亿美元，占全美住房抵押贷款总额的一半。7月上旬，两大机构陷入困境，美国次贷危机由此进入更加动荡的阶段，危机向整个金融市场和经济基本面蔓延。

四是危机恶化期(2008年9月以后)。9月7日，美国财政部宣布政府机构接管"两房"。五大投行之一的美林公司被美国银行收购，具有158年历史的美国第四大投资银行雷曼兄弟公司宣布破产，美联储宣布接管陷于破产边缘的全球最大的保险公司——美国国际集团，批准高盛及摩根士丹利成为银行控股公司，至此，华尔街的五大投资银行全部土崩瓦解。全美最大的储蓄贷款银行——华盛顿互惠银行，被美国联邦存款保险公司接管，成为美国有史以来最大的一桩银行倒闭案。受其影响，全球金融危机进一步加剧，冰岛最大的3家商业银行破产，政府被迫接管；日本大和生命保险公司宣布破产；全球股市暴跌，市值由2007年10月31日最高的62.6万亿美元跌到2008年10月9日的35.4万亿美元，市值缩水27.2万亿美元。

这场危机远未见底，仍在进一步恶化。

2.金融危机的严重程度。随着这场金融危机的不断深化，对其严重程度的认识也在不断加深。2008年初，国际知名投资家索罗斯曾说"这是二战后最严重的金融危机"，这是与1929～1933年间的金融危机相比较而言。而美联储前主席格林斯潘认为"这是一次百年不遇的金融危机"，这是与1907年的美国银行危机相比较而言。美国总统布什发表讲话终于承认“这是美国有史以来最严重的金融危机”。就目前的发展情况来看，此次危机在某些方面确实比1929～1933年间的金融危机或是1907年银行危机更严重。

一是这次危机影响的范围极其广泛。一方面，危机跨越了绝大多数国家，从国际经济和金融体系的核心——美国爆发，迅速波及所有的发达国家和新兴市场国家。另一方面，危机覆盖了所有的金融市场和金融机构，房地产、信贷、债券、股票、商品、外汇市场无一幸免，商业银行、保险公司、证券公司，以及包括退休基金、私募股权基金甚至对冲基金在内的基金公司等均受到冲击。这种情况的出现是和近年来经济全球化和信息化高速发展、投机资本在国际间大规模流动以及金融创新和金融衍生品泛滥密不可分的。这是传统金融危机无法比拟的。

二是这次危机的恐慌程度非常罕见。2008年10月6日到11日美国股票周跌幅达18%，创历史之最；反映银行信贷风险的伦敦银行拆借利率与美国国债之间的利差连续上升，不断创出历史最高纪录；连流动性很好、风险相对较低的货币基金市场和商业票据市场也出现了资金大规模流出和融资困难的局面；由于投资者抢购国债，美国三个月期国债收益率一度为负。这些充分说明市场已经恐慌到了极点。

三是政府的救市行动不论是速度，还是力度和广度都前所未有。除采用降低利率和向金融体系注入流动性资金等传统手段之外，各国政府还采取了提高存款保险、收购金融机构不良资产和股权甚至直接接管等措施。美联储还对货币基金市场提供担保，直接购买企业商业票据，等于是中央银行直接对企业进行贷款。1907年银行危机时美国没有中央银行(最后贷款人)，1929～1933年金融危机时美国没有存款保险制度、没有证券监管部门、政府不懂宏观调控。现在这些问题都不存在，但如此大规模的救市措施仍然难以稳定金融市场，也进一步佐证了本次金融危机的严重程度。

四是本次危机的复杂性远远超过以往。无节制和无监管的金融创新创造出复杂而又难以定价的金融衍生品，由于大量运用杠杆工具，其风险被急剧放大，然后又通过复杂的交易模式传递到其他的金融机构和金融市场。当市场情况逆转的时候，一次错误的衍生品交易就可能导致一家金融机构破产，并进一步引发其客户、合作伙伴、交易对手破产，形成连锁反应。在当前的国际金融危机中，出现金融机构破产是必然的，但金融机构、监管当局还有投资者都不知道下一个破产的是谁，最终的损失有多大。因此，这场危机已经不是一个简单的流动性危机，而是一个破产危机。所以才会有恐慌，旨在缓解金融体系流动性的措施效果也有限。

如果金融危机还不能缓解，西方国家政府唯一能采取的措施就是对大型金融机构实施国有化,并对金融市场采取行政管制。只有这样才能彻底打消对金融机构破产和金融市场崩溃的恐慌。但即便如此,经济衰退已经无法避免。

(二)金融危机的原因

与美国历史上大大小小的金融动荡和危机相比,这次危机不是起源于传统的债务危机、货币危机或银行危机,而是通过金融衍生品更快速、更广泛地传递,涉及的国家、金融市场和金融机构都更为广泛,持续时间更长。其原因在于,与以信贷为主的传统银行领域和以股票、债券为主的传统证券领域不同,金融衍生品市场具有隐蔽、复杂、链条长、变化大、跨市场传染等特点,因此,金融风险的链条更加脆弱,影响更加广泛。这是全球历史上与衍生品市场紧密相关的第一次金融危机。目前,衍生品市场达到相当惊人的规模。2006 年,全球衍生品市场容量为 370 万亿美元,是当年全球 GDP 总和的 8 倍多,2008 年,这个市场已经膨胀到 1000 万亿美元。衍生品市场高度复杂,这次危机不可能一劳永逸地解决衍生品市场的所有问题,只要条件具备,衍生品引发的危机仍有可能卷土重来。

次级贷款从 2001 年逐渐发展,当年美国次级贷款总规模占抵押贷款市场总规模的比率仅为 5.6%,到 2006 年已上升到 20%。金融危机的发生不是偶然的,而是美国多年经济、金融发展的体制和政策所导致的,主要有:

1.宽松的利率政策。"9·11"事件后,为了应付经济衰退,美联储长期实行低利率政策,联邦基金基准利率从 6.5%下降到 1%,宽松的货币政策导致美国和全球的资金过剩,为房地产市场的繁荣和泡沫提供了资金支持,使借次级贷款的人数占到美国人口的 25%。

2.借钱消费的发展模式。美国自二战后坐享美元作为"硬通货"的便利,用美元纸钞换取全球资源。长期以来,低储蓄、高消费,居民消费规模较大,属于典型的"消费经济"。私人储蓄率一直很低,个人收入花光了还不够,还借钱消费,债台高筑。2002 年美国家庭债务为 8.5 万亿美元,2006 年已达 11.5 万亿美元,相当于家庭年可支配收入的 127%。2007 年美国家庭负债规模进一步扩大到 14 万亿美元,债务已高达可支配收入的 1.4 倍。美国政府一直提倡居民借债消费、提前消费,先后成立了房利美、房地美、吉利美三大政府支持的抵押贷款机构,鼓励居民购置住房,还为私人购房提供大量财政补贴。据统计,美国家庭抵押贷款从 2002 年的 6 万亿美元增加到 2007 年的 10.6 万亿美元,增长 77%。

3.过度的金融创新。一些银行为扩大市场份额,突破商业银行的基本管理原则发放房贷。次级贷款违约率高的原因在于,贷款机构在放贷中没有坚持"3C"原则,即对借款人特征(character)、还贷能力(capability)和抵押物(collateral)进行风险评估。金融机构的过度逐利行为缺乏约束，一些高管人员为追求个人短期的高薪酬忘记职业操守，为获取经济利益放松风险管控，运用复杂的数学模型，设计出晦涩难懂的金融衍生品，不断放大资金的杠杆效应，交易信息不透明，造成金融风险不断积累和扩大。

4. 缺位的金融监管。1999 年，美国通过《金融服务现代化法案》，改变了 65 年来金融分业经营的格局，实行混业经营，让商业银行能够从事全能银行的业务，而且在银行、证券和保险三大行业之间不设防火墙，金融监管部门极力鼓吹金融自由化，在金融衍生品交易上放弃监管，导致金融衍生工具的泛滥。

（三）金融危机的效应

金融危机具有传染效应和放大效应，已经给美国和全球经济体系造成重创。据 JP 摩根公司推算，目前次贷危机给美国造成的直接损失已经高达 6050 亿美元，损失金额在 GDP 中的占比为 4.4%，远远超过 20 世纪 30 年代的“大萧条”（“大萧条”的损失总计为 11 亿美元，仅占当时 GDP 的 2%）。

1. 美国经济的基本面进一步恶化。从就业和消费看，随着金融业裁员增多和部分企业融资困难，就业状况进一步恶化，居民收入加速下降，消费更加低迷。2008 年 8 月工厂订单指数减少 4%，9 月非农就业人口减少 15.9 万，失业率达到 6.1%的高位。2008 年第三季度，美国约占三分之二的个人消费开支下降 3.1%，为 28 年来最大降幅。2008 年 9 月份，美国汽车销量 15 年来首次低于 100 万辆，同比下降 27%，为 17 年来最大降幅，通用、福特以及克莱斯勒三大汽车巨头三季度经营亏损达 241 亿美元，面临破产或者被迫重组的命运，当月美国工业产值下降 2.8%，创近 34 年来最大降幅。

2. 全球经济运行速度明显放缓。美国 GDP 占全世界的 27%，高居第一。目前，与美国金融和贸易联系密切的欧盟和日本经济已明显受到拖累，2008 年第二季度经济增速分别比第一季度下降 0.2%和 0.6%，处于衰退的边缘。出口依存度较高的其他国家经济增长也明显放缓，印度、韩国第二季度经济增速分别回落 0.8 个和 1.1 个百分点。据英国克拉克松研究公司统计，9 月，全球船舶市场需求持续走弱，新订单同比下滑 66.1%，其中集装箱下滑 96.7%，显示出船东对世界经济特别是欧美经济不景气的担心。

3. 国际资本流向发生改变。2008 年上半年，由于发达国家金融机构出现大幅亏损，以及金融市场信贷紧缩，资金短缺，这些金融机构需要降低海外资产组合的比重，将资金调回国内，造成短期国际资本从发展中国家向发达国家的回流。特别需要警惕的是，资本流向的变化可能会导致相关货币汇率波动的方向做出调整,中心货币升值,外围货币贬值的压力由此可能增加,热钱撤离是发展中国家历次金融危机的导火索。

(四)金融危机对中国的影响

从这次金融危机对我国的影响来看,金融体系受到的冲击并不大。我国目前以银行间接融资为主,主要金融资产集中在银行,资本账户尚未开放,对外金融投资刚刚起步,金融业主要资产是人民币资产,银行业存款基础稳固,加之目前金融机构运行情况整体良好,主要风险指标和整体盈利状况都较好。虽然国内金融机构持有的海外投资产品有一定的损失,但损失所占比重很小,不存在资金短缺的问题,国际金融危机不会对我国金融体系整体造成大的伤害。但是,在经济全球化背景下,这次金融危机对我国外汇储备资产的安全构成威胁,由此引发的全球金融经济调整也会对我国经济产生较为深远的影响,主要体现在出口、利用外资和市场信心三个方面:

首先,出口稳定增长的难度增加。出口是拉动我国经济增长的三驾马车之一,外贸依存度占GDP的70%。2008年1~9月份,我国出口增长23.1%,拉动GDP增长2.4个百分点,对整个经济增长的贡献率是21.6%,美国是我国最大的出口国和贸易顺差国,这次金融危机使得美国经济状况恶化,居民收入加速下降,消费趋于低迷,进口需求明显趋缓。2008年前7个月美国进口增长13.9%,扣除能源进口,仅增长4.7%。受此影响,2008年以来我国出口增速明显回落,前8个月对美出口仅增长10.6%,扣除价格因素已接近零增长。2008年1~9月中国主要造船厂新签订单数量同比下降34.2%,总体跌幅大于全球27.3%的平均水平。

其次,我国利用外资的难度加大。这次全球性金融危机重创了发达国家的金融体系,使得这些国家重新认识实体经济的重要性,从而更加注重本国实体经济的发展。欧盟已提出"再工业化"的目标,酝酿出台扶持政策,吸引跨国公司资金回流。危机还造成跨国公司资金短缺、投资信心低迷,对外直接投资放缓。这些因素都会直接影响我国吸引外资和承接国际制造业转移,外资持续大量流入的趋势可能发生变化。2008年1~9月,我国新设立外商投资企业同比下降26.25%,其中7~9月实际利用外资连续下降。

最后,市场信心受到影响。金融危机爆发后,我国市场信心受挫。正如温总理反复强调的,信心与合作比黄金和货币更重要。2008年以来,我国股市也出现了深度回调,上证指数由2007年10月16日的最高点6124点一路下跌到2008年10月28日的1664点,跌幅超过70%;沪深总市值较高峰时的34万亿元大幅缩水21万亿元。受美国金融危机的影响,全球股市大幅动荡进一步对我国股市造成冲击,与此同时,受国外期货市场近期连续多日大幅跌停的影响,国内期货市场在国庆长假后破天荒出现了全线跌停。

自美国次贷危机爆发伊始,中央适时采取了一系列经济金融政策,这些政策措施有着很强的针对性,效果正在逐步显现。作为一个高度依赖外需的经济体,中国不可避免地要面临经济快速下滑的风险,如何应对严重的外来冲击是中国政府宏观调控和经济工作的严峻课题。

(五)金融危机的启示

第一,应当辩证地看待金融创新。美国本轮金融风暴是次贷危机进一步延伸的结果,而次贷危机则与美国金融机构在金融创新中过度利用金融衍生品有关。因此,借鉴美国金融危机的教训,我们有必要对金融创新进行重新审视,既要看到其对金融发展的促进作用,也要对金融创新的负面效应有一个清醒的认识,以便在推动金融创新的同时,最大限度地防范由此带来的金融风险。

第二,必须有效抑制市场投机。投机是市场的润滑剂,但若投机过度就会严重损害市场稳定的基础,甚至引发金融危机。历史和现实向我们昭示,要想实现金融市场和金融体系的稳定与可持续发展,必须采取有效措施抑制过度投机,严防投机泛滥。

第三,必须健全微观金融运行机制。历史和现实经验表明,金融风险和金融危机形成的具体原因无论如何,最终都可以归结为微观金融制度的不完善。贝尔斯登、雷曼兄弟、美林、华盛顿互惠银行等美国著名金融机构的危机甚至破产,就是源于内部经营管理机制的薄弱和风险控制机制的失效。因此,健全金融企业的经营管理机制,强化风险控制制度,是保证我国金融体系稳定、安全运行的根本环节。

第四,树立信心是市场稳定的关键。美国金融危机的实践表明,金融危机在一定程度上也可以归结为信心危机,金融危机与信心危机的交互作用,会进一步加剧市场的动荡。因此,面对金融危机,如何重塑市场信心非常重要。面对国际金融危机,我们首先要沉着应对,树立起必胜的信心。首先是中国有30年改革开放的成功经验,有较为强大的综合国力,有13亿人口的巨大国内市场,更重要的是有科学发展观的指导,有党中央、国务院的正确领导,尤其是2008年11月9日出台的扩大内需、促进增长10项措施,到2010年投资4万亿人民币的举措,以积极的财政政策和适度宽松的货币政策,确实增添了国内经济、金融和各方面人士的信心。越是在困难时期越需要这样的信心。信心在这时比黄金、现金都重要,有信心就有办法,有信心就有希望。

第五,政府部门应当及时进行监管和调控。如果美国政府能够及早对华尔街进行审查和监管,"两房"、雷曼兄弟、美林、贝尔斯登和华盛顿互惠银行等或许就不会像多米诺骨牌一样倒掉。这无疑给我们以启示,为了防止金融风险的积累及其向金融危机的转化,政府部门必须加强对金融活动的日常监管和调控,及时发现金融运行中的不稳定因素,并将其消灭在萌芽状态。

二、欧洲债务危机

欧洲债务危机也称欧洲主权债务危机。主权债务是指一国以自己的主权为担保向外,不管是向国际货币基金组织还是向世界银行,还是向其他国家借来的债务。在经济环境恶化,比如遭受全球金融危机严重打击时,一个国家为了阻止经济的衰退,往往采取拯救市场的措施,随着救市规模的不断扩大,债务的比重也在大幅增加,到一定阶段可能会出现主权违约,当一国不能偿付其主权债务时,就会发生主权债务危机。传统的主权违约的解决方式主要有两种:违约国家向世界银行或者是国际货币基金组织等借款;与债券国就债务利率、还债时间和本金进行商讨。

2009年10月,希腊新任首相乔治·帕潘德里欧宣布,其前任隐瞒了大量的财政赤字,随即引发市场恐慌。截至同年12月,三大评级机构纷纷下调希腊的主权债务评级,投资者在抛售希腊国债的同时,爱尔兰、葡萄牙、西班牙等国的主权债券收益率也大幅上升,欧洲债务危机全面爆发。2011年6月,意大利政府债务问题使危机再度升级。这场危机不像美国次贷危机那样一开始就来势汹汹,但在其缓慢的进展中,随着产生危机国家的增多与问题的不断浮现,加之评级机构不时的评级下调行为,目前已经成为牵动全球经济神经的重要事件。政府失职、过度举债、制度缺陷等问题的累积效应最终导致这场危机的爆发。在欧元区17国中,以葡萄牙、爱尔兰、意大利、希腊与西班牙等5个国家(简称"PIIGS五国")的债务问题最为严重。

(一)欧债危机的起因

1.过度举债。政府部门与私人部门的长期过度负债行为,是造成这场危机的直接原因。

随着欧洲区域一体化的日渐深入,以希腊、葡萄牙为代表的一些经济发展水平较低的国家,在工资、社会福利、失业救济等方面逐渐向德国、法国等发达国家看齐，支出水平超出国内产出的部分越来越大。由于工资及各种社会福利在上涨之后难以向下调整，即存在所谓的"黏性"，导致政府与私人部门的负债比率节节攀升。

根据1997年生效的欧盟《稳定与增长公约》规定，欧盟各国政府财政赤字不应超过国内生产总值的3%，而在危机形成与爆发初期的2007～2009年，欧盟一些国家的政府赤字数额急剧增加。以希腊为例，从2001年加入欧元区到2008年危机爆发前夕，希腊年均债务赤字达到5%，而同期欧元区数据仅为2%；希腊的经常项目赤字年均为9%，同期欧元区数据仅为1%。2009年，希腊外债占GDP比例已高达115%，这个习惯于透支未来的国家已经逐渐失去继续借贷的资本。这些问题在PIIGS五国中普遍存在。背负巨额债务的五国政府，进一步借贷的能力已大不如前，政府信用已经不能令投资者安心充当债权人角色。投资者一般将6%作为主权债务危机的一个警戒值，一旦超过这一水平，该国将面临主权债务危机。

2.政府失职。政府失职行为是欧洲债务危机的重要助推因素。首先，为了追逐短期利益，在大选与民意调查中取悦民众，政府采用"愚民政策"。例如，希腊政府在2009年之前隐瞒了大量的财政亏空。其次，以爱尔兰、西班牙为代表的一些国家政府放任国内经济泡沫膨胀，一旦泡沫破灭，又动用大量的纳税人财富去救助虚拟经济，导致经济结构人为扭曲。再次，政府首脑过于畏首畏尾，不敢采取果断措施将危机扼杀于萌芽状态。例如，意大利政府在2009年赤字达到5.3%时没有采取果断行动，而是一味拖延，导致目前危机的升级。

3.制度缺陷。欧元区的制度缺陷在本次债务危机中也有所显现。根据欧元区的制度设计，各成员国没有货币发行权，也不具备独立的货币政策，欧洲央行负责整个区域的货币发行与货币政策实施。在欧洲经济一体化进程中，统一的货币使区域内的国家享受到很多好处，在经济景气阶段，这种安排促进了区域内外的贸易发展，降低了宏观交易成本。然而，在风暴来临时，陷入危机的国家无法因地制宜地执行货币政策，进而无法通过本币贬值来缩小债务规模和增加本国出口产品的国际竞争力，只能通过紧缩财政、提高税收等压缩总需求的办法增加偿债资金来源，这使原本就不景气的经济状况雪上加霜。而作为非欧盟成员的冰岛之所以能够从破产的深渊中快速反弹，就是因为政府和央行能够以自己的货币贬值，来推动本国产品出口，这是任何欧元区国家都无法享受的"政策福利"。

(二)欧债危机的影响

1.重创全球金融市场。欧债危机将动摇全球金融市场的内在稳定性，甚至干扰市场对风险资产的有效定价和资源配置。一方面,债务危机将影响市场预期进而放大市场波动幅度,股票市场的波动性将扩大,主要货币的汇率波动将加大,大宗商品和原油价格将更加不稳定。另一方面,国际资本流动将更加紊乱。国际资本在发达国家和新兴经济体之间来回流动,导致全球资本流动的无序,加剧了全球市场的波动,新兴市场受到的影响将更大。

2.欧元地位和欧元区稳定将经受考验。欧盟作为最大的经济贸易联合体,统一货币的好处很多,但是缺乏有效的预警机制和退出机制,欧元区的货币政策难以与各国的财政政策有效协调。欧元区各国的经济情况差异较大,统一的货币政策也未必是各国最好的选择。全球金融危机和经济衰退对欧元区的影响不同,金融危机后全球市场反弹后,各国恢复的程度也不同。债务危机的爆发,使得欧盟各国及其银行受到直接冲击,这将严重影响欧元的国际地位和欧元区的整体稳定,欧元区货币联盟模式也将经受严峻考验。

3.加大全球高通胀危险。次贷危机以来,大部分国家的政府为救援金融业和刺激经济,大幅举债,财政状况严重恶化。债务国为应对债务偿付能力不足,要么通过财政平衡,要么通过债务货币化来削减债务负担。在私人债务尚未完全改善和经济复苏动力依然来源于政府的情况下,缩减政府支出,减少赤字甚至增加盈余以应付主权债务违约风险,只会影响经济复苏的步伐。如果债务国通过债务货币化来应付主权债务危机,那么主权债务危机终将演变为通胀危机。

(三)欧债危机对中国的影响与启示

1.中国可能成为欧元区各国实施贸易保护主义的重点对象。债务危机的爆发使得欧元区经济增长前景暗淡,为寻找新的经济增长点,欧元区政府可能把重点转移至对外贸易领域。这意味着作为欧元区最重要的净出口国,中国无疑会成为欧元区各国实施贸易保护主义的重点对象。我们应该积极制定相关政策措施,防止欧洲主权债务危机问题带来的出口萎缩及经济增长放缓等间接风险。

2.可能加剧中国流动性过剩和资产价格泡沫。由于市场上存在明显的人民币升值预期,且人民币和美元之间的利差短期内难以改变,因此,欧洲主权债务危机爆发则有可能导致更大规模的短期国际资本流入中国,进一步加大中国国内的冲销压力,从而加剧流动性过剩和资产价格泡沫。因此,对于中国来说,面对大规模的国际资本流动,中国更应该根据自身国情制定经济刺激方案和相应的退出策略,防止政策的脉冲性调整,防止产能过度扩张、财政赤字过度膨胀及货币政策过度宽松。

3.可能加大中国外汇储备多样化的难度。次贷危机的爆发使美国政府采取了史无前例的扩张性货币政策,导致美元中长期贬值的可能性加大。因而,中国外汇资产多元化的方向就是增持更多的欧元资产。但是随着欧洲主权债务危机的爆发,欧元对日元与美元已经显著贬值,并有可能进一步贬值。这无疑加大了中国外汇储备多元化的难度。

4.全面审视中国的主权债务问题,引以为戒。中国地方政府收入来源有限且不稳定,在教育和医疗方面的开支又在不断加大,地方政府的财政赤字压力持续扩大,地方政府债务的无序扩张,一旦出现违约风险,将会对实体经济的发展和经济社会的稳定与协调发展产生间接但巨大的影响。因此,要以欧洲债务危机为戒,全面深入审视中国的主权债务问题,以防范主权债务危机在中国的出现。

第五节　北非中东的动荡局势

一、北非中东局势动荡概况

北非中东局势动荡于2010年底突尼斯的骚乱,突尼斯骚乱迅速蔓延至埃及、也门、利比亚、叙利亚等国家并造成政局的重大变化,截至2012年7月,叙利亚局势依然紧张,北非中东动荡局势还在持续。

(一)突尼斯局势

突尼斯骚乱的导火线是一个名叫布瓦吉吉的26岁年轻大学毕业生的自焚事件。因为找不到工作而靠摆摊贩卖蔬菜水果维持生计的布瓦吉吉,2010年12月17日货物被警察没收,失去希望的布瓦吉吉以自焚方式走上绝路。布瓦吉吉被送到突尼斯最好的医院抢救,但终因伤势严重于2011年1月4日死亡。1月8日开始,突尼斯部分城镇相继发生示威游行和社会动乱,警察与示威者发生冲突,并造成数十人死亡。1月14日,突尼斯首都突尼斯市发生大规模抗议活动,示威者要求总统本·阿里立即下台。一些示威者包围内政部大楼,与维持秩序的警察发生冲突。14日下午,突尼斯官方通讯社受权宣布,立即在全国所有地方上实施紧急状态,包括禁止公共场所3人以上聚会,每晚6点至次日早晨6点严禁人员和车辆通行,警察和士兵可以对违抗命令的可疑人员使用武器等。14日晚,在位23年的突尼斯总统本·阿里离开突尼斯,前往沙特。同年6月20日,突尼斯一家法庭对本·阿里进行缺席审判,以盗窃和非法占有现金及珠宝的罪名缺席判处本·阿里和他的妻子35年刑期,并处罚款6560万美元。

(二)埃及局势

突尼斯的骚乱,成了埃及骚乱的导火索。2011年1月25日开始,埃及多个城市发生民众大规模集会,要求总统穆巴拉克下台。1月28日,人们在开罗解放广场游行时与警方发生冲突。数万名示威游行者与警方对峙后占领解放广场,人们扔燃烧弹,焚烧街头物品,警方开枪并发射催泪弹。整个过程造成死亡100多人,伤上千人。2月3日,穆巴拉克总统接受美国广播公司记者专访时说,他已"厌倦"总统职位,愿意现在就辞职,但由于担心国家陷入混乱,他不能现在辞去总统职务。2月5日,执政的民族民主党执行委员会集体辞职。2月11日,在位30年的穆巴拉克宣布辞职,将权力移交给军方。4月13日,埃及总检察长下令拘留穆巴拉克父子三人15天,要求他们就涉嫌腐败、滥用职权等指控配合检方进行调查,5月24日,埃及总检察长向刑事法院起诉穆巴拉克及其两个儿子,当年8月3日,埃及前总统穆巴拉克在位于开罗的一家法庭置身铁笼内接受审判。2012年6月2日,开罗一家法庭以"没有采取行动阻止导致示威者丧生的致命暴力"判处84岁的穆巴拉克终身监禁。2012年6月24日,埃及最高总统选举委员会宣布,伊斯兰兄弟会支持的自由与正义党主席穆尔西赢得总统大选,成为穆巴拉克下台后的首任埃及总统。

(三)利比亚局势

2011年2月15日,利比亚开始爆发反政府抗议活动,2月19日,利比亚政府使用雇佣兵和军队向示威者发射迫击炮并用机枪进行扫射,造成300人死亡、逾1000人受伤。利比亚局势持续紧张,利比亚迅速陷入内战之中。2月26日,利比亚反对派在第二大城市班加西成立临时政府,接受西方国家援助并统一指挥反对卡扎菲的军事行动。同日,联合国安理会一致通过决议,并决定对利比亚实行武器禁运、禁止利比亚领导人卡扎菲和其家庭主要成员等出国旅行,并冻结卡扎菲和相关人员的海外资产。3月17日,联合国安理会通过第1973号决议,决定在利比亚设立禁飞区,并要求有关国家采取一切必要措施保护利比亚平民和平民居住区免受武装袭击威胁。3月19日,法国总统萨科齐在法国首都巴黎与21名到访要客举行紧急会议,会后宣布与会成员一致同意对利比亚政府军采取军事行动。在以北约为主的长时间、大规模空袭的配合下,8月21日利比亚反对派攻入首都的黎波里,卡扎菲政权垮台。2011年10月20日,卡扎菲被执政当局武装俘获,头部和腹部中弹,因伤势过重死亡。他的死为利比亚战争画上了一个句号，同时也标志着利比亚“卡扎菲时代”的结束。

（四）也门局势

2011 年 1 月 15 日开始，也门首都萨那等一些主要城市相继爆发了反政府游行示威活动。4 月 23 日，也门总统阿里·阿卜杜拉·萨利赫接受海湾合作委员会调解方案，在 30 天内交出权力，把权力移交副总统，以换取免予起诉。但是，萨利赫在 5 月 2 日提出不以总统的身份签字，改为以执政党全国人民大会主席身份签署调解方案，并确保他在签字后的 30 天过渡期内，仍可行使总统权力。萨利赫的行为引发了也门长达几个月的政治僵局，给国内的经济和政治带来巨大混乱。2011 年 11 月 23 日，萨利赫在沙特阿拉伯首都利雅得签署了海湾阿拉伯国家合作委员会调解协议，和平移交权力，标志着萨利赫在也门长达 33 年的统治正式结束。

（五）叙利亚局势

2011 年 3 月 23 日，在叙利亚德拉市，15 名少年因在学校墙上画反政府内容的涂鸦而被逮捕。市民上街游行，要求自由和民主。4 月 8 日，德拉市等地爆发大规模抗议游行示威活动，示威者要求扩大民主，惩治腐败，警察用催泪弹驱散了武装人员，造成至少 20 人死亡。同年 12 月，联合国人权事务高级专员宣称，自 3 月中旬爆发抗议以来，叙利亚国内的冲突已经导致 4000 多人死亡，并认为叙当前局势可以视为正处于内战状态。

叙利亚总统巴沙尔为缓解国内局势，平息国内骚乱，在政治方面进行了多项改革：2011 年 8 月 4 日，巴沙尔签署总统令，颁布《政党法》，宣布公民有权组建和参与新政党；10 月 15 日，巴沙尔颁布法令，决定成立叙利亚宪法草案制定全国委员会，这是叙利亚政府为平息抗议活动所采取的一项重要措施；2012 年 2 月 27 日，叙利亚通过宪法草案，根据草案内容，总统由人民直接选举，任期 7 年，只能连任一次，巴沙尔的任期将到 2014 年结束。然而，这些举措对平息国内局势收效甚微，叙利亚紧张局势不仅没有得到有效遏制，反而愈演愈烈。2012 年 5 月 27 日，叙利亚中部霍姆斯省胡拉镇发生大屠杀，包括 49 名儿童在内的 108 名无辜居民死亡，制造了震惊世界的“胡拉镇平民屠杀事件”。同年 7 月 12 日，叙利亚中部哈马地区的村民遭受轰炸，140 余人死亡。

在叙利亚局势发展演变过程中，一直存在外部势力的影响和干预。联合国和地区性国际组织、国际社会各主要政治力量怀揣不同目的，深度介入，试图影响叙利亚局势走向。比如，第一，2011 年 5 月 9 日，欧盟宣布对叙利亚实施制裁,措施包括禁止向其出口武器、冻结部分叙利亚官员的资产并禁止向他们发放签证。第二,8月18日,美、英、法、德发表声明,表示巴沙尔政权有残暴的侵犯人权行为,要求巴沙尔下台,立即交权。第三,2012年2月24日、4月2日和7月6日,以承认和援助反对派"叙利亚全国委员会"为主题并与和平解决叙利亚危机背道而驰的"叙利亚之友"国际会议分别在突尼斯、土耳其召开,俄罗斯、中国拒绝参加。第四,2011年10月4日和2012年2月4日,俄罗斯和中国在联合国安理会两度否决了由西方国家提交的有关叙利亚问题的决议。第五,2012年2月23日,前联合国秘书长安南受命担任联合国一阿盟叙利亚危机联合特使,对叙利亚问题进行斡旋,以"结束叙国内的暴力和侵犯人权的行为,推动叙利亚危机和平解决"。随后,安南提出解决叙利亚问题的六点建议:承诺在叙利亚人主导的、包容各方的政治进程中与安南合作;要求各方停止战斗,立即在联合国监督下切实停止一切形式的武装暴力行为;立即采取步骤,实现每天两小时的人道主义停火,并通过有效机制协调每天停火的确切时间和办法;加快释放被任意羁押者;确保记者在叙全境的行动自由;尊重法律保障的结社自由与和平示威权利。安南的六点建议尽管得到包括叙利亚国内各派在内的各方的尊重和认可,但并没有得到全面落实。第六,由叙利亚危机联合特使安南发起的有联合国安理会五个常任理事国以及土耳其、伊拉克、科威特和卡塔尔参加的"叙利亚行动小组"外长会议,2012年6月30日在日内瓦召开,尽管会议就由叙利亚人民主导过渡的指导方针和原则达成一致,同意设立叙利亚"过渡管理机构"且政治过渡由叙利亚人主导,但各方在对会议内容的解读上依然存在严重分歧。总之,国际社会在叙利亚问题上的角逐,使得叙利亚局势变得扑朔迷离。未来叙利亚局势的走向取决于叙利亚国内各派实力关系的对比以及国际社会各方的博弈。

二、北非中东局势动荡的原因

北非中东局势动荡,有其深刻的经济、社会、政治、文化和国际背景,是多种因素共同作用的结果。

(一)经济因素

北非中东国家都存在相同或相似的经济、社会问题和矛盾,这是引发北非中东局势动荡和政治乱局的根本原因。

北非中东国家经济发展缓慢,甚至严重落后,抵御经济社会危机冲击的能力很低。联合国的一份报告称,除少数国家外,大部分阿拉伯国家经济发展缓慢,失业率很高。2005 年,阿拉伯国家总体失业率高达 14.4%,远远高于同期全球 6.3%的平均水平。2008 年,在全球金融危机的冲击下,北非中东国家的失业率剧增。突尼斯年轻人的实际失业率高达 52%,埃及的失业率自 2007 年就始终徘徊在 10%左右,其中年轻人的失业率也超过 50%,阿尔及利亚的失业率为 10%,16~24 岁的青年失业率为 22%,巴林和也门两国的失业率分别在 15%和 35%。与此同时,这些国家面临相当严重的通货膨胀问题。一方面是经济停滞或明显衰退,失业人数增加,中下层人们生活水平下降;另一方面则是高通货膨胀率带来的物价飞涨。据统计,发生动荡的北非中东国家近年来承受着 5%~13%不等的通货膨胀率。此外,社会财富分配严重不均,两极分化现象十分严重。在埃及的 8000 万人口中,60%的贫穷人口占有的社会财富不足 20%,而 20%的先富阶级却拥有全部社会财富的一半以上。不仅在埃及,其他阿拉伯国家的贫困率也一直居高不下,黎巴嫩和叙利亚的贫困率为 28.6%~30%,也门高达 59.9%。据此推算,大约有 6500 万阿拉伯人生活在贫困中。

(二)政治因素

从历史上看,这些国家的民众在反殖、反帝斗争中形成了善于革命的传统,埃及、利比亚等国家政权都是在民族独立革命的过程中或独立革命之后,由军官发动革命建立的,其政权多采取强人政治和军人政治等威权政治模式,并形成了一种事实上国家领导人终身任职的老人政治。同时,北非中东不少国家没有解决政权正常更替、转换问题,不少中东国家仍然实行君主制。中东是世界上君主制国家最多的地区,世界上几乎所有尚存的君主制都在这一地区。在欧洲以及日本等君主立宪制国家,君主只是名义上的国家元首和国家象征,而在中东君主制国家,君主掌握全部国家权力甚至资源,而且是世袭的。北非中东有些君主制国家也没有解决权力有序更替及任期制问题,有的领导人持续执政长达数十年之久。如利比亚的卡扎菲执政 41 年且没有退休的打算,埃及的穆巴拉克执政 30 年且准备传位给自己的儿子,突尼斯的本 • 阿里执政 23 年且通过修宪取消了总统任期次数的规定,也门的萨利赫在位 33 年且颁布宪法修正案,规定总统有权提名自己连任。这些难免让很多政治家和民众不满,再加上经济发展不好,人们生活改善不大,在社会矛盾长期累积之后,这些政权将逐渐丧失其存在的合法性和合理性,老人政治和强人政治自然会成为民众变革求新抗议浪潮所反对的对象,动荡并强力地改变政治现状几乎就是必然的了。

强人政治下,国家领导人长期执政带来的一个直接后果就是腐败的滋生和蔓延。据媒体报道,突尼斯的本 • 阿里家族犹如黑手党,控制着整个国家经济的方方面面。只要是总统家族成员看上的，无论现金、土地、房屋还是游艇，最终都得落入他们手中。在埃及，穆巴拉克在位30年，以各种手段为他本人及其家族聚敛财富高达数百亿美元之巨，而且埃及军政各部门腐败成风，官商一体贪污盛行，豪富与高官骄奢淫逸、飞扬跋扈，聚变和裂变形成的民怨不断增长，达到了社会沸腾的临界点。就利比亚而言，它是目前全世界贪污腐败最为严重的国家之一，2010年全球腐败指数排名146/178。[①] 资料显示，卡扎菲家族拥有的巨额资产无法估计，仅在美国被查封的资产就达300亿美元、加拿大达24亿美元、奥地利达17亿美元、英国达100亿美元。这些资产可能只是"冰山一角"，谁也无法准确知道卡扎菲家族在世界各处拥有的资产情况。卡扎菲之子赛义夫在伦敦北部拥有一套价值1500万美元的独立别墅，别墅拥有8个卧室、桑拿游泳以及健身等设施，而这仅仅是其2009年购入的。政治的腐败再加上日益严重的贫富分化，加剧了国家与社会、政府与民众、阶级与阶层、集团与集团之间对有限社会资源的争夺，社会阶级和阶层的对立和对抗一触即发。

(三)文化因素

在中东的历史中，由于民族与宗教同构等因素的影响，阿拉伯民族主义、泛伊斯兰主义、伊斯兰原教旨主义等政治思潮均具有典型的超国家特征，都曾掀起过大规模的地区性运动。因此，族群、宗教、教派等政治反对派组织作为跨国的非国家行为体，构成影响中东国家政治与国际关系的重要因素。正如学者所言，中东国家"可以向本国疆域之外的政治或宗教中心输出忠诚，任何中东领导人都能够轻易地通过资助邻国的报纸和反对派以寻求邻国民众对自己的支持，这是非常自然的，也是被广泛接受的"。[②] 此次中东变局也具有这种典型的跨国特征。

同时，北非与中东的文化是多元的，有的国家西化比较严重，有的是传统的阿拉伯式，有的则很基督教化。在伊斯兰文化自身无法实现现代化并缺少文化自信的情况下，中东与北非这种文化多元化现象导致了文化分裂，文化问题与经济问题、社会问题、政治问题、宗教问题混杂在一起，使北非、中东国家之间不团结、不统一，没有形成抵御地区矛盾的合力。相反，一个国家内部出现问题，就会对其他国家产生影响，出现多米诺骨牌效应。

---

① 根据"透明国际"统计及排名方法，146/178表明利比亚的"清廉度"在全球178个国家和地区中排名第146位。

② Roger Owen. Arab Nationalism, Unity and Solidarity[M] //Talal Asad, Roger Owen. Sociology of "Developing Societies": The Middle East. London: Macmillan Press, 1983. pp. 20～21.

(四)技术因素

互联网技术的发展、手机的普及以及以网络为平台的即时通讯(聊天)技术的兴起,对北非、中东局势动荡起到了推波助澜的作用,加快了动荡的速度。

美国著名学者亨廷顿在他的《第三波——20世纪后期民主化浪潮》中提到:“短波收音机、卫星电视、电脑、传真机使得威权政府越来越难以对其精英和公众进行信息封锁,以防止他们知道发生在其他国家有关反对或推翻威权政府的斗争。”[①]互联网和手机短信等新兴科技在北非中东国家的骚乱浪潮中,起到了不容忽视的作用。示威者多为年轻人,通过“推特”(twitter)、“脸谱”(facebook)等网络联系方式交换信息,联络活动。埃及示威游行的主要发起者“4月6日青年运动”2008年就开始在“脸谱”上与突尼斯青年互通声气,联合行动,催生出这场运动。在示威兴起的一年前,谷歌中东地区营销主管、埃及人戈宁也加入了这场运动。他在“脸谱”上设立了名为“我们都是萨伊德”(2010年6月被警方打死的一个埃及人)的专区,聚集了大量人气。据报道,在2011年1月25日首次大示威之前,有超过9万名埃及网民在“脸谱”上留言:“为了终结贫穷、腐败、失业和折磨,拼了。”1月25日,戈宁与成千上万名示威者一起出现在开罗解放广场,声讨穆巴拉克。3天后,他被蒙上眼睛带走。等到2月7日,戈宁重获自由的时候,他发现自己成了广为人知的革命英雄。但戈宁把胜利都归功于“脸谱”,“这场革命是从互联网、从‘脸谱’开始的”。此外,YouTube网站上的视频24小时不间断上传;阿拉伯地区有700多个卫星频道,其中有近70%不归政府所有;卡塔尔半岛电视台用英文和阿拉伯文播出,让阿拉伯民众能获得更多元的信息。这些在客观上都为这些国家的人们提供了反对政府的新型工具。

(五)国际因素

第一,美国综合国力相对下降导致原来美国有效控制的地区的失控。苏联解体后,波斯湾、中东虽已成为美国占有优势的地区,但美国的这种优势是脆弱的。尤其是21世纪初,美国的综合国力已经下降,2008年的金融危机使美国的真实能力完全暴露在世人面前。美国综合国力相对下降,加上美国深陷伊拉克、阿富汗两场战争,使得美国影响世界包括中东地区的优势越来越弱。尽管发生动荡的北非中东国家中大多是亲美政权,但政权更替后是否会出现亲美政府,对

① [美]萨缪尔·亨廷顿著,刘军宁译:《第三波——20世纪后期民主化浪潮》,上海:三联书店,1998年,第114页。

美国而言依然是不确定的。埃及伊斯兰兄弟会的穆尔西当选总统，显然是美国不愿看到的。这正说明美国在该地区影响力的下降。

此外，尽管没有事实可以证明北非中东局势动荡是美国操纵的，但美国试图将动荡引向民主化方向，出现美国希望的后果，却是确定无疑的。这对北非中东局势的发展产生了重要影响。美国在事件刚爆发时大多支持亲美政权（如埃及的穆巴拉克政府）镇压反对派，但事件朝着有利于反对派方向发展时，美国就不得不支持反独裁、争民主的人民运动，以期将局势引向有利于亲美的“民主派”掌权的方向。美国的举动加速了一些国家旧政权的垮台。

第二，动荡发生后多股国际势力介入，试图使其朝着有利于本国本集团利益的方向发展。在历史上，中东因是“世界油库”和连通欧亚的地理位置而成为列强争夺的对象。欧洲在北非一向占据主导地位，二战后，与欧洲争夺北非、中东成为美国全球战略的重要组成部分。利比亚局势发生动荡后，欧洲国家特别是英、法两国显得格外“积极”，2011 年 3 月 19 日法国战机首先向利比亚军事目标开火，多国军事干预利比亚由此正式拉开。伴随着北非中东紧张局势的日益加剧，美国、俄罗斯等大国及北约军事集团的身影也越来越清晰，试图对局势施加影响。

三、北非中东局势动荡的启示

北非中东诸国局势动荡中暴露出的许许多多问题，值得我们认真思考，同时给我们以极其深刻的启示。

（一）坚持经济发展与社会发展并重

第一，在经济发展的同时，要特别注意社会公正，让全社会分享经济发展成果，构建和谐社会。在北非、中东国家，独裁专制领导即使能让人民丰衣足食，不公平的感觉和不满情绪还是会在人民心中产生并蔓延，最后导致人民运动，造成社会局势动荡。针对中国目前的现状，早在 2007 年 3 月，胡锦涛同志就提出“共同建设、共同享有和谐社会贯穿于和谐社会建设的全过程，真正做到在共建中共享，在共享中共建”。[①] 这就要求我们党和政府加大分配政策的调控力度，使更多的社会资源如经济资源、政治资源、社会资源和文化教育资源等从部分人和集团手中转移到更广大民众手中。只有这样，才能真正做到公平、公正，从而保证

---

① “胡锦涛讲话丰富和谐社会思想内涵 各地认真学习”，http://news.xinhuanet.com/politics/2007－03/19/content_5864546.htm.

经济发展、政治稳定、社会和谐，在经济发展的同时，实现社会进步。

第二，在经济发展的同时，要注意完善社会结构，特别要注意扶持中国的公民社会，加强社会管理与社会建设。在某种意义上说，现代国家的成熟程度与公民社会的发达程度是一致的。一个强大的、规范的中国公民社会，是执政党、政府与公民、社会组织之间的一道防火墙。2011 年 2 月 19 日，胡锦涛同志在中央党校省部级干部社会管理研讨班上专门就扶持中国公民社会、加强社会管理与社会建设做出一些部署。一个健康的公民社会是国家长治久安的重要基础，是社会团结和谐的基础，也是民主政治的基础。

第三，有计划地稳步推进体制改革，让公民和社会组织有序参与政治、经济和文化决策。阿拉伯国家传统的"威权体制"与"强人政治"难以为继，其终身制、家族制、世袭制也不可持续。过去，我国从苏联体制中吸取教训，开始了以经济建设为中心的经济体制改革。现在，我们应该从北非、中东国家的动荡中吸取教训，在进行经济体制改革的同时积极、稳妥地推进文化体制和政治体制改革，让公民和社会组织有序参与到政治、经济和文化的决策中，从而使社会矛盾与冲突降到最低程度。

（二）高度重视反腐败工作

政府官员的腐败是北非、中东诸多国家发生骚乱的一个重要诱因。腐败的产生既有腐败者个人的因素，更重要的是制度或体制问题。腐败给社会带来的破坏作用甚至比经济暂时性的衰退还严重。它是对法律、法规的公然蔑视，是对人民利益公然的肆意侵犯，是对民众劳动成果公然的非法剥夺。人民或许可以容忍官员行政能力上的缺陷，但绝对不能容忍官员的肆意腐败。因此，我们要积极稳妥地开展反腐败斗争，克服权力和利益过分集中、缺乏制约的弊端。

由于缺乏健全的民主理念和民主体制，党政官员缺乏人民监督，政府缺乏人民制约，官员权力过大，上级监督太远，同级监督太软，下级监督太难，这些都为腐败提供了良好的土壤。目前我国反腐败迫切需要建立和健全党内民主制度、官员财产申报和公开制度、平等的人民选举制度、社会组织的自治制度等。

同时，要在继续巩固废除领导干部职务终身制的基础上，加强党政干部问责制度的建设。改革开放之初的 1982 年，我国通过立法或制定党内干部管理条例等，正式废除了领导干部职务终身制，实现了领导职务的制度化、有序化更替，为防止官员腐败提供了一定的制度保障。但是，对于那些严重违背执政理念、工作严重失职、用人严重失察、在公共行政过程中不作为或乱作为的官员的责任追究制度建设还十分薄弱。为此，应该将对失职官员的责任追究制度建设当做反对腐败工作的一部分来抓。只有这样,才能给民众一个满意的答案,才能回应公众的诉求。也只有这样,才能化解社会矛盾,减少社会冲突。

(三)高度重视网络监控和舆情收集与分析工作

美国学者克莱·舍基指出:“社会性软件让人们拥有了前所未有的组建社会群体和共同行动的能力。”①北非中东诸国局势动荡,再次向世人展示了社会性软件也就是因特网强大的政治动员和组织能力。因特网、智能手机、twitter、facebook、YouTube、卫星电视现场直播等新通讯技术已经成为席卷中东、北非和阿拉伯世界社会运动的时代标志。然而,中国目前的网络监控和舆情收集与分析工作还不够完善。为此,第一,党政机关各级领导,应充分认识到网络舆情的强大威力,肩负起网络舆情管理的重任,以其权威性,有效拨正网络舆论发展的不良倾向,使互联网真正成为传播社会主义先进文化的新途径、公共文化服务的新平台。要确立和完善网络舆情监测体系,依赖一定的监测软件,对主题网站等进行跟踪监测,提取与事件相关的舆情信息,然后分析舆情信息的时间与空间分布情况,再通过多种手段和渠道进行正确的舆论方向引导。要建立和完善网络舆情预警体系,针对可能出现的各类型危机事件,制定比较详尽的判断标准和预警方案,以做到有所准备,一旦危机出现便有章可循。同时网络监察部门密切跟踪网上舆情动态,及时搜集社会公平、腐败问题等容易引发公众舆论的具有前瞻性的信息,保持对事态第一时间的获知权。第二,健全法律体系,依法治网。要构建网络舆论监督的法治规则,做到依法治网,才能保证网络经济的健康发展,保障人民的财产免遭网络侵害,有效打击、遏制网络犯罪。这就要求针对网络舆论监督的侵权、犯罪立法要相对完整、系统、全面,自成体系。第三,重视网络“意见领袖”的作用。这些“意见领袖”往往一方面能够倾听民间草根的声音,另一方面他们关心时事,能够理解中国经济、社会、政治问题的特殊复杂性,有自己的独特观点。他们的观点往往能够左右网民的判断并最终引导网络舆论的走向。目前很多大型论坛都注意培养论坛的“意见领袖”,将其代表性的言论置顶和加精,利用他们的威望来强化舆论效果。因此政府也可以借鉴此方法,通过恰当的方式与网络“意见领袖”进行沟通,引导他们理解党和政府的方针政策,理解政府解决种种复杂问题的基本思路和实际操作,从而达到强化主流言论,孤立非主流言论的目的。这样,通过网民引导网民,用网民自己的声音引导、感染网民,实现网民自我教育、自我引导,往往能够达到事半功倍的效果。

---

① [美]克莱·舍基:《未来是湿的》,胡泳、沈永琳译,北京:中国人民大学出版社,2009年。

思考题

1. 阿以冲突的根源是什么？
2. 谈谈美国在阿以冲突中的立场。
3. 谈谈国际社会的核现状及其发展趋势。
4. 国际核危机的根源是什么？
5. 试分析国际恐怖主义产生和发展的原因及其对策。
6. 国际恐怖主义有哪些危害？
7. 试分析2008年爆发的国际金融危机的原因及其对我们的启示。

参考文献

1. 殷罡. 阿以冲突——问题与出路[M]. 北京：国际文化出版公司，2002.
2. 宫少朋，朱立群，周启朋. 冷战后国际关系[M]. 北京：世界知识出版社，1999.
3. 赵伟明. 中东问题与美国中东政策[M]. 北京：时事出版社，2006.
4. 资中筠主编. 战后美国外交史——从杜鲁门到里根[M]. 北京：世界知识出版社，1994.
5. 王仲春. 核武器核国家核战略[M]. 北京：时事出版社，2007.
6. 杨洁勉. 国际恐怖主义与当代国际关系[M]. 贵阳：贵州人民出版社，2002.
7. 胡联合. 当代世界恐怖主义与对策[M]. 北京：东方出版社，2001.
8. 赵秉志. 国际恐怖主义犯罪及其防治对策专论[M]. 北京：中国人民公安大学出版社，2005.
9. 薛敬孝. 金融全球化与国际金融危机[M]. 天津：天津人民出版社，2001.
10. 陈江生. 国际金融危机论[M]. 北京：中国财政经济出版社，2004.
11. 易宪容. 华尔街金融危机的根源与反思[J]. 经济纵横，2009，(1).
12. 刘璐璐，徐彬. 浅谈美国金融危机的启示[J]. 中国商界，2008，(11).

结束语

推动国际秩序朝着更加公正合理的方向发展

在新的世纪，维护世界和平、促进共同发展的根本途径是积极推动建立公正合理的国际政治、经济新秩序。国际秩序是以特定的国际格局为基础的。国际格局形成于特定的历史时期，是世界上各种重要的政治、经济力量的对比和布局，具有相对稳定而又不断变化的特点。现行的国际秩序，即旧秩序，是在第二次世界大战后形成的，是与当时的国际政治、经济关系和世界格局相适应的，其基本特征是霸权主义和强权政治，这种旧的国际政治秩序严重危害世界的和平、稳定和安全。由于国际政治、经济旧秩序极端不公正、不合理，随着两极格局的终结，世界正朝着多极化的方向发展，改变国际政治经济旧秩序，建立国际政治、经济新秩序，便成为世界各国人民的迫切要求和国际形势发展的客观需要。

一、霸权主义和强权政治是世界和平与发展的主要障碍

霸权主义的理论基础是强权政治。强权政治是19世纪开始出现的一种政治思潮。其主要观点是，认为国际社会是一个由狼群组成的世界，个个都蓄意损害他人以谋取自己的利益；国际政治是一个无休止的以实力为基础的权力斗争，任何国家的行为都是为了保持或谋取权力；在国际社会中，要么支配别人，要么受制于别人，国际冲突的唯一法则是弱肉强食。

强权政治无论在理论上还是在实践上，都经历了一个发展变化的过程。当今世界的强权政治，已经不具有如此赤裸裸的面貌。但是，依靠实力，构成强权，力图支配别人、主导世界，仍然是当今霸权主义和强权政治的基本特点。

冷战时期，霸权主义以两极格局为基础。冷战结束后，两极格局终结，力量对比失去平衡。当今世界，霸权主义、强权政治依然存在，有时表现还非常突出。霸权主义、强权政治在本质上与战争有共同之处，即都把本国的利益凌驾于其他国家的利益之上，凭借经济、军事实力，对其他国家进行控制、干涉和侵略，造成世界动荡不安，威胁世界和平与稳定。霸权主义的第一个表现是强迫别国接受和照搬自己的社会制度和意识形态；第二个表现是利用“民主”、“人权”，甚至“价值观”等问题，任意干涉别国内政，干涉借口可谓五花八门，干涉形式多种多样；第三个表现是凭借经济、军事实力，到处侵略。近年来霸权主义、强权政治有新的表现，炮制了包括“新干涉主义”在内的种种“理论”，先后发动了一系列侵犯别国主权、干涉别国内政的重大事件。有些人不顾和平与发展的时代主题，仍按冷战思维去观察世界，思考问题，制定政策，处理国际事务，从而影响世界的和平与稳定。所谓“冷战思维”，就是以美国、苏联争霸世界为中心，以两大阵营、两大集团在政治、经济、思想文化等方面全面对抗为基础的一种战略思维模式。这种思维模式产生和盛行于冷战时期。其目的在于瓦解对方的政治制度、意识形态，以争夺世界政治的控制权。

霸权主义和强权政治严重阻碍了全球的发展。二战后美国为了独霸世界，挟持其他资本主义国家对中国等社会主义国家进行经济上的封锁，而社会主义国家被迫进行了反封锁斗争，这在很大程度上影响了社会主义国家的发展。冷战结束后，霸权主义和强权政治继续阻碍着世界的发展。西方资本主义大国除了要包办和垄断国际事务之外，还加紧推行它们的政治经济发展模式，并把是否同意它们这一套作为提供援助、进行合作的条件，对于那些反对的国家动辄进行经济封锁和制裁，甚至大动干戈。所有这一切都严重阻碍了这些国家的发展。

霸权主义和强权政治还是世界和平与安全的主要威胁。这样一种战略判断被冷战后、特别是近几年来的事实证明是正确的。冷战结束后，两极格局终结，东西方对抗结束，世界本可以进入和平与发展的新时期。但以美国为首的少数西方国家，不是顺应时代发展的潮流，放弃冷战思维及冷战中建立的对抗性的军事联盟和军事集团，反而霸权意识膨胀，控制、主导、“领导世界”的战略意识和目标膨胀。在苏联威胁消失、华约解体的形势下，美国等西方国家不但不解除冷战时期建立的北约、美日同盟等军事集团和军事联盟，反而继续加强、扩大北约和美日同盟等军事联盟，并把它们当成称霸世界、推行强权政治的工具。

在20世纪90年代,美国等西方国家的霸权政策已经给世界带来了一个又一个灾难。在冷战后,美国等西方国家频频使用武力,侵犯其他国家的领土主权,干涉别国内政,肆意对别国发动攻击。美国等西方国家的行为严重破坏了国际关系基本原则、现代国际法原则和《联合国宪章》,它们动辄以各种借口侵犯其他国家的主权和领土完整,干涉其他国家内政。什么"人权高于主权"、"人道主义行动"、"打击国际恐怖主义"、"反走私、反国际贩毒"等都成为美国等西方国家可以任意向别国发动攻击、任意伤害其他国家和人民的借口。正是美国等西方国家的霸权主义和强权政治行为以及它们的冷战思维的阴魂不散,造成针对其他国家的对抗性军事集团、军事联盟的强化,并毒化国家间的关系,造成联合国组织和国际社会矛盾、分歧的不断扩大。

霸权主义和恐怖主义是当今世界不安的现实原因,因此,除反对霸权主义和强权政治外,还要反对一切形式的恐怖主义。恐怖主义是暴力实施者基于政治目的对非武装人员有组织地使用暴力或以暴力相威胁的行为,其目的是以特殊的手段把一定的对象置于恐怖之中,逼迫其做原本不会做的事情。恐怖主义产生的原因十分复杂,既有对霸权主义和强权政治的强烈不满,又有极端民族主义和宗教极端势力的情绪;既有因南北差距扩大、贫困国家和地区社会动荡引发的矛盾冲突,又有冷战结束后凸现出来的民族、宗教、领土矛盾和冲突。只有在打击恐怖主义的同时,逐步解决这些问题,才能铲除恐怖主义。恐怖主义不是制约霸权主义的力量和因素,它不可能从根本上解决宗教、民族矛盾。不仅如此,国际恐怖主义由于常常大量伤及无辜、手段残忍,以及以消灭肉体而不是改变制度为目的,无论在革命意义上还是在道德方面,都应当受到严厉谴责。中国面临恐怖主义的现实危害和威胁,也曾遭到"东突"等民族分裂主义、宗教极端势力的恐怖袭击。中国坚决反对一切形式的恐怖主义。

二、国际政治经济旧秩序是影响世界和平发展的主要原因

国际秩序,是指国际社会中的各国处理彼此之间关系的原则、手段和相应保障机制的总和。国际秩序通常包括国际规则、国际协议、国际惯例和国际组织等。它包含主观和客观两方面的内容,前者提出国际社会中的各国应该如何行事,反映了国际法的基本要求;后者表现了国际关系的实际运行状况,其中起主要作用的是实力和利益。一定时期的国际秩序是以这个时期的国际格局为基础的。国际格局形成于特定的历史时期,是世界上各种重要的政治、经济力量的对

比和布局,具有相对稳定而又不断变化的特点。

国际政治旧秩序的主要内容:美苏两个大国垄断国际事务,干涉他国内政;划分各自的势力范围,在国际社会中建立国与国之间的领导与被领导、支配与依附的不平等关系;建立军事集团,进行军备竞赛,特别是核军备竞赛。国际经济旧秩序的主要内容:以不合理分工为基础的世界生产体系,以不平等交换为特征的国际贸易体系,以国际垄断资本占统治地位的国际货币金融体系。当前,旧的国际经济秩序在国际经济生活中,主要表现在以下三个方面:

首先,在国际生产体系中,由于不合理的国际分工,发展中国家处于依附地位。殖民主义者、帝国主义者为保证有充足的原料供应和产品销售市场,长期以来通过各种手段,迫使殖民地的经济畸形发展,成为单一的经济作物或矿产品生产国。二战后,这种“工业欧美、原料亚非拉”的国际分工格局虽有较大变化,但仍未发生根本性改变。旧的国际分工仍使发展中国家的生产和消费服从于发达国家的需要。

其次,在国际贸易体系中,由于不平等交换,发展中国家处于不利地位。发达国家凭借其强大的经济实力,操纵世界市场,以垄断高价向发展中国家推销工业制成品,又以垄断低价收购发展中国家的初级产品,使发展中国家外贸状况不断恶化。

最后,在国际货币金融体系中,由于不公正的制度和待遇,发展中国家几乎处于无权的地位。在国际货币金融领域,发达国家的金融资本通过在世界各地遍设金融网,直接操纵和影响发展中国家的财政金融和经济生活,使发展中国家独立后发行的货币在不同程度上依附于发达国家的货币,深受国际货币制度的制约和影响;在国际金融机构中,决策权一直操纵在发达国家手中。

国际政治经济旧秩序的实质就是霸权主义和强权政治,它仍然是威胁世界和平与稳定的主要障碍,同时它也是制约世界经济发展的主要原因。

三、积极推进国际政治经济新秩序的建立和发展

长期以来,在旧的国际政治经济秩序下,超级大国凭借其经济、科技、军事实力优势垄断国际事务,对广大第三世界国家和人民进行肆无忌惮的侵略、压迫、奴役和掠夺,导致国际局势动荡不安、南北问题严重。在这种情况下,建立一种新的和平、稳定、公正、合理的国际政治经济新秩序,就成为时代的要求、历史的必然。

第一,建立国际政治经济新秩序,是世界和平和稳定的需要。当今世界出现各种纷争的重要原因之一,就在于存在不公正的国际政治旧秩序。一些西方大国和某些具有经济、军事实力的区域大国凭借自己的优势,垄断国际事务,为了

自身的利益,对别国主权、内政横加干涉,甚至动用武力,使国际范围内的矛盾和纠纷不断升级,世界和平与地区和平受到严重威胁。改变世界旧秩序,建立世界新秩序,是世界稳定和发展的需要。

第二,建立国际政治经济新秩序,是进一步繁荣和发展世界经济的需要。在经济方面,旧的国际经济秩序,阻碍了发展中国家的经济发展,导致国际经济关系失衡,南北差距拉大。不平等和不公正的国际经济旧秩序,极大地阻碍和破坏了世界经济的进一步繁荣与发展。当今世界经济相互联系、相互依赖、相互制约的趋势日益加强,即使是发达国家的发展也有赖于发展中国家经济的繁荣与昌盛。因此,只有建立国际经济新秩序,改变世界不平等的经济贸易关系,才能实现世界的普遍繁荣。

第三,建立国际政治经济新秩序,是发展中国家早日走上富强之路的需要。国际政治经济旧秩序,阻碍了发展中国家早日走上富强之路。现在南北之间的经济差距还在拉大,双方的生活水平相差甚远,南穷北富的问题继续存在,难以解决。只有打破国际政治经济旧秩序,建立起公正、平等、互利、进步的国际政治经济新秩序,才能为广大发展中国家走上富强康乐之路创造条件。这是占世界3/4人口的国家的强烈要求,也是维护世界正义和进步的呼声。

当前,南北双方围绕建立一个怎样的国际政治经济新秩序的斗争相当激烈。斗争的焦点主要集中在:由一国或少数国家集团主宰世界还是各国有权平等参与国际事务;国与国之间的关系是相互平等、相互尊重、维护公认的国际关系准则还是唯我独尊、把个别国家的意志凌驾于国际社会之上;各国政治经济社会发展的模式是多样化还是只能"西化";是主权不容侵犯还是"主权有限";是实现共同发展还是把自己的繁荣建立在别人的贫穷之上,等等。美、日、欧先后提出建立"国际新秩序"的构想,各国所提构想在本质上是一致的,就是要建立一个以西方资本主义大国利益为基础的,由西方资本主义大国领导的,以西方社会制度、政治和经济模式、意识形态和价值观念为目标的新秩序。它们之间也存在分歧。其分歧主要是争夺建立国际新秩序的主导权,即未来的国际秩序是美国独家主宰还是西方"共管"。以美国为首的西方国家所倡导的"国际新秩序"构想其实质就是要维护国际旧秩序,除在政治上继续试图垄断国际事务和在经济上继续维护垄断资本的剥削地位之外,还加强使用武力方式和推行西方的社会制度和价值观念来干涉他国内政,企图使这些国家就范,从而维护其霸权地位。

中国主张各国在和平共处五项原则的基础上,建立和平、稳定、公正、合理的国际政治经济新秩序。其核心是所有国家独立自主,都是国际社会平等的一员。

中国主张的国际新秩序包括以下内容:第一,各国有权根据本国国情,独立自主地选择自己的发展道路，别国无权干涉。国际交往中绝不允许把自己国家的社会制度和意识形态强加于别的国家。第二，各国不分大小、强弱、贫富都是国际社会的平等成员，任何国家都不应该谋求霸权，推行强权政治。各国主权范围内的事情应由各国自己去办，世界事务应由各国平等协商来解决。第三，以和平方式解决国家之间的一切分歧或争端，而不应诉诸武力或以武力相威胁，通过对话协商增进相互了解和信任，通过多边、双边协调合作逐步解决彼此间的矛盾和问题。第四，在平等互利的基础上加强和扩大经济、科技、文化的交流与合作，促进共同发展与繁荣，反对经济贸易中的不平等贸易和各种歧视性政策，更不允许随意对别国进行所谓的经济制裁。

中国为推动建立更加公正合理的国际政治经济新秩序进行了不懈的努力。早在1974年邓小平同志就在联合国大会发言中讲到国际新秩序问题。1988年，邓小平同志在会见印度总理拉吉夫·甘地时精辟指出："世界总的局势在变，各国都在考虑相应的新政策，建立新的国际秩序。霸权主义、集团政治或条约组织是行不通了，那么应当用什么原则来指导新的国际关系呢？最近，我同一些外国领导人和朋友都谈到这个问题。世界上现在有两件事情要同时做，一个是建立国际政治新秩序，一个是建立国际经济新秩序。"①20世纪90年代以来，江泽民同志等中国政府领导人在各种场合多次声明，中国作为国际社会中的一员，愿意同世界各国一道，为建立公正、合理的国际政治经济新秩序而不懈努力。江泽民同志指出："建立国际政治经济新秩序，应该从当今世界的实际情况出发，应该反映世界各国人民的普遍愿望和共同利益，应该体现历史发展和时代进步的要求。"②2003年5月，中国国家主席胡锦涛在莫斯科国际关系学院演讲时，阐述了我国对推动建立公正合理的国际政治经济新秩序的五点主张：第一，应该促进国际关系民主化。国家不论大小、贫富、强弱，都是国际社会的平等一员，不仅有权自主地决定本国事务，而且有权平等地参与决定国际事务。第二，应该维护和尊重世界的多样性。世界各国人民在漫长的历史进程中创造了各自独特的文化、传统、信仰和价值观。各种文明在交流中相互学习和借鉴，不断丰富和发展，将使世界更加绚丽多彩，更加充满生机和活力。第三，应该树立互信、互利、平等和合作的新安全观。历史和现实反复证明，武力不能缔造和平，强权不能确保安全。只有增进互信，平等协商，广泛合作，才能实现普遍而持久的安全。第四，应该促进全球经济均衡发展。

---

① 《邓小平文选》，北京：人民出版社，1993年，第282页。

② 江泽民："发展中欧友好合作 推动建立国际新秩序"，http://www.people.com.cn/item/jfou/99032801.html.

国际社会应该共同努力,趋利避害,推动世界经济朝着均衡、稳定和可持续的方向发展。第五,应该尊重和发挥联合国及其安理会的重要作用。联合国在维护世界和平与稳定方面的重要作用,没有任何其他国际组织可以代替。应该维护联合国的权威,发挥联合国在解决重大国际问题方面的重要作用。

中国政府关于建立国际新秩序的主张,得到了广大发展中国家赞赏,也得到了一些发达国家有识之士的支持。冷战结束后,虽然有科索沃战争、阿富汗战争和伊拉克战争的冲击,但维系当代国际秩序的主要机制——联合国的核心地位和作用仍然是不可替代的,《联合国宪章》确认的联合国安理会五个常任理事国仍然是主导当代国际关系的主要力量。现有的国际秩序,确有许多不公正、不合理的地方,但中国和发展中国家在现有的国际政治、经济秩序中的地位已呈逐步上升之势。在此种情况下,中国将以负责任大国的身份参与国际政治、经济秩序的建设与变革,以渐进的方式、和平的方式、民主的方式改革现有国际政治经济秩序中的不合理方面,再次在国际社会中确立中国作为一个负责任大国的和平形象。

今后,在国际政治秩序方面,中国将提倡尊重世界文明的多样性,积极推动国际关系民主化,提倡多边主义,提倡以互信、互利、平等和协作为核心的新安全观,通过对话解决国际争端。在国际经济秩序方面,中国将提倡共同繁荣、共同发展,缩小南北差距,促进全球经济、社会的均衡和可持续发展,通过WTO的规则解决经济贸易争端,以此推动21世纪的国际秩序朝着更加公正、合理的方向发展。

四、推动建设持久和平、共同繁荣的和谐世界

发展事关各国人民的切身利益,也事关消除全球安全威胁的根源。没有普遍发展和共同繁荣,世界难享太平。共同发展已成为人类的共同利益和最高利益。要和平、谋发展、促合作,成为世界各国人民的普遍利益诉求。中国将高举和平、发展、合作的旗帜,与各国共同致力于建设持久和平与共同繁荣的和谐世界。

推动建设和谐世界,是中国从解决人类和平与发展这两大问题、促进人类发展进步的高度提出的重大外交思想。建设和谐世界的关键,是在承认世界多元性、利益差异性、文明多样性的前提下,以和平、合作的方式协调利益,化解矛盾,追求共赢。建设和谐世界的进程,就是不断解决矛盾、增加和谐因素的进程。

和谐世界意味着持久和平、共同繁荣。各国相互尊重、平等相待是和谐世界的基本前提,各国普遍发展、共同繁荣是和谐世界的坚实基础,不同文明平等对话、共同发展是和谐世界的鲜明特征。当代中国同世界的关系发生了历史性变化,中国的前途命运日益紧密地同世界的前途命运联系在一起。目前世界各国

人民面临着共同的发展机遇,同时也面临着各种共同的挑战。共同分享发展机遇,共同应对各种挑战,推进人类和平与发展的崇高事业,事关各国人民的根本利益,也是各国人民的共同心愿。

推动建设持久和平、共同繁荣的和谐世界。为此,必须遵循《联合国宪章》宗旨和原则,恪守国际法和公认的国际关系准则,在国际关系中弘扬民主、和睦、协作、共赢的精神。政治上相互尊重、平等协商,共同推进国际关系民主化;经济上相互合作、优势互补,共同推动经济全球化朝着均衡、普惠、共赢的方向发展;文化上相互借鉴、求同存异,尊重世界多样性,共同促进人类文明繁荣进步;安全上相互信任、加强合作,坚持用和平方式而不是战争手段解决国际争端,共同维护世界和平稳定;环保上相互帮助、协力推进,共同呵护人类赖以生存的地球家园。

在推动建设持久和平、共同繁荣的和谐世界的理念下,我们应统筹国内和国际两个大局,把对内构建和谐社会与对外推动建设和谐世界结合起来,把中国人民的利益和世界各国人民的共同利益紧密结合起来,在国际社会中积极倡导坚持和平、反对武力,相互尊重、主权平等,自主选择、求同存异,互利合作、共同发展、共同繁荣等重要原则,积极争取一个较长时期的和平环境,以推进中国的现代化建设,并与各国共同致力于建设一个持久和平、共同繁荣的和谐世界。

总之,和平、开放、合作、和谐、共赢是今后相当长一个时期内中国对外关系方面的主旋律。始终不渝地走和平发展的道路,将是中国的长期主张、中国的文明理念、中国的基本原则、中国的不懈追求。中国的和平发展、和谐发展,中国人民走上富裕和文明之路,必将极大地改变世界的面貌,并对推动建设一个持久和平、共同繁荣的和谐世界做出更大的贡献。

思考题

1. 为什么说霸权主义和强权政治是世界和平与发展的主要障碍?
2. 什么是国际秩序?为什么要提出推动国际秩序朝着更加公正合理的方向发展?

参考文献

1. 胡锦涛.高举中国特色社会主义伟大旗帜 为夺取全面建设小康社会新胜利而奋斗——在中国共产党第十七次全国代表大会上的报告[N].人民日报,2007—10—25.

2. 颜声毅.当代中国外交[M].上海:复旦大学出版社,2004.

后　记

在全球化背景下，一国的发展越来越离不开世界。随着中国国力的增强，中国的国家利益与世界政治经济的联系越来越紧密，同时，中国与外部世界的纠纷与冲突的频率日益提高。培养学生用科学的理论和方法观察和思考世界经济与政治问题，已成为思想政治理论课教学的一项重要任务。

2006年思想政治理论课改革中，教育部将该课程列为选修课。2009年4月，江西省教育厅下发了《关于加强全省高等学校思想政治理论课选修课程建设的通知》，要求“全省各高校要认真做好《当代世界经济与政治》选修课的开设工作。要把这门课程作为限选课，及时纳入学校教学计划”。根据该通知的精神，江西省教育厅组织省内部分高校长期从事当代世界经济与政治教学和研究的教师编写了本书，以适应各高校开设该课程的需要。2012年根据新的国际经济政治发展形势，又对书稿进行了修订和完善。

本书由汪荣有、胡伯项担任主编，由陈谨祥、胡传明担任副主编，负责书稿写作的筹划和统改定稿工作。参加本书编写的作者有：南昌工程学院汪荣有（前言）、江西师范大学陈谨祥（第一章、第九章第三节、第十章第五节）、南昌大学胡传明（第二章）、九江学院夏仕（第三章）、南昌航空大学马万利（第四章）、华东交通大学舒建国（第五章）、江西农业大学黄建伟（第六章）、江西科技师范学院刘晓雄（第七章）、东华理工大学汪晓莺和吴小龙（第八章）、南昌大学胡伯项（第九章、结束语）、江西财经大学杨友孙（第十章第一、二节）、赣南师范学院潘树岳（第十章第三、四节）。

本书在编写过程中，自始至终得到了江西省教育厅社政处的大力支持和悉心指导。同时，在编写过程中，我们参考了国内各种版本的《当代世界经济与政治》以及国内外众多学者的研究成果，在此一并谨致谢意。

由于作者水平有限，书中缺点和错误在所难免，恳请读者和学术界同仁批评指正。

编　者

2012 年 11 月于南昌